Hofmann/Wiesner (Hrsg.)

Praktische Fälle aus dem Kommunalrecht

Praktische Fälle aus dem Kommunalrecht

Klausuraufgaben mit Lösungen und weiterführenden Hinweisen

herausgegeben von

Harald Hofmann und Cornelius Wiesner

Autoren:

Frank Bätge
Harald Hofmann
Michael Schmitz
Lothar Spahlholz
Rolf-Dieter Theisen
Cornelius Wiesner

14. Aufl.

KSV Medien

Klimaschutz-Beitrag
mit First Climate.com 2024
CO2-Zertifikate

MIX
Papier | Fördert gute Waldnutzung
FSC® C083411
www.fsc.org

Die Herstellung bei KSV Medien erfolgt weitgehend digital
und in dem Bewusstsein, eine möglichst ressourcenschonende
Produktion zu gewährleisten.

Bibliografische Information der Deutschen Nationalbibliothek
Die Deutsche Nationalbibliothek verzeichnet diese Publikation in der Deutschen Nationalbibliografie; detaillierte bibliografische Daten sind im Internet über http://dnb.dnb.de abrufbar.

14. vollständig überarbeitete Auflage 2024

Satz: SEUME Publishing Services GmbH, Erfurt
Druck: CPI books

ISBN 978-3-8293-1970-6

Inhalt

Vorwort zur 14. Auflage

Mit dieser völlig überarbeiteten Auflage bietet das Autorenteam der Leserschaft erneut Hilfen zur Klausurvorbereitung an. Als Mitherausgeber konnte Herr RD Cornelius Wiesner gewonnen werden.

Alle relevanten Gesetzesänderungen und die jüngere Rechtsprechung bis April 2024 sind berücksichtigt.

Die bisherige Gliederung des Buches wird beibehalten: Zuerst finden sich allgemeine Klausurhinweise, danach Aufbauschemata, sodann (als Schwerpunkt) aktuelle Fälle mit Lösungen (von verschiedenen Autoren) – aus unterschiedlichen, in der Kommunalpraxis und in Hochschulprüfungen wichtigen Gebieten.

Anregungen und Vorschläge aus der Leserschaft sind willkommen. Diese werden berücksichtigt, selbst wenn sie sich nicht unmittelbar im Text der nachfolgenden Auflage wiederfinden.

Köln und Neuss im Juli 2024
Die Herausgeber
Prof. Dr. Harald Hofmann und RD Cornelius Wiesner

(Aktualisiertes) Vorwort zur 1. Auflage

Den Studierenden bereitet die Erstellung einer Klausur in juristischen Fächern oft Schwierigkeiten, da sie oft weder inhaltlich/fachlich noch – und das ist wohl das größere Problem – methodisch auf die Anforderungen einer solchen Klausur vorbereitet sind. Zum einen sehen die Studierenden im frühen Studium die Notwendigkeit noch nicht ein, sich mit methodischen Fragen zu befassen, zum anderen fehlt auch anfangs meist noch das materielle Wissen in den einzelnen Fächern, auf dessen Hintergrund die Durchdringung methodischer Fragen erst möglich wird.

Der vorliegende Band leistet hier Hilfestellung: Den Klausuraufgaben sind allgemeine Klausurhinweise und Aufbauschemata zur Anfertigung von Kommunalrechts-Klausuren vorangestellt. Die Grundzüge der Methodik werden ebenfalls angesprochen. Sodann werden Fallsachverhalte, die als Klausuraufgaben gestellt wurden, zur Lösung angeboten; anschließend folgen Lösungen, wie sie im Rahmen eines Leistungsnachweises erstellt werden könnten. Zum angeleiteten Selbststudium sind jeweils weiterführende Hinweise angefügt.

Laer und Senden, im Februar 1987

Die Herausgeber, Prof. Dr. Harald Hofmann und Prof. Dr. Rolf-Dieter Theisen

Zu den Verfassern

Prof. Dr. Frank Bätge

Jahrgang 1966; nach kaufmännischer Berufsausbildung Studium der Rechtswissenschaften an der Universität Köln; dort wissenschaftlicher Mitarbeiter und Promotion zu einem europarechtlichen Thema. Nach dem juristischen Vorbereitungsdienst Tätigkeit in verschiedenen Funktionen in der Kommunalverwaltung als Justiziar, Rechtsamtsleiter, Geschäftsführer und Dezernent. Seit 2008 Hochschullehrer an der Hochschule für Polizei und öffentliche Verwaltung NRW. Lehrbeauftragter an der Deutschen Universität für Verwaltungswissenschaften Speyer und an der NRW School of Governance der Universität Duisburg-Essen. Prüfer im ersten und zweiten juristischen Staatsexamen.

Prof. Dr. Harald Hofmann

Studium der Rechtswissenschaft an den Universitäten Bonn und München. Promotion über mitbestimmungsrechtliche Fragen in der EG. Nach dem 2. Staatsexamen u. a. hauptamtliche Tätigkeit in der Bezirksregierung Münster. Seit 1991 Hochschullehrer an der HSPV NRW (früher FHöV NRW), Abteilung Köln für die Fächer Allgemeines Verwaltungsrecht und Kommunalrecht. Der Verfasser ist seit über 20 Jahren auf verschiedenen Ebenen als Berater bei der Reform von Kommunal-, Regional- und Staatsverwaltungen im In- und Ausland tätig. Er ist auch (Gründungs-)Autor des Buches „Allgemeines Verwaltungsrecht, Hofmann/Hildebrandt/Gunia/Zeissler" (z. Zt. 12. Auflage) und des Buches „Kommunalrecht in NRW, Hofmann/Bätge/Wiesner (z. Zt. 20. Auflage). Er war mehrfach als Sachverständiger in Ausschüsse des NRW-Landtags zu Kommunalrechtsfragen berufen und führte mehrere kommunalrechtliche Forschungsprojekte durch (z. B.: „Online-Partizipation in Kommunen"). Außerdem bietet er Beratung in kommunalrechtlichen, kommunalwirtschaftlichen und verwaltungsrechtlichen Fragen an.
Homepage: www.prof-dr-hofmann.de

Lothar Spahlholz

Regierungsdirektor im Ruhestand, ehemaliger hauptamtlicher Dozent an der HSPV NRW (früher FHöV NRW). Vorab Studium der Rechtswissenschaften an der Universität zu Köln. Tätigkeit als Verwaltungsjurist in verschiedenen Ämtern bei der Stadt Köln, unter anderem beim Amt des Oberbürgermeisters. Nebenamtlicher Dozent am Kommunalen Studieninstitut der Stadt Köln und beim Bundesverwaltungsamt unter anderem für Kommunalrecht. Nebenamtlicher Dozent – auch für Kommunalrecht der HSPV NRW. Mitglied von Prüfungskommissionen des Landesprüfungsamtes in Hilden. Vorsitzender von Prüfungskommissionen und des Prüfungsamts der HSPV NRW.

Prof. Dr. Michael Schmitz
Volljurist, lehrt und forscht – nach langjähriger Tätigkeit als Beigeordneter – an der Hochschule für Polizei und öffentliche Verwaltung NRW.
Weitere Infos: www.kommunalrecht.nrw.

Prof. Dr. Rolf-Dieter Theisen
Jahrgang 1943. Studium der Rechtswissenschaft in den Jahren 1965 bis 1970 an den Universitäten Göttingen, Lausanne/Schweiz und Münster. 1974 Promotion zu einem EG-rechtlichen Thema. 1975 Eintritt in die Landesverwaltung. Tätigkeiten beim Regierungspräsidenten Münster in verschiedenen Dezernaten, zuletzt im Dezernat für Kommunal- und Sparkassenaufsicht. Von 1977 bis 2003 Dozent an der FHöV NRW (heute: HSPV NRW) u. a. für das Fach Kommunalrecht. Langjährige Mitwirkung bei den Staatsprüfungen.

RD Ass. iur. Cornelius Wiesner, Mag. rer. publ.
Geboren 1985, Studium der Rechtswissenschaft in Freiburg i. Br. und Berlin, 2011–2014 Wissenschaftlicher Mitarbeiter einer auf Kommunalberatung spezialisierten Rechtsanwaltskanzlei in Berlin, 2014–2016 Referendariat am Kammergericht Berlin. Dabei und anschließend verwaltungswissenschaftliches Ergänzungs- und Aufbaustudium an der Deutschen Universität für Verwaltungswissenschaften Speyer mit dem Abschluss als Magister der Verwaltungswissenschaften. 2017–2018 Projektsachbearbeiter am Deutschen Forschungsinstitut für öffentliche Verwaltung (FÖV) in Speyer und Lehrbeauftragter der Hochschule für Wirtschaft und Recht Berlin. Seit 2018 hauptamtlicher Dozent für Kommunalrecht, Beamtenrecht und öffentliches Dienstrecht an der HSPV NRW, Abteilung Duisburg. Laufendes juristisches Promotionsvorhaben an der Universität Halle-Wittenberg (Prof. Dr. Michael Germann).

Literaturverzeichnis

Bätge, Frank, Kommunal-Wahlrecht in Nordrhein-Westfalen, Loseblatt Stand 2011, Kronach

Bätge, Frank, Kommunalrecht in Nordrhein-Westfalen, 5. Aufl. 2019, Heidelberg

Bätge, Frank, Die wirtschaftliche Betätigung der Kommunen im Lichte der aktuellen Rechtsprechung, KommJur 2020 S. 321 ff. (Teil 1) und 365 ff. (Teil 2)

Bätge, Frank, Wahlen und Abstimmungen in Nordrhein-Westfalen, Loseblatt-Kommentar, Stand 2021, Köln

Bätge/Drysch/Osing/Psczolla/Reutzel/Schäfer/Söhngen/Winkel/Ziertmann, Handbuch für Bürgermeister, 2. Aufl. 2017, Wiesbaden

Bauer/Krause, Innerorganisatorische Streitigkeiten im Verwaltungsprozess, JuS 96 S. 512

Beckmann, Edmund, Privates Hausrecht – Öffentliches Hausrecht, DVP 95 S. 430

Beckmann, Edmund, Dürfen Ratsvertreter alles wissen?, DVP 98 S. 239 ff.

Beckmann, Edmund, Neue Rechtsprechung zum Satzungsrecht, DVP 2012 S. 514 ff.

Beckmann, Edmund, Richtige Rechtsbehelfs-/Rechtsmittelbelehrung mit Hinweis auf die Möglichkeit der elektronischen Einlegung – Aktuelle Rechtsprechung, Amtliche Bekanntmachungen der BKA, 2013

Beckmann, Edmund, „Sparkassenfusion und Beschluss der Gemeindevertretung", Klausur im Kommunalrecht, DVP 2014 S. 430 ff.

Beckmann, Edmund, „Die Schließung von Grundschulen – vom Hauptstandort zum Teilstandort zur Schließung", DVP 2015 S. 171 ff.

Beckmann/Günther, Kommunallexikon – Basiswissen zum Kommunalrecht und zur Kommunalpolitik, 2008

Beckmann/Matschke, „Mitwirkungsrechte einer Fraktion im Kreistag", DVP 2015 S. 38 ff. mit Anmerkung

Beckmann/Matschke, „Neue Rechtsprechung im Verwaltungs- und Widerspruchsverfahren", DVP 2016 S. 284 ff.

Beckmann/Matschke, „Neue Rechtsprechung zum Satzungsrecht", DVP 2017 S. 408 ff.

Beckmann/Matschke/Miltkau, Kommunalrecht Brandenburg, Lehrbuch, 1. Aufl. 2016, Hamburg

Bick, Ulrike, Die Ratsfraktion, Bochum 1998

Burgi, Martin, Kommunalrecht, 5. Aufl., München 2015

Erichsen/Dietlein, Kommunalrecht Nordrhein-Westfalen, 3. Aufl., Siegburg 2023

Eyermann, Erich, VwGO, Kommentar, 14. Aufl. 2014, München

Hamann, Wolfram, Der rücksichtslose Hundehalter, DVP 2000 S. 34 ff.

Haurand/Vahle/Weike, Fallbearbeitung aus dem allgemeinen Verwaltungsrecht mit Bezügen zum Polizei- und Ordnungsrecht, DVP 96 S. 434

Held/Winkel/Wansleben (Hrsg.), Kommunalverfassungsrecht Nordrhein-Westfalen, 2023 Kommentar, (Loseblatt), Wiesbaden

Held/Winkel, Gemeindeordnung Nordrhein-Westfalen, Kommentar, 5. Auflage 2020

Hlusiak, Siegfried, Hinweise zur Erstellung von Rechtsgutachten, Verwaltungsrundschau 2009 S. 273

Hofmann, Harald, Zur Abschaffung der Quoren bei Bürgerentscheiden, NVwZ 15 S. 715

Hofmann/Hildebrandt/Gunia/Zeissler, Allgemeines Verwaltungsrecht, Bescheidtechnik, Verwaltungsvollstreckung und Rechtsschutz, 12. Aufl., Stuttgart 2022

Hofmann/Bätge/Wiesner, Kommunalrecht in Nordrhein-Westfalen, 20. Aufl., Wiesbaden, 2023

Gaedke, Jürgen, Handbuch des Friedhofs- und Bestattungsrechts, 11. Aufl., Köln/Berlin/Bonn/Lüchen 2015

Jakobs/Machens, Rechtmäßigkeit kommunaler Aufwendungsbeihilfen für kinderreiche Familien, NWVBl. 96 S. 1

Junker, Wolf H., Die materielle Kostentragungspflicht bei Organstreitverfahren, DVP 94 S. 117 ff.

Kallerhoff/von Lennep/Bätge/Becker/Schneider/Schnell, Handbuch zum Kommunalwahlrecht in Nordrhein-Westfalen, Kronach 2008

Kleerbaum/Palmen, Gemeindeordnung Nordrhein-Westfalen, Kommentar für die kommunale Praxis, 4. Aufl., Recklinghausen 2023

Kopp/Ramsauer, Verwaltungsverfahrensgesetz, Kommentar, 18. Aufl., München 2017

Kopp/Schenke, Verwaltungsgerichtsordnung, Kommentar, 23. Aufl., München 2017

Lauche, Klaus-Peter, Die Verpflichtung der Gemeinde zur Anlage und Unterhaltung von Friedhöfen, Staats- und Kommunalverwaltung 1997, S. 104

Martensen, Jürgen, Grundfälle zum Kommunalverfassungsstreit, JuS 95 S. 989, 1077

Mutschler/Schlösser, Praktische Fälle aus dem Externen Rechnungswesen und Kommunalen Finanzmanagement, 6. Auflage Witten 2019

Mutschler, Klaus, Kommunales Finanz- und Abgabenrecht NRW, 14. Aufl., Witten 2018

Oster, Rudolf, Aufwandsbeihilfe bei Geburt eines dritten oder weiteren Kindes an die Eltern, DVP 96 S. 257

Prinz/Schumacher, Ist, wo ein Wille ist, immer auch ein Weg?, NWVBl. 96 S. 245

Raum, Bertram, Das Prüfungsrecht des Vorsitzenden der Gemeindevertretung bei der Erstellung der Tagesordnung, DÖV 85 S. 820

Redeker/v. Oertzen, Verwaltungsgerichtsordnung, 17. Aufl., Stuttgart 2021

Rehn/Cronauge/von Lennep/Knirsch, Gemeindeordnung Nordrhein-Westfalen, Kommentar, Siegburg (Loseblatt)

Rennert, Klaus, Die Klausur im Kommunalrecht, JuS 2008 S. 211

Röhl/Röhl, Allgemeine Rechtslehre, 3. Aufl., München 2008

Rothe, Karl-Heinz, Die Rechte und Pflichten des Vorsitzenden des Gemeinderates, NVwZ 92 S. 529

Rüfner, Wolfram, Die öffentlich-rechtliche Klausur in der ersten juristischen Staatsprüfung: Baugenehmigung ohne Einvernehmen der Gemeinde, NWVBl. 1993 S. 237 ff.

Schmitz, Michael, Rechtsfolgen der Mitwirkung befangener Ratsmitglieder bei Ratsbeschlüssen – Rechtliche Aspekte von § 31 VI GO NRW – AD LEGENDUM 2015, S. 61 ff.

Schmitz, Michael, Zur Befangenheit von Sportvereinsvertretern im Gemeinderat, VR 1997 S. 58 f.

Schmitz, Michael, Der stellvertretende Bürgermeister in Nordrhcin-Westfalen, VR 1997 S. 89 ff.

Schmitz, Michael, Der Ausschluss von der Sitzung des Gemeinderates – Ultima ratio zur Erhaltung der Funktionsfähigkeit, VR 2007 S. 25 ff.

Schmitz, Michael, Der Öffentlichkeitsgrundsatz in der Kommunalverwaltung – Der Ausschluss der Öffentlichkeit in Grundstücksangelegenheiten im Gemeinderat, JuS 2017 S. 31 ff.

Schmitz, Michael, Bedeutung von Ladungsfristen kommunaler Gremien für die Rechtmäßigkeit von Beschlüssen – Rechtliche Relevanz von Bestimmungen der Geschäftsordnung am Beispiel der Rechtslage in Nordrhein-Westfalen in KommJur 2020 S. 441 ff.

Schnapp/Mühlhoff, Die Kündigung eines Gemeindeangestellten im Wege der Kommunalaufsicht, NWVBl. 2000 S. 271 ff.

Schneider/Schnapp, Logik für Juristen, 6. Aufl., München 2006

Schwerdfeger, Gunther, Öffentliches Recht in der Fallbearbeitung, 10. Aufl., München 1997

Seybold, Jan, Die typische kommunalrechtliche Klausur, DVP 2013 S. 11 (Teil 1) und S. 66 (Teil 2)

Stern, Klaus, Verwaltungsprozessuale Probleme in der öffentlich-rechtlichen Arbeit, 8. Aufl. 2000

Stollmann, Frank, Der praktische Fall: Illegale Bauarbeiten, VR 99 S. 247 ff.

Sundermann/Miltkau, Fraktionen in der Gemeindevertretung, DVP 94 S. 491

Theisen, Rolf-Dieter, Kommunalwahl 2009 in der Gemeinde G in NRW, DVP 2008 S. 409

Vahle, Jürgen, Die Auslegung von Rechtstexten in Klausuren, Hausarbeiten und Seminararbeiten, DVP 2007 S. 265

Vahle, Jürgen, Grundlagen der juristischen Methodik und Klausurtechnik, DVP 2007 S. 309

Vahle, Jürgen, Grundlagen der juristischen Methodik – Auslegung und Anwendung von Rechtsvorschriften in Klausuren, Seminar- und Projektarbeiten –, DVP 2012 S. 2

Zöller, Thomas, Das Kommunalverfassungsstreitverfahren, DVP 95 S. 95 ff.

Harald Hofmann

15 allgemeine Klausurhinweise

1. Haben Sie eine Klausur zu lösen, empfiehlt es sich, den Sachverhalt zunächst vollständig und möglichst unbefangen durchzulesen. Es ist ein Fehler, bereits beim Lesen des Sachverhalts die Bedeutung dieser oder jener Bemerkung zu prüfen oder gar die Lösung des Falls schon finden zu wollen. Das ist falsch, denn Richtung und Umfang der vorzunehmenden Untersuchung ergeben sich erst am Schluss der Sachverhaltsschilderung durch die Aufgabenstellung (Fallfrage).
2. Es ist unbedingt erforderlich, dass Sie sich über die Aufgabenstellung (Fallfrage) klar sind. Sie laufen sonst Gefahr, etwas zu untersuchen, was neben der Sache liegt. Zu einer guten Lösung gehört nämlich nicht, dass man die Frage **auch** beantwortet, sondern dass man **nur** sie beantwortet.
3. Sind Sie sich über die Aufgabe im Ganzen (Sachverhalt und Frage) im Klaren, so brauchen Sie von sich keineswegs zu fordern, dass Sie die Lösung schnell oder gar sofort bei der Hand haben müssten. Die Aufgaben sind gezielt so gewählt, dass sie **längeres** Nachdenken erfordern. Sie haben also absolut keinen Grund zur Unruhe, wenn sich Ihnen die Antwort nicht schnell erschließt; Sie müssen (trotz verständlicher Prüfungsanspannung) soweit wie möglich ruhig an die Bearbeitung gehen – in stufenweise aufeinander aufbauenden Erkenntnisschritten.
4. Falls Sie nicht zufällig schon die Antwort auf die Frage „wissen" (was meist problematisch ist, da fehlerhafte Erinnerungen möglich sind), werden Sie doch Bestimmungen kennen, die für die Lösung in Betracht kommen. Lesen Sie diese sorgfältig durch (auch die zweiten und folgenden Absätze der Bestimmung, die oft wichtige Ausnahmen enthalten), um die Antwort zu finden. Haben Sie nicht gleich den „springenden Punkt" erkannt, so werden Sie beim Durchlesen dieser Bestimmungen auf ihn kommen oder doch diesen oder jenen Punkt finden, der mit der Frage zu tun hat und Ihnen bei der Beantwortung weiterhilft. Fallen Ihnen im Augenblick überhaupt keine passenden Vorschriften ein, so lesen Sie die Überschriften zu den einzelnen Abschnitten der in Betracht kommenden Gesetze durch, um auf diese Weise Beziehungen zu der Frage zu finden und an die Lösung zu gelangen. Prüfen Sie im Rahmen der Subsumtion, ob die einzelnen Voraussetzungen (Tatbestandsmerkmale) für die Rechtsfolge nach dem Sachverhalt (Fallschilderung) gegeben sind. Gegebenenfalls lohnend ist auch ein Blick in das Stichwortverzeichnis Ihrer Gesetzessammlung und in die Verwaltungsvorschriften (VV) – soweit abgedruckt.
5. Ihre Untersuchung soll sich auf das Wesentliche beschränken. Was Sie erörtern, muss zu der gestellten Frage in Beziehung stehen und der Lösung dienen. Sie sollen nicht zeigen, was Sie alles wissen; Sie sollen vielmehr – und **nur** dies ist der Sinn einer schriftlichen Aufgabe – zeigen, dass Sie die Frage verstanden haben, eine Lösung geben können (die möglichst auch praxistauglich ist) und diese Lösung zu begründen imstande sind.

6. Haben Sie die Lösung gefunden, so müssen Sie diese auch folgerichtig (schlüssig) begründen. Hierzu gehört, dass dargelegt wird, warum die angewandte Bestimmung zutrifft. Ihre Ausführungen sollen erkennen lassen, wie Sie zu Ihrer Antwort kommen. In dem, was Sie darlegen, muss – darin liegt das Wesen der Schlüssigkeit – eines aus dem anderen folgen. Selbstverständlichkeiten brauchen Sie natürlich nicht noch eingehend zu begründen. Wo dagegen Zweifel bestehen, genügt es nicht, nur auf diese oder jene Bestimmung hinzuweisen. Ihre Ausführungen sollen dann vielmehr zeigen, dass und warum Sie hier die Anwendung der Bestimmung bejahen.
7. Es empfiehlt sich im Allgemeinen, die Lösung zunächst einmal stichwortartig aufzuzeichnen. Oft stellt sich heraus, dass man beim ersten Durchdenken manches einfacher gesehen hat, als dann beim Niederschreiben, wenn man eine Begründung zu geben gezwungen ist. Verlieren Sie trotzdem nicht Ihre Ruhe, sondern ordnen Sie noch einmal Ihre Gedanken (neu) und untersuchen Sie erneut nacheinander jedes einzelne Tatbestandsmerkmal.
8. Ihre Lösung muss sich auch in der Form nach der Frage richten. Ist z. B. nach der Rechtmäßigkeit einer Maßnahme gefragt, so ist dies gutachtlich zu untersuchen. Ist dagegen der Entwurf eines Bescheides an eine Person gefordert, so muss ein solcher entworfen werden, und zwar wirklich so, wie man ihn an die Person senden würde; halten Sie es in diesem Fall aus Klausurgründen für erforderlich, einige Punkte etwas ausführlicher zu behandeln, als Sie es in einem Bescheid tun würden, so können Sie diese Erörterungen in Form eines zusätzlichen kurzen Vermerks oder (Teil)-Gutachtens voranstellen.
9. Die folgerichtige Begründung ist für die Beurteilung Ihrer Leistung durch den Prüfer von ausschlaggebender Bedeutung. Eine richtige **Lösung ist nur dann von Wert, wenn auch die richtige Begründung** gegeben ist. Eine „falsche“ Lösung aber wird dann nicht zu einer schlechten Beurteilung führen, wenn die Begründung zeigt, dass Sie wirklich nachgedacht, das Wesentliche erkannt haben und nur in Punkten abgewichen sind, in denen man verschiedener Meinung sein kann oder doch eine andere Meinung nicht unvernünftig ist. Lässt die Begründung der unrichtigen Lösung erkennen, dass Sie die Schwierigkeiten der Aufgabe richtig gesehen haben, so ist diese Arbeit möglicherweise sogar höher zu bewerten als eine Arbeit, die zwar zum richtigen Endergebnis kommt, aber in der Begründung zeigt, dass die Schwierigkeiten, auf die es ankam, gar nicht erkannt wurden und nur zufällig das Richtige getroffen wurde.
10. Meinen Sie, in einem Sachverhalt Lücken tatsächlicher Art gefunden zu haben, so können Sie für den Regelfall davon ausgehen, dass „normale Verhältnisse“ gemeint sind. Ist z. B. nichts über die Geschäftsfähigkeit der Person gesagt, die einen Antrag stellt, so ist vom „Normalfall“, nämlich von unbeschränkter Geschäftsfähigkeit auszugehen. Im Allgemeinen lässt das Fehlen spezieller Angaben von vornherein darauf schließen, dass Untersuchungen in Bezug auf diese Punkte überflüssig sind. Nur in den seltensten Fällen sind die Aufgaben so gestellt, dass nach dem Sachverhalt bewusst mehrere Möglichkeiten offengelassen sind und eine Eventuallösung zu geben ist.

11. Sie können Ihren Prüfenden die Arbeit durch eine lesbare Handschrift erleichtern. Verwenden Sie im Zweifel die gesetzlichen Fachausdrücke. Die äußere Form der Frage (Aufschlüsselung in Ziffern und Buchstaben) sollten Sie auch bei der Antwort (entsprechende Aufschlüsselung) beachten; das erleichtert Ihnen den Aufbau und den Prüfenden die Durchsicht.
12. Was im Text der Aufgabe angeführt ist, können Sie als auch den Prüfenden bekannt voraussetzen. Es ist also unnötig und sogar falsch, Sachverhaltsteile „nachzuerzählen“. Sie sollen den Sachverhalt nur insoweit anführen, wie Sie ihn im Zusammenhang mit der Subsumtion bzw. der Begründung Ihrer Antwort unbedingt benötigen.
13. Die für die Bearbeitung festgelegte Zeit ist regelmäßig so bemessen, dass durch Lehrveranstaltungen und Bücherstudium gut vorbereitete Studierende ohne Überstürzung fertig werden können. Teilen Sie die zur Verfügung stehende Zeit bedachtsam ein und arbeiten Sie ohne jede Hast. Es ist im Übrigen bei akuter Zeitnot besser, in den letzten Minuten die Lösung komprimiert im „Stichwortstil“ zum Endergebnis zu bringen, als ganze Teile am Schluss fortzulassen.
14. Haben Sie Ihre Lösung niedergeschrieben, so sehen Sie bitte Ihre Arbeit noch nicht als beendet an. Es ist von großer Wichtigkeit, dass Sie abschließend Ihre Lösung genau auf Fehler und Widersprüche, insbesondere aber **auch auf Auslassungen hin überprüfen**, denn jeder Punkt der Frage muss beantwortet werden. Auf diese Weise vermeiden Sie durch Flüchtigkeit verursachte unvollständige und damit unrichtige Antworten. Langjährige Korrigierenden-Erfahrung zeigt, dass immer wieder einmal Teilaufgaben nicht wegen Zeitmangels, sondern (im Klausurstress) wegen „Vergessens“ unbearbeitet bleiben.
15. Sind Sie in einer Aufsichtsarbeit einmal wesentlich früher fertig als Ihre Kollegenschaft, so liegt u. U. die Vermutung nahe, dass Sie irgendeine Schwierigkeit nicht erkannt haben. Lesen Sie dann auf jeden Fall noch einmal den Sachverhalt genau durch. Vielleicht gewinnen Sie weitere Erkenntnisse, die es Ihnen ermöglichen, Ihre Arbeit zu vervollständigen. Verfallen Sie aber bitte nicht dem Fehler, den Sachverhalt allzu misstrauisch zu betrachten. Denn wer in jedem Satz der Aufgabe eine sogenannte „Falle“ vermutet oder in jede Formulierung eine – ihr gar nicht innewohnende – Schwierigkeit hineinlegt, wird den Sachverhalt nicht mehr vernünftig bearbeiten können.

Viel Erfolg!

Rolf-Dieter Theisen

Hinweise zur Anfertigung von Klausuren

Vorbemerkung

Diese Anleitung kann keine juristische Methodenlehre ersetzen und auch nicht die Lehre von der Methodik und Technik des wissenschaftlichen Arbeitens[1] abdecken. Sie stellt vielmehr lediglich den Versuch dar, einige Begrifflichkeiten zu erläutern und die Korrekturerfahrung des Verfassers dem Leser nutzbar zu machen, um in Klausuren häufig vorkommende Fehler zu vermeiden. Hierfür werden Ihnen nach einer kurzen Einleitung zehn Hinweise vorgestellt, die Sie bei der Anfertigung einer Klausur beherzigen sollten.

Die Hinweise beziehen sich in erster Linie auf Klausuren, die **Falllösungen** in Rechtsfächern zum Gegenstand haben, gelten aber weitgehend auch für Klausuraufgaben mit anderen Fragestellungen.[2]

Zur Anfertigung einer juristischen Klausur müssen Sie sowohl über einschlägige Kenntnisse auf dem zu bearbeitenden Rechtsgebiet als auch über die methodischen Fähigkeiten verfügen, die Sie in den Stand setzen, Ihre Kenntnisse in für den Korrektor nachvollziehbarer Weise zur Lösung der Ihnen gestellten Aufgabe einzusetzen. Es reicht also nicht aus, die Lösung der Aufgabe zu wissen. Es gilt, diese einem Dritten mitzuteilen und diesen Dritten – den Korrektor – von der Richtigkeit der Lösung zu überzeugen.

„Richtig" ist eine Lösung dann – und nur dann –, wenn sie methodisch ordnungsgemäß hergeleitet wurde. Es können durchaus Klausurlösungen in diesem Sinne richtig sein, die zu verschiedenen, ja entgegengesetzten Ergebnissen kommen. Beide Ergebnisse können richtig sein, sofern die Bearbeiter methodisch korrekt vorgegangen sind und ihre Bewertung argumentativ untermauern können.

Haben Sie in der Praxis einen Fall zu bearbeiten, so soll Ihre Lösung im Streitfalle auch vor Gericht Bestand haben. Sie werden daher z. B. mit Hilfe von Kommentaren die (obergerichtliche) Rechtsprechung der für Ihren Bereich zuständigen Gerichte zu dem Problem feststellen und in der Regel im Ergebnis beachten, auch wenn Sie von diesen Ergebnissen nicht immer voll überzeugt sind. In der Klausur stehen Ihnen neben dem Gesetzestext grundsätzlich weitere Hilfsmittel nicht zur Verfügung. Sie müssen daher ohne diese Hilfsmittel für das anstehende Problem eine Lösung finden, indem Sie diese methodisch erarbeiten. Grundlegende Entscheidungen der obersten Gerichte sollten dabei allerdings bekannt sein.

---

1 Kurze und nützliche Hinweise finden sich bei *Vahle,* Die Auslegung von Rechtstexten in Klausuren, Hausarbeiten und Seminararbeiten, DVP 2007 S. 265; ders., Grundlagen der juristischen Methodik und Klausurtechnik, DVP 2007 S. 309.

2 Speziell zu Klausuren im Fach Kommunalverfassungsrecht *Seybold,* Die typische kommunalrechtliche Klausur DVP 2013 S. 11 (Teil 1) und S. 66 (Teil 2); *Rennert,* Die Klausur im Kommunalrecht, JuS 2008 S. 211.

Ein Ergebnis methodisch ordnungsgemäß herzuleiten setzt bei einer juristischen Falllösung die Beherrschung der **deduktiven Methode** voraus.[3] Diese besagt im Ergebnis, dass die Lösung des Falles im geltenden Recht vorgegeben und aus diesem abzuleiten ist. Während die Rechtssätze des geltenden Rechts typischerweise abstrakt/generell sind, ist der Ihnen vorgelegte Sachverhalt in aller Regel konkret/individuell. Wenn das geltende Recht die für den Ihnen vorgelegten Sachverhalt richtige Rechtsfolge enthält, gilt es also, den (konkret/individuellen) Sachverhalt mit dem (abstrakt/generell formulierten) geltenden Recht zu vergleichen, um aus der einschlägigen Rechtsregel die richtige Rechtsfolge für den zu lösenden Einzelfall zu finden. Diesen Vergleich nennt man **„Subsumtion"**.[4]

Die Durchführung dieses Vergleichs geschieht nach einer Methode, die man **„Syllogismus"** nennt.[5] Diese Methode vergleicht zwei Aussagen (Prämissen) – nämlich einen Obersatz und einen Untersatz – mittels gemeinsamer Elemente (Mittelbegriffe) miteinander, um so zu einem Schluss (der Konklusion) zu kommen.

Schulbeispiel:

(Obersatz)	*Alle **Menschen** sind sterblich.*
(Untersatz)	*Sokrates ist ein **Mensch**.*
Mittelbegriff:	*Mensch.*
(Konklusion)	*Also gilt: Sokrates ist sterblich.*

In der Mathematik – die ebenfalls deduktiv arbeitet – findet dieses Denkmuster in dem Gesetz „Wenn a = c und b = c gilt a = b" eine Entsprechung.[6]

Beim **juristischen Syllogismus** ist die eine Prämisse die Rechtsregel (das Gesetz), die andere der Sachverhalt.

Beispiel 1:

(Rechtsregel: z. B. § 212 StGB) Wer einen Menschen tötet ... wird als Totschläger mit Freiheitsstrafe nicht unter fünf Jahren bestraft.

(Sachverhalt) Franz Müller hat aus Wut seine Frau erschossen.

Mittelbegriffe:

1. *Wer = ein Mensch = Franz Müller*
2. *tötet = hat erschossen*
3. *einen anderen Menschen = Frau Müller*

---

3 Aus dem Lateinischen „deducere" = ableiten. Die Rechtsregel ist dem Anwender bindend vorgegeben (vgl. Art. 1 Abs. 3, 20 Abs. 3 GG). Nur aus ihr darf die Rechtsfolge (Lösung des Falles) abgeleitet werden. Das Gegenteil der deduktiven Methode ist die in den Naturwissenschaften zur Herleitung einer Gesetzmäßigkeit angewandte induktive Methode, bei der aus Folgen (z. B. Versuche zur Beschleunigung einer Masse im freien Fall) auf eine Regel (z. B. das Gravitationsgesetz) geschlossen wird.

4 Aus dem Lat.: einem Obersatz (sumptio) zu- bzw. unterordnen. Das Verb lautet „subsumieren".

5 Aus dem Griechischen. Die Lehre vom Syllogismus als Form eines deduktiven Schlusses wurde von Aristoteles im 4. Jahrhundert vor Christus begründet (Syllogismus = <logischer> Schluss).

6 Sind zwei Größen einer dritten Größe gleich, so sind sie auch untereinander gleich.

Da die Mittelbegriffe einander entsprechen, trifft die Rechtsfolge des Obersatzes „wird mit Freiheitsstrafe nicht unter fünf Jahren bestraft“ auch für den Untersatz zu. Der Schluss (die Konklusion) lautet also: „Also wird Franz Müller mit Freiheitsstrafe nicht unter fünf Jahren bestraft.“

Entsprechen die Mittelbegriffe der Prämissen einander nicht, so tritt auch die Rechtsfolge des Obersatzes nicht ein.

Beispiel 2:
(Rechtssatz) Wer einen Menschen tötet ... wird mit Freiheitsstrafe nicht unter fünf Jahren bestraft.

(Sachverhalt) Franz Müller hat aus Wut eine Katze erschossen.

Mittelbegriffe:
1. *Wer = ein Mensch = Franz Müller*
2. *tötet = hat erschossen*
3. *einen anderen Menschen – ungleich – Katze*

Da die Mittelbegriffe hier einander nicht entsprechen, wird Franz Müller nicht nach der als Prämisse genannten Rechtsregel bestraft – vielleicht aber nach einer anderen Rechtsregel in einer anderen Weise (z. B. wegen Sachbeschädigung nach § 303 StGB oder nach den Regeln der §§ 17 ff. des TierschG).

Wenn es bei der geschilderten Methode darum geht, Begriffe zu vergleichen, so ist dies nur möglich, wenn der Inhalt der Begriffe vorher festgestellt wurde.

Beispiel:
(Rechtssatz) Die Mitwirkung (an Beratung und/oder Beschluss) eines wegen Befangenheit Betroffenen kann ... nur geltend gemacht werden, wenn sie für das Abstimmungsergebnis entscheidend war.[7]

(Sachverhalt) Ratsmitglied Müller ist befangen, hält aber vor der Abstimmung eine flammende, die anderen Ratsmitglieder überzeugende Rede. An der Abstimmung selbst nimmt Müller nicht mehr teil.

Die Mitwirkung von Müller kann nur dann (mit der Folge der Rechtswidrigkeit des Ratsbeschlusses) geltend gemacht werden, wenn sie für das Abstimmungsergebnis entscheidend war. Die Frage, ob die Mitwirkung „entscheidend“ war, kann entweder daran gemessen werden, ob Müller die Mehrheit der Ratsmitglieder überzeugt hat, oder daran, ob die Stimme Müllers für das Erreichen der notwendigen Mehrheit rechnerisch maßgebend war. Ob im geschilderten Fall die Mitwirkung „geltend gemacht“ werden kann, hängt also vom Inhalt des Begriffs „für das Abstimmungsergebnis entscheidend“ ab.

7 Vgl. § 31 Abs. 6 GO. Zum Problem vgl. *Hofmann/Theisen/Bätge*, Kommunalrecht, Kap. 2.7.2.2.

Das Mittel, den Inhalt eines in einem Rechtssatz verwendeten Begriffs festzustellen, ist die **Auslegung**. Ist ein verwendeter Begriff (deutlich) auslegungsbedürftig, so spricht man von einem **„unbestimmten Rechtsbegriff"**.

Es gibt im Grundsatz vier **Auslegungsmethoden**.[8]

Die Auslegung erfolgt zunächst nach dem Wortlaut des Rechtssatzes, dann nach der Systematik (also nach der Stellung der Norm im Gesamtgefüge des Gesetzes), nach dem historischen Hintergrund sowie nach dem Sinn und Zweck des Rechtssatzes (teleologische Auslegung). In keinem Fall darf durch Auslegung einem Begriff ein Inhalt gegeben werden, der mit der Bedeutung des Wortes nicht mehr vereinbar ist.

Da im Rahmen der Subsumtion mit dem Rechtssatz der Sachverhalt verglichen wird, muss auch der Sachverhalt in seinen entscheidungserheblichen Teilen festgestellt werden. In der Praxis geschieht dies durch Sachverhaltsaufklärung etwa im Rahmen der §§ 24 ff. VwVfG NRW im Verwaltungsverfahren oder im Rahmen der Ermittlungen im Ordnungswidrigkeitenverfahren nach §§ 46 Abs. 1 OWiG, 158, 160 StPO. In der Klausur geschieht dies durch genaues Lesen des Sachverhaltes. Da Sie später den Inhalt von Normen mit dem Sachverhalt zu vergleichen haben, ist die richtige Feststellung des Sachverhaltes für eine zutreffende Lösung ebenso wichtig wie die richtige Bestimmung der anzuwendenden Normen.

Die Technik, die vom Bearbeiter bei der Klausur angewandt werden soll, wenn es darum geht, ein Ergebnis zu finden, nennt man **„Gutachtentechnik"**. Am Anfang steht eine Gutachtenfrage, die Ihnen mit der Aufgabenstellung vorgegeben wird. Mit Ihren Darlegungen suchen Sie eine Antwort auf diese Frage. Am Ende Ihrer Betrachtung steht dann als Ergebnis die Antwort auf die Gutachtenfrage. Diese Darstellungsweise nennt man den **„Gutachtenstil"**.

> ***Ausgangsbeispiel:***
> *Franz Müller möchte auf seinem Grundstück ein Gebäude errichten. Er stellt bei der zuständigen Behörde einen Antrag auf Erteilung einer Baugenehmigung (Sachverhalt). Muss die Behörde die Baugenehmigung erteilen? (Gutachtenfrage)*

Zunächst wird die Gutachtenfrage auf der Grundlage des Sachverhalts mit einem Rechtssatz verknüpft, der die gesuchte Rechtsfolge (Anspruch auf Erteilung einer Baugenehmigung) enthält:

> *Franz Müller hat nach § 74 Abs. 1 BauO NRW einen Anspruch auf Erteilung der Baugenehmigung, wenn dem Vorhaben öffentlich-rechtliche Vorschriften nicht entgegenstehen. Hier könnte § ... entgegenstehen. Nach dem Sachverhalt ist nämlich ...*

8 Zu den verschiedenen Auslegungsmethoden als Überblick *Vahle*, Grundlagen der juristischen Methodik – Auslegung und Anwendung von Rechtsvorschriften in Klausuren, Seminar- und Projektarbeiten –, DVP 2012 S. 2.

Nicht immer nennt die Norm, welche die gesuchte Rechtsfolge beinhaltet, selbst alle Voraussetzungen für den Eintritt der Rechtsfolge. Im Beispielsfall besteht ein Anspruch auf Erteilung einer Baugenehmigung z. B. nur, wenn das Vorhaben überhaupt genehmigungspflichtig (vgl. §§ 60 ff. BauO NRW) und genehmigungsfähig ist. Die Voraussetzungen für die Genehmigungsfähigkeit ergeben sich durch den Verweis auf andere „öffentlich-rechtliche Vorschriften". Soweit solche Voraussetzungen bestehen, die nicht in der Norm selbst genannt sind, müssen sie aus diesen anderen Normen hergeleitet und zusätzlich geprüft werden. Im Beispiel müssen – wenn für das Vorhaben eine Baugenehmigung benötigt wird – z. B. die planungsrechtlichen Voraussetzungen nach §§ 29 ff. BauGB (Zulässigkeit von Vorhaben) geprüft werden.

Es werden dann die Voraussetzungen der Norm für den Eintritt der Rechtsfolge geprüft. Dabei ist es zweckmäßig, die Voraussetzungen nacheinander abzuprüfen, wenn der Eintritt der Rechtsfolge von mehreren Voraussetzungen abhängig ist.

> ***Beispiel:***
> *Ein Anspruch auf Erteilung einer Baugenehmigung kann nur bestehen, wenn das Vorhaben des Müller überhaupt baurechtlich genehmigungspflichtig ist. Dazu müsste das Gebäude, welches Müller errichten will, ein Vorhaben i. S. des § 60 Abs. 1 BauO NRW sein.*

Soweit erforderlich folgt nun eine Definition der genannten Voraussetzung:

> *Vorhaben ist nach § 1 Abs. 1 Satz 1 BauO NRW u. a. die Errichtung einer baulichen Anlage. Der Begriff der baulichen Anlage ist in § 2 Abs. 1 BauO NRW legaldefiniert. Danach sind bauliche Anlagen mit dem Erdboden verbundene, aus Bauprodukten hergestellte Anlagen...*

Schließlich wird der Sachverhalt unter den Rechtssatz subsumiert.

> ***Beispiel:***
> *Das Gebäude, dessen Errichtung Müller plant, wird aus Bauprodukten hergestellt und ist mit dem Erdboden verbunden. Es ist daher eine bauliche Anlage und damit grundsätzlich ein Vorhaben im Sinne des § 60 Abs. 1 BauO NRW.*
>
> *Einer Baugenehmigung bedarf das Vorhaben aber nur dann, wenn nicht eine anderweitige Regelung nach §§ 61 bis 63, 78 und 79 BauO NRW getroffen wurde...*

In dieser Weise überprüfen Sie auch die weiteren Voraussetzungen des in Betracht kommenden Rechtssatzes, bis Sie festgestellt haben, ob die gesuchte Rechtsfolge eintritt oder – weil notwendige Voraussetzungen fehlen – nicht eintritt. Am Ende Ihrer Darlegungen steht dann die Antwort auf die gestellte Gutachtenfrage: (z. B.) „Also muss die Behörde Müller die Baugenehmigung erteilen."

Wird vom Klausurbearbeiter kein Gutachten, sondern ein **Entscheidungsentwurf** (Erstinstanzlicher Bescheid oder – wegen § 110 JustizG NRW in seltenen Fällen –

Widerspruchsbescheid) verlangt, so bedient er sich nicht des Gutachtenstils, sondern des **Bescheid- oder Urteilsstils.**

Ebenso, wie der Richter nach Abschluss der Verhandlung den Urteilsspruch verkündet – „Im Namen des Volkes ergeht folgendes Urteil: Der Angeklagte wird wegen Totschlags zu einer Freiheitsstrafe von sechs Jahren verurteilt" (§§ 260 Abs. 4, 268 StPO) – und sein Urteil danach begründet (§§ 267, 268 StPO), so gestaltet sich im Verwaltungsverfahren der Bescheid. Er enthält zunächst den Tenor[9] (die Entscheidung, das Ergebnis des Verfahrens), danach folgt eine Begründung.

Beispiel:
Sehr geehrter Herr Müller,
Ihr Antrag auf Erteilung einer Baugenehmigung für ... wird zurückgewiesen.
Begründung (§ 39 VwVfG NRW):
(Sachverhalt:)
Sie beantragten unter dem ... die Genehmigung für die Errichtung eines ...
(Rechtsgründe:)
Ihrem Antrag kann nicht stattgegeben werden.
Nach § 74 Abs. 1 BauO NRW ist eine Baugenehmigung nur dann zu erteilen, wenn ... Ihr Vorhaben widerspricht aber den Festlegungen des Bebauungsplanes, da ...

Lautet eine Klausuraufgabe „Entwerfen Sie die Entscheidung der Behörde",[10] so wird von Ihnen kein Gutachten, sondern ein Entscheidungsentwurf verlangt. Bevor Sie allerdings den Entscheidungsentwurf fertigen können, müssen Sie gutachtlich über die Frage nachgedacht haben, welchen Inhalt Ihre Entscheidung denn haben soll. Für diese Fälle bietet sich an, eine gutachtliche Überlegung in Form einer Lösungsskizze auf Konzeptpapier zu erstellen, die dann in eine Reinschrift des Entscheidungsentwurfs umgesetzt werden kann.[11]

Wird in einer Klausuraufgabe (rechtsgutachtlich) nach dem Erfolg eines Rechtsbehelfs gefragt (z. B.: „Wie wird die Behörde über den Widerspruch des A entscheiden?" oder „Wird die Klage des A gegen die Ordnungsverfügung des Bürgermeisters Erfolg haben?"), ist zur Lösung mit der Grunddisposition „Der Rechtsbehelf wird Erfolg haben, soweit er zulässig eingelegt und in der Sache begründet ist" anzusetzen. Sie prüfen also zunächst die Zulässigkeit, danach die Begründetheit des Rechtsbehelfs. Dabei kann es sein, dass Sie zu dem Ergebnis kommen, dass der Rechtsbehelf unzulässig ist (z. B. weil der Widerspruch nach § 110 JustizG NRW nicht statthaft ist oder weil der Rechtsbehelf formfehlerhaft oder verfristet eingelegt wurde). Ihr Ergebnis müsste dann lauten: „Also wird der Rechtsbehelf keinen Erfolg haben." Eine Prüfung der Begründetheit würde nicht mehr stattfinden.

---

9 Aus dem Lateinischen = Inhalt/Regelung. Die Betonung liegt auf der ersten Silbe: Tenor.

10 Beispiele zur Anfertigung von Bescheiden finden sich z. B. in *Palm/Rohde*, Klausurfälle, Schemata und Klausurtipps für das Verwaltungsrecht, 9. Aufl., Witten 2022.

11 Die Lösungsskizze sollte der Reinschrift beigefügt werden, damit der Korrektor ggf. auf die Gedankenführung im Gutachtenkonzept zurückgreifen kann.

Häufig wird Ihnen durch die Aufgabenstellung für diesen Fall ausdrücklich vorgegeben, dass ein **Hilfsgutachten** zur Begründetheit des Rechtsbehelfs zu erstellen ist. Aber auch dann, wenn die Aufgabenstellung dieses nicht ausdrücklich verlangt, kann die Erstellung eines Hilfsgutachtens zur Begründetheit grundsätzlich erwartet werden. Dies gilt jedenfalls dann, wenn der Fehler, der zur Unzulässigkeit führt, geheilt werden kann (z. B. formfehlerfreie Nachholung der Einlegung, Wiedereinsetzung bei Fristversäumnis) oder eine Abhilfe außerhalb eines Widerspruchsverfahrens nach § 48 VwVfG naheliegt.

Im Übrigen kann den Bürger eine Zurückweisung seines Rechtsbehelfs wegen Unzulässigkeit eher dann überzeugen, wenn ihm dargelegt wird, dass auch bei Zulässigkeit des Rechtsbehelfs dieser in der Sache keinen Erfolg hätte haben können.

Beispiel:
Ihr Widerspruch war verspätet, damit unzulässig und zurückzuweisen. Rein vorsorglich weise ich aber darauf hin, dass selbst ein zulässiger Widerspruch in Ihrem Falle keinen Erfolg hätte haben können, da ...)[12]

Zehn Hinweise für das Klausurschreiben

Hinweis 1

Klausurschreiben ist mühsam, aber lernbar. Auch Sie können es lernen, wenn Sie sich der notwendigen Disziplin unterwerfen.

Hinweis 2

Gehen Sie jede Klausur mit dem Willen an, sie systematisch zu lösen.

Die ordnungsgemäße Lösung einer Klausur ist eine mühsame Angelegenheit. Da häufig bei der Lösung von Rechtsproblemen nicht nur ein bestimmtes Ergebnis richtig ist, kommt es für die Bewertung Ihrer Klausurarbeit maßgeblich auf die ordnungsgemäße Herleitung des von Ihnen gefundenen Ergebnisses an. Eine solche ordnungsgemäße Herleitung setzt voraus, dass Sie Ihre Ausführungen systematisch deduktiv aufbauen. Der Leser (Korrektor) muss jeweils nachvollziehen können, warum die Diskussion des angesprochenen Problems für die Lösung der Ausgangsfrage notwendig ist.

Die Problemlösung ist argumentativ zu bewältigen. Ein beliebter Ausweichmechanismus besteht darin, schwierige Argumentationen durch „starke Wörter“ zu ersetzen. Wörter wie „unzweifelhaft, natürlich, selbstverständlich“ ersetzen keine Begründung. Sie dienen im Gegenteil in der Regel dazu, Argumentationsprobleme des Bearbeiters zu verdecken. Ist wirklich etwas so „unzweifelhaft“, wird der Leser der sachlichen Feststellung folgen können, dass dieses oder jenes so oder so sei. Auch

12 Vorsicht! Eine z. B. trotz Verfristung vorgenommene Prüfung – und Entscheidung – in der Sache kann – als erneute Entscheidung – (streitig!) zur Zulässigkeit einer Klage führen. Die – als Hinweis gedachte – Darlegung der Begründetheit darf also nicht als entscheidungsrelevant erscheinen.

wenn sich der Bearbeiter auf eine „herrschende Meinung“ beruft, sind deren Argumente und ggf. die Gegenargumente darzulegen.

Zu einer systematischen Lösung gehört auch, dass Sie mit der Ihnen zur Bearbeitung der Aufgabe zur Verfügung stehenden Zeit ökonomisch umgehen. Das setzt voraus, dass Sie sich für die Bearbeitung der Klausur einen Zeitplan erstellen. Als Grundmuster kann gelten, dass Sie ein Drittel der Zeit für die Vorbereitung und Erstellung der Lösungsskizze verwenden, um diese dann im Rest der Zeit schriftlich ausformulieren zu können.

Gelingt es Ihnen nicht, die Lösungsskizze im vorgesehenen Zeitraum zu erstellen, so muss das nicht den Erfolg der Klausur gefährden. Grundsätzlich ist aber zu bedenken, dass Gegenstand der Bewertung nur die schriftlich ausformulierte Lösung ist, nicht die Lösungsskizze. Andererseits liegt aber die juristische Leistung nicht allein im „Ausformulieren“, sondern wesentlich auch in der ordnungsgemäßen Herleitung eines Ergebnisses.

Werden Sie mit einer Reinschrift (evtl. auch im Telegrammstil) in der vorgegebenen Zeit nicht fertig, verweisen Sie hinsichtlich des Restes auf die beigefügte (nachvollziehbare und lesbare!) Lösungsskizze. Der Korrektor kann dann die dort enthaltenen Darstellungen vielleicht noch mit in die Bewertung einfließen lassen.

Hinweis 3

Stellen Sie genau fest, wie die Ihnen gestellte Aufgabe lautet.

Die Aufgabenstellung ist für Sie ein bindender Arbeitsauftrag. Allein die gute oder schlechte Erfüllung **dieses Auftrags** entscheidet über den Erfolg Ihrer Klausur. Selbst wenn Sie beachtliche Leistungen erbringen, die von der Aufgabe nicht abgefragt wurden, wird Ihre Klausur mangelhaft sein.

Fehler werden hier häufig deshalb gemacht, weil man meint, die Klausur bereits zu kennen. Dadurch verlieren Sie zunächst wertvolle Zeit, indem Sie über einen anderen Fall (!) nachdenken. Kommt Ihnen dann die Erinnerung in ausreichender Klarheit, so besteht für Sie eine heftige Versuchung, festzustellen, dass dieser (andere) Fall Gegenstand der Klausuraufgabe ist, ohne dies exakt überprüft zu haben. Sie laufen Gefahr, eine nicht gestellte Aufgabe zu lösen.

Lesen Sie die Aufgabe noch einmal, bevor Sie mit Ihren Ausführungen beginnen. Knüpfen Sie mit Ihrer Darstellung textlich an die Aufgabenstellung an.

War die Aufgabe eine rechtsgutachtliche Stellungnahme, so beantworten Sie die Gutachtenfrage am Ende Ihrer Darlegungen in deutlicher Anknüpfung an den Wortlaut der Aufgabenstellung.

Hinweis 4

Stellen Sie den richtigen Lösungsansatz für die Klausuraufgabe fest.

An einen identischen Sachverhalt können verschiedene Fragestellungen anknüpfen. Je nach Fragestellung werden Sie einen andersartigen Ansatz zur Lösung der Frage wählen müssen.

Beispiel:
Der Sachverhalt soll sein:
A hat in seinem Garten ein Blockhaus errichtet, für das er nachträglich eine Genehmigung bei der unteren Bauaufsichtsbehörde beantragt hat. Die Genehmigung wird versagt.

Frage: Ist die Entscheidung der Behörde rechtmäßig?
Ansatz: Die Entscheidung der Behörde ist rechtmäßig, wenn die Voraussetzungen für eine Genehmigung nicht vorliegen.
1. Gemäß § 60 Abs. 1 BauO NRW sind genehmigungspflichtig…
2. Nach § 74 Abs. 1 BauO NRW ist Voraussetzung für die Erteilung einer Genehmigung, …

Frage: Hätte ein Widerspruch des A gegen die Entscheidung der Behörde Erfolg?
Ansatz: Der Widerspruch wird Erfolg haben, wenn er zulässig und begründet ist.
1. Der Widerspruch könnte nach § 110 JustizG NRW nicht statthaft sein. Nach dieser Vorschrift …

Frage: Welche (weiteren) Maßnahmen kann die untere Bauaufsichtsbehörde ergreifen?
Ansatz: Die Behörde könnte gemäß §§ 82 Abs. 1 Satz 1 BauO NRW die Beseitigung des Blockhauses verfügen. Das setzt aber voraus, …

Frage: Kann die Behörde gegen A einen Bußgeldbescheid nach § 86 Abs. 1 Nr. 15 BauO NRW erlassen, wenn er ohne eine notwendige Baugenehmigung das Blockhaus erstellt hat?
Ansatz: Dann müsste zunächst die Behörde die für die Verfolgung und Ahndung einer solchen Ordnungswidrigkeit zuständige Behörde i. S. v. § 36 OWiG sein. Nach § 86 Abs. 4 lit. d BauO NRW …

Materiell ist für den Erlass eines Bußgeldbescheides Voraussetzung, dass A eine Ordnungswidrigkeit gem. § 86 OWiG begangen hat. Im Einzelnen bedeutet das …

Frage: Könnte A nach vier Monaten erneut eine Genehmigung beantragen?
Ansatz: Grundsätzlich kann A einen Antrag beliebig oft wiederholen. Die Behörde ist aber nicht verpflichtet, jeden Antrag in der Sache erneut zu bescheiden. Hat sie einmal in der Sache entschieden, so …

Frage: Kann A das ungenehmigte Blockhaus (mit einem entsprechenden Teil des Grundstückes) an X verkaufen?
Ansatz: Grundsätzlich kann A nach dem Prinzip der Vertragsfreiheit mit X jede Art von Vertrag schließen und damit auch einen Kaufvertrag über das Blockhaus. Hier könnten sich aber Besonderheiten aus §§ 134 ff. BGB ergeben. …

Manchmal haben Klausuren allgemeine Fragestellungen, wie z. B. „Wie ist die Rechtslage", oder einen allgemeinen Arbeitsauftrag, wie z. B. „Nehmen Sie zu allen Rechtsproblemen des Sachverhalts Stellung". Solche Klausuraufgaben können sinnvoll nur bearbeitet werden, wenn diese allgemeinen Ansätze in konkrete Fragestellungen aufgelöst werden.

Da an einen Sachverhalt aus völlig verschiedenen Blickwinkeln juristische Fragestellungen herangetragen werden können (z. B. ein Verkehrsunfall: Wer erhält Schadensersatz? Wird der Fahrer bestraft? Wie muss/kann die Polizei einschreiten?), gilt es für die Ausdeutung der allgemeinen Fragestellungen zunächst, den richtigen Zusammenhang für die mit der Aufgabe abgefragten Problembereiche herzustellen.

Handelt es sich um eine Klausur im Zivilrecht, werden die Ansprüche der Unfallteilnehmer gegeneinander zu prüfen sein. Geht es um eine Klausur im Strafrecht, werden die möglichen Straftaten zu erörtern sein. Wenn im Sachverhalt Maßnahmen der Polizei oder der Staatsanwaltschaft geschildert werden ist ggf. deren Zulässigkeit darzulegen.

Hinweis 5

Fertigen Sie vor der Reinschrift **immer** eine Lösungsskizze an.

Eine Reinschrift ist zeitaufwendig. Sie sollte daher so kurz wie möglich sein. Gleichzeitig stellt sie aber auch das – überprüfbare und zu bewertende – Ergebnis Ihrer Bemühungen dar. Sie muss also in der gebotenen Kürze den Korrektor durch eine klar aufgebaute Beantwortung der Fallfrage überzeugen. Eine solche Lösung wird Ihnen nur gelingen, wenn Sie vor der Reinschrift die Klausur voll durchdacht haben.

Bei komplexeren Klausuraufgaben werden Sie nicht leicht alle Gedanken in der richtigen Reihenfolge im Kopf behalten können. Beginnen Sie nun ohne Lösungsskizze die Reinschrift, führt das dazu, dass häufig mehrere Seiten Reinschrift durchgestrichen werden und – da Punkte in der Reihenfolge vergessen wurden – Verweisungen die Reinschrift unübersichtlich machen. Durchgestrichene Seiten sind vertane Zeit. Ausgelassene Gedanken führen beim Leser (und beim Bearbeiter) zur Verwirrung.

Vor allem aber zwingt Sie die Lösungsskizze, vor der Reinschrift die Aufgabe vollständig zu durchdenken, und sie bietet die Möglichkeit, vor der Reinschrift zu kontrollieren, ob Sie die gestellte Aufgabe gezielt gelöst und keine Frage vergessen haben (vgl. Hinweise 3 und 4).

Eine Lösungsskizze sollte so ausgearbeitet sein, dass Sie nach ihr den Text der Reinschrift diktieren könnten. Dann wird es Ihnen auch leichtfallen, nach einer solchen Lösungsskizze eine Reinschrift ohne Durchstreichungen oder Verweisungen anzufertigen.

Auch eine Lösungsskizze kann falsch sein. Dann ist es auf jeden Fall besser, den Fehler in der Lösungsskizze zu korrigieren, als ihn während der Reinschrift zu bemerken und dann in der Reinschrift korrigieren zu müssen.

Hinweis 6

Lösen Sie nicht mehrere Probleme einer Klausur auf einmal.

Bearbeiten Sie jede Fragestellung einzeln und verweisen dann ggf. für die weiteren Fragestellungen auf bereits gemachte Ausführungen.

Ausnahmsweise können Sie mehrere Fragestellungen gemeinsam abhandeln, wenn Ihre Vorüberlegungen ergeben haben, dass eine Vorfrage (z. B. die Zuständigkeit einer Behörde oder die Zulässigkeit eines Rechtsbehelfs) für alle weiteren Fragen in gleicher Weise zu beantworten ist. In diesem Fall kann die Vorfrage quasi vor die Klammer gezogen werden. In einem solchen Fall kann auch die Vorfrage im Rahmen einer einzelnen Fragestellung erörtert und das Ergebnis dann für die weiteren Fragen in Bezug genommen werden.

Hinweis 7

Prüfen Sie, bevor Sie mit der Reinschrift beginnen, ob das von Ihnen im Rahmen der Lösungsskizze gefundene Ergebnis auch wirklich die in der Aufgabe gestellte Frage gezielt und umfassend beantwortet.

Es ist nicht selten, dass im Eifer der Bearbeitung die Fallfrage aus dem Auge verloren wird oder die Beantwortung einer von mehreren Fragen vergessen wird. Stellen Sie einen solchen Fehler fest, überarbeiten Sie die Lösungsskizze, bevor Sie mit der Reinschrift beginnen.

Hinweis 8

Machen Sie nur solche Ausführungen, die für die Lösung der Ihnen gestellten Aufgabe erkennbar notwendig sind.

Anfänger neigen dazu, in der Klausurbearbeitung zeigen zu wollen, welche Kenntnisse sie auf dem betreffenden Rechtsgebiet erworben haben. Es werden dann lehrbuchhafte Darstellungen geliefert, um etwa einen Terminus zu erläutern oder ihn in die Ausführung einzubringen. Da der Leser Ihrer Klausur – der Korrektor – sich aber in aller Regel nicht anhand Ihrer Ausführungen weiterbilden will, wird er solche Exkurse als störend empfinden.

Der Umfang Ihrer Ausführungen sollte der Bedeutung des einzelnen Problembereiches für die Lösung der Aufgabe entsprechen. Allgemein gilt dabei der Grundsatz, dass keine Ausführungen erwartet werden, soweit der Ihnen vorgelegte Sachverhalt keine besonderen Mitteilungen enthält. Enthält beispielsweise ein Sachverhalt keine Angaben über die Geschäftsfähigkeit eines Beteiligten, so ist dies auch bei der Prüfung der Prozessfähigkeit gemäß § 62 Abs. 1 VwGO nicht zu problematisieren.

Unproblematische Bereiche sprechen Sie (allenfalls) kurz – im Urteilsstil – an, um dann die Kernprobleme eingehend – im Gutachtenstil – darstellen zu können. Daher benutzen Sie Prüfungs- oder Lösungsschemata nur für die gedankliche Vorbereitung Ihrer Lösung und für den Aufbau der Lösungsskizze.

Prüfungs- und **Lösungsschemata**[13] sollen möglichst für jeden denkbaren Fall einer allgemeinen Problemlage ein Prüfungsmuster vorgeben, sodass alle Möglichkeiten

13 Vgl. z. B. die bei *Palm/Rohde*, Klausurfälle, Schemata und Klausurtipps für das Verwaltungsrecht, 9. Aufl., Witten 2022 oder *Treder/Rohr*, Prüfungsschemata Verwaltungsrecht, 5. Aufl., Heidelberg 2008 dargestellten Schemata.

rechtlicher Fehler „abgedeckt“ werden können. In **keinem** konkreten Fall sind aber alle diese Punkte problematisch und daher in der Klausur anzusprechen. Sie sollen vielmehr in der gedanklichen Vorbereitung der Lösung anhand eines Prüfungs- oder Lösungsschemas die Problembereiche des konkreten Falles erkennen und dann **nur** zu diesen in Ihren Ausführungen Stellung nehmen.

Beispiel:
Der Sachverhalt soll sein:
A erhält vom Bürgermeister B einen Beitragsbescheid über 1.000 € Kanalanschlussbeitrag für ein Grundstück an der X-Straße, welches er inzwischen an B veräußert hatte.

Klausurfrage:
Wird die beim Verwaltungsgericht ohne Vorverfahren erhobene Klage des A gegen den Beitragsbescheid Erfolg haben? (Die entsprechende Satzung ist beigefügt.)
Ansatz für die Lösung: Die Klage wird Erfolg haben, soweit sie zulässig und begründet ist.

Es wäre nun weder angebracht, alle denkbaren Problembereiche der Zulässigkeit einer verwaltungsgerichtlichen Klage nach einem Prüfungsschema aufzuzählen (vgl. Hinweis 7), noch etwa die Klageart anhand der Verwaltungsakts-Qualität eines Kanalanschlussbeitragsbescheides eingehend zu überprüfen. Hier wäre etwa folgende Ausführung denkbar:

„Die Klage des A wird als Anfechtungsklage Erfolg haben, wenn sie zulässig und begründet ist. Grundsätzlich ist allerdings nach § 68 Abs. 1 VwGO vor Erhebung der Anfechtungsklage ein Vorverfahren durchzuführen, was nach dem Sachverhalt hier nicht geschehen ist. Allerdings bedarf es nach § 68 Abs. 1 Satz 2 VwGO eines Vorverfahrens nicht, wenn ein Gesetz dies bestimmt. Nach § 110 Abs. 1 JustizG NRW ...“

Bei Ihren Ausführungen zur Begründetheit werden Sie dann den Schwerpunkt auf die Frage legen, gegen wen die Beitragspflicht entsteht (§§ 8 Abs. 7, 10 KAG NRW i. V. m. der Satzung). Verfehlt wären hier allgemeine Ausführungen zu Arten und Grundlagen von Kommunalabgaben.

Hinweis 9
Gibt der Sachverhalt Rechtsansichten oder sonstige Stellungnahmen der Beteiligten wieder, ist im Gutachten und in der Begründung von Entscheidungen auf diese einzugehen.

Lässt sich etwa in einem Fall, in dem der Adressat einer Ordnungsverfügung gegen diese klagt, der Kläger dahingehend ein, nicht er, sondern ein anderer sei der Pflichtige, so ist es Aufgabe des Bearbeiters, auf die Frage der Polizeipflicht des

Klägers einzugehen. In einem Rechtsbehelfsverfahren wird der Bürger eine Entscheidung umso eher akzeptieren, als er sieht, dass seine Argumente sachgerecht berücksichtigt worden sind.

Hinweis 10

Haben Sie im Rahmen einer Aufgabe die Rechtmäßigkeit einer (belastenden) Maßnahme zu prüfen, so sind in aller Regel formelle (Form- und Verfahrensvorschriften) und materielle Rechtmäßigkeitsanforderungen zu überdenken. Dabei wird die formelle Rechtmäßigkeit vor der materiellen Rechtmäßigkeit geprüft.

Sie suchen dann zunächst eine Norm, welche die zu überprüfende Rechtsfolge zulässt (Prinzip vom Vorbehalt des Gesetzes). Geben Sie in Ihren Ausführungen dann die Norm genau an, auf die sich die Maßnahme ggf. stützen kann. Damit entscheiden Sie nämlich gleichzeitig auch über die für die Fragen der Zuständigkeit und des Verfahrens maßgeblichen Normen und natürlich auch über die materiellen Voraussetzungen der Rechtmäßigkeit.

Beispiel:

Der Sachverhalt soll sein: Gastwirt A in der Gemeinde B, Kreis K, erhält vom Bürgermeister B eine Verfügung, mit der ihm die Schließung seiner Gaststätte aufgegeben wird. Ist die Verfügung rechtmäßig?

Lösungsansätze

Die Verfügung könnte eine gewerbeaufsichtliche Verfügung gem. § 35 GewO sein.

Eine solche Verfügung könnte der Bürgermeister B aber nur erlassen, wenn er zuständige Behörde i. S. des § 35 Abs. 1 Satz 1 GewO wäre. Gem. § 155 Abs. 2 GewO ist die Zuständigkeit landesrechtlich zu bestimmen. In Ausführung dieser Vorschrift bestimmt Nr. 1.13 der Anlage zur Zuständigkeitsverordnung vom ... die Zuständigkeit der Kreisordnungsbehörden für eine Gewerbeuntersagung gem. § 35 Abs. 1 GewO.

Gemäß § 3 Abs. 1 OBG NRW ist Kreisordnungsbehörde der Landrat des Kreises K. Die Zuständigkeit des Bürgermeisters B ist also für Maßnahmen nach § 35 Abs. 1 GewO nicht gegeben; er könnte solche Maßnahmen rechtmäßig nicht ergreifen.

Die Schließungsverfügung könnte aber eine Maßnahme nach § 15 Abs. 2 GewO[14] sein. Für solche Maßnahmen ist gem. Nr. 1.3 der Anlage zur Zuständigkeitsverordnung die örtliche Ordnungsbehörde zuständig. Örtliche Ordnungsbehörde ist gem. § 3 Abs. 1 OBG NRW der Bürgermeister. Für eine Maßnahme nach § 15 Abs. 2 GewO war der Bürgermeister als örtliche Ordnungsbehörde daher zuständig.

Die Verfügung ist eine Ordnungsverfügung, für deren Form § 20 OBG zu beachten ist. ...

Verfahrensrechtlich stellt die Ordnungsverfügung eine belastende Maßnahme dar, vor deren Erlass § 28 Abs. 1 VwVfG zu beachten ist. ...

§ 15 Abs. 2 GewO setzt aber materiell voraus, ...

14 Unrichtig wäre es, § 15 GastG zu prüfen, da diese Norm als Rechtsfolge nur den Entzug der Erlaubnis, nicht aber eine Schließungsverfügung nennt.

Beispiel für ein Prüfungsschema: Rechtmäßigkeit eines Ratsbeschlusses

Die Frage „Ist der Beschluss oder ist die Wahlhandlung des Rates rechtmäßig?" kann sich in verschiedenen Zusammenhängen stellen. Ausgangsfrage kann z. B. sein: Muss der Bürgermeister den Beschluss nach § 54 Abs. 2 GO beanstanden? Oder: War die Aufhebung des Ratsbeschlusses durch die Aufsichtsbehörde nach § 122 Abs. 1 Satz 2 GO rechtmäßig? Oder: Wird die Klage der Gemeinde gegen die Aufhebungsverfügung Erfolg haben?

Bei all diesen Fragestellungen kommt es im Kern auf die Rechtmäßigkeit des Ratsbeschlusses an. Die gutachtliche Überlegung zu dieser Frage kann dann nach dem unten dargestellten Schema erfolgen. Bitte beachten Sie, dass Sie in einem konkreten Gutachtenfall **niemals** zu all diesen Überlegungen Ausführungen machen müssen (Hinweis 8) und dass bei besonderen Konstellationen auch hier nicht genannte Aspekte geprüft werden müssen. Die dargestellten Prüfungsgesichtspunkte gelten für die Willensbildungsform Beschluss nach § 50 Abs. 1 GO und Wahl nach § 50 Abs. 2 GO grundsätzlich in gleicher Weise und nicht nur für die Willensbildung im Rat, sondern auch für die Beschlüsse und Wahlen in einem Ausschuss. Der Einfachheit halber wird im Folgenden nur vom „Beschluss" (des Rates) gesprochen.

Ausgangsfrage: Liegt ein rechtmäßiger Ratsbeschluss vor?

A.	**Die Prüfung der Rechtmäßigkeit eines Ratsbeschlusses ist nur sinnvoll, wenn überhaupt ein Beschluss wirksam gefasst wurde.**
I.	Liegt eine Willensbildung durch Abstimmung im Rahmen einer Ratssitzung vor? (§ 51 Abs. 1 GO)
II.	War der Rat beschlussfähig? (§ 49 Abs. 1 Satz 1 GO, ggf. § 49 Abs. 1 Satz 2 GO)
III.	Wurde der Beschluss mit der notwendigen Mehrheit gefasst? (§ 50 Abs. 1 Satz 1 GO, ggf. besondere Mehrheitsanforderung, z. B. § 7 Abs. 3 Satz 3 GO)[15]
B.	**Ist der Beschluss grundsätzlich gefasst, so kann gegen Rechtssätze über Zuständigkeit, Verfahren oder Form verstoßen worden sein.**
I.	Organzuständigkeit des beschließenden Organs? (z. B. Rat: § 41 Abs. 1 GO oder Bezirksvertretung nach § 37 Abs. 1 GO? Ggf. Organisationsrecht des Bürgermeisters nach § 62 Abs. 1 Satz 2 und 3 GO?)

15 Erhält ein zur Abstimmung gestellter Antrag nicht die notwendige Mehrheit, liegt kein „rechtswidriger Beschluss" vor! Es ist vielmehr der beantragte Beschluss nicht gefasst worden. Die Rechtmäßigkeit eines nicht gefassten Beschlusses kann sinnvoll nicht geprüft werden. Allenfalls kann geprüft werden, ob ein Beschluss hätte gefasst werden müssen (z. B. einer Nachtragssatzung gem. § 81 GO) und daher die Unterlassung der Beschlussfassung rechtswidrig ist.

II.	Ordnungsgemäßer Ablauf der Ratssitzung?
1.	Ordnungsgemäße Einladung? (§ 47 GO)
2.	Ordnungsgemäße Tagesordnung? (§ 48 Abs. 1 GO) – Bestimmtheit (§ 48 Abs. 1 Satz 1 GO) – Bekanntmachung (§ 48 Abs. 1 Satz 4 GO)
3.	Öffentlichkeit der Sitzung (§ 48 Abs. 2 Satz 1 GO)
4.	Mitwirkung ausgeschlossener Mitglieder des Rates (§§ 43 Abs. 2, 31, 50 Abs. 6 GO, für den Bürgermeister auch § 40 Abs. 2 Satz 6 GO)
III.	Verfahren im engeren Sinne
1.	Abstimmungsverfahren (offen, namentlich, geheim: § 50 Abs. 1 und 2 GO) Bei Wahlen ggf. § 50 Abs. 3 und 4 GO.
2.	Besondere Verfahrensvorschriften z. B. für den Erlass der Haushaltssatzung (§ 80 GO)
C.	**Der Beschluss kann auch wegen seines Inhalts rechtswidrig sein.**
I.	Fehlt die Verbandskompetenz[16] der Gemeinde, kann auch keine Organ-Zuständigkeit des Rates bestehen (Beispiele: Beschlüsse zur atomwaffenfreien Zone, zur Erzeugung von Atomstrom, Bundeswehreinsätze in Mali usw.)
II.	Im Übrigen ergeben sich die inhaltlichen Rechtmäßigkeitskriterien aus dem jeweiligen Fachrecht. Beispiele: Verstoß des Beschlusses einer Gebührensatzung gegen § 6 Abs. 3 KAG (ungerechter Verteilungsmaßstab), Verstoß des Beschlusses eines Bebauungsplanes gegen § 1 Abs. 6 Nr. 1 BauGB (Baugebiet auf Müllkippe

16 Die Verbandskompetenz kann auch vor der Organkompetenz geprüft werden. Nur im Rahmen der Verbandskompetenz der kommunalen Körperschaft kann ein kommunales Organ eine Zuständigkeit haben. Hier wird sie aber unter C angesprochen, da sich die Verbandskompetenz auf den Inhalt des Beschlusses bezieht.

Harald Hofmann

Schemata zum Aufbau von Kommunalrechtsklausuren

Vorbemerkung

Einen für alle Kommunalrechtsklausuren passenden Musteraufbau gibt es nicht, da die kommunalrechtlichen Fallkonstellationen zu unterschiedlich sind. Grundsätzlich orientiert sich der Klausuraufbau im Kommunalrecht am Aufbau einer Klausur im allgemeinen Verwaltungsrecht, vgl. *Hofmann/Hildebrandt/Gunia/Zeissler*, Allgemeines Verwaltungsrecht (mit Bescheidtechnik, Verwaltungsvollstreckung und Rechtsschutz), 12. Aufl., RdNr. 391.

Zu anderen Fallkonstellationen vgl. auch die bei *Hofmann/Bätge/Wiesner*, Kommunalrecht in Nordrhein-Westfalen, 20. Aufl. hinter den jeweiligen Kapiteln folgenden Übungsfälle mit Lösungen.

Bei dem Versuch, kommunalrechtliche Standard-Fallgruppen zusammenzufassen, ergeben sich folgende Grob-Schemata (A–E):

A. Prüfung der Rechtmäßigkeit eines Ratsbeschlusses

I. Formelle Rechtmäßigkeit

1. Verbandskompetenz der Gemeinde

2. Organ-Zuständigkeit des Rates (§ 41 GO NRW)

3. Verfahren des Rates, z. B.:
   - Ladung (§ 47 GO NRW + Geschäftsordnung)
   - Tagesordnung und Öffentlichkeit (§ 48 GO NRW)
   - Ausschließungsgründe § 43 II i. V. m. § 31 (beachte besonders Absatz 6) GO NRW
   - Beschlussfähigkeit § 49 GO NRW
   - Abstimmung § 50 GO NRW

II. Materielle Rechtmäßigkeit

1. gegebenenfalls Tatbestandsmerkmale der besonderen Ermächtigungsnorm (z. B. §§ 7, 8, 9, 77 GO NRW)

2. Vereinbarkeit mit höherrangigem Recht

3. allgemeine Rechtmäßigkeitsanforderungen (vgl. hierzu den Aufbau einer verwaltungsrechtlichen Klausur, z. B. *Hofmann/Hildebrandt/Gunia/Zeissler*, Allgemeines Verwaltungsrecht (mit Bescheidtechnik, Verwaltungsvollstreckung und Rechtsschutz), 12. Aufl., RdNr. 391)

B. Kommunalverfassungsstreit

[Vgl. zum Kommunalverfassungsstreit *Hofmann/Bätge/Wiesner*, Kommunalrecht in Nordrhein-Westfalen, 20. Aufl., Kap. 2.8.5]

I. Zulässigkeit der Klage

1. Verwaltungsrechtsweg (§ 40 VwGO)
2. Klageart (nicht in §§ 42, 43 VwGO benannt, aber als Leistungs- bzw. Feststellungsklage anerkannt)
3. Klagebefugnis (analog § 42 Abs. 2 VwGO), Verletzung funktionaler Rechte (als Zwischenorganstreit oder als Innerorganstreit)
4. (Vorverfahren nicht erforderlich)

II. Begründetheit der Klage
Ist eine Rechtswidrigkeit gegeben, die zu einer Verletzung eines funktionalen Rechts des Klägers (als Ratsmitglied, Fraktion etc.) führt?

1. formelle Rechtswidrigkeit
2. materielle Rechtswidrigkeit

C. Prüfung der Rechtmäßigkeit einer Aufsichtsmaßnahme

I. formelle Rechtmäßigkeit

1. Zuständigkeit als Rechtsaufsichts-/„Allgemeine Aufsichtsbehörde" (§ 119 I GO NRW), bzw. als Sonderaufsichtsbehörde (§ 119 Abs. 2 GO z. B. § 7 OBG NRW)
2. ggf. Verfahren (z. B. Beanstandungsweisung und Nach-Beratung gemäß § 122 Abs. 1 GO NRW)

II. materielle Rechtmäßigkeit
Tatbestandsmerkmale der Ermächtigungsnorm, z. B.:

1. Beanstandung und Aufhebung § 122 Abs. 1 und 2 GO NRW
2. Anordnung § 123 Abs. 1 GO NRW
3. Ersatzvornahme § 123 Abs. 2 GO NRW
4. Rechtmäßigkeitsweisung, z. B. § 9 Abs. 1 OBG NRW
5. Zweckmäßigkeitsweisung, z. B. § 9 Abs. 2 OBG NRW
6. Selbsteintritt, z. B. § 10 OBG NRW

D. Klage gegen Maßnahme der Rechtsaufsicht („Allgemeine Aufsicht")

I. Zulässigkeit der Klage

1. Verwaltungsrechtsweg (§ 40 VwGO)
2. Klageart (in der Regel als Anfechtungsklage gegen Eingriffe der Aufsicht, aber auch als Verpflichtungsklage – etwa auf Genehmigung durch Aufsicht – möglich, § 42 VwGO)
3. Statthaftigkeit [Unterrichtung u. Beanstandungsweisung sind nicht VA (–); Aufhebung ist VA (+)]
4. Klagebefugnis (§ 42 Abs. 2 VwGO), Selbstverwaltungsrecht möglicherweise verletzt?
5. Beteiligungsfähigkeit der Gemeinde (§ 61 Nr. 1 VwGO)
6. Prozessfähigkeit der Gemeinde (durch Bürgermeister: § 62 Abs. 3 VwGO i. V. m. § 63 Abs. 1 Satz 1 GO NRW)
7. Monatsfrist (§ 74 Abs. 1 Satz 2 VwGO)

[8. kein Vorverfahren erforderlich]

II. Begründetheit der Klage (wie oben C)

1. formelle bzw. materielle Rechtswidrigkeit des VA
   und
2. Rechtsverletzung des Klägers (§ 113 Abs. 1 Satz 1 VwGO)

E. Klage auf Zulassung eines Bürgerbegehrens

I. Zulässigkeit

1. Verwaltungsrechtsweg (§ 40 Abs. 1 VwGO)
2. Klageart: Verpflichtungsklage (§ 42 Abs. 1 Var. 2 VwGO)
3. Klagebefugnis (§ 42 Abs. 2 VwGO): Vertreter gem. § 26 Abs. 6 Satz 2 GO
4. Beteiligtenfähigkeit der Kläger (§ 61 Nr. 1 VwGO)
5. Klagegegner (Rat, § 78 Abs. 1 Nr. 2 VwGO)
6. Klagefrist (§ 74 Abs. 2 VwGO) 1 Monat

[7. Vorverfahren nicht erforderlich (wegen § 110 Justizgesetz)]

II. Begründetheit (Ablehnung der Feststellung der Zulässigkeit rechtswidrig?)

1. formelle Anforderungen an Bürgerbegehren erfüllt?
   - Textform + (Vorhandensein einer) Begründung (§ 26 Abs. 2 Satz 1 GO)
   - Vertreterbenennung (§ 26 Abs. 2 Satz 2 GO)
   - Angabe der Kostenschätzung der Verwaltung (§ 26 Abs. 2 Satz 6 GO)
   - [bei kassatorischen Bürgerbegehren:] Frist (§ 26 Abs. 3 GO)
   - Unterschriftenzahl (§ 26 Abs. 4 GO)[1]

2. materielle Anforderungen an Bürgerbegehren erfüllt?
   - Verbandskompetenz (§ 26 I 1 „über eine Angelegenheit der Gemeinde", § 2 GO, Art 28 Abs. 2 GG)
   - Organkompetenz des Rates (§ 26 I 1 „an Stelle des Rates", i. V. m. § 41 GO)
   - kein Fall des Negativkataloges/„Bürgerbegehrensfähigkeit" des Themas (§ 26 Abs. 5 GO)
   - Alternativ-Fragestellung – Ja/Nein (§ 26 Abs. 2 Satz 1 + § 26 Abs. 7 Satz 1 GO)
   - einheitlicher Fragegegenstand (§ 26 Abs. 2 Satz 1 GO „die … Frage" = Singular)
   - eigene Sachentscheidung (§ 26 Abs. 2 Satz 1GO „zur Entscheidung zu bringende")
   - Bestimmtheit der Fragestellung
   - inhaltliche Richtigkeit der (in der Begründung) angegebenen Tatsachen

1 Vgl. zu den Quoren: *Hofmann*, NVwZ 2015 S. 715.

Harald Hofmann

1. Fall

Schwerpunkte: – Bürgerbegehren
– Entscheidung des Rates
Hilfsmittel: Gemeindeordnung NRW
Zeit: 3 Zeitstunden

Sachverhalt:

In der kreisfreien Stadt S in NRW überreicht eine Initiatoren-Gruppe der Oberbürgermeisterin eine größere Anzahl von Kartons mit Unterschriftszetteln für ein Bürgerbegehren mit dem Namen „Radentscheid".

Der Original-Text dieses Bürgerbegehrens lautet
im Folgenden an vielen Stellen gekürzt („…"):

„Soll die Stadt S die folgenden zehn Ziele zur Förderung des Radverkehrs in den nächsten fünf Jahren umsetzen?

1. Pro Jahr mindestens zehn Kilometer *Fahrradstraßen errichten* ohne motorisierten Durchgangsverkehr und mit Vorfahrt, bevorzugt an Wegen zu Schulen und Kindergärten.
2. Pro Jahr an Hauptstraßen mindestens fünf Kilometer *geschützte Radwege errichten*, die gleichzeitig folgende Kriterien erfüllen: …
3. Pro Jahr mindestens fünf *Kreuzungen oder Kreisverkehre um- oder neu gestalten*, indem gleichzeitig die folgenden Bedingungen erfüllt werden: …
4. Jährlich mindestens fünf *Ampelkreuzungen optimieren*, indem gleichzeitig die folgenden Bedingungen erfüllt werden: …
5. Jährlich fünf Kilometer *Radschnellwege* für den Berufs- und Pendelverkehr errichten …
6. *Fahrradstellplätze* umfassend ausbauen:
   a) eine Radstation mit mindestens 2000 Plätzen am Hauptbahnhof, b) …, c) …
7. Eigene *Fahrzeuge* der Stadt S ab 3,5 t *mit elektronischen Abbiegeassistenten ausstatten* und ausschließlich derart ausgestattete Neufahrzeuge *anschaffen* …
8. Eine *Fahrradstaffel des Ordnungsamtes einrichten*, deren Aufgabe es ist, den unrechtmäßig haltenden/parkenden motorisierten Verkehr auf Radverkehrsanlagen zu ahnden.
9. Für die Nutzung des Fahrrades *werben*, jährlich mit einem Budget von mindestens 100.000 € …
10. Die Umsetzung der Maßnahmen qualitativ hochwertig gestalten, mit wissenschaftlicher und zu veröffentlichender *Begleitforschung* …

Begründung: …

Kostenschätzung: …

Vertretungsberechtigte: 1. …, 2. …, 3. … “

Aufgabe:

Bitte prüfen Sie gutachtlich für den Rat der Stadt S, ob dieses Bürgerbegehren „Radentscheid“ zulässig ist.

Hinweise:

Die formellen Anforderungen für Bürgerbegehren (wie Textform + Begründung + Vertreterbenennung + Kostenschätzung + Unterschriftenzahl) sind sämtlich erfüllt.

Der zusätzliche formelle Aspekt der Einhaltung der Frist nach § 26 Abs. 3 Gemeindeordnung NRW ist hier irrelevant, da es sich beim „Radentscheid“ nicht um ein kassatorisches Bürgerbegehren handelt, sondern um ein initiierendes Bürgerbegehren.

Platz für Ihre Anmerkungen/Raum für Notizen:

Lösung:[1]

Rechtsgrundlage der hier vorzunehmenden Zulässigkeitsprüfung ist § 26 der Gemeindeordnung NRW [im Folgenden: „GO"]. Bezugsnorm dieser Prüfung ist § 26 Abs. 6 Satz 1 GO: *„Der Rat stellt unverzüglich fest, ob das Bürgerbegehren zulässig ist."* Der gesamte § 26 der GO enthält zahlreiche Zulässigkeitsvoraussetzungen, die für die Entscheidung über die Zulässigkeit des Bürgerbegehrens gemeinsam gegeben sein müssen.

Die *formellen* Anforderungen an Bürgerbegehren (wie Textform + Begründung + Vertreterbenennung + Kostenschätzung + Unterschriftenzahl) sind laut einem Hinweis am Ende des Sachverhaltstextes alle erfüllt.

Für die Frage der *materiellen*[2] Zulässigkeit stellen sich hingegen mehrere Fragen, die hier gutachtlich zu beantworten sind:

1. Verbandskompetenz?

Es fragt sich, ob die Verbandskompetenz[3] der Stadt S gegeben ist. Nach § 26 Abs. 1 GO können die Bürger durch ein Bürgerbegehren beantragen, dass sie an Stelle der Vertretungskörperschaft *„... über eine Angelegenheit der Gemeinde selbst entscheiden ..."*. Wegen der gesetzlichen Eingrenzung „Angelegenheit der Gemeinde" können Gegenstände von Bürgerbegehren und Bürgerentscheiden nur solche Angelegenheiten sein, die in die grundsätzliche Kompetenz der Gemeinde (Stadt S) fallen.

Die im Bürgerbegehrenstext zum Radentscheid enthaltenen Ziele Nr. 1–4 betreffen die vorhandenen Straßen – *ohne* im Einzelnen darauf abzustellen, ob es sich dabei um Gemeindestraßen handelt oder um Straßen, für welche die Gemeinde etwa nur „im übertragenen Wirkungskreis" tätig ist (z. B. bei Ortsdurchfahrten von Bundesstraßen).

Nach der im Zusammenhang mit Bürgerbegehrens-Texten gebotenen „wohlwollenden Auslegung" werden die Ziele Nr. 1–4 sämtlich so verstanden, dass das Begehren nur solche Straßen ansprechen will, deren Bau und Planung tatsächlich in der Verbandskompetenz der Stadt steht. Die Straßenplanung gehört wegen der aus Art. 28 Abs. 2 Satz 1 GG abzuleitenden kommunalen Gebiets- und Planungshoheit[4] zu den originären Befugnissen der Stadt.

Zwischenergebnis:
Gegen die Zulässigkeit des zu prüfenden Radentscheids bestehen **unter dem Gesichtspunkt der Verbandskompetenz keine Bedenken**.

2. Organkompetenz?

Es fragt sich weiter, ob der Rat das hier entscheidungsbefugte Organ der Stadt S ist. Nach § 26 Abs. 1 der GO können die Bürger nämlich durch das Bürgerbegehren [nur] beantragen, dass sie im Rahmen eines Bürgerentscheids *„... an Stelle des Rates ...“* selbst entscheiden. Der Gegenstand eines zulässigen Bürgerbegehrens muss also in der prinzipiellen Organkompetenz des Rates liegen. Der Rat ist nach § 41 Abs. 1 Satz 1 GO grundsätzlich *„... für alle Angelegenheiten der Gemeindeverwaltung zuständig ...“* (Allzuständigkeit des Rates).

Die im Bürgerbegehren „Radentscheid“ vorgeschlagenen umfassenden Planungs- und Baumaßnahmen gehören in diese Allzuständigkeit des Rates; Gründe, die für die hier anstehenden Planungsentscheidungen etwa eine Organkompetenz des Oberbürgermeisters als „Geschäft der laufenden Verwaltung“ nahelegen könnten, sind nicht ersichtlich. Im Übrigen bestünde insoweit ein „Rückholrecht“ des Rates. Die im „Radentscheid“ vorgeschlagenen umfassenden Planungs- und Baumaßnahmen betreffen auch nicht etwa nur einen (Stadt-)Bezirk, sondern das gesamte Stadtgebiet. Die Organkompetenz einer Bezirksvertretung ist damit ebenfalls nicht ersichtlich.

Zwischenergebnis:
Somit bestehen **unter dem Gesichtspunkt der Organkompetenz keine Bedenken an der Zulässigkeit.**

3. Bürgerbegehrensfähigkeit des Themas?

Weiterhin ist zu prüfen, ob das Bürgerbegehren etwa unzulässig ist, weil es sich um ein Thema des „Negativkatalogs“[5] gemäß § 26 Abs. 5 GO handelt.

Hier könnte zum „Ziel Nr. 5“ des „Radentscheids“ (mit der Forderung, „Radschnellwege“ zu errichten) der Ausschlusstatbestand des § 26 Abs. 5 Nr. 4 GO eingreifen, sofern ein „Planfeststellungsverfahren“[6] oder ein „förmliches Verwaltungsverfahren mit Öffentlichkeitsbeteiligung“ erforderlich wäre. Dies wäre u. U. erforderlich, wenn das genannte „Ziel Nr. 5“ des Bürgerbegehrens („Radschnellwege“) im Sinne des § 38 Abs. 1 Satz 2 des Straßen- und Wegegesetzes NRW – also als „Radschnellverbindung“ – zu verstehen wäre. Dort ist nämlich für Radschnellverbindungen ein Planfeststellungsverfahren vorgeschrieben.

Da zur Auslegung von Bürgerbegehren in Zweifelsfällen eine „wohlwollende Auslegung“ zugrunde gelegt wird, darf das „Ziel Nr. 5“ des Radentscheids („Radschnellwege“) hier so verstanden werden, dass im Bürgerbegehren nur solche gemeindlichen Radschnellwege und sonstigen Radwege angesprochen sind, die in die Verbandskompetenz der Gemeinde fallen. Das heißt, dass für das „Ziel Nr. 5“ des Bürgerbegehrens der § 38 Abs. 1 Satz 2 des Straßen- und Wegegesetzes NRW nicht zutrifft.

Zwischenergebnis:
Damit greift der Negativkatalog des § 26 Abs. 5 GO hier nicht, sodass gegen die **Bürgerbegehrensfähigkeit des Themas keine Bedenken** bestehen.

4. Alternativ-Fragestellung (Ja/Nein)?

Weiter fragt sich, ob das Bürgerbegehren „Radentscheid“ die erforderliche Alternativ-Fragestellung enthält. Laut § 26 Abs. 2 Satz 1 GO muss der Bürgerbegehrenstext eine „Frage“ enthalten, der entweder die Vertretungskörperschaft zustimmt (§ 26 Abs. 6 Satz 5 GO) oder die andernfalls zur Entscheidung durch die Stimmbürgerschaft gebracht wird (§ 26 Abs. 6 Satz 4 GO). Bereits die Frage des Begehrens muss deshalb – wie auch in § 26 Abs. 7 Satz 1 GO ausdrücklich formuliert – alternativ „mit Ja oder Nein“ zu beantworten sein.

Die Einleitungsfrage des Radentscheids „Soll die Stadt die folgenden zehn Ziele zur Förderung des Radverkehrs in den nächsten fünf Jahren umsetzen?“ ist im Sinne § 26 Abs. 2 Satz 1 GO und von § 26 Abs. 7 Satz 1 GO „mit Ja oder Nein“ zu beantworten.

Zwischenergebnis:
Das Bürgerbegehren „Radentscheid“ **entspricht** somit dieser Zulässigkeitsanforderung der **Ja-Nein-Alternativ-Fragestellung.**

5. Einheitlicher Fragegegenstand?

a) Weiter ist zu prüfen, ob ein einheitlicher, in sich konsistenter Fragegegenstand gegeben ist. Die Verwendung des **Singulars** im Wortlaut des § 26 Abs. 2 Satz 1 GO *„... die zur Entscheidung zu bringende Frage ...“* soll nach dem Normzweck sicherstellen, dass ein Bürgerbegehren sich auf eine einzige Angelegenheit bezieht, und dass es damit für die unterzeichnende Bürgerschaft klar und in sich konsistent ist. Es soll eine Vermischung mehrerer, zusammenhangloser Angelegenheiten in einer Bürgerbegehrensfrage vermieden werden.

Durch diese Verwendung des Singulars soll jedoch nicht ausgeschlossen werden, dass zu *einer* Angelegenheit *mehrere Fragen mit einheitlichem Sinnzusammenhang* vorgelegt werden. Dabei ist eine Stufenfolge der Fragen zulässig, und erst recht ist eine Kumulation zulässig von zusammengehörenden oder sich ergänzenden Maßnahmen – mit einheitlichem Sinnzusammenhang und identischer (sich gegebenenfalls verstärkender) Zweckrichtung. Doppelfragen sind allerdings zur Vermeidung von Zweideutigkeiten *„... nur dann zulässig, wenn beide Fragen sachlich denselben Gegenstand betreffen“*.[7]

Wegen der Verwendung des Singulars im Wortlaut des § 26 Abs. 2 Satz 1 GO *(„... die zur Entscheidung zu bringende Frage ...“)* würde jedoch eine Verkoppelung, welche unterschiedliche Forderungen nach getrennten Maßnahmen in einem Begehrenstext vereint, dem Gesetzeswortlaut nicht entsprechen; außerdem würde eine derartige Koppelung dem Normzweck zuwiderlaufen, den Unterzeichnenden im Bürgerbegehren und der Stimmbürgerschaft im Bürgerentscheid eine klare Äußerung zu ermöglichen. Daher würde eine solche Koppelung zur Unzulässigkeit dieses Bürgerbegehrens führen[8].

Ein Bürgerbegehren muss sich auf eine einzelne, konkrete, durch die Bürgerschaft zu treffende Entscheidung richten, wobei sich der Gegenstand (auch hinsichtlich einer eventuellen späteren Abstimmung im Bürgerentscheid) unzweideutig aus der zur Entscheidung zu bringenden Ja-Nein-Frage des Bürgerbegehrens ergeben muss[9].

b) Es fragt sich, ob der Text des Bürgerbegehrens „Radentscheid" mit seinen „zehn Zielen" dem Singular im Wortlaut des § 26 Abs. 2 Satz 1 GO *„... die zur Entscheidung zu bringende Frage ... "* entspricht.
Zwar **beginnt** der Begehrenstext mit einer **einheitlichen Eingangsfrage**:
„Soll die Stadt die folgenden zehn Ziele zur Förderung des Radverkehrs in den nächsten fünf Jahren umsetzen?"
Eine Verknüpfung von sachlich unterschiedlichen Maßnahmen „unter dem Dach" einer Frage mit Verwendung eines Begriffes von hohem Abstraktionsniveau (hier „Förderung des Radverkehrs") würde aber weder dem Wortlaut des § 26 Abs. 2 Satz 1 GO (Singular: *„... die zur Entscheidung zu bringende Frage ... "*) entsprechen, noch seinem Normzweck, nach welchem eine in sich konsistente Entscheidung der Unterzeichnenden des Bürgerbegehrens und gegebenenfalls später der Stimmbürgerschaft im Bürgerentscheid herbeigeführt werden soll.

c) Im Bürgerbegehrenstext „Radentscheid" finden sich unter den „zehn Zielen" solche Maßnahmen, bei denen der erforderliche Sachzusammenhang im Sinne einer einheitlichen Frage zweifelsfrei vorhanden ist – etwa das Sachthema **„Radwegebau"** in den Zielen 1., 2. und 5.
Nach der (bei Bürgerbegehren gebotenen) wohlwollenden Auslegung kann man unter das oben genannte Thema „Radwegebau" auch noch die Ziele 3 und 4 (Optimierung von Straßenkreuzungen) subsumieren.
Bei sehr weiter Auslegung wird man auch noch das Ziel 6 (Radstationen, Radstellplätze und Fahrradbügel) dem oben genannten Thema „Radwegebau" als dazugehörige „Folgeeinrichtungen" zuordnen können.

d) Allerdings fragt sich, ob der einheitliche Fragegegenstand vorliegt, wenn mit dem oben genannten Thema „Radwegebau" auch weitere Forderungen verbunden werden, wie die folgenden Ziele:
7. Fahrzeugflotte der Stadt (elektronische Abbiegeassistenten),
8. Fahrradstaffel des Ordnungsamtes,
9. Werbung für Fahrradnutzung und
10. Begleitforschung.

Der Gesetzestext des § 26 Abs. 2 Satz 1 GO fordert durch Verwendung des Singulars im Wortlaut *(„... die zur Entscheidung zu bringende Frage ... ")*, dass ein Bürgerbegehren *(nur) einen* Entscheidungsgegenstand haben darf/muss. Dies ergibt sich nicht nur aus dem Wortlaut, sondern – wie oben dargestellt – auch aus dem Normzweck der Regelung.
Im Bürgerbegehren gibt es bei den Zielen 7., 8., 9., 10. (Abbiegeassistenten, Fahrradstaffel, Werbung und Begleitforschung) keinen direkten Sachzusammenhang zum Thema „Radwegebau" (der Bürgerbegehrens-Ziele Nr. 1–5). Damit werden im Bürgerbegehren unterschiedliche Themen verkoppelt, sodass es an der

vom Gesetzestext geforderten singulären „zur Entscheidung zu bringende Frage" (§ 26 Abs. 2 Satz 1GO) fehlt.

Zwischenergebnis:
Der Radentscheid verknüpft „unter dem Dach einer Frage" mit Verwendung eines Begriffs von hohem Abstraktionsniveau („Förderung des Radverkehrs") bei den „zehn Zielen" zum Teil **unterschiedliche, nicht in unmittelbarem Zusammenhang stehende Maßnahmen** und **entspricht** damit **weder dem Wortlaut des § 26 Abs. 2 Satz 1 GO** (Singular: *„... die zur Entscheidung zu bringende Frage ..."*) **noch dem Normzweck des Gesetzes**, nach welchem eine in sich konsistente Entscheidung der Unterzeichnenden des Bürgerbegehrens und später gegebenenfalls der Stimmbürgerschaft im Bürgerentscheid herbeigeführt werden soll. **Damit fehlt** dem Begehrenstext der erforderliche **einheitliche Fragegegenstand, sodass das Bürgerbegehren** aus diesem Grunde **unzulässig ist**.

6. Eigene Sachentscheidung?

Weiter fragt sich, ob das Bürgerbegehren „Radentscheid" eine eigene Sachentscheidung enthält oder lediglich Vorgaben[10] für den Rat. Denn im Zusammenhang mit dem **Wortlaut** des § 26 **Abs. 2 Satz 1** GO *(„... zur Entscheidung zu bringende Frage ...")* steht eine weitere Zulässigkeitsvoraussetzung: Aus den Worten „zur Entscheidung" bringen ergibt sich, dass dem Rat durch das Bürgerbegehren nicht lediglich Vorgaben[11] oder Leitlinien für eine von ihm künftig zu treffende Entscheidung aufgestellt werden, sondern dass die Bürgerinnen und Bürger eine konkrete abschließende Sachentscheidung selbst treffen. Dies korrespondiert mit dem Wortlaut des § 26 **Abs. 1 Satz 1** GO, wonach die Bürgerinnen und Bürger im Bürgerbegehren beantragen können, dass „... sie an Stelle des Rates über eine Angelegenheit der Gemeinde selbst entscheiden".

Es fragt sich also für das zu untersuchende Bürgerbegehren (und zwar sowohl für die Eingangsfrage als auch für die „zehn Ziele"), ob hier eine solche eigene Sachentscheidung der Stimmbürgerschaft getroffen werden soll:

Schon die Eingangsfrage in der Überschrift des Bürgerbegehrens „Radentscheid"

> *„Soll die Stadt die folgenden zehn Ziele zur Förderung des Radverkehrs in den nächsten fünf Jahren umsetzen?"*

zielt nach ihrem Wortlaut nicht auf eine eigene, konkrete Sachentscheidung [z. B. folgender Art: „Soll die XY-Straße für den Autoverkehr gesperrt werden und reine Fahrradstraße werden? Ja/nein?"], sondern fragt, **ob „... die Stadt** ... die ... Ziele ... **umsetzen" ... soll**.

Dies entspricht weder dem Wortlaut noch dem Sinn von § 26 Abs. 2 Satz 1 GO *(„... zur* ***Entscheidung*** *zu bringende Frage ...")* und von § 26 Abs. 1 Satz 1 GO *(„... an*

*Stelle des Rates ... **selbst entscheiden**“)*, sondern gibt lediglich eine Vorgabe bzw. Weisung oder Leitlinie für die Verwaltung und den Rat der Stadt.

Auch die jeweiligen Texte der „zehn Ziele“ des Bürgerbegehrens enthalten fast durchweg nur „Vorgaben“, welche zum Teil zwar detailliert sind, aber doch noch einer Konkretisierung durch die Verwaltung und meist einer zusätzlichen Entscheidung mit Beschlussfassung durch den Rat bedürfen:

Betrachtet man etwa dazu als Muster die Ziele 1 und 2 des Begehrenstextes

1. Pro Jahr mindestens zehn Kilometer *Fahrradstraßen errichten* ohne motorisierten Durchgangsverkehr …
2. Pro Jahr an Hauptstraßen mindestens fünf Kilometer *geschützte Radwege errichten*, die gleichzeitig folgende Kriterien erfüllen: …

so wird gefordert, dass Fahrradstraßen bzw. Radwege bestimmter Qualität errichtet werden sollen. Allerdings wird nicht genannt, wann, wo und wie dies erfolgen soll. Damit geben die genannten Texte keine eigene, konkrete Sachentscheidung vor, die anschließend direkt umsetzbar wäre: Vielmehr müssten nach einem erfolgreichen Bürgerbegehren und einem anschließenden gegebenenfalls erfolgreichen Bürgerentscheid zur Umsetzung dieser beiden Ziele 1 und 2 noch u. a.

- von der Verwaltung geeignete Trassen ausgewählt werden,
- u. U. eine Machbarkeitsprüfung durchgeführt werden,
- und danach müsste hierzu dann die Bau-Entscheidung durch einen Beschluss des Rates bzw. des Stadtentwicklungsausschusses folgen.

Somit laufen bereits die hier beispielhaft analysierten Ziele 1 und 2 lediglich auf Vorgaben zu einer späteren Umsetzung durch den Rat hinaus und nicht auf die vom Gesetzeswortlaut geforderte eigene Sachentscheidung – an Stelle des Rates – durch die Stimmbürgerschaft. Entsprechendes gilt für fast alle der übrigen acht Ziele des Radentscheids.

Zwischenergebnis:
Das Bürgerbegehren „Radentscheid“ zielt **weder** in der Eingangsfrage **noch** in den genannten Einzelzielen auf **eigene Sachentscheidungen an Stelle des Rates**, sondern enthält **lediglich Vorgaben** für künftige Entscheidungen der Stadt/des Rates; damit widerspricht es dem Wortlaut und Normzweck von § 26 Abs. 2 Satz 1 und § 26 Abs. 1 Satz 1 GO und **ist somit unzulässig**.

7. Hinreichende Bestimmtheit?

Es fragt sich, ob der Text des Bürgerbegehrens hinreichend bestimmt[12] ist. Die Bestimmtheit des Begehrenstextes ist unverzichtbar, damit

- erstens die Unterzeichnenden der Bürgerbegehrens-Zettel bei der Unterschriftensammlung präzise wissen, was sie unterstützen, und damit

- zweitens die Abstimmungsbürgerschaft später beim Bürgerentscheid eindeutig erkennen kann, welche Entscheidung getroffen und umgesetzt werden soll und
- drittens im Falle eines erfolgreichen Bürgerentscheids klar ist, was/wie/wo realisiert werden soll.

An die Konkretisierung der Begehrensfrage dürfen allerdings keine übertriebenen Anforderungen gestellt werden, da die Rechtsinstitute „Bürgerbegehren“ und „Bürgerentscheid“ vom Landesparlament auf die kommunale Bevölkerung zugeschnitten sind, bei der Verwaltungs- oder Rechtskenntnisse nicht allgemein erwartet werden dürfen.

Die erforderliche Bestimmtheit der Begehrensfrage ist gegeben, wenn für die Adressaten hinreichend erkennbar ist, über welche sachlichen Ziele beschlossen werden soll. Maßgeblich hierfür ist die Sicht eines objektiven, mit dem Inhalt des Bürgerbegehrens nicht weiter vertrauten *„billig und gerecht denkenden Empfängers“*[13].

Dabei ist nicht erforderlich, dass das Begehren etwa in Form einer Beschlussvorlage – wie für Ratssitzungen üblich – formuliert wird; inhaltliche Klarheit und Widerspruchsfreiheit sind jedoch unverzichtbar für alle Adressaten (also einerseits für die Unterzeichnenden des Begehrens und für den – möglicherweise zustimmenden – Rat und andererseits gegebenenfalls später für die Abstimmungsbürgerschaft beim Bürgerentscheid)[14].

Unter den zehn Zielen des Bürgerbegehrens „Radentscheid“ finden sich einerseits einige, die den oben genannten Bestimmtheitsanforderungen durchaus genügen. Aber es gibt dort auch mehrere Ziele, die Begriffe enthalten, die für die Unterzeichnenden (und auch gegebenenfalls später für die Bürgerschaft im Bürgerentscheid) nicht hinreichend bestimmt sind: Wenn in Ziel 2 auf „Hauptstraßen“ abgestellt wird, ist das z. B. ebenso wenig eindeutig wie in Ziel 10 die Worte „qualitativ hochwertig gestalten“.

Zwischenergebnis:
Die **unbestimmten Formulierungen** in den Texten der zehn Ziele lassen zu diesen Zielen eine eindeutige Meinungsbildung der Unterzeichnenden im Bürgerbegehren (und später der Stimmbürgerschaft im Bürgerentscheid) in verschiedenen Forderungen nicht zu und **führen somit zur Unzulässigkeit**.

8. Teil- oder Gesamt-Unzulässigkeit?

Wenn das Begehren „Radentscheid“ unter seinen zehn Zielen somit einige enthält, die hinreichend bestimmt sind, aber auch andere, die dem Bestimmtheitserfordernis nicht genügen, also unzulässig sind, stellt sich die Frage, wie sich dies auf die Bewertung der Zulässigkeit des Bürgerbegehrens insgesamt auswirkt, also auch, ob es insoweit eine „*teilweise* Zulässigkeit für Bürgerbegehren“ gibt.

Wenn die Unterzeichnenden ihre Unterschrift unter den Gesamttext des Bürgerbegehrens – einschließlich der unbestimmten Teile – gesetzt haben, ist eine nachträgliche Erforschung des „wahren Willens“ der Unterzeichnenden zu den enthaltenen *unbestimmten* Punkten nicht möglich[15].

Letztlich kann die oben festgestellte Unbestimmtheit einzelner Ziele des Bürgerbegehrens und die hier angesprochene Frage, wie sich das auf das Gesamt-Bürgerbegehren auswirkt, aber dahinstehen: Da die beiden oben dargelegten Gründe (kein einheitlicher Fragegegenstand und keine eigene Sachentscheidung), die zur Unzulässigkeit des Bürgerbegehrens führen, nicht nur einzelne der zehn im Radentscheid genannten „Ziele" betreffen, bedarf es einer vertieften Befassung mit der Frage der zuletzt angesprochenen teilweisen Unbestimmtheit nicht.

Denn die beiden oben genannten Unzulässigkeitsgründe (mangelnde Bestimmtheit und „nur Vorgaben statt Entscheidung in der Sache") wirken sich nämlich – und zwar jeder für sich – auf das gesamte Bürgerbegehren, einschließlich aller „zehn Ziele" aus.

Gesamtergebnis:

1. Das Bürgerbegehren „Radentscheid" **verkoppelt** (zum Teil) **unterschiedliche, nicht in unmittelbarem Zusammenhang miteinander stehende Maßnahmen. Damit fehlt** dem Begehrenstext **der erforderliche einheitliche Fragegegenstand, sodass das Bürgerbegehren aus diesem Grunde unzulässig ist.**
2. Das Bürgerbegehren weist **weder** in seiner Einleitungsfrage **noch** in den zehn Einzelzielen **eigene Sachentscheidungen an Stelle des Rates** auf, sondern enthält **lediglich Vorgaben** für künftige Entscheidungen der Stadt/des Rates. **Es ist somit auch aus diesem Grunde unzulässig.**
3. Die diversen **unbestimmten Formulierungen in den Texten der zehn Ziele** lassen eine eindeutige Meinungsbildung der Unterzeichnenden hinsichtlich der betroffenen Ziele des Bürgerbegehrens nicht zu und führen damit **auch aus diesem Grund zur Unzulässigkeit des Bürgerbegehrens.**

Somit ist das Bürgerbegehren „Radentscheid" im Sinne von § 26 Abs. 1 Satz 1 und § 26 Abs. 6, Satz 1 GO **insgesamt unzulässig.**

Anmerkungen:

1 Derartige Bürgerbegehren als „Radentscheide" sind ab den Jahren 2019/2020 bis heute in mehreren Städten vorgelegt worden (z. B. in Aachen, Bielefeld, Bochum, Bonn, Essen, Marl ...). Ihre Texte ähneln sich oft, weichen dennoch inhaltlich zum Teil erheblich voneinander ab, insbesondere in der Anzahl der geforderten „Ziele". Aber auch soweit sie sich inhaltlich entsprechen, wurde ihre rechtliche Zulässigkeit von den einzelnen, mit der Zulässigkeitsfrage befassten Räten gegensätzlich beurteilt. Daher versucht diese Klausurlösung, den Studierenden Maßstäbe für die eigene Begutachtung an die Hand zu geben.

2 Zur formellen und materiellen Zulässigkeit von Bürgerbegehren siehe oben: in den „Schemata zum Aufbau von Kommunalrechtsklausuren" unter „E" (Klage auf Zulassung eines Bürgerbegehrens), dort „II. 1. und 2."

3 Zur Verbandskompetenz vgl. *Hofmann/Hildebrandt/Gunia/Zeissler*, Allgemeines Verwaltungsrecht, 12. Aufl., RdNr. 516 und *Hofmann/Bätge/Wiesner*, Kommunalrecht in NRW, 20. Aufl., S. 152, mit weiteren Nachweisen, S. 441, 669.

4 Zu den kommunalen „Hoheiten" vgl. *Hofmann/Bätge/Wiesner*, Kommunalrecht in NRW, 20. Aufl., S. 69 ff. und 83 ff., mit weiteren Nachweisen.

5 Zum Negativkatalog im Detail: *Hofmann/Bätge/Wiesner*, Kommunalrecht in NRW, 20. Aufl., S. 153 ff. (Nr. 3), mit weiteren Nachweisen.

6 Zu Planfeststellungsverfahren vgl. *Hofmann/Hildebrandt/Gunia/Zeissler*, Allgemeines Verwaltungsrecht, 12. Aufl., RdNr. 666 ff.

7 Beispielsweise enthielt die Abstimmungsfrage eines Bürgerentscheides in Münster (zur vorherigen Umbenennung des zentralen Platzes vor dem Schloss von „Hindenburgplatz" in „Schlossplatz" durch den Rat) *zwei* Fragen in einem Satz: „Soll der Ratsbeschluss über die Umbenennung des Hindenburgplatzes aufgehoben werden und damit der Platz den Namen Hindenburgplatz behalten?" Eine derartige Koppelung dient der Klarheit der Abstimmung und ist zulässig. So OVG NRW, Urt. vom 19.2.2008 – 15 A 2961/07 – und OVG NRW, Urt. vom 30.10.2008 – 15 A 2027/08 –.

8 So OVG NRW, Urt. vom 19.2.2008 – 15 A 2961/07 –; BayVGH, Urt. vom 17.5.2017 – 4 BV 16.1856 –; *Bätge*, Wahlen und Abstimmungen in NRW 92.02, Nr. 3, S. 4; *Hofmann/Bätge/Wiesner*, Kommunalrecht in NRW, 20. Aufl., S. 159, Nr. 6.

9 Ähnlich: *Held/Becker/Decker* pp, Gemeindeordnung für das Land NRW § 26, Anm. 2.2, S. 7; *Rehn/Cronauge/von Lennep/Knirsch*, Gemeindeordnung für das Land Nordrhein-Westfalen (Kommentar) § 26 RdNr. 17, S. 12.

10 Das OVG NRW hat zu dieser Problematik „eigene Sachentscheidung der Stimmbürger oder nur Vorgabe für den Rat" schon früh im Zusammenhang mit einem Kölner Bürgerbegehren („Zur Fortschreibung des Abfallwirtschaftskonzepts") entschieden: *„Mit einem Bürgerbegehren dürfen dem Rat nicht lediglich Vorgaben für eine von ihm noch zu treffende Entscheidung gemacht werden. Vielmehr müssen die Bürger die eigentlich vom Rat zu treffende, abschließende Entscheidung an dessen Stelle selbst treffen"*. OVG NRW, Urt. vom 9.12.1997 – 15 A 974/97 –, NVwZ-RR 99 S. 136.

11 Diese Beurteilung ist inzwischen ständige obergerichtliche Rechtsprechung (OVG NRW, Urt. vom 19.2.2008 – 15 A 2961/07 –; OVG NRW, Beschl. vom 27.2.2009 – 15 A 3224/08 –; OVG NRW, Urt. vom 13.6.2017 – 15 A 1561/15 –. Vgl. auch OVG Saarl, Beschl. vom 20.5.2011 – 2 B 198/11 –) und wird auch in der kommunalverfassungsrechtlichen Kommentarliteratur allgemein geteilt: *Held/Becker/Decker* pp, Gemeindeordnung für das Land NRW § 26, Anm. 2.6, S. 8; *Rehn/Cronauge/von Lennep/Knirsch*, Gemeindeordnung für das Land Nordrhein-Westfalen (Kommentar) § 26 RdNr. 17, S. 11; *Bätge*, Wahlen und Abstimmungen in NRW, 92.02, Nr. 3, S. 4; *Hofmann/Bätge/Wiesner*, Kommunalrecht in NRW, 20. Aufl., S. 160, Nr. 8.

12 Zur Bestimmtheit
- allgemein im Verwaltungsrecht (insbesondere zu Verwaltungsakten): vgl. *Hofmann/Hildebrandt/Gunia/Zeissler*, Allgemeines Verwaltungsrecht, 12. Aufl., RdNr. 368, 423 ff.
- speziell von Bürgerbegehren: vgl. OVG NRW, Urt. vom 23.4.2002, Neue Zeitschrift für Verwaltungsrecht/Rechtsprechungsreport (NVwZ-RR) 2002 S. 766, 767; OVG NRW, Urt. vom 21.6.2013 – 15 B 697/13 –, KommJur 2014 S. 60; OVG NRW, Beschl. vom 15.5.2014 – 15 B 499/14 –; *Hofmann/Bätge/Wiesner*, Kommunalrecht in NRW, 20. Aufl., S. 159, Nr. 7.

13 So OVG NRW, Urt. vom 21.6.2013 – 15 B 697/13 –, KommJur 2014 S. 60; *Bätge*, Wahlen und Abstimmungen in NRW 92.02, Nr. 3, S. 3.

14 *Hofmann/Bätge/Wiesner*, Kommunalrecht in NRW, 20. Aufl., S. 159, Nr. 7.

15 So Verwaltungsgericht Münster, Beschl. vom 2.3.1998 – 1 L 98/98 –; entsprechend auch NdsOVG, Beschl. vom 11.8.2008 – 10 ME 204/08 –; NdsOVG, Beschl. vom 10.9.2004 – 10 ME 76/04 –; OVG RhPf, Urt. vom 25.11.1997 – 7 A 12417/96 –, NVwZ 1998 S. 425 <427>; Verwaltungsgericht Würzburg, Urt. vom 10.7.1996 – W 2 K 96 427 –. Zustimmende überwiegende kommunalverfassungsrechtliche Kommentierung: *Held/Becker/Decker* pp, Gemeindeordnung für das Land NRW § 26, Anm. 2.2, S. 7; *Rehn/Cronauge/von Lennep/Knirsch*, Gemeindeordnung für das Land Nordrhein-Westfalen (Kommentar) § 26 RdNr. 18, S. 12.

Harald Hofmann

2. Fall

Schwerpunkte:
- Ratsbeschluss
- Öffentlich-rechtlicher Vertrag
- Befugnisse der Hauptkommunalbeamtin bzw. des Hauptkommunalbeamten
- Befugnisse der Bürgerbegehrens-Vertretungsberechtigten
- Kommunalaufsicht

Hilfsmittel: Gemeindeordnung NRW
Zeit: 3 Zeitstunden

Sachverhalt:

Eine Bürgerbegehrens-Initiativ-Gruppe hat in der kreisfreien Stadt S vor Kurzem der Oberbürgermeisterin ein „Bürgerbegehren zur Förderung des Radverkehrs" eingereicht. Es enthält zehn „Ziele", z. B.:

1. Pro Jahr an Hauptstraßen mindestens fünf Kilometer geschützte Radwege errichten.
2. Pro Jahr mindestens fünf Kreuzungen oder Kreisverkehre um- oder neu gestalten.
3. Fahrradstellplätze umfassend ausbauen.

...

10. Die Umsetzung der Maßnahmen qualitativ hochwertig gestalten.

Das Rechtsamt der Stadt S hat Zweifel an der Zulässigkeit des eingereichten Begehrens. Auch die Vertretungsberechtigten des Bürgerbegehrens sind sich – nach externer Begutachtung – inzwischen hierzu unsicher.

Alle Fraktionen im Rat äußern, dass zur Förderung des Radverkehrs in der Stadt S etwas getan werden solle. Eine Auseinandersetzung über die Zulässigkeit des aktuell eingereichten Bürgerbegehrens solle aber vermieden werden – insbesondere ein verwaltungsgerichtlicher Rechtsstreit darüber.

Um die Impulse des Bürgerbegehrens aufzunehmen, schlägt die Verwaltung auf diesem Hintergrund für die nächste Ratssitzung vor, die als „Ziele" des Begehrens formulierten Forderungen im Rahmen eines öffentlich-rechtlichen Vertrags als Vorgabe für das zukünftige städtische Handeln zu erklären. Sie legt dazu den Entwurf eines Vertrages zwischen den Vertretungsberechtigten des Bürgerbegehrens und der Stadt S vor.

In der folgenden Sitzung (am 22. Februar des Jahres) beauftragt der Rat der Stadt S mit Mehrheitsbeschluss die Oberbürgermeisterin, den *„von der Verwaltung als Entwurf vorgelegten öffentlich-rechtlichen Vertrag, der alle zehn Ziele des Bürgerbegehrens übernimmt, abzuschließen"*.

Hiernach schließen die Oberbürgermeisterin der Stadt S und die Vertretungsberechtigten des Begehrens einen öffentlich-rechtlichen Vertrag, der auch die Forderungen der „Ziele" des eingereichten Bürgerbegehrens festschreibt. Der Text dieses Vertrages übernimmt u. a. den kompletten Wortlaut der „zehn Ziele" des Bürgerbegehrens, einschließlich aller Ungenauigkeiten und Begriffe; er lautet (hier stark gekürzt wiedergegeben):

Vertrag zum „Bürgerbegehren zur Förderung des Radverkehrs"
zwischen den Vertretungsberechtigten des Bürgerbegehrens 1 ..., 2 ..., 3 ...
und der Stadt S, vertreten durch die Oberbürgermeisterin ...

Präambel:
Das „Bürgerbegehren zur Förderung des Radverkehrs" ist am ... eingereicht worden. Es enthält insgesamt zehn „Ziele" für die nächsten zehn Jahre. Gesamtziel des Bürgerbegehrens ist es, die Radverkehrssicherheit und Radattraktivität in der Stadt S zu steigern und die Radinfrastruktur auszubauen.

Der Text des Bürgerbegehrens lautet:
„Ziel 1: Pro Jahr an Hauptstraßen mindestens fünf Kilometer geschützte Radwege errichten.
Ziel 2: Pro Jahr mindestens fünf Kreuzungen oder Kreisverkehre um- oder neu gestalten.
Ziel 3: Fahrradstellplätze umfassend ausbauen.
...
Ziel 10: Die Umsetzung der Maßnahmen qualitativ hochwertig gestalten."

Der Rat der Stadt S unterstützt diese Ziele nachdrücklich. Die Stadt S hat schon vor einiger Zeit damit begonnen, ein Radverkehrskonzept zu erarbeiten ...

Vor diesem Hintergrund wird von den Beteiligten im Hinblick auf das weitere Verfahren zum Bürgerbegehren folgendes vereinbart:

§ 1 *Die Stadt S übernimmt alle „Ziele" des „Bürgerbegehrens zur Förderung des Radverkehrs" und wendet sie künftig für die Umsetzung ihres Radverkehrskonzeptes an. Dabei liegen folgende detaillierte Vorgaben zu Grunde ... ...*

§ 2 *Die Vertragsparteien wissen, dass die aus dieser Vereinbarung und dem Bürgerbegehren abgeleiteten konkreten Maßnahmen zur Förderung des Radverkehrs nur umsetzbar sind, sofern dem keine rechtlichen Aspekte, tatsächlichen, baulichen und naturräumlichen Verhältnisse oder verkehrsplanerischen Aspekte zwingend entgegenstehen.*

§ 3 *Die Stadtverwaltung beteiligt die Vertretungsberechtigten des Bürgerbegehrens bzw. von diesen entsandte Vertreter an der Planung und Umsetzung der Maßnahmen.*

§ 4 *Die Stadt S stellt die finanziellen und personellen Ressourcen zur Umsetzung der aus diesem Vertrag resultierenden Maßnahmen zur Verfügung.*

§ 5 *Mit dem Abschluss dieses Vertrages ist das „Bürgerbegehren zur Förderung des Radverkehrs" erledigt. Dementsprechend unterbleibt die abschließende Bewer-*

tung der Zulässigkeit des Bürgerbegehrens durch den Rat. Die Vertretungsberechtigten des Bürgerbegehrens verzichten auf die Erhebung einer verwaltungsgerichtlichen Klage auf Feststellung der Zulässigkeit des Bürgerbegehrens.

Unterschriften ...

Nach Abschluss dieses Vertrages schreiben zwei Ratsfraktionen der Stadt S, die im Rat gegen den Beschluss gestimmt hatten, an die Bezirksregierung und bitten *„um kommunalaufsichts-rechtliches Einschreiten, mit dem Ziel, den Ratsbeschluss zum öffentlich-rechtlichen Vertrag [vom 22. Februar des Jahres] als rechtswidrig zu beanstanden und aufzuheben"*.

Dazu bemängeln sie: *„einen Verstoß*

a) gegen das Demokratieprinzip (Bindungsdauer des Vertrages und vorgesehene Beteiligung der Vertretungsberechtigten des Bürgerbegehrens gem. § 3 und
b) gegen das Erfordernis der hinreichenden Bestimmtheit des Beschlusses."

Aufgaben:

1. **Hatten die Vertretungsberechtigten des Bürgerbegehrens und die Oberbürgermeisterin der Stadt S die Befugnis, den öffentlich-rechtlichen Vertrag zum Bürgerbegehren abzuschließen?**
2. **Welche Überlegungen könnte die Bezirksregierung zu den von den Fraktionen behaupteten inhaltlichen Verstößen anstellen und wie könnte sie entscheiden?**

Platz für Ihre Anmerkungen/Raum für Notizen:

Lösung:[1]

Zu Aufgabe 1:

„Hatten die Vertretungsberechtigten des Bürgerbegehrens und die Oberbürgermeisterin der Stadt S die Befugnis, den öffentlich-rechtlichen Vertrag zum Bürgerbegehren abzuschließen?“

a) Befugnisse der Vertretungsberechtigten des Bürgerbegehrens

Es fragt sich, wie die Rechtsstellung der Vertretungsberechtigten eines Bürgerbegehrens ist und welche Befugnisse sie dabei haben, insbesondere, ob sie über das Bürgerbegehren „verhandeln“ können. Die Rechtsstellung und Befugnisse der Vertretungsberechtigten werden in der Gemeindeordnung NRW [im Folgenden „GO“] nicht allgemein definiert. Aus mehreren gesetzlichen Detailregelungen in § 26 GO lassen sich hierzu jedoch Schlüsse ziehen:

- Die Vertretungsberechtigten eines Bürgerbegehrens „teilen ... der Verwaltung schriftlich mit“, dass ein Bürgerbegehren beabsichtigt ist (gemäß § 26 Abs. 2 Satz 3 Gemeindeordnung);
- sie sind Adressaten der Kostenschätzung der Verwaltung im Sinne von § 26 Abs. 2 Satz 5 GO;
- ihnen soll nach § 26 Abs. 6 Satz 6 GO „Gelegenheit gegeben werden, den Antrag in der Sitzung des Rates zu erläutern“;
- sie sind Ansprechpartner, wenn die Verwaltung im Sinne von § 26 Abs. 2 Satz 4 GO bei der „Einleitung eines Bürgerbegehrens behilflich“ ist;
- sie sind nach § 26 Abs. 6 Satz 3 GO (ausschließlich) befugt, „gegen die ablehnende [Zulässigkeits-]Entscheidung des Rates ... einen Rechtsbehelf einzulegen“.

Aus diesen rechtlichen Detailregelungen ergibt sich, dass nach der gesetzgeberischen Sicht des § 26 GO alle Verfahrensrechte hinsichtlich des Bürgerbegehrens bei den Vertretungsberechtigten konzentriert sind. Sie nehmen ähnlich wie „Verfahrensstandschafter“[2] im eigenen Namen die Interessen der das Bürgerbegehren Unterzeichnenden wahr und fungieren einheitlich als Ansprechpartner der Gemeinde. Sie haben die Position von eingesetzten Vertrauensleuten[3].

Die Vertretungsberechtigten der Unterzeichnenden des Bürgerbegehrens unterliegen keinem imperativen Mandat. Sie können äußerstenfalls den Begehrensantrag zurücknehmen, etwa wenn durch Änderung der tatsächlichen oder rechtlichen Verhältnisse der Antrag im Sinne der Unterzeichnenden obsolet oder gar kontraproduktiv geworden ist oder wenn etwa trotz Unzulässigkeit eines Begehrens eine Kompromisslösung mit der Gemeinde erreichbar ist[4]. Eine solche Kompromisslösung – mit der hier sogar sämtliche „Ziele“ des Bürgerbegehrens akzeptiert werden – ist der vorliegende öffentlich-rechtliche Vertrag.

Nach alldem hatten die Vertretungsberechtigten des Bürgerbegehrens hier die Befugnis, den öffentlich-rechtlichen Vertrag mit der Oberbürgermeisterin der Stadt S abzuschließen.

b) Befugnisse der Oberbürgermeisterin der Stadt S

Für die Oberbürgermeisterin der Stadt S könnte sich die Befugnis, den öffentlich-rechtlichen Vertrag zum Bürgerbegehren abzuschließen, aus der kommunalen Selbstverwaltungsgarantie des Art. 28 Abs. 2 GG in Verbindung mit Art. 78 Abs. 1 Landesverfassung NRW ergeben.

Zum Wesen der kommunalen Selbstverwaltung gehört für die Stadt S das Recht, alle Angelegenheiten der örtlichen Gemeinschaft im Rahmen der Gesetze und in eigener Verantwortung zu regeln. Sie hat danach das Recht, die in die kommunale Zuständigkeit fallenden Aufgaben so zu erfüllen, wie ihr dies nach Maßgabe der Rechtsordnung zweckmäßig erscheint.[5] Die Stadt S wird dabei gemäß § 63 GO von der Oberbürgermeisterin als Hauptkommunalbeamtin[6] vertreten.

Damit ist die Oberbürgermeisterin im Rahmen des kommunalen Selbstverwaltungsrechtes der Stadt S auf Basis der Ermächtigung des § 54 Satz 1 Verwaltungsverfahrensgesetz NRW (VwVfG NRW) auch zum Abschuss eines öffentlich-rechtlichen Vertrages[7] befugt. Hiernach kann von ihr als Hauptkommunalbeamtin „ein Rechtsverhältnis auf dem Gebiet des öffentlichen Rechts durch Vertrag begründet, geändert oder aufgehoben werden, soweit Rechtsvorschriften nicht entgegenstehen“[8]. Für Fälle wie den vorliegenden, in welchem ein Bürgerbegehren nach einem Kompromiss mit der Kommune gegenstandslos werden soll, wird teilweise sogar der Abschluss eines schriftlichen öffentlich-rechtlichen Vertrages ausdrücklich gefordert[9].

Ergebnis zu a) und b):
Die Vertretungsberechtigten des Bürgerbegehrens und die Oberbürgermeisterin der Stadt S **hatten die Befugnis**, den öffentlich-rechtlichen Vertrag zum Bürgerbegehren abzuschließen.

Zu Aufgabe 2:

„Welche **Überlegungen** könnte die **Bezirksregierung** zu den von den Fraktionen bemängelten Verstößen anstellen **und wie könnte sie entscheiden**?“

Vorab fragt sich, ob die Bezirksregierung zur Beantwortung des Beanstandungs-Schreibens der Fraktionen befugt ist. Gemäß Art 78 Abs. 4 der Verfassung des Landes NRW *„überwacht [das Land] die Gesetzmäßigkeit der Verwaltung der Gemeinden und Gemeindeverbände“*. Nach § 11 GO schützt diese Aufsicht des Landes die Gemeinden und *„sichert die Erfüllung ihrer Pflichten“*. Die allgemeine Aufsicht erstreckt sich nach § 119 Abs. 1 GO *„darauf, dass die Gemeinden im Einklang mit den Gesetzen verwaltet werden“*. Nach § 120 Abs. 2 GO führt die allgemeine Aufsicht *„über kreisfreie Städte ... die Bezirksregierung“* als staatliche Mittelbehörde des Landes[10]. Somit wäre sie in der Lage – falls die inhaltlichen Voraussetzungen vorliegen – gemäß § 122 GO („Beanstandungs- und Aufhebungsrecht") zum von den beiden Fraktionen geforderten *„kommunalaufsichtsrechtlichen Einschreiten, mit dem Ziel, den Ratsbeschluss zum öffentlich-rechtlichen Vertrag ... als rechtswidrig zu beanstanden und aufzuheben".*

Es fragt sich deshalb, ob der Ratsbeschluss vom 22. Februar des Jahres (und der daraufhin geschlossene öffentlich-rechtliche Vertrag) inhaltlich rechtswidrig ist.

a) Es könnte sich ein **Verstoß gegen das Demokratieprinzip** daraus ergeben, dass aa) der öffentlich-rechtliche Vertrag die „zehn Ziele **für die nächsten zehn Jahre" festschreibt**. Damit verpflichtet der aktuelle Rat die Stadt weit über seine eigene Wahlperiode hinaus. Er entzieht den folgenden Räten nach ihrer Wahl die demokratische Entscheidungskompetenz über diejenigen Inhalte, die im öffentlich-rechtlichen Vertrag geregelt werden.

> *„Dass in Rat und Ausschüssen auch Beschlüsse gefasst werden, die langfristige, über die Kommunalwahlperiode hinaus geltende Bindungswirkungen sowohl in sachlicher als auch finanzieller Hinsicht entfalten, ist in der kommunalen Praxis nicht selten und häufig unvermeidbar (z. B. Errichtung einer kulturellen Einrichtung mit langfristigem Zuschussbedarf ...). Dabei ist es gerade Verträgen dem Wesen nach immanent, dass sie für die Zukunft wirken. Das kommunale Selbstverwaltungsrecht ermächtigt die Kommunen, Angelegenheiten ... zu regeln. Eine Beschränkung des Selbstverwaltungsrechtes dahingehend, keine Handlungen mit einer Wirkung für die Zukunft vornehmen zu dürfen, besteht nicht. Vielmehr kann es nach jeweiliger Sachlage sogar geboten sein, im Sinne einer langfristigen Planung oder aus Gründen der Rechtssicherheit auch zukünftige Ratsgremien durch vertragliche Gestaltungen zu binden und entsprechend zu verpflichten."*[11]

Ein Verstoß gegen das Demokratieprinzip ist in der längerfristigen Bindungsdauer des öffentlich-rechtlichen Vertrages somit nicht zu erkennen.

> *„Einer Gemeindevertretung ... ist es demnach schon grundsätzlich nicht verwehrt, Entscheidungen zu treffen, die über die konkrete Wahlperiode hinaus Bindungswirkungen entfalten. Dies wird sich mitunter auch gar nicht vermeiden lassen, will man die gemeindliche Handlungs- und Gestaltungsfreiheit nicht von vornherein auf die Erledigung von dringenden oder kurzfristigen Verwaltungsaufgaben beschränken. Dies wäre allerdings die notwendige Folge, wenn man der Auffassung wäre, dass nicht vordringliche oder längerfristig bindende Entscheidungen stets einer neu zu wählenden Volksvertretung zu überlassen seien."*[12]

bb) Ein weiterer **Verstoß gegen das Demokratieprinzip** könnte sich daraus ergeben, dass der Ratsbeschluss und der öffentlich-rechtliche Vertrag nach § 3 vorschreiben: „Die Stadtverwaltung beteiligt die Vertretungsberechtigten des Bürgerbegehrens bzw. von diesen entsandte Vertreter an der Planung und Umsetzung der Maßnahmen ...“

Rechtliche Bedenken könnten sich insoweit ergeben, als der Ratsbeschluss bzw. der Vertrag damit einer Gruppe von (außerhalb der Verwaltung stehenden) Privatpersonen spezielle Befugnisse im Verwaltungsverfahren einräumt. Keiner Kommune und auch den kommunalen Vertretungen ist es untersagt, Impulse durch bürgerschaftliche Beteiligung oder Beratung aufzunehmen; dies ist im Gegenteil ein Ausdruck lebendiger Demokratie. Hierzu kann auch ein formalisiertes Informations- oder Beratungsverfahren festgeschrieben werden. Entscheidend ist jedoch, *„dass – wenn keine Einigkeit erzielt werden kann – im Zweifel das zuständige politische Gremium [Rat, Ausschuss, Bezirksvertretung] entscheidet. So können z. B. nicht einseitig durch die Vertretungsberechtigten des Bürgerbegehrens bestimmte Projekte verhindert oder vorangetrieben werden. Eine Verletzung des Demokratieprinzips ist aufgrund der Anbindung der Letztentscheidung an das zuständige politische Gremium ... insoweit nicht zu erkennen.“*[13]

Ein Verstoß gegen das Demokratieprinzip ergibt sich somit weder (oben aa)) aus der Laufzeit des öffentlich-rechtlichen Vertrages noch (oben bb)) aus den beschlossenen Beteiligungsbefugnissen für die Vertretungsberechtigten des Bürgerbegehrens (bzw. für von diesen entsandte Vertreter).

b) Es fragt sich, ob der Ratsbeschluss und der öffentlich-rechtliche Vertrag dem Erfordernis der **Bestimmtheit**[14] **genügen** oder **wegen Unbestimmtheit rechtswidrig** sind.

Sowohl der Ratsbeschluss als auch der öffentlich-rechtliche Vertrag beinhalten den Text des „Bürgerbegehrens zur Förderung des Radverkehrs“ mit seinen zehn „Zielen“, u. a.:

> *„Ziel 1: Pro Jahr an Hauptstraßen mindestens fünf Kilometer geschützte Radwege errichten.*
> *Ziel 2: Pro Jahr mindestens fünf Kreuzungen oder Kreisverkehre um- oder neu gestalten.*
> *Ziel 3: Fahrradstellplätze umfassend ausbauen.*
> ...
> *Ziel 10: Die Umsetzung der Maßnahmen qualitativ hochwertig gestalten.“*

Die in diesen Zielen verwendeten Worte: „Hauptstraßen“, „um- oder neugestalten“, „umfassend ausbauen“ oder „qualitativ hochwertig gestalten“ sind interpretationsbedürftig und unbestimmt. Schon das Rechtsamt der Stadt S hatte – wie im Sachverhaltstext dargelegt – Zweifel an der Zulässigkeit des Bürgerbegehrens.

aa) Anforderungen an die Bestimmtheit bei **Bürgerbegehren**

Bei Bürgerbegehren sind die Anforderungen an die Bestimmtheit der Fragestellung besonders hoch[15]: Eine Eindeutigkeit ist für Bürgerbegehren unverzichtbar, damit

- erstens die Unterzeichnenden der Bürgerbegehrenszettel bei der Unterschriftensammlung präzise wissen, was sie unterstützen, und
- damit zweitens die Abstimmungsbürgerschaft später bei einem eventuellen Bürgerentscheid eindeutig erkennen kann, welche Entscheidung getroffen und umgesetzt werden soll, und damit
- drittens im Falle eines dann erfolgreichen Bürgerentscheids klar ist, was/wie/wo realisiert werden soll.

Die erforderliche Bestimmtheit der Begehrensfrage ist dann gegeben, wenn für die Adressaten *„hinreichend erkennbar ist, über welche sachlichen Ziele"* beschlossen werden soll.[16] Maßgeblich hierfür ist die Sicht eines objektiven, mit dem Inhalt des Bürgerbegehrens nicht weiter vertrauten, *„billig und gerecht denkenden Empfängers"*.[17]

Wenn in Ziel 1 des Bürgerbegehrens auf „Hauptstraßen" abgestellt wird, ist das ebenso wenig eindeutig, wie in Ziel 2 „um- oder neugestalten", in Ziel 3 „umfassend ausbauen" oder in Ziel 10 die Worte „qualitativ hochwertig gestalten". In den „Zielen" sind somit Begriffe enthalten, die für die Unterzeichnenden des Begehrens (und auch gegebenenfalls später für die Stimmbürgerschaft im Bürgerentscheid) nicht hinreichend bestimmt sind. Dies führt bei Bürgerbegehren zur Rechtswidrigkeit.

bb) Anforderungen an die Bestimmtheit bei **Ratsbeschlüssen**

Es fragt sich, ob die soeben dargestellten strengen Zulässigkeitsvoraussetzungen für Bürgerbegehren auch für die Rechtmäßigkeit eines Ratsbeschlusses oder Vertrages gelten. Spezielle gesetzliche Reglungen gibt es hierzu nicht. Der Rat kann *„im Rahmen seiner Allzuständigkeit nach § 41 Abs. 1 GO, die ihm grundsätzlich alle Angelegenheiten der örtlichen Gemeinschaft überantwortet, ... auch allgemeinere Beschlüsse im Sinne von Grundsatzbeschlüssen fassen, die einer weiteren Detailausformung noch zugänglich sind bzw. derer noch bedürfen. Mit der Zustimmung zu dem in Rede stehenden öffentlich-rechtlichen Vertrag hat der Rat einen allgemeinen Rahmen vorgegeben und Ziele/Vorgaben für die Entwicklung des Radverkehrs beschlossen, die in den folgenden ... Jahren noch mit Einzelmaßnahmen unterlegt werden müssen. Diese Einzelmaßnahmen werden von der Verwaltung vorgeschlagen und in den jeweiligen Fachausschüssen/Bezirksvertretungen beschlossen. Die Beteiligung der politischen Gremien erfolgt daher im Einzelnen in den kommenden Wahlperioden."*[18]

Die Anforderungen an die Bestimmtheit von Ratsbeschlüssen – soweit sie nicht speziell Beschlüsse über Satzungen sind und deshalb einem besonderen Bestimmtheitsgebot unterliegen – *unterscheiden* sich hiernach (wegen der unterschiedlichen Entscheidungssituation) von den strengen Anforderungen an die Bestimmtheit bei Bürgerbegehren (aufgrund der dortigen punktuellen Entscheidungssituation für die Unterzeichnenden). Somit hat die *„Notwendigkeit, die Ausführung des Beschlusses bzw.*

des öffentlich-rechtlichen Vertrages zukünftig noch weiter konkretisieren zu müssen, ... keinen Einfluss auf die Rechtmäßigkeit des [Rats-]Beschlusses.“[19]

Ergebnis:
Der Ratsbeschluss vom 22. Februar des Jahres und der daraufhin geschlossene öffentlich-rechtliche Vertrag **verstoßen weder gegen das Demokratieprinzip noch gegen das Bestimmtheitsgebot**. Sie sind **somit rechtmäßig**.

Die Bezirksregierung wird

- die beiden Fraktionen, die um kommunalaufsichts-rechtliches Einschreiten gebeten hatten, entsprechend bescheiden

und

- gegenüber der Stadt (außer einer allgemeinen Information) nichts unternehmen.

Anmerkungen:

1 Die vorliegende Lösung entspricht teilweise einer kommunalaufsichtsrechtlichen Praxisentscheidung der Bezirksregierung Detmold. Sie ist hier im Sachverhalt verändert, von der Fragestellung her erweitert und im Sinne einer Klausurlösung von Studierenden gutachtlich aufbereitet.
2 OVG NRW, Urt. vom 13.6.2017 – 15 A 1561/15 –, RdNr.n 55 und 56.
3 *Brunner* in Kleerbaum/Palmen, Gemeindeordnung NRW, 3. Aufl., § 26, VII, 2, S. 345.
4 *Hofmann/Bätge/Wiesner*, Kommunalrecht in NRW, 20. Aufl., 2.3.3.2.1.2, Nr. 12.
5 *Hofmann/Bätge/Wiesner*, Kommunalrecht in NRW, 20. Aufl., 2.2.5.
6 Zum Begriff „Hauptkommunalbeamter/in“, der präziser ist als „Hauptverwaltungsbeamter/in“: *Hofmann/Bätge/Wiesner*, Kommunalrecht in NRW, 20. Aufl., Kap. 1.1.5, S. 22.
7 *Hofmann/Hildebrandt/Gunia/Zeissler*, Allgemeines Verwaltungsrecht, 12. Aufl., RdNr. 303.
8 *Bätge*, Wahlen und Abstimmungen, Kommentar, 92.02 zu § 26 Abs. 2 GO, 2. Absatz, 2. Spiegelstrich.
9 So OVG NRW, Urt. vom 25.9.2001 – 15 A 2445/97 –, RdNr. 43: In dieser Entscheidung wird vom Oberverwaltungsgericht der Abschluss eines öffentlich-rechtlichen Vertrags gerade **gefordert**, der aber – dort wegen Fehlens der erforderlichen Schriftform – nicht zustande gekommen war.
10 *Hofmann/Hildebrandt/Gunia/Zeissler*, Allgemeines Verwaltungsrecht, 12. Aufl., RdNr. 76 ff.
11 So Bezirksregierung Detmold, Bescheid vom 28.8.2020 – 31.01.4.2-001/2020-012 – (Quellen: https://radentscheid-bielefeld.de/2020/09/vertrag-rechtmaessig (dort Download pdf) und https://anwendungen.bielefeld.de/bi/to0050.asp?_ktonr=184556), S. 5.
12 So Bezirksregierung Detmold, Bescheid vom 28.8.2020 – 31.01.4.2-001/2020-012 – (Quellen: https://radentscheid-bielefeld.de/2020/09/vertrag-rechtmaessig (dort Download pdf) und https://anwendungen.bielefeld.de/bi/to0050.asp?_ktonr=184556), S. 6 (oben).
13 So Bezirksregierung Detmold, Bescheid vom 28.8.2020 – 31.01.4.2-001/2020-012 – (Quellen: https://radentscheid-bielefeld.de/2020/09/vertrag-rechtmaessig (dort Download pdf) und https://anwendungen.bielefeld.de/bi/to0050.asp?_ktonr=184556), S. 6 (unten).
14 *Hofmann/Hildebrandt/Gunia/Zeissler*, Allgemeines Verwaltungsrecht, 12. Aufl., RdNr. 432 (zum Bestimmtheitserfordernis im Allgemeinen Verwaltungsrecht).
15 *Hofmann/Bätge/Wiesner*, Kommunalrecht in NRW, 20. Aufl., Kap. 2.3.3.2.1.2, Nr. 7, S. 159 f.
16 OVG RhPf, Beschl. vom 1.12.1994, Neue Zeitschrift für Verwaltungsrecht/Rechtsprechungs-report (NVwZ-RR) 95 S. 412.
17 OVG NRW, Urt. vom 21.6.2013 – 15 B 697/13 –, KommJur 2014 S. 60; *Bätge*, Wahlen und Abstimmungen in NRW 92.02, Nr. 3, S. 3

18 So Bezirksregierung Detmold, Bescheid vom 28.8.2020 – 31.01.4.2-001/2020-012 – (Quellen: https://radentscheid-bielefeld.de/2020/09/vertrag-rechtmaessig (dort Download pdf) und https://anwendungen.bielefeld.de/bi/to0050.asp?_ktonr=184556), S. 7.

19 So Bezirksregierung Detmold, Bescheid vom 28.8.2020 – 31.01.4.2-001/2020-012 – (Quellen: https://radentscheid-bielefeld.de/2020/09/vertrag-rechtmaessig (dort Download pdf) und https://anwendungen.bielefeld.de/bi/to0050.asp?_ktonr=184556), S. 8.

Harald Hofmann

3. Fall

Schwerpunkte:	– Bürgerbegehren – Entscheidung der Gemeinde-vertretung
Hilfsmittel:	Gemeindeordnung NRW
Zeit:	3 Zeitstunden

Sachverhalt:

Die Bürgerschaft der nordrhein-westfälischen Kreisstadt M ist mit einer Bürgerbegehrens-Unterschriftenliste von einer Initiative dazu befragt worden, ob

„die alte Blutbuche bei der geplanten Bebauung Am Königshof erhalten werden soll".

Als Begründung wurde in diesem „Bürgerbegehren Blutbuche" u. a. ausgeführt, dass …

- *„die 200-jährige Blutbuche … das Stadtbild prägt und die Temperatur reguliert. Außerdem erfordert die Tallage der Stadt eine grüne Lunge. In den letzten Jahren mussten jedoch viele große Bäume im Stadtgebiet von M Baumaßnahmen weichen. Deshalb sind die wenigen verbliebenen Bäume unbedingt zu erhalten …"*
- *„Zu einer attraktiven Innenstadt gehören … auch grüne Inseln. … Die Buche hat nicht nur eine ökologische, sondern auch eine historische und wirtschaftliche Bedeutung für M …"*
- *„Dem zukünftigen Bauträger ist eine Änderung der Planung für die Baumaßnahme „Am Königshof" zuzumuten, da ja nicht die ganze Planung abgelehnt wird, sondern die Baumaßnahme nur um ein Haus reduziert werden soll."*

Die Kostenschätzung der Verwaltung lautet:

- *„Für den Erhalt der Blutbuche an sich fallen keine weiteren Kosten an. Die Bürgerinitiative ist (lediglich) darauf gerichtet, dass dieses Grundstück nicht überplant wird."*

Für das „Bürgerbegehren Blutbuche" ist die erforderliche Anzahl von Unterschriften eingereicht worden. Die Unterschriftenzeilen sind von den Unterzeichnenden richtig ausgefüllt.

Anlass für das Bürgerbegehren war/ist eine beabsichtigte Bebauung des Gebiets „Am Königshof". Ziele dieser Bebauung sind u. a. die Anbindung des „H-Kaufhauses" an die Fußgängerzone und die Verbesserung der Situation des Einzelhandels. Der

Planungsausschuss der Kreisstadt M (PlA) hat dem Vorhaben dem Grunde nach zugestimmt. Nach mehreren vergeblichen Versuchen in der Vergangenheit, diese Ziele zu erreichen, hat sich nun der „M-Bauverein" bereit erklärt, die Bebauung zu realisieren.

Der Standort der Blutbuche steht jedoch mit der beabsichtigten Bebauung in Widerspruch. Die Stadt M und der Investor („M-Bauverein") gehen davon aus, dass die vorgesehene Bebauung nur dann durchgeführt werden kann und soll, wenn dazu auch das Grundstück einbezogen wird, auf dem die Blutbuche steht.

Ein Planaufstellungsbeschluss dazu ist nicht gefasst worden. Die Bebauung erfolgt nach § 34 BauGB für einen *„im Zusammenhang bebauten Ortsteil"*, sog. „Innenbereichsbebauung".

Aufgaben:

1. **Erstellen Sie ein Rechtsgutachten zur Zulässigkeit des Bürgerbegehrens.**
2. **Entwerfen Sie die Verfügung an die Bürgerinitiative.**

Platz für Ihre Anmerkungen/Raum für Notizen:

Lösung:

Zu Aufgabe 1:

1. Vorüberlegung

Gemäß § 26 Abs. 1 GO NRW können die Bürger beantragen, *„dass sie an Stelle der Gemeindevertretung über eine Angelegenheit der Gemeinde selbst entscheiden"*. Für ein solches Begehren ist die nach § 26 Abs. 4 Satz 1 GO NRW erforderliche Anzahl der Stimmen der Bürger notwendig. Laut Sachverhalt ist vom Erreichen der notwendigen Anzahl (nicht nur in tatsächlicher, sondern auch aus rechtlicher Sicht) auszugehen. Die Unterzeichnenden des Begehrens haben ihre Unterzeichnungsspalten korrekt ausgefüllt.

Auf die außerordentlich weitgehende[1] teleologische Reduktion, die das OVG NRW[2] hierzu vorgenommen hat:

> *„Eine ... zweifelsfreie Erkennbarkeit im Sinne von § 25 Abs. 4 Satz 2 GO NRW hängt nicht zwingend von der Vollständigkeit der ... Angaben ab. So kann ... u. U. kann sogar die Angabe nur des Namens ausreichen."*[3]

brauchen die Klausurbearbeitenden wegen der insoweit vereinfachenden Gestaltung des Sachverhalts des vorliegenden Klausurfalles nicht einzugehen.

Da das Bürgerbegehren eingereicht ist, hat die Gemeindevertretung nunmehr unverzüglich durch Beschluss festzustellen, ob das Begehren zulässig ist (§ 26 Abs. 6 Satz 1 GO NRW).

2. Zulässigkeit des Bürgerbegehrens

a) Verbandskompetenz der Stadt?

Dass das Bürgerbegehren nach dem vorliegenden Sachverhalt (Baumaßnahme im Ort und Blutbuche im Ort) eine *„gemeindliche Angelegenheit"* im Sinne von § 26 Abs. 1 GO NRW betrifft, bedarf keiner gutachtlichen Vertiefung.

b) Unzulässigkeit nach § 26 Abs. 5 Satz 1 Nr. 5 GO NRW?

Das Begehren „Blutbuche" könnte jedoch bereits kraft Gesetzes unzulässig sein, wenn es die *„Aufstellung ... eines Bauleitplans"* zum Gegenstand hat (so § 26 Abs. 5 Satz 1 Nr. 5 GO NRW).

Das Bürgerbegehren „Blutbuche" will erreichen, dass – so wörtlich – „bei der geplanten Bebauung" die „Blutbuche erhalten bleiben soll". Diese „geplante Bebauung" erfolgt (wie im Sachverhalt dargestellt) auf der Basis des § 34 BauGB. Das Bürgerbegehren „Blutbuche" verhält sich somit nicht *„über die Aufstellung ... eines Bauleitplans"* nach § 26 Abs. 5 Satz 1 Nr. 5 GO NRW.

Weder ist für den Erhalt der Blutbuche eine planerische Entscheidung erforderlich noch soll sonst eine bauleitplanerische Entscheidung getroffen werden. Vorliegend geht es – lediglich – darum, die „öffentliche Sache" „Blutbuche" im Gemeingebrauch zu halten.[4] Bei § 26 Abs. 5 Satz 1 Nr. 5 GO NRW geht es darum, widersprüchliche Ergebnisse im Rahmen von Bürgerbeteiligungen zu vermeiden. Dies ist beim vorliegenden Bürgerbegehren nicht der Fall. Eine Bauleitplanung im Sinne von § 1 Abs. 3 BauGB erfolgt gerade nicht.[5]

Somit betrifft das Begehren „Blutbuche" nicht *„die Aufstellung ... eines Bauleitplans"*. Der Erhalt der Blutbuche allein, rechtfertigt es nicht, von einer – etwa vorweggenommenen – „Bauleitplanung" im Sinne des § 26 Abs. 5 Satz 1 Nr. 5 GO NRW zu sprechen.

Das Bürgerbegehren ist daher nicht nach § 26 Abs. 5 Satz 1 Nr. 5 GO NRW unzulässig.

c) Begründung?

Nach § 26 Abs. 2 Satz 1 GO NRW muss ein Bürgerbegehren eine Begründung enthalten.

Diese Begründung muss sich auf die Fragestellung beziehen. Hier war/ist die Frage:

> *„Soll die Blutbuche bei der geplanten Bebauung ... erhalten bleiben?"*

Die Aussagen, die die Frage begründen, müssen richtig sein.[6] Hier wurde eine positive Entscheidung der Bürger u. a. damit gerechtfertigt,

> *„dass die 200-jährige Blutbuche ...das Stadtbild prägt und die Temperatur reguliert. Außerdem erfordert die Tallage eine grüne Lunge. In den letzten Jahren mussten jedoch viele große Bäume im Stadtgebiet von M Baumaßnahmen weichen. Deshalb sind die wenigen verbliebenen Bäume unbedingt zu erhalten ..."*.

Es ist nicht erkennbar, dass diese Aussagen (Stadtbild, Temperatur, grüne Lunge, Wegfall von großen Bäumen im Stadtgebiet) im Kern falsch sind.

> *„Die Buche hat nicht nur eine ökologische, sondern auch eine historische und wirtschaftliche Bedeutung für M"*.

Eine gewisse „ökologische und historische Bedeutung" wird man als zutreffend annehmen können. Bei der „wirtschaftlichen Bedeutung" fehlen die notwendigen Erkenntnisse. Dieses Anhängsel der „wirtschaftlichen Bedeutung" des Baums in dem Bürgerbegehren stellt jedoch kein tragendes Element der Begründung dar. Es geht um den Erhalt der Blutbuche aus den in erster Linie genannten Gründen. Der Gedanke, die generalisierende Behauptung einer „wirtschaftlichen Bedeutung" des Baums „für M" für fehlerhaft und für einen Unzulässigkeitsgrund zu halten, wäre unsachgemäß.

Die Feststellung

> *„Dem zukünftigen Bauträger ist eine Änderung der Planung für die Baumaßnahme „Am Königshof" zuzumuten, da ja nicht die ganze Planung abgelehnt wird, sondern nur die Baumaßnahme um ein Haus reduziert werden soll."*

ist dagegen differenzierter zu sehen.

Zunächst einmal wird aus der Sicht der Initiative behauptet, dass eine „Änderung der Planung" einem Investor zuzumuten sei. Dies ist eine Wertung. Etwas tatsächlich Falsches wird damit nicht behauptet. Dies ist lediglich die Meinung der Bürgerbegehrensinitiative.

Auch gegen die Feststellung, es werde „nicht die gesamte Planung abgelehnt", kann nichts erinnert werden.

Bedenken bestehen insoweit, als behauptet wird, „die Baumaßnahme müsse nur um ein Haus reduziert werden."

Dies könnte tatsächlich fehlerhaft sein. Denn bisher wird davon ausgegangen, dass das Grundstück, auf dem die Blutbuche steht, für die Bebauung „Am Königshof" erforderlich ist. Es könnte insoweit eine nicht der Wahrheit entsprechende Begründung vorliegen, die zu einer unzulässigen Einflussnahme der Unterzeichnenden des Bürgerbegehrens geführt hat. Damit könnte der unzutreffende Eindruck erweckt worden sein, eine Bebauung könne durch den Investor „M-Bauverein" auch dann noch erfolgen, wenn „nur ein Haus" entfalle. Denn dem Sachverhalt nach muss davon ausgegangen werden, dass das Interesse des „M-Bauvereins" entfällt, wenn das streitbefangene Grundstück nicht einbezogen wird.

Allerdings: Das Bürgerbegehren „Blutbuche" spricht von „dem zukünftigen Bauträger" und davon, dass diesem – aus der Sicht der Initiative – zugemutet werden könne, „seine Planung zu ändern". Unabhängig davon, ob hier bereits eine Festlegung auf den Investor „M-Bauverein" erfolgt ist, ist festzuhalten, dass die Begehrensinitiative der Ansicht ist, einem „zukünftigen Bauträger" sei eine „Änderung der Planung" zuzumuten. Dagegen kann insoweit nichts eingewandt werden, denn im Kern geht es der Initiative darum, den Baum zu erhalten. Dies ist die tragende Begründung. Das Bürgerbegehren wendet sich nicht direkt gegen eine Bebauung. Es will nur festgestellt wissen, dass bei jedweder Form von Bebauung die Blutbuche erhalten bleibt.

Es ist konsequent, die **Begründung des Begehrens auf ihren Kern zurückzuführen** [OVG NRW, Entsch. vom 17.7.2007], hier nämlich die Notwendigkeit des Erhalts der Blutbuche aus „stadtbild- und ökologischen Gründen". Diese Kernaussage wird durch die Behauptung, „die Baumaßnahme müsse nur um ein Haus reduziert werden", nicht falsch. Ein zur Unzulässigkeit führender Verstoß könnte nur dann vorliegen, wenn diese Aussage *„geeignet ist, die Bildung des Bürgerwillens **maßgeblich** zu beeinflussen".*[7]

[In der Entscheidung des OVG NRW vom 23.4.2002[8] ging es darum, dass eine Bürgerinitiative für eine „Eissporthalle mit Freizeitzentrum" in der Begründung – grob fehlerhaft – behauptet hat, die Stadt habe den Antrag eines privaten Investors, eine „Eissporthalle mit Freizeitzentrum" zu errichten, abgelehnt. Demgegenüber hat es tatsächlich einen solchen Antrag niemals gegeben. Vielmehr gab es nur eine Bauvoranfrage für ein anderes Projekt (nämlich ein Großkino), das zudem vom Bauherrn selbst später nicht weiterverfolgt wurde. So liegt es hier nicht.]

Die Blutbuche ist vorhanden; sie kann erhalten werden. Dies gilt umso mehr, als bisher nicht schlüssig dargetan ist, dass eine Anbindung der Fußgängerzone mit dem Erhalt der Buche nicht ebenso gut vorgenommen werden kann – auch wenn die Aussage, es entfalle „nur ein Haus", spekulativ ist. Jedenfalls dürfte diese Aussage den Rahmen der zulässigen Argumentation im Zusammenhang mit einer Meinungsbildung bei einem Bürgerbegehren nicht überschreiten.

Das Begehren „Blutbuche" enthält somit im Kern eine fehler*freie* Begründung.

d) Kostenschätzung?

Gemäß § 26 Abs. 2 Satz 5 und 6 GO NRW hat das Begehren eine *„Einschätzung der mit der Durchführung der verlangten Maßnahme verbundenen Kosten"* zu enthalten. Diese Kostenschätzung hat die Verwaltung der Gemeinde zu erstellen.[9] Sie muss richtig sein. Die Unterzeichnenden dürfen nicht zu einer positiven/negativen Entscheidung bewogen werden, weder auf der Grundlage eines unrichtigen Begründungs-Sachverhalts noch auf einer unrichtigen Kostenschätzung.

Letztlich kann dieses Problem auf sich beruhen. Die Initiative will, dass die Blutbuche erhalten bleibt. Dies ist im Sinne der Kostenschätzung die „verlangte Maßnahme". Gefordert wird somit ein Unterlassen der Bebauung nur für diesen Bereich. Dafür jedoch fallen keine Kosten im engeren Sinne an.

Zu einem anderen Ergebnis könnte man nur dann gelangen, wenn man unterstellt, im vorliegenden Falle gehe es nicht nur darum, etwas zu unterlassen, sondern hier gehe es um Einnahmeausfälle; nämlich aus dem Verkauf des entsprechenden Grundstücks. [Dafür wäre mit dem VG Köln[10] nach früherer Rechtslage ein Kostendeckungsvorschlag notwendig.]

Dem wird vorliegend jedoch nicht gefolgt. Zweck einer Kostenschätzung ist es, sicherzustellen, dass die Bürger keine Maßnahmen beschließen, ohne sich über die Aufbringung der Mittel im Klaren zu sein, die wegen der vermögensmindernden Folge der Maßnahme aufgewandt werden müssen. Es ist aber nicht gerechtfertigt, alle Vermögensminderungen einzubeziehen, sondern nur solche, für die eine *„Verantwortlichkeit aus der verlangten Maßnahme"* abgeleitet werden kann.

Ebenso wie *„das Unterlassen der Veräußerung von Geschäftsanteilen"*[11] kann auch das Verbleiben der Blutbuche keine (zusätzlichen) Kosten verursachen. Letztlich wird (nur) der Erhalt eines Baumes angestrebt. Eine solche Maßnahme verursacht nicht mehr Kosten als eine Planung unter Wegfall der Blutbuche. Damit sind keine zusätzlichen „Aufwendungen aus Ressourcen" verbunden.

3. Teilergebnis

Das **Bürgerbegehren „Blutbuche" ist somit zulässig**. Es verhält sich nicht *„über die Aufstellung ... eines Bauleitplans"* im Sinne von § 26 Abs. 5 Satz 1 Nr. 5 GO NRW. Es enthält im Kern eine richtige Begründung. Der Hinweis auf den Wegfall nur „[eines] Hauses" mag problematisch sein, ist jedoch nicht tragend.

4. Entscheidung der Gemeindevertretung

Gem. § 26 Abs. 6 Satz 1 GO NRW *„stellt der Rat unverzüglich fest, ob das Bürgerbegehren zulässig ist." „Entspricht der Rat einem zulässigen Bürgerbegehren nicht, so ist innerhalb von drei Monaten ein Bürgerentscheid durchzuführen"* (§ 26 Abs. 6 Satz 4 GO NRW).

Daraus folgt zunächst einmal die gesetzliche Verpflichtung der Gemeindevertretung, unverzüglich zu entscheiden, ob das Bürgerbegehren „Blutbuche" zulässig ist. Diese Entscheidung ist keine Ermessensentscheidung.[12] Der Gemeindevertretung steht auch kein Einschätzungs- oder Beurteilungsspielraum zu.[13]

Die Gemeindevertretung muss daher die Angelegenheit auf ihrer nächsten Sitzung beraten und entscheiden. Da das Begehren zulässig ist, ist dieses Ergebnis formell festzustellen.

Die Gemeindevertretung hat sodann die Möglichkeit, einen sog. Entsprechungsbeschluss gem. § 26 Abs. 6 Satz 5 GO NRW zu fassen, d. h. sie teilt die Ansicht des Begehrens und beschließt entsprechend. Andernfalls ist der Bürgerentscheid nach § 26 Abs. 6 Satz 4 GO NRW innerhalb von drei Monaten durchzuführen.

Das Begehren ist – wie aufgezeigt – zulässig. Folgerichtig ist die Entscheidung der Zulässigkeit i. V. m. einem sich anschließenden Bürgerentscheid oder i. V. m. einem sog. „Entsprechensbeschluss" zu treffen.

5. Entscheidung der (Ober-)Bürgermeisterin/des (Ober-)Bürgermeisters

Die (Ober-)Bürgermeisterin bzw. der (Ober-)Bürgermeister hat die Angelegenheit Bürgerbegehren „Blutbuche" gem. § 48 Abs. 1 Satz 1 GO NRW auf die TO der nächsten Gemeindevertretungssitzung zu nehmen. Nach den obigen Gutachtens-Ergebnissen hat die Gemeindevertretung sodann die Zulässigkeit festzustellen (um gegebenenfalls dem Begehren zu entsprechen bzw. nicht zu entsprechen mit der Folge, dass ein Bürgerentscheid durchgeführt werden muss).[14]

Angesichts der Zulässigkeit des Begehrens wäre eine andere Entscheidung als die Zulässigkeit rechtswidrig. Sie wäre vom Bürgermeister gem. § 54 Abs. 2 GO NRW zudem zu beanstanden.

Zu Aufgabe 2:

„(Ober-)Bürgermeister/in
der Stadt M

An
die Vertretungsberechtigten des
Bürgerbegehrens „Blutbuche“

1.
...
2.
...

Bürgerbegehren „Blutbuche“

Sehr geehrte ...,

zu dem von Ihnen eingereichten Bürgerbegehren nehme ich Bezug auf die Sitzung der Gemeindevertretung am ... .

Sie haben an dieser Sitzung teilgenommen.

Die Gemeindevertretung hat – wie Ihnen bekannt – Folgendes entschieden:
„1. Die Zulässigkeit des Bürgerbegehrens „Blutbuche“ wird festgestellt.
2. Der Rat schließt sich dem Bürgerbegehren „Blutbuche“ nicht an.
3. Es soll am ... ein Bürgerentscheid mit der Fragestellung

„Soll die Blutbuche bei der geplanten Bebauung Am Königshof erhalten bleiben?“

durchgeführt werden.“

Begründung:
Die Gemeindevertretung hat die Zulässigkeit des Bürgerbegehrens festgestellt. Aus der Ihnen bekannten und der Verwaltungsvorlage zu entnehmenden Begründung hat sich die Gemeindevertretung jedoch nicht dazu entschlossen, sich dem Bürgerbegehren anzuschließen. Auf die in Anlage beigefügte Beschlussvorlage der Verwaltung für die Ratssitzung wird noch einmal Bezug genommen (vgl. Anhang).

Aus diesem Grund soll gem. § 26 Abs. 6 Satz 4 GO NRW am ... ein Bürgerentscheid durchgeführt werden.

Diese Beschlüsse zu Ziff. 1–3 gebe ich Ihnen hiermit bekannt.

Die Durchführung des Bürgerentscheids liegt nun in meiner Verantwortung. Dabei hat der Rat der Stadt M die an die Stimmbürgerschaft zu richtende Frage mit Ziff. 3 des Beschlusses vorgegeben.

Ihr Bürgerbegehren war somit (als erster Schritt) erfolgreich. Es bleibt nun die Entscheidung der Stimmbürgerschaft im Bürgerentscheid am … abzuwarten.

Ich werde Sie im Rahmen der Erstellung des Bürgerfaltblatts/Bürgerhandbuchs zum Bürgerentscheid rechtzeitig beteiligen.[15]

Mit freundlichen Grüßen
Die/Der (Ober-)Bürgermeister/in[16]
…"

Anmerkungen:

1 Vgl. *Hofmann/Bätge/Wiesner*, Kommunalrecht in NRW, 20. Aufl., Kap. 2.3.3.2.1.2, Nr. 14, S. 171 f.

2 OVG NRW, Beschl. vom 1.8.2013 – 15 B 584/13 –, KommJur 2013 S. 374, DöV 2013 S. 909.

3 So wörtlich in OVG NRW, Beschl. vom 1.8.2013 – 15 B 584/13 –, Rn. 15.

4 So auch OVG NRW, Beschl. vom 17.7.2007 – 15 B 874/07 – (nrw.rechtsprechung.de) zu einem vergleichbaren Fall, in dem es um die Frage ging: „Soll das Rathaus erhalten bleiben?". Vgl. zum Einwohnerantrag/Bürgerbegehren auch *Günter/Beckmann*, Kommunallexikon, Stichwörter „Einwohnerantrag", „Bürgerbegehren" und „Bürgermitwirkung".

5 Im Gegensatz zum Fall des NdsOVG in NVwZ-RR 2005 S. 349 ff. – 350 –; ebenso VG Köln, NWVBl. 2000 S. 269 ff. – 270 –.

6 Vgl. dazu OVG NRW, NVwZ-RR 2002 S. 766 f. – 767 – und NWVBl. 2004 S. 346 ff. – 347 –; ebenso OVG RhPf, NVwZ-RR 1997 S. 241 ff. – 243/4 –.

7 So OVG NRW, Fn. 6, S. 347.

8 Vgl. oben Fn. 6, S. 767.

9 Vgl. dazu: u. a. *Hofmann/Bätge/Wiesner*, Kommunalrecht in NRW, 20. Aufl., Kap. 2.3.3.2.1.2, Ziff. 13; zur früheren Rechtslage, aber inhaltlich auch heute gültig: OVG NRW, Fn. 3, S. 347: *„Gefordert wird ein Unterlassen. Dies löst keine Kosten im Sinne der Vorschrift aus."*

10 NWVBl. 2002 S. 319 ff. – 321 –, zur älteren Rechtslage.

11 Vgl. OVG NRW, Fn. 3, S. 347, zur älteren Rechtslage.

12 Vgl. u. a. *Held/Winkel/Wansleben*, Kommunalverfassungsrecht NRW, § 26 Ziff. 5.2; ebenso *Hofmann/Bätge/Wiesner*, Kommunalrecht in NRW, 20. Aufl., Kap. 2.3.3.2.1.2, Nr. 18: *„Erfüllt der Antrag die Voraussetzungen, so* ***ist*** *… die Zulässigkeit … festzustellen."*

13 Zum Beurteilungsspielraum vgl. *Hofmann/Hildebrandt/Gunia/Zeissler*, Allgemeines Verwaltungsrecht, 12. Aufl., RandNr. 398 ff.

14 Es soll davon ausgegangen werden, dass die Gemeindevertretung keinen „Entsprechensbeschluss" gefasst hat.

15 Es ist eine insgesamt für die Initiative positive Entscheidung, sodass die Rechtsbehelfsbelehrung mit dem Hinweis auf die Möglichkeit einer Klage entfällt. Vgl. *Hofmann/Hildebrandt/Gunia/Zeissler*, Allgemeines Verwaltungsrecht, 12. Aufl., RandNr. 641 ff.

16 In der Regel werden derartige wichtige Bescheide von der (Ober-)Bürgermeisterin bzw. dem (Ober-)Bürgermeister oder der 1. Stellvertreterin bzw. dem 1. Stellvertreter unterschrieben, nicht von der Amtsleitung oder der Sachbearbeitungsebene.

Harald Hofmann

4. Fall

Schwerpunkte: Bürger- und Einwohnerrechte
Hilfsmittel:
- Gemeindeordnung NRW
- Bundesmeldegesetz
- Verwaltungsverfahrensgesetz NRW

Zeit: 3 Zeitstunden

Sachverhalt:

1. Der niederländische Staatsangehörige N wohnt in Amsterdam. In der Gemeinde G in Nordrhein-Westfalen ist er Eigentümer eines Haues, in welchem er regelmäßig zweimal für jeweils drei bis vier Wochen im Jahr wohnt. In der übrigen Zeit vermietet er das Haus manchmal an Bekannte.
N überreicht der Gemeindeverwaltung einen Antrag auf Bezuschussung des Einbaus von energiesparenden Bauelementen in seinem Haus. Das Land Nordrhein-Westfalen hat ein solches Programm aufgelegt; die Verteilung der Mittel geschieht nach den einschlägigen landesrechtlichen Vorschriften über die Bezirksregierungen, bei denen auch die Anträge auf Bezuschussung zu stellen sind. Die Beantragung eines solchen Zuschusses ist nur innerhalb einer bestimmten Frist möglich, welche am folgenden Tag abläuft.
Frage 1: Muss die Gemeindeverwaltung G den Antrag entgegennehmen und kann der Antrag bei der Gemeindeverwaltung in G fristwahrend gestellt werden?

2. Bei Gelegenheit des Besuches in der Gemeindeverwaltung G bittet N, ihm in einem schon seit einiger Zeit laufenden Rechtsstreit vor dem Finanzgericht behilflich zu sein. Unter Berufung auf § 22 Abs. 1 GO NRW verlangt er Auskunft über seine Prozesschancen und Formulierungshilfe für einen Schriftsatz an das Finanzgericht.
Frage 2: Ist die Gemeindeverwaltung verpflichtet, dem Begehren des N nachzukommen?

3. Als N seinem Bruder B, der ebenfalls in Amsterdam wohnt, aber bisher noch nie in G war, von seinen Erlebnissen mit der Gemeindeverwaltung in G erzählt, ist B der Auffassung, hier müsse etwas geschehen. B wendet sich daher schriftlich an die Gemeinde G mit der Bitte, einen besonderen Anlaufpunkt für die Belange ausländischer Staatsangehöriger im Rahmen der Gemeindeverwaltung zu bilden. Er habe in der nordrhein-westfälischen Gemeindeordnung gelesen, dass derartige „Anregungen und Beschwerden“ zulässig seien; er bitte, über das Veranlasste zu berichten.

Die Gemeindeverwaltung ist der Auffassung, sie brauche auf das Schreiben des B hin nichts zu unternehmen, da dieser eine Anregung oder Beschwerde gar nicht stellen könne.

Frage 3: Verhält sich die Gemeindeverwaltung G richtig?

Aufgabe:

Beantworten Sie die Fragen und begründen Sie Ihre Antwort unter allen rechtlichen Aspekten gutachtlich.

Platz für Ihre Anmerkungen/Raum für Notizen:

Lösung:

Zu Frage 1:

Gem. § 22 Abs. 3 Satz 1 GO NRW haben Gemeinden Anträge entgegenzunehmen und unverzüglich weiterzuleiten, die u. a. bei den Bezirksregierungen einzureichen sind. Nach dem Sachverhalt handelt es sich um einen solchen Antrag; die Gemeinde ist grundsätzlich verpflichtet, einen solchen Antrag entgegenzunehmen.

Zweifelhaft aber könnte sein, ob hier N als niederländischer Staatsbürger einen solchen Weitergabeanspruch haben kann. Nach der Überschrift des § 22 GO NRW sind in ihm Pflichten der Gemeinden gegenüber ihren Einwohnern geregelt. Auch die Systematik des Gesetzes, welche den § 22 in den Kontext der §§ 21 bis 25 GO NRW einbindet, spricht dafür, dass hier grundsätzlich Einwohnerrechte normiert werden. Obwohl § 22 Abs. 3 GO NRW den begünstigten Personenkreis nicht bezeichnet, wird man somit schließen können, dass die Einwohner die Begünstigten der Regelung sein sollen. N würde also zum Kreis der Begünstigten gehören, wenn er Einwohner wäre. Nach § 21 Abs. 1 GO NRW ist Einwohner, wer in der Gemeinde wohnt. Gem. § 20 Bundesmeldegesetz ist eine Wohnung jeder umschlossene Raum, der zum Wohnen oder Schlafen benutzt wird. Das Haus des N genügt diesen Voraussetzungen.

Wohnen i. S. d. § 21 Abs. 1 GO NRW kann aber nur heißen, dass eine Wohnung von einer Person – hier N – genutzt wird. Da N nach dem Sachverhalt regelmäßig zweimal für jeweils drei bis vier Wochen das Haus nutzt, wohnt er in G: Er ist Einwohner und somit grundsätzlich Berechtigter im Rahmen des § 22 Abs. 3 GO NRW.

Gem. § 22 Abs. 3 Satz 2 GO NRW gilt die Einreichung des Antrages bei der Gemeinde als Antragstellung bei der zuständigen Behörde – und ist damit fristwahrend. Dies allerdings nur, *„soweit Bundesrecht nicht entgegensteht"*. Nach dem Sachverhalt ist das Bezuschussungsprogramm ein Landesprogramm, welches nach landesrechtlichen Vorschriften abgewickelt wird. Demzufolge können bundesrechtliche Regelungen bei der Antragstellung gar nicht eingreifen und somit auch nicht i. S. v. § 22 Abs. 3 Satz 2 GO NRW entgegenstehen.[1]

N kann also seinen Antrag bei der Gemeindeverwaltung in G fristwahrend stellen.

Zu Frage 2:

Der Anspruch des N auf Auskunftserteilung könnte sich aus § 25 VwVfG NRW ergeben. Das würde jedoch nach § 25 Satz 2 VwVfG NRW[2] voraussetzen, dass N „Beteiligter" an einem Verwaltungsverfahren wäre. Ein solches Verwaltungsverfahren, an dem N „Beteiligter" ist, liegt hier aber nicht vor, sondern laut Sachverhalt ein *„laufender Rechtsstreit vor dem Finanzgericht"*.

Der Anspruch des N könnte sich möglicherweise aus § 22 Abs. 1 GO NRW ergeben. Wie bereits oben dargelegt, ist N Einwohner in G, sodass ihm grundsätzlich ein solcher Anspruch zustehen könnte. Allerdings sind nach § 22 Abs. 1 Satz 2 GO NRW die Gemeinden nicht zur Rechtsberatung verpflichtet. Auskünfte über Prozesschancen in einem laufenden Rechtsstreit vor dem Finanzgericht sind aber typischer Gegenstand von Rechtsberatung. Insoweit trifft die Gemeinde also keine Verpflichtung.

N könnte allerdings – worum er auch bittet – einen Anspruch auf Formulierungshilfe nach § 22 Abs. 1 Satz 1 GO NRW haben.

Da N Einwohner ist, kann er grundsätzlich den Hilfeanspruch aus § 22 Abs. 1 Satz 1 GO NRW haben. Dem steht nach dem ausdrücklichen Wortlaut der Vorschrift auch nicht entgegen, dass die Gemeindeverwaltung für das Verfahren nicht zuständig ist. Allerdings ist inhaltlich der Anspruch darauf begrenzt, dass Hilfe bei der „Einleitung von Verwaltungsverfahren" geleistet wird. N aber verlangt Formulierungshilfe für einen Schriftsatz an das Finanzgericht im Rahmen eines laufenden Rechtsstreites. Ein solcher Schriftsatz ist aber weder die „Einleitung" eines Verfahrens, noch bezieht er sich auf ein „Verwaltungsverfahren", da die Angelegenheit bereits vor dem Finanzgericht anhängig ist.

Die Gemeindeverwaltung ist also nicht verpflichtet, dem Begehren des N nachzukommen.

Zu Frage 3:

Gem. § 24 Abs. 1 Satz 4 GO NRW besteht die Verpflichtung, den Antragsteller einer Anregung oder Beschwerde über die Stellungnahme zu unterrichten. Die Gemeindeverwaltung G verhält sich also dann nicht richtig, wenn B eine zulässige Anregung oder Beschwerde nach § 24 GO NRW eingereicht hat.[3]

Es könnte für die Einreichung einer solchen Anregung oder Beschwerde Voraussetzung sein, dass der Antragsteller Bürger i. S. v. § 21 Abs. 2 GO NRW sein muss. Einer solchen Auslegung steht aber der Wortlaut des § 24 Abs. 1 GO NRW entgegen, der das Recht zur Antragstellung *„Jeder Einwohnerin oder jedem Einwohner der Gemeinde"* zuerkennt, *„die oder der seit mindestens drei Monaten in der Gemeinde wohnt"*.

Das Antragsrecht nach § 24 Abs. 1 GO NRW gilt nur *„in Angelegenheiten der Gemeinde"*. Die geplante Einrichtung einer Anlaufstelle für ausländische Staatsangehörige im Rahmen der Gemeindeverwaltung wäre aber eine solche Angelegenheit, die in die Verbandskompetenz der Gemeinde fällt.

§ 24 Abs. 1 GO NRW erfasst den Fall, dass sich jemand mit Anregungen oder Beschwerden an den Rat der Gemeinde wendet. Dies entspricht inhaltlich dem Petitionsrecht gemäß Art. 17 GG, welches nach dieser grundgesetzlichen Bestimmung jedermann zusteht. § 24 GO NRW ist demzufolge nichts weiter als eine auf Gemeindeebene konkretisierte Ausformung des Petitionsrechts.[4] Durch die gesetzliche Konkretisierung ist dieses kommunale Petitionsrecht aber auf *„Jede Einwohnerin oder jeden Einwohner"* beschränkt.[5]

Da B weder eine Wohnung in G besitzt noch je in G war, ist er (s. o. Lösung zu Frage 1) nicht „Einwohner". Im Ergebnis war B somit nicht zu einer derartigen Anregung befugt; die Gemeindeverwaltung G verhält sich also nicht falsch, wenn sie die nach § 24 Abs. 1 Satz 4 GO NRW vorgeschriebene formelle „Unterrichtung" nicht vornimmt. Ein kurzes erläuterndes Antwortschreiben ist allerdings aus Gründen der Höflichkeit geboten.

Anmerkungen:

1 Zur Bedeutung der Einschränkung „soweit Bundesrecht nicht entgegensteht" vgl. *Hofmann/Bätge/Wiesner*, Kommunalrecht in NRW, 20. Aufl., Kap. 2.3.3.1.1.8, S. 145.

2 Vor einer Argumentation, die sich auf § 25 VwVfG NRW stützt (vgl. dazu *Hofmann/Hildebrandt/Gunia/Zeissler*, Allgemeines Verwaltungsrecht, 12. Aufl., RdNr. 569 ff.), müsste eigentlich dessen Anwendbarkeit geprüft werden. Gem. § 2 Abs. 2 Nr. 1 VwVfG NRW würden dessen Vorschriften hier gar nicht anwendbar sein, da auf ein Steuerverfahren, welches die Finanzverwaltung durchführt, die Abgabenordnung Anwendung findet. Dennoch lässt sich wohl – wenn man den Ansatz über § 25 VwVfG NRW überhaupt erwähnen will – die hier gewählte Argumentation vertreten, da sie ja zum richtigen (negativen) Ergebnis führt und die Argumentation über die Anwendbarkeit zum einen aufwendiger wäre und zum anderen den Gedanken nahelegt, einen Auskunftserteilungsanspruch dann nach den Vorschriften der Abgabenordnung zu untersuchen.

3 Die Fragestellung: „Verhält sich die Gemeindeverwaltung richtig?" muss erst aufbereitet und konkretisiert werden, damit ihre Beantwortung konkret auf eine Rechtsnorm bezogen werden kann.

4 OVG NRW, Urt. vom 25.7.1978, DVBl 78 S. 895.

5 Vgl. *Hofmann/Bätge/Wiesner*, Kommunalrecht in NRW, 20. Aufl., Kap. 2.3.3.1.1.5, S. 139.

Cornelius Wiesner

5. Fall

Schwerpunkte:
- Kommunalaufsicht
- Ermessen
- Unterrichtungsverfügung
- Aufhebungsverfügung
- Veranlassungsverfügung
- Entschließungsermessen
- Bestimmtheitsgebot
- Rechtsschutz

Hilfsmittel:
- Gemeindeordnung NRW
- Kreisordnung NRW
- Verwaltungsgerichtsordnung

Zeit: 3 Zeitstunden

Sachverhalt:

Die mittlere kreisangehörige Stadt Grügelstett ist für die Parkraumüberwachung ihrer Straßen zuständig. Dabei stellte sich wiederholt das Problem, dass Menschen, die „nur mal kurz" Brötchen holen oder zum Geldautomaten müssen, ihre Autos im Halteverbot und sehr gerne auch mal auf Radwegen abgestellt haben, weil sie den Mindestbetrag von 1 € für einen Parkschein nicht bezahlen wollten. Dies will der Rat nun ändern: Einwohner können von jetzt ab im Rathaus für einmalig 3 € sogenannte „Parksanduhren" erwerben, die mit einem Saugnapf innen an der Fensterscheibe des Autos befestigt werden können. Solange der Sand läuft (15 Minuten), sieht der Beschluss mit Bindungswirkung für die Verwaltung vor, dass der Gebrauch wie die Verwendung eines regulären Parkscheins behandelt wird, sodass dann zwar jeder öffentliche bewirtschaftete Parkplatz in der Gemeinde genutzt werden kann, aber kein regulärer Parkschein mehr gezogen werden muss. Die Stadt feiert sich für diesen *„mutigen Beitrag zu Lebensqualität in unserer Stadt und zur Bewältigung der Verkehrswende"*.

Als die Landrätin des Grügelkreises davon erfährt, bittet sie die Bürgermeisterin Schmittke dann informell um Auskunft. Da diese die Landrätin nur etwas kurz angebunden auf die *„morgige Zeitung"* verweist und sonst *„nicht weiter Stellung nehmen"* möchte, verlangt die Landrätin mit E-Mail vom 12.8.2020 *„hiermit förmlich unverzüglich alle relevanten Unterlagen zu diesem Vorhaben"*. Das hält die Bürgermeisterin für *„völlig überzogen"*, *„die Zeitung hätte ja wohl genügt"*, außerdem habe die Landrätin gar keine Rechtsgrundlage, um sich Akten vorlegen zu lassen. Schließlich wendet sie noch ein, sie dürfe die Unterlagen gar nicht herausgeben, da die Entscheidung über die Parksanduhren in nichtöffentlicher Sitzung erfolgt sei (man habe das Ganze nämlich als Überraschung für die Einwohner geplant; auch deshalb solle die Landrätin bitte auf die Zeitung von morgen warten). Nach einem nochmaligen Telefonat legt die Bürgermeisterin die Unterlagen dennoch missmutig vor – *„rein freiwillig und ohne Anerkennung einer Rechtspflicht"*, wie sie sagt.

Nach Prüfung, einigem Stirnrunzeln und einem erhellenden Telefonat mit der Oberen Verkehrsbehörde bei der Bezirksregierung ist die Landrätin schließlich von der Rechtswidrigkeit des Ratsbeschlusses überzeugt und bittet die Bürgermeisterin zunächst informell, den Ratsbeschluss zu beanstanden. Sie fügt ein entsprechendes Gutachten des Verkehrsministeriums bei, das wegen eines Parallelverfahrens in einer anderen Gemeinde dort bereitgelegen hatte. Bürgermeisterin Schmittke tut wie geheißen und gibt halbherzig (aber vollständig) die rechtlichen Einwände der Landrätin in der Beschlussvorlage weiter. Der Rat bleibt jedoch bei seinem Beschluss – den jüngsten mutigen Beitrag zur Verkehrswende will er sich schließlich nicht kaputtreden lassen.

Daraufhin erlässt die Landrätin mit Datum vom 31.8.2020 eine schriftliche Aufhebungsverfügung für den Ratsbeschluss vom 12. August und erklärt in zwei Sätzen den Inhalt des Gutachtens und dass der Rat etwas Rechtswidriges beschlossen habe. Sie fügt nur noch an: *„Aus den vorstehenden Rechtsgründen ist der Beschluss des Rates vom 12.8.2020 aufzuheben. Die Aufhebung ist geeignet, um eine rechtswidrige Handlung der Stadt Grügelstett zu verhindern. Ein anderes Mittel, um ein rechtswidriges Handeln der Stadt zu verhindern, ist nicht erkennbar. Auch ist die Aufhebung in Anbetracht der vorherigen Versuche einer Aufklärung und eingriffslosen Intervention angemessen."* Damit endet die Begründung. Bürgermeisterin Schmittke merkt an, das würde *„vom Verwaltungsgericht sofort wieder gekippt"*, schließlich sei die Gemeinde nicht einmal angehört worden. Weiter teilt die Landrätin der Bürgermeisterin mit, die angeforderten Unterlagen einbehalten zu wollen – *„für Ausbildungszwecke"*.

Am übernächsten Samstag, dem 12.9.2020, wird am Stadtrand von Grügelstett (coronabedingt in kleinem Rahmen) das neue „Kreisinformationszentrum Corona im Grügelkreis" eröffnet, das der Grügelkreis mit Zustimmung der kreisangehörigen Gemeinden im Rahmen einer öffentlich-rechtlichen Vereinbarung als Kreisaufgabe angenommen und, nachdem Anfang September überraschend Räume in Grügelstett frei wurden, innerhalb von Tagen aus dem Boden gestampft hat. Als die Landrätin nach der formlosen Zeremonie vor die Tür tritt, um sich ihrer durchgeschwitzten FFP2-Maske zu entledigen, sieht sie zu ihrem Entsetzen, dass auf etlichen der gebührenpflichtigen Besucherparkplätze Fahrzeuge mit Parksanduhren am Fenster stehen und sich beim gegenüberliegenden Werksverkauf für Reptilienzubehör lange Schlangen gebildet haben. Um die wenigen verbliebenen Parkplätze für das Kreisinformationszentrum ist dagegen ein regelrechter Kampf zwischen den aus dem ganzen Kreis angefahrenen Besuchern entbrannt.

Am darauffolgenden Montag setzt die Landrätin, nach erfolgloser Anhörung der Gemeinde (*„Ich weiß nicht, wovon Sie reden"*, sagt die Bürgermeisterin und legt auf), ein missmutiges Schreiben an die Stadt auf, das nach der Anrede lediglich drei Sätze enthält:

> *„Beim samstäglichen Besuch auf dem Parkplatz des neuen Kreisinformationszentrums musste ich feststellen, dass man es in der Stadt Grügelstett*

mit dem Rechtsstaat nicht sonderlich ernst nimmt. Hiermit ordne ich gemäß § 123 Abs. 1 GO an, unverzüglich das Notwendige zu veranlassen, den rechtswidrigen Zustand zu beenden. Auf die Rechtsfolge von § 123 Abs. 2 GO weise ich dabei rein vorsorglich ebenfalls hin.
i. A. Klein
Landrätin
als Allgemeine Aufsicht"

Aufgaben:

1. **Sind die drei Verfügungen der Landrätin (vom 12. August, 31. August und 14. September) rechtmäßig?**
2. **Kann sich die Gemeinde jeweils dagegen wehren und wenn ja, wie?**

Hinweise:

Beide Rechtsfragen sind zu untersuchen, wobei Frage 1 im Gutachten bzw. Hilfsgutachten zu bearbeiten ist, während sich bei Frage 2 auf eine Benennung eines probaten Mittels und eine kurze Begründung, warum es gerade dieses Mittel sein soll bzw. diese Mittel sein sollen, beschränkt werden kann.

Gehen Sie davon aus, dass der Ratsbeschluss vom 12. August tatsächlich rechtswidrig ist (§ 13 StVO zählt die Mittel zur Parkraumüberwachung und eventuelle Arten der Ausweisberechtigung abschließend auf; die Sanduhr ist dort nicht aufgeführt; gleichzeitig ist die Ungleichbehandlung gegenüber auswärtigen Parkplatzsuchern, die nicht zum berechtigten Personenkreis der Parksanduhren gehören, nicht zu rechtfertigen). Die Einführung der Parksanduhren ist für diesen Sachverhalt als kommunale Selbstverwaltungsaufgabe zu behandeln.

Die kreisangehörige Stadt Grügelstett liegt im nordrhein-westfälischen Grügelkreis.

Platz für Ihre Anmerkungen/Raum für Notizen:

Lösung:

Zu Frage 1: Rechtmäßigkeit der Verfügungen

I. Rechtmäßigkeit der Unterrichtungsverfügung vom 12. August

Fraglich ist, ob die Unterrichtungsverfügung der Landrätin vom 12. August rechtmäßig ist.

1. Ermächtigungsgrundlage

Nach dem Grundsatz des Vorbehalts des Gesetzes bedarf jedes belastende staatliche Handeln einer Ermächtigungsgrundlage. Hierfür kommt vorliegend § 121 GO in Betracht. Fraglich ist, ob dieser die Rechtsfolge für die Herausgabe von Unterlagen enthält. Vorliegend spricht er lediglich von „Unterrichtung“, was rein dem Wortlaut nach auf bloßes Auskunftsverlangen schließen ließe. Jedoch ist zu beachten, dass es in der Gemeinde keine „aufsichtsfreien Räume“ geben darf – alles, was die Gemeinde tut, muss von der Aufsicht kontrollierbar sein. Deshalb ist die Rechtsfolge des § 121 weit zu verstehen und bezieht sich auf eine Vielzahl von Formen der Kenntniserlangung, einschließlich Herausgabeverlangen von Akten.[1] Damit liegt entgegen der Meinung der Bürgermeisterin eine Ermächtigungsgrundlage für ein solches Herausgabeverlangen vor.

2. Formelle Rechtmäßigkeit

Die Vorschriften zu Zuständigkeit, Verfahren und Form müssten eingehalten sein.

a) Zuständigkeit

Bei der Einführung der Parksanduhren, einschließlich aller notwendigen Verfahrensschritte, handelt es sich laut Bearbeitervermerk um eine Selbstverwaltungsaufgabe, sodass die Allgemeine Aufsicht gem. § 119 Abs. 1 GO sachlich zuständig ist.

Da es sich bei Grügelstett um eine kreisangehörige Gemeinde handelt, ist gem. § 120 Abs. 1 GO der Landrat des Kreises (hier: die Landrätin des Grügelkreises) als untere Kommunalaufsichtsbehörde örtlich und instanziell zuständig.

Fraglich ist, ob sich aus § 120 Abs. 1 letzter HS i. V. m. § 59 Abs. 2 KrO etwas anderes ergibt. Demnach ginge die Zuständigkeit an die Aufsichtsbehörde des Kreises (die Bezirksregierung, § 57 Abs. 1 Var. 1 GO) über, wenn der Kreis, dem die Landrätin als Hauptverwaltungsbeamtin vorsteht, sachlich zugleich eine eigene Kompetenz für den Gegenstand innehätte, um dessen Aufsicht es ginge. Ob das bezogen auf die Parkraumbewirtschaftung in Grügelstett und das Kreisinformationszentrum der Fall ist, kann dahinstehen, wenn dieser mögliche Interessenkonflikt zum Zeitpunkt der Verfügung noch gar nicht bestand. Vorliegend ist dem Sachverhalt zu entnehmen, dass das Informationszentrum in Grügelstett erst Anfang September geplant wurde;

seine Existenz war im August noch gar nicht absehbar. Mithin hat damals kein Interessenkonflikt vorgelegen. Die Landrätin war zuständig.

b) Verfahren

Fraglich ist, ob die Landrätin in ihrer Eigenschaft als untere staatliche Verwaltungsbehörde die Gemeinde hätte anhören müssen (§ 28 Abs. 1 VwVfG). Ob § 121 GO die Ermächtigung für einen Verwaltungsakt enthält, sodass nach § 28 Abs. 1 VwVfG anzuhören ist, ist umstritten.[2] Die Entscheidung kann allerdings dahinstehen, wenn die Vorschrift hier eingehalten wäre. Vorliegend hat die Landrätin informell mit der Bürgermeisterin gesprochen und ihr Auskunftsbegehren erklärt; die Bürgermeisterin konnte sich namens der Gemeinde äußern. Auch nach erfolgter Verfügung hat es noch einmal ein solches Gespräch gegeben. Ein Anhörungserfordernis, sofern überhaupt bestehend, ist somit jedenfalls gewahrt.

c) Form

§ 121 GO sieht keine besondere Form vor. Nach dem Grundsatz der Formfreiheit (§ 37 Abs. 2 VwVfG) genügt eine E-Mail damit der gesetzlichen Vorgabe.

d) Ergebnis

Die Verfügung ist formell rechtmäßig.

3. Materielle Rechtmäßigkeit

Fraglich ist, ob die Verfügung materiell rechtmäßig ist.

a) Tatbestand

Vorliegend enthält § 121 GO kein geschriebenes Tatbestandsmerkmal. Allerdings ist anerkannt, dass die Aufsicht nicht „ins Blaue hinein" Auskunftsbegehren stellen kann. Vielmehr muss sich ein konkreter Sachverhalt ergeben, aus dem sich zumindest die Möglichkeit ableiten lässt, dass die Gemeinde rechtswidrig gehandelt hat.[3] Vorliegend geht es der Landrätin um Auskunft in einem konkreten, benannten Sachverhalt, bei dem sogar schon die mögliche Rechtswidrigkeit im Raum steht. Damit ist der Tatbestand erfüllt.

b) Rechtsfolge: Ermessen

Nach § 121 GO ist der Aufsicht Ermessen eingeräumt. Fraglich ist, ob Ermessensfehler vorliegen. In Betracht kommen Fehler jeweils durch Ermessensüberschreitung wegen Verstoß gegen höherrangiges Recht.

aa) Verstoß gegen § 30 Abs. 1, 48 Abs. 2 Satz 2 GO durch Herausgabeverlangen gerichtet auf vertrauliche Unterlagen?

Fraglich ist, ob das Herausgabeverlangen mit dem Geheimnisschutz der Gemeinde kollidiert. Die Gemeinde kann (bzw. muss) nach § 48 Abs. 2 Satz 2, 3 GO die Öffentlichkeit für Ratssitzungen ausschließen und damit eine Vertraulichkeit auch für die verwendeten Unterlagen und Beschlüsse begründen. Dies ist – so die ungeschriebene Tatbestandsvoraussetzung – jedoch nur für solche Angelegenheiten zulässig, für die die Voraussetzungen des § 30 Abs. 1 GO erfüllt sind.[4] Ob diese Voraussetzungen hier vorgelegen haben, kann dahinstehen, wenn dies im Ergebnis jedenfalls kein Hindernis für das Auskunftsverlangen der Landrätin wäre. Vorliegend wäre es hochgradig missbrauchsanfällig, wenn die Gemeinde ein Vorhaben einfach zur Geheimsache machen könnte, um es der Aufsicht zu entziehen. Auch muss die Aufsicht im Rahmen ihrer Rechtskontrolle darüber wachen können, ob denn die Voraussetzungen der Nichtöffentlichkeit (die ja die Ausnahme zum gesetzlichen Regelfall ist) überhaupt vorgelegen haben, was sie nur kann, wenn sie den Beschluss mit Unterlagen kennt. Zugleich würden so „aufsichtsfreie Räume“ entstehen, die es im Rechtsstaat nicht geben darf. Deshalb wäre es widersinnig, wenn die Aufsicht wegen Nichtöffentlichkeit vom Zugriff ausgeschlossen wäre.[5] Folglich liegt hier kein Rechtsverstoß und damit auch keine Ermessensüberschreitung vor.

bb) Verstoß gegen das Selbstverwaltungsrecht durch unverhältnismäßigen Eingriff?
Fraglich ist weiter, ob, wie die Bürgermeisterin vorträgt, der Eingriff unverhältnismäßig ist und damit das in § 2 GO (als Ausprägung von Art. 28 Abs. 3 Satz 1 GG; Art. 78 Abs. 1, 2 LVerf) geschützte Selbstverwaltungsrecht verletzt. Das wäre nicht der Fall, wenn der Eingriff verhältnismäßig wäre.

Maßstab für einen legitimen Zweck ist § 11 GO. Die Aufsicht will prüfen, ob in der Gemeinde ein rechtswidriger Zustand eingetreten ist, dies entspricht exakt ihrer in dieser Vorschrift geregelten Aufgabe.

Das Unterrichtungsverlangen ist auch geeignet, dieses Ziel zu erreichen; die mit ihm ermittelten Informationen ermöglichen die Sachverhaltsaufklärung zur Prüfung weiteren Vorgehens.

An milderen Mitteln ist an einen Appell an die Freiwilligkeit zu denken, den die Landrätin allerdings bereits erfolglos formuliert hat. Der Verweis auf die Zeitung ist gleichfalls ungeeignet, da diese nur gefilterte und vermutlich auch unvollständige Nachrichten (wenn überhaupt) zum Ratsbeschluss gebracht hätte. Mithin war der Eingriff auch erforderlich.

Fraglich ist zuletzt, ob der Eingriff angemessen war. Hier sind Art, Intensität und Nachhaltigkeit des Eingriffs der Bedeutung, der Höhe und Nachhaltigkeit des Nutzens für das legitime Ziel gegenüberzustellen. Dabei ist der Grundsatz des gemeindefreundlichen Verhaltens zu beachten, der der Landesverfassung und § 11 GO entnommen werden kann.[6] Vorliegend besteht für die Gemeinde nur eine geringe Belastung, da lediglich eine erweiterte Auskunft erteilt werden soll. Soweit diese weitere Aufsichtsmaßnahmen auslösen würde, müsste sich die Gemeinde vorhalten lassen, zu rechtswidrigem Handeln nicht befugt und insoweit darum nicht schutzwürdig zu sein. Auf der anderen Seite ist auch die Beibehaltung rechtmäßiger Zustände ein Prinzip von hoher Bedeutung.[7] Die Aufsicht kann nicht arbeiten und damit die Gemeinde auch nicht vor Schaden bewahren, wenn sie den Sachverhalt nicht erforschen könnte. Mithin ist der Eingriff angemessen.

Eine Ermessensüberschreitung liegt folglich auch hier nicht vor.

cc) Ergebnis
Die Rechtsfolge ist fehlerfrei.

4. Gesamtergebnis

Die Unterrichtungsverfügung ist rechtmäßig.

II. Rechtmäßigkeit der Aufhebungsverfügung vom 31. August

Fraglich ist, ob die Aufhebungsverfügung bezüglich des Ratsbeschlusses zur Einführung der Parksanduhren rechtmäßig ist.

1. Ermächtigungsgrundlage

Eine Ermächtigungsgrundlage besteht in § 122 Abs. 1 Satz 2 GO.

2. Formelle Rechtmäßigkeit

Es müssten erneut die Voraussetzungen für Zuständigkeit, Verfahren und Form vorliegen.

Bezüglich der Zuständigkeit kann auf die Ausführungen zur vorherigen Frage verwiesen werden.

Hinsichtlich des Verfahrens ist fraglich, ob die Gemeinde, wie die Bürgermeisterin vorträgt, hätte angehört werden müssen. Die Aufhebungsverfügung ist ein Verwaltungsakt, sodass grundsätzlich die Rechtsfolge des § 28 Abs. 1 VwVfG gilt. Allerdings geht der Aufhebung zwingend die Beanstandung und erneute Beratung voraus, weiter hat es bereits umfassenden Kontakt zwischen Aufsicht und Bürgermeisterin gegeben, in welcher Tatbestand und mögliche Rechtsfolge besprochen wurden. Eine erneute Anhörung ist deshalb bei der Aufhebungsverfügung regelmäßig unnötig.[8]

Hinsichtlich der Form enthält das Gesetz (entgegen § 122 Abs. 2 GO) keine Vorschriften; soweit hier eine Schriftform zu verlangen wäre, ist diese jedenfalls eingehalten.

Damit ist die Verfügung formell rechtmäßig.

3. Materielle Rechtmäßigkeit

Problematisch ist, ob die Verfügung materiell rechtmäßig ist.

a) Tatbestand
Dafür müssten zunächst die tatbestandlichen Anforderungen vorliegen.

Hier liegt eine Sachentscheidung des Rats der Stadt Grügelstett und damit ein Ratsbeschluss vor. Dieser ist laut Bearbeitervermerk auch rechtswidrig. Der Ratsbeschluss ist von der Bürgermeisterin unter Nennung der von der Aufsicht übermittelten Gründe zuvor auch beanstandet worden. Der Rat hatte in Kenntnis dieser Gründe die Gelegenheit zur Selbstkorrektur und hat an seinem Beschluss festgehalten. Mithin liegen alle tatbestandlichen Voraussetzungen des § 122 Abs. 1 Satz 2 GO vor.

b) Rechtsfolge

Problematisch ist, ob die Rechtsfolge fehlerfrei ist.

aa) Ermessensausfall wegen fehlender Ausübung des Entschließungsermessens?

Aus dem Sachverhalt ergibt sich, dass die Aufsicht lediglich die Rechtswidrigkeit des Beschlusses erwähnt und sodann davon ausgeht, eingreifen zu müssen. Ihren Entschluss, einzugreifen, begründet sie nicht weiter. Deshalb stellt sich die Frage, ob das Entschließungsermessen überhaupt ausgeübt wurde. Das Fehlen jeglicher Begründung der Ermessensausübung indiziert üblicherweise einen solchen Ausfall.[9]

Ein Ermessensausfall wäre jedoch ausgeschlossen, wenn der Aufsicht bei der Entschließung ein Ermessen gar nicht zukäme. Ob dies der Fall ist, ist umstritten.

Eine Ansicht geht von vollem Ermessen der Aufsicht auch bei der Entschließung aus (Opportunitätsprinzip).[10] Dies folge aus dem Wortlaut, der Funktion und Stellung der Aufsicht einerseits und dem Selbstverwaltungsrecht der Gemeinde andererseits. Ansonsten bestünde die Gefahr einer Einmischungs- bzw. angemaßten Fachaufsicht.

Dieser Ansicht folgend hätte ein Entschließungsermessen bestanden und hätte darum auch voll begründet werden müssen, womit hier im Ergebnis von Ermessensausfall auszugehen wäre.

Die Gegenauffassung sieht dieses Ermessen bei Maßnahmen der Aufsicht, bei denen der Tatbestand erfüllt ist, zumindest als intendiert an.[11] Zumindest bei Verfehlungen von einigem Gewicht soll regelmäßig von einer Pflicht zum Eingreifen auszugehen sein. Die Herstellung rechtmäßiger Zustände bei feststehender Rechtswidrigkeit kommunalen Handelns sei der „Normalfall" des Einschreitens der Aufsicht, ein besonderes Begründungserfordernis sei daher nicht gegeben. Die Selbstverwaltungsgarantie schütze gerade nicht rechtswidriges Handeln (Art. 28 Abs. 2 Satz 1 GG: *„(...) im Rahmen der Gesetze (...)"*).

Nach dieser Ansicht hätte die Aufsicht ihre Entschließung in diesem Fall, der einen erheblichen Rechtsverstoß der Gemeinde beinhaltet, nicht weiter begründen müssen, sodass auch kein Ermessensausfall anzunehmen wäre.

Da die Ansichten zu unterschiedlichen Ergebnissen kommen, muss ein Streitentscheid vorgenommen werden. Vorliegend ist der Hinweis auf den Gesetzeswortlaut berechtigt, allerdings bliebe bei Annahme intendierten Ermessens immer noch das volle Auswahlermessen, sodass der Wortlaut nicht ausgehöhlt würde. Zu verweisen ist weiter darauf, dass bei allen nicht in die Rechtskreise Dritter reichenden kommunalen Entscheidungen die Aufsicht oft das Einzige ist, das noch rechtmäßige Zustände herstellen kann, wenn es die Gemeinde nicht selbst tut. Mit Berücksichtigung einer Bagatellschwelle ist die Annahme intendierten Ermessens daher vorzugswürdig.

Ein Ermessensausfall ist folglich nicht anzunehmen.

bb) Ermessensausfall wegen fehlender Ausübung des Auswahlermessens?

Anders als beim Entschließungsermessen enthält die abgedruckte Begründung des Bescheids Angaben darüber, dass die Behörde sich über Alternativen zur Aufhebung Gedanken gemacht und eine Verhältnismäßigkeitsprüfung vorgenommen hat, sodass von der Ausübung des Auswahlermessens auszugehen ist. Hier liegt folglich ebenfalls kein Verstoß vor.

cc) Ermessensüberschreitung wegen unverhältnismäßigen Eingriffs ins Selbstverwaltungsrecht?

Fraglich ist auch hier wieder, ob der Eingriff unverhältnismäßig ist. Dazu kann weitgehend auf die Ausführungen der vorangegangenen Frage verwiesen werden; ein anderes staatliches Mittel zur Beseitigung des Ratsbeschlusses ist nicht verfügbar. Eine direkte Veranlassungsverfügung über § 123 Abs. 1 GO würde die „Selbstreparatur" der Gemeinde in § 122 GO durch erzwungene Eigenaufsicht eines anderen Organs umgehen und wäre daher nicht milder. Für die Angemessenheit ist anzumerken, dass die Gemeinde sich eine neue „Dauerlösung" ausgedacht hat, die zu fortdauernden Rechtsverstößen führen würde. Bei diesen handelt es sich auch nicht lediglich um Bagatellfälle. Weiter hat die staatliche Aufsicht bis zu diesem Zeitpunkt bereits Etliches, darunter Informelles, unternommen, um der Gemeinde die Rechtswidrigkeit vor Augen zu führen. Da die Gemeinde in Kenntnis der Auffassung des Ministeriums und der Aufsicht gehandelt und diese schlicht ignoriert hat, ist sie auch nicht weiter schutzwürdig. Mithin ist der Eingriff angemessen.

Es liegt damit keine Ermessensüberschreitung vor.

dd) Ergebnis

Die Rechtsfolge ist fehlerfrei.

4. Gesamtergebnis

Die Aufhebungsverfügung ist rechtmäßig.

III Rechtmäßigkeit der Veranlassungsverfügung vom 14. September

Fraglich ist, ob die Veranlassungsverfügung rechtmäßig ist.

1. Ermächtigungsgrundlage

Als Ermächtigungsgrundlage kommt hier § 123 Abs. 1 GO in Betracht.

2. Formelle Rechtmäßigkeit

a) Zuständigkeit

Fraglich ist zunächst, ob die Landrätin zuständig ist. Grundsätzlich kann auch hier auf die vorangegangenen Ausführungen verwiesen werden. Fraglich ist allerdings, ob sich hier wegen § 120 Abs. 1 letzter HS GO, § 59 Abs. 2 KrO etwas anderes ergibt. Im Gegensatz zu den beiden vorangegangenen Verfügungen betrifft das gemeindliche Verhalten, das Gegenstand der Aufsichtsmaßnahme ist, zugleich eine Aufgabe des Kreises. Das Kreisinformationszentrum benötigt für die Benutzung Parkplätze; die gemeindliche Parkregelung führt zur Blockade dieser Parkplätze. Damit besteht nicht nur eine Überschneidung zwischen kreislicher und gemeindlicher Aufgabenwahrnehmung, sondern auch in Person der Landrätin zwischen deren Selbstverwaltungsaufgaben und ihrem Aufgabenfeld als untere staatliche Aufsichtsbehörde. Für diesen Fall sieht das Gesetz, um bereits dem „bösen Schein" eines Interessenkonflikts zwischen kommunaler und staatlicher Aufgabenerfüllung vorzubeugen,[12] einen Übergang der Zuständigkeit an die Bezirksregierung vor. Mithin ist die Landrätin mindestens seit Eröffnung des Kreisinformationszentrums zumindest für den Bereich um das Kreisinformationszentrum nicht mehr zuständig gewesen.

b) Zwischenergebnis

Die Verfügung ist formell rechtswidrig; es fehlt an der Zuständigkeit der Landrätin.

c) Hilfsgutachterlich: Verfahren und Form

Eine nach § 28 Abs. 1 VwVfG erforderliche Anhörung ist durchgeführt. Mit Wahrung einer Schriftform bestehen keine Bedenken hinsichtlich Formverstößen.

d) Hilfsgutachterlich: Materielle Rechtmäßigkeit

Fraglich ist, ob die Verfügung materiell rechtmäßig ist.

e) Tatbestand

§ 123 Abs. 1 GO verlangt das Vorliegen eines rechtswidrigen Zustands (Nichterfüllen von Aufgaben oder Pflichten). Vorliegend hat die Gemeinde durch rechtswidrigen Ratsbeschluss mit Handlungsanweisung und anschließendem Vollzug dieses Beschlusses (Ausgabe der Parksanduhren) einen rechtswidrigen Zustand geschaffen. Die tatbestandlichen Voraussetzungen liegen damit vor.

f) Rechtsfolge: Ermessen

Der Aufsicht wäre bei Vorliegen der tatbestandlichen Voraussetzungen Ermessen eingeräumt. Fraglich ist, ob sie dieses hier fehlerfrei ausgeübt hätte.

aa) Ermessensausfall

Es könnte ein Ermessensausfall vorliegen. Selbst wenn der Aufsicht intendiertes Ermessen zukäme (s. o.), müsste sie ihre Auswahlentscheidung immer noch begründen und die wesentlichen Gehalte ihrer Ermessensprüfung darlegen. Vorliegend enthält der Bescheid, anders als noch die Aufhebungsverfügung, überhaupt keine Angaben, die auf irgendeine Ermessensausübung schließen lassen. Er verweist lediglich auf die tatbestandlichen Voraussetzungen (und auch das nur höchst vage). Damit liegt ein Ermessensausfall vor.

bb) Ermessensüberschreitung wegen Verstoß gegen die zwingende Bedingung einer Fristsetzung

Eine Ermessensüberschreitung könnte sich daraus ergeben, dass die Aufsicht die zwingende Bedingung einer Fristsetzung in § 123 Abs. 1 GO nicht beachtet hat. Ihr Auswahlermessen ist dahingehend beschränkt, dass die gewählte Rechtsfolge eine solche Frist zwingend vorsehen muss. Vorliegend hat die Aufsicht gar keine Frist gesetzt und stattdessen „unverzügliches“ Handeln angeordnet. Das widerspricht dem gesetzlichen Rahmen des Ermessens, sodass eine Überschreitung vorliegt.

cc) Ermessensüberschreitung wegen Verstoß gegen das Bestimmtheitsgebot
Schon aus dem Rechtsstaatsprinzip folgt das Prinzip, dass Anordnungen der Verwaltung klar und in ihrem Inhalt erkennbar sein müssen. Soweit sich der Inhalt einer Anordnung nicht unter Zuhilfenahme von §§ 133, 157 BGB zweifellos ermitteln lässt, geht dies zu Lasten der Aufsicht. Vorliegend dürfte sich aus dem Kontext und dem Wissensstand der Gemeinde zwar ergeben, dass dieser bewusst geworden ist, dass die Aufsicht auf die Parksanduhren Bezug nimmt. Allerdings lässt sich nicht klar feststellen, welche exakte Anweisung der Gemeinde hier gegeben wird. „Das Erforderliche“ genügt nicht für einen bestimmbaren Handlungsbefehl.[13] Damit liegt ein Verstoß gegen das Bestimmtheitsgebot und somit erneut eine Ermessensüberschreitung vor.

dd) Ermessensüberschreitung wegen Verstoß gegen Pflicht zur Bemessung der Frist
§ 123 Abs. 1 GO verlangt das Setzen einer angemessenen Frist. Diese muss einerseits die Dringlichkeit der Wiederherstellung des rechtmäßigen Zustands berücksichtigen, andererseits aber die zwingend notwendige Dauer gesetzlich vorgeschriebener Verfahrensschritte bei der gemeindlichen Willensbildung und -ausübung berücksichtigen.[14] Diese Frist muss zwingend zeitlich exakt bemessen sein; die Verwendung des Begriffes „unverzüglich“ sprengt den gesetzlich zulässigen Rahmen, da er unbestimmt ist. Es liegt also auch hierin ein Verstoß gegen höherrangiges Recht und damit erneut eine Ermessensüberschreitung vor.

ee) Ergebnis
Die Verfügung ist auch ermessensfehlerhaft.

4. Gesamtergebnis

Die Veranlassungsverfügung vom 12. September ist rechtswidrig.

Zu Frage 2: Rechtsschutzmöglichkeiten der Gemeinde

Die Gemeinde hat gegen Maßnahmen der Aufsicht gemäß § 126 GO die unmittelbare Möglichkeit gerichtlichen Rechtsschutzes.

Bezüglich der Unterrichtungsverfügung kommt die Anfechtungsklage nach § 42 Abs.1 Var. 1 VwGO in Betracht. Dabei ist nach zutreffender Ansicht davon auszugehen, dass die Unterrichtungsverfügung als belastender Verwaltungsakt anzusehen ist. Fraglich ist allerdings, ob sich dieser wegen Vollzugs bereits erledigt hat, sodass eine Fortsetzungsfeststellungsklage mit ihren strengeren Voraussetzungen zu prüfen wäre. Dafür ist vorliegend bereits auf § 112 Abs. 1 Satz 2 VwGO zu verweisen: Wenn der Vollzug immer zur Erledigung führen würde, könnte der dort geregelte Fall niemals eintreten. Darüber hinaus sieht die Landrätin die Verfügung als Rechtsgrund an, die Originalunterlagen einbehalten und weiter verwenden zu dürfen. Damit ist nicht von Erledigung auszugehen. Die Gemeinde kann sich auch auf eine mögliche Verletzung ihres Selbstverwaltungsrechts berufen, um die nach § 42 Abs. 2 VwGO nötige Klagebefugnis darzulegen. Allerdings wird die Klage nicht erfolgreich sein, da die Verfügung rechtmäßig ist.

Bezüglich der Aufhebungsverfügung ist ebenfalls an die Anfechtungsklage zu denken, die aber nach hier vertretener Ansicht mangels Rechtswidrigkeit des Verwaltungsakts ebenfalls nicht erfolgreich sein wird.

Bezüglich der Veranlassungsverfügung schließlich sind die Voraussetzungen der Anfechtungsklage gegeben. Zur Klagebefugnis kann auf die obigen Ausführungen verwiesen werden; durch die materiell rechtswidrige Veranlassungsanordnung ist eine Verletzung des Selbstverwaltungsrechts der Stadt Grügelstett indiziert. Diese Klage würde darum Erfolg haben.

Anmerkungen:

Dieser Fall basiert teilweise auf VG Gelsenkirchen, Urt. vom 7.5.2018 – 15 K 5283/16 –, BeckRS 2018, 9351.

1 *Schönenbroicher* in Dietlein/Heusch (Hrsg.), BeckOK KommR NRW, 27. Ed. (1.3.2024), § 121 GO Rn. 8.

2 Für die Behandlung als Verwaltungsakt OVG NRW, NWVBl. 2013 S. 290; a. A. noch *Hofmann/Theisen/Bätge*, Kommunalrecht in Nordrhein-Westfalen, 19. Aufl. 2021, Kap. 3.3.2.3.1; nicht länger aufrechterhalten in der 20. Aufl., Kap. 3.5.3.2.2.

3 Vgl. *Becker/Winkel* in Held/Winkel (Hrsg.), GO NRW, 5. Aufl. 2020, § 121 Anm. 1.; *Schönenbroicher* in Dietlein/Heusch (Hrsg.), BeckOK KommR NRW, 27. Ed. (1.3.2024), § 121 Rn. 5, 10.

4 Vgl. *Rohde* in Dietlein/Heusch, BeckOK KommR NRW, 27. Ed. (1.3.2024), § 48 GO Rn. 25 f.

5 So im Ergebnis auch *Schönenbroicher* in Dietlein/Heusch (Hrsg.), BeckOK KommR NRW, 27. Ed. (1.3.2024), § 121 GO Rn. 8.

6 *Schönenbroicher* in Dietlein/Heusch (Hrsg.), BeckOK KommR NRW, 27. Ed. (1.3.2024), § 11 GO Rn. 3; vgl. *Schönenbroicher* in Heusch/Schönenbroicher (Hrsg.), LVerf NRW, 2. Aufl. 2019, Art. 78 Rn. 1.

7 Vgl. *Schönenbroicher* in Dietlein/Heusch (Hrsg.), BeckOK KommR NRW, 27. Ed. (1.3.2024), § 11 GO Rn. 6.

8 Vgl. *Kallerhoff*, NWVBl. 1996 S. 53 (55).

9 Vgl. *Riese* in Schoch/Schneider (Hrsg.), VwGO, 39. Erg.-Lfg. (Juli 2020), § 114 Rn. 48 m. w. N.

10 VG Gelsenkirchen, BeckRS 2018, 9351 m. w. N.; *Bätge*, Kommunalrecht NRW, 5. Aufl. 2019, Rn. 365.

11 OVG LSA, Beck RS 2011, 52506; *Schönenbroicher* in Dietlein/Heusch (Hrsg.), BeckOK KommR NRW, 27. Ed. (1.3.2024), § 122 GO Rn. 21 f. m. w. N.

12 Vgl. OVG NRW, BeckRS 2013, 47749.

13 Vgl. *Schönenbroicher* in Dietlein/Heusch (Hrsg.), BeckOK KommR NRW, 27. Ed. (1.3.2024), § 123 Rn. 10.1 m. w. N.; *Hofmann/Bätge/Wiesner*, Kommunalrecht in Nordrhein-Westfalen, 20. Aufl., Kap. 3.5.3.2.4.1.

14 *Hofmann/Bätge/Wiesner*, Kommunalrecht in Nordrhein-Westfalen, 20. Aufl., Kap. 3.5.3.2.4.1.

Cornelius Wiesner

6. Fall

Schwerpunkte:
- Bürgerbegehren (insb. Vorprüfung)
- Ratsbeschlussverfahren
- Kommunales Äußerungsrecht
- Sperrwirkung
- Wirkung des Vorprüfungsbescheids
- Organtreue
- Grundsatz der Öffentlichkeit
- Rechtsschutz bei Bürgerbegehren
- Sachlichkeitsgebot
- Örtlichkeitsprinzip

Hilfsmittel: Gemeindeordnung NRW
Zeit: 3 Zeitstunden

Sachverhalt:

Die Landrätin des Grügelkreises erhält am 13.9.2019 folgenden Brief:

***

An die Landrätin des Grügelkreises
Frau Katharina Klein

Grügelstett (Westfalen), den 11.9.2019

Sehr geehrte Frau Landrätin!
Mit diesem Schreiben möchte ich Ihnen von ungeheuren Vorkommnissen berichten, die sich in unserer Gemeinde ereignet haben.

Ich bin einer von drei Vertretern eines hiesigen Bürgerbegehrens; meine beiden Kollegen haben zugestimmt, dass ich Ihnen schreibe.

Am 23. Mai dieses Jahres hatte der Rat entschieden, den gemeindlichen Reptilienzoo zu schließen. Ich und meine zwei Freunde vom „Freundeskreis des Reptilienzoos Grügelstett e. V.“ wollten uns das nicht bieten lassen. Deshalb haben wir das Bürgerbegehren „Rettet den Grügelzoo!“ gestartet. Schon am 24. Mai sind wir aufs Rathaus gegangen und haben dort einen Brief mit der Absicht abgegeben, ein Bürgerbegehren mit der Frage

> *„Wollen Sie, dass der Reptilienzoo der Gemeinde Grügelstett in der Mauereidechsenstraße 1 geöffnet bleibt und nicht, wie in der Ratssitzung vom 23. Mai beschlossen, geschlossen wird?“*

zu initiieren. Am 1. Juni hat uns ein Herr von der Stadtverwaltung dann die Kostenschätzung der Gemeinde übermittelt, aus der hervorging, was es wohl kosten würde, den Zoo offenzuhalten. Mit den Daten haben wir ein Unterschriftenblatt entworfen – mit gestellter Frage und allen nötigen Angaben – und mit diesem wieder die Gemeindeverwaltung aufgesucht und am 18. Juni gebeten, uns zu bestätigen, dass unser Bürgerbegehren formell insoweit in Ordnung ist. Man hatte uns vorher erzählt, das sei in der Gemeindeordnung jetzt ausdrücklich geregelt, dass wir vor dem eigentlichen Bürgerbegehren schon so eine Vorprüfung machen und über einige Fragen vorab die Zulässigkeit feststellen können. Eben das hat der Rat dann auf seiner Sitzung vom 27. Juni auch beschlossen und die Bürgermeisterin uns per Bescheid vom folgenden Tag, den ich im Rathaus persönlich abgeholt habe, dann auch bescheinigt.

Allerdings war unsere Freude nach wenigen Minuten schon wieder verflogen: Direkt als nächsten Tagesordnungspunkt am 27. Juni hat der Rat den Beschluss gefasst, dem Bauunternehmer Gellthey einen Abbruchauftrag für das Zoogebäude für irgendwann im Dezember zu erteilen! Wie sich herausstellte, hatte es schon seit Wochen Verhandlungen dazu gegeben und Gellthey hat wohl das beste Angebot gemacht. Viele sagten uns, unser Bürgerbegehren sei doch aussichtslos, die Gemeinde habe sich doch jetzt schon auf einen Abriss festgelegt. Ich persönlich halte es für treuwidrig, dass der Rat so eine Entscheidung trifft.

Aber es ging noch weiter: Am 29. Juni hatte dieser Baulöwe Gellthey zum Mittsommerball geladen. Die ganze Grügelstetter Prominenz war da. Unsere Bürgermeisterin Schmittke wurde von den Lokalnachrichten interviewt. Als sie gerade auf das Bürgerbegehren angesprochen wurde, hat sich ihr Parteifreund und Tanzpartner, der Bürgermeister unserer Nachbargemeinde Mogelberg, Herr Heinze, ins Bild geschoben und gesagt (ich zitiere wörtlich, denn das vergesse ich nie mehr):

> *„In meiner Eigenschaft als Bürgermeister der Gemeinde Mogelberg kann ich die Bürgerinnen und Bürger von Grügelstett nur dringend auffordern: Unterschreiben Sie nicht! Setzen Sie ein Zeichen gegen die geistige Engstirnigkeit dieser Spinner und für die Zukunft Ihrer Gemeinde! [Er haute an dieser Stelle auf den Tisch]. Und wenn es zum Bürgerentscheid kommen sollte, sage ich Ihnen ganz klar: Stimmen Sie dagegen! Sonst bereuen Sie es.“*

Ich bin mir sicher, dass Herr Heinze sich nicht so äußern darf. Ein Gutes hatte sein Manöver allerdings: Unsere Nachbargemeinde ist in der Stadtbevölkerung bekanntermaßen nicht gerade beliebt, deshalb hat uns der Vorfall im Ergebnis sogar geholfen, schnell genügend Unterschriften zusammenzukriegen.

Aber es ging ja noch weiter: In seiner ersten Sitzung nach der Sommerpause, am 29. August, hat der Rat unser schließlich beantragtes Bürgerbegehren als unzulässig abgelehnt. Seine Begründung: Die Frage, die wir formuliert hatten, sei formell unzulässig gestellt. Auf meinen Zwischenruf, in unserem Bescheid vom Juni stehe was anderes, hat die Bürgermeisterin erwidert, die vorgezogene Prüfung nach § 26 Abs. 2 Satz 7 GO sei vom Gesetz nur als eine „unverbindliche Vorprüfung“ gemeint.

Das ist aber noch nicht alles: Bei der Ratssitzung vom 29. August ist auch noch eine organisatorische Panne (oder Absicht?) passiert. Der Ratssaal und die Besuchertribünen waren abgeschlossen und der Hausmeister, der als einziger wusste, wo der Schlüssel ist, war gerade in Schottland wandern und dort nicht telefonisch erreichbar. Deshalb verlegte die Bürgermeisterin die Sitzung noch vor Beginn kurzerhand in den kleinen Ausschusssaal ein Stockwerk darüber, der eigentlich viel zu klein für so viele Menschen ist. Es gab nicht mal einen Zettel an der Tür für uns Besucher! Ich habe mit beiden Kollegen ahnungslos vor dem Saal gewartet und dann zum Glück eines der Ratsmitglieder vor der Toilette erkannt. Als ich im Saal nach einem Stuhl verlangte, wurde mir ein Stehplatz am Fenster zugewiesen. Es gab gar keine Besucherplätze; ich und meine zwei Kollegen von unserer Bürgerinitiative mussten volle vier Stunden stehen, bis unser Punkt endlich dran war!

Frau Landrätin, ich weiß mir nach all dem nun keine andere Lösung mehr als mich an Sie zu wenden. Meine beiden Mitstreiter haben mir schon signalisiert, dass Sie allen Kampfgeist verloren haben. Vielleicht haben Sie ja noch einen Hinweis für mich, was ich jetzt noch tun könnte, um unseren kleinen Reptilienzoo doch noch zu retten.

Hochachtungsvoll
R. Mahn
***

Aufgaben:

Die Landrätin beauftragt Sie mit einer rechtlichen Einschätzung zu folgenden Fragen:

1. **Durfte der Rat in seiner Sitzung von 27. Juni den Abriss des Reptilienzoos beschließen, obwohl sich gerade ein Bürgerbegehren formierte und bereits erfolgreich eine Vorprüfung durchgeführt worden war?**
2. **War der Ratsbeschluss vom 29. August, mit dem das Bürgerbegehren für nicht zulässig erklärt wurde, rechtmäßig?**
3. **Hätte Bürgermeister Heinze aus Mogelberg in dieser Weise öffentlich Stellung gegen das Grügelstetter Bürgerbegehren beziehen dürfen?**
4. **Was könnte Mahn jetzt noch tun? Kann er auch ganz allein etwas tun?**

Hinweise:

Beantworten Sie die von der Landrätin gestellten Fragen unter Würdigung aller von Herrn Mahn vorgebrachten Argumente und Hinweise.

Bei Fragen 1, 3 und 4 können Sie sich auf die freie Wiedergabe der Ihrer Meinung nach einschlägigen rechtlichen Argumente beschränken. Sofern in der Klausur nach Rechtsbehelfen gefragt ist, genügt die Angabe des Rechtsbehelfs (ggf. mit der einschlä-

gigen gesetzlichen Norm) und einer kurzen Begründung, warum gerade dieser Rechtsbehelf in Betracht kommt.

Frage 2 ist gutachterlich, ggf. hilfsgutachterlich zu prüfen!

Auf Rechtmäßigkeitsvoraussetzungen der Ratsentscheidungen, die im Sachverhalt nicht angesprochen sind, muss nicht eingegangen werden. Gehen Sie davon aus, dass die Entscheidung, die der Rat in seiner Sitzung vom 27. Juni auf den Antrag der Vertreter des Bürgerbegehrens getroffen hat, zu keinem Zeitpunkt im Sachverhalt aufgehoben worden ist oder sich erledigt hat; beide für diesen Tag genannten Ratsentscheidungen waren darüber hinaus formell rechtmäßig. Gehen Sie ferner davon aus, dass das gesetzliche Quorum für das Bürgerbegehren erreicht worden ist.

Auf Vorschriften des Vergaberechts, des Beamtenrechts, auf Dienstaufsichtsbeschwerden oder auf Amtshaftung ist nicht einzugehen.

Die kreisangehörigen Gemeinden Grügelstett und Mogelberg liegen im nordrhein-westfälischen Grügelkreis.

Platz für Ihre Anmerkungen/Raum für Notizen:

Lösung:

Zu Frage 1: Zulässigkeit der Entscheidung des Rates zum Abbruch des Zoos trotz erfolgter Vorprüfung des Bürgerbegehrens

Fraglich ist, ob die Entscheidung des Rates, das Zoo-Gebäude durch den Auftragnehmer Gellthey abreißen zu lassen, materiell rechtmäßig war.

In Betracht kommt hier ein Verstoß gegen zwei materielle Rechtssätze: die Sperrwirkung eines zulässigen Bürgerbegehrens nach § 26 Abs. 6 Satz 7 GO und gegen den ungeschriebenen, aber anerkannten Grundsatz der Organtreue.

I. Verstoß gegen § 26 Abs. 6 Satz 7 GO?

Fraglich ist, ob das Gesetz wegen eingetretener Sperrwirkung durch zulässiges Bürgerbegehren ein ausdrückliches Verbot für den Rat begründet hat, eine *„dem Begehren entgegenstehende Entscheidung"* zu fällen. Dabei kann die nähere Subsumtion des Paragrafen und seiner Ausnahmen dahinstehen, wenn seine Voraussetzungen offensichtlich nicht vorliegen.

Vorliegend ordnet das Gesetz die sogenannte „Sperrwirkung" für den Fall an, dass ein Bürgerbegehren für zulässig erklärt worden ist. Jedoch haben die Vertreter des Bürgerbegehrens zum Zeitpunkt des Ratsbeschlusses erst eine Entscheidung in der Vorprüfung nach § 26 Abs. 2 Satz 7 GO erwirkt. Fraglich ist, ob dies bereits eine Zulässigkeitsentscheidung im Sinne des § 26 Abs. 6 Satz 7 GO ist.

Dies ist mit Blick auf den Wortlaut zu verneinen. Die jüngste Gesetzesänderung hat den Begriff *„abschließend"* in die Vorschrift eingefügt. Abschließend ist eine Prüfung nach allgemeinem Verständnis erst dann, wenn alle Voraussetzungen geprüft sind und nichts im Verfahren mehr offen ist. Damit kann sich rein nach Wortlaut die Sperrwirkung erst entfalten, wenn der Rat nach § 26 Abs. 6 Satz 1 oder Satz 2 GO tatsächlich eine endgültige Entscheidung mit dem Ergebnis gefällt hat, das Bürgerbegehren sei in vollem Umfang zulässig. Das ist aber bei der Vorprüfung gerade nicht der Fall, denn die Entscheidung über das nötige Quorum nach Absatz 4 ist noch offen.

Die systematische Auslegung spricht ebenso für dieses Ergebnis: Seit der Neufassung des § 26 GO gibt es zwei verschiedene Zulässigkeitsentscheidungen: Die vorläufige nach § 26 Abs. 2 Satz 7 GO und die endgültige nach § 26 Abs. 6 Satz 1 bzw. 2 GO. Der § 26 Abs. 6 Satz 7 GO bezieht sich mit dem Begriff „abschließend" auf einen der beiden Fälle des Absatzes 6, nämlich Satz 1 oder Satz 2.

Damit folgt aus § 26 Abs. 6 Satz 7 kein Verbot für den Rat, vor einer Entscheidung nach Absatz 6 Satz 1 oder Satz 2 eine dem Begehren entgegenstehende Entscheidung zu treffen.[1]

II. Verstoß gegen den Grundsatz der Organtreue

Fraglich ist, ob das aus allgemeinen Bestimmungen des Kommunalrechts abgeleitete Prinzip der Organtreue ein materielles Verbot für den Rat begründet hat.

Anerkannt ist, dass zwischen den Gemeindeorganen Rat und Bürgermeister eine besondere Rechtsbeziehung dergestalt besteht, dass diese Rücksicht aufeinander zu nehmen haben und ihre Kompetenzen nicht gegenseitig aushöhlen dürfen, die sogenannte *Organtreue*.[2]

Dieses Prinzip hat die Rechtsprechung auch auf die Beziehung zwischen den im Bürgerbegehren abstimmenden Einwohnern und den sonstigen Organen der Gemeinde erkannt. Zwar stünden sich die Entscheidung durch den Rat und durch ein sich formendes Bürgerbegehren gleichwertig gegenüber, sodass sich alleine daraus keine Handlungssperre für den Rat ergeben würde; jedoch sei es als Verstoß gegen die Organtreue zu werten, wenn der Rat seinen das Bürgerbegehren erledigenden Beschluss einzig in der Absicht fällte, dem Bürgerbegehren damit zu schaden.[3]

Über ein solches bewusst treuwidriges Verhalten hinaus ist von einem „Handlungsstopp" des Rats hingegen nicht auszugehen. Es wäre übertrieben zu verlangen, dass der Rat keinerlei Entscheidung über den Begehrensgegenstand fällen darf, solange noch nicht einmal festgestellt ist, ob das Begehren überhaupt Erfolg haben könnte, geschweige denn genügend Unterstützung in der Gemeinde findet. Andernfalls könnte mit jedem Antrag auf Zulassung eines Bürgerbegehrens jegliche gemeindliche Entscheidung über den Begehrensgegenstand verzögert werden. Zulässig ist es deshalb auch im laufenden Bürgerbegehren und sogar, wenn seine Zulässigkeit schon teilweise feststellt, dass der Rat – mit Sachgrund – weiter über den Begehrensgegenstand disponiert.

Aus dem Sachverhalt geht hervor, dass die Entscheidung zum Abbruch und Verkauf nicht etwa mit der Absicht gefällt worden ist, dem Bürgerbegehren zu schaden, sondern das Ergebnis langwieriger Verhandlungen war und aufgrund des wirtschaftlichsten Angebots erfolgte. Die Gemeinde beabsichtigt, das Grundstück anders zu nutzen als bislang. Damit liegt ein hinreichender Sachgrund vor.

Der Grundsatz der Organtreue ist somit nicht verletzt.

III. Ergebnis

Die Ratsentscheidung war rechtmäßig.

Zu Frage 2: Abschließende Entscheidung des Rates über die Zulässigkeit des Bürgerbegehrens

Fraglich ist, ob die Entscheidung des Rates über die abschließende Zulässigkeit des Bürgerbegehrens nach § 26 Abs. 6 Satz 2 GO rechtmäßig war.

I. Rechtsgrundlage des Ratsbeschlusses

Die abschließende Entscheidung des Rates über ein Bürgerbegehren nach erfolgter Vorprüfung ist in § 26 Abs. 6 Satz 2 GO ausdrücklich vorgesehen.

II. Formelle Rechtmäßigkeit

Hinsichtlich der formellen Rechtmäßigkeit des Beschlusses kommen ein Verstoß gegen die ordnungsgemäße Bekanntmachung der Tagesordnung sowie gegen den Grundsatz der Öffentlichkeit in Betracht.

1. Verstoß gegen die ordnungsgemäße Bekanntmachung der Tagesordnung (§ 48 Abs. 1 Satz 4 GO) durch kurzfristige Raumverlegung

Die kurzfristige Verlegung des Sitzungsraumes vom Ratssaal hin zum Kleinen Ausschuss-saal könnte einen Verstoß gegen das Prinzip der vorherigen Bekanntmachung des Sitzungsortes als Teil der Tagesordnung beinhalten (§ 48 Abs. 1 Satz 4 GO). Sinn der Vorschrift ist, dass die Sitzungsöffentlichkeit in einer Weise über das Stattfinden der Sitzung informiert wird, dass sie den Sitzungsort aufsuchen und dort von ihren Kontrollrechten Gebrauch machen kann.[4]

Vorliegend ist zu beachten, dass der angekündigte Ort mit dem dann tatsächlichen Sitzungsort zumindest teilweise übereinstimmte: So fand die Sitzung im angekündigten Gebäude statt. Allerdings gehört auch die Angabe des konkreten *Raumes* zur ordnungsgemäßen Bekanntmachung. In einem Fall wie diesem, bei dem sich erst kurzfristig herausstellt, dass der gewünschte Ort nicht genutzt werden kann, sollte es rechtlichen Bedenken standhalten, wenn kurzerhand ein benachbarter Raum genutzt wird und durch einen Aushang am ursprünglichen Ort klar darauf hingewiesen wird, dass sich der Raum geändert hat – insbesondere, wenn der neue Raum ohne zusätzlichen Aufwand erreicht werden kann. Dies ermöglicht es potenziellen Zuschauern, im Zusammenhang mit der vorherigen Bekanntmachung der Tagesordnung jedenfalls anschließend den richtigen Saal zu finden.

Im vorliegenden Fall beschreibt der Mahn jedoch, dass es keinen solchen Aushang gab und er nur durch Zufall, durch Begegnung mit einem Ratsmitglied, den richtigen Raum fand. Dieses „verdeckte" Verlegen des Sitzungssaals dürfte auch im Zusammenhang mit einer immerhin teilweise richtigen Bekanntmachung des Sitzungsortes nicht genügen, dem Gebot des § 48 Abs. 1 Satz 4 GO zu entsprechen. Ein womöglich stundenlanges „Umherirren" im Rathaus auf der Suche nach dem richtigen Saal ist nicht zumutbar (auch in Anbetracht der Notwendigkeit, genau im richtigen Moment im Sitzungssaal zu sein, um „seinen" Tagesordnungspunkt nicht zu verpassen). Der Sitzungsort war also nicht hinreichend bekannt gemacht. Damit liegt ein entsprechender Verstoß vor.

2. Verstoß gegen den Grundsatz der Sitzungsöffentlichkeit (§ 48 Abs. 2 Satz 1 GO) durch verdecktes Verlegen der Sitzung und fehlende Sitzplätze

Weiter könnte wegen desselben Vorfalls auch ein Verstoß gegen die Sitzungsöffentlichkeit nach § 48 Abs. 2 GO vorliegen. Die Vorschrift regelt in direkter Ausformung des den deutschen Staat konstituierenden Demokratieprinzips nach Art. 20 Abs. 1 GG das *überragende* Prinzip des Kommunalrechts, dass die Willensbildung in der Gemeinde grundsätzlich nur unter dem wachenden Auge der Öffentlichkeit erfolgen darf.[5]

Ein Verstoß könnte sich bereits daraus ergeben, dass ein Sitzungssaal für Zuschauer lediglich Stehplätze enthält.[6] Die faktische Möglichkeit der Sitzungsteilnahme ist unzulänglich, wenn einer Sitzung im Stehen beigewohnt werden muss; dies ist für das aufmerksame, mahnende Verfolgen der Sitzung über mehrere Stunden schlicht unzumutbar und schließt körperlich immobile Personen von vornherein aus. Das Öffentlichkeitsprinzip verlangt eine strenge Handhabung.[7] Ein Verstoß liegt damit vor.

Hinweise darauf, dass der Sitzungssaal *absichtlich* „zu klein" gewählt wurde, um eine Öffentlichkeit gerade zu *verhindern*, was unzweifelhaft schon für sich einen Verstoß gegen das Öffentlichkeitsprinzip bedeutet hätte,[8] lagen hingegen nicht vor.

Auf die abgeschlossenen Besuchertribünen im Ratssaal kam es im Übrigen nicht an, da die Sitzung in den Ausschusssaal verlegt worden war und folglich allein dort eine Öffentlichkeit zu schaffen war.

3. Zwischenergebnis

Der Beschluss über die Zulässigkeit des Bürgerbegehrens war bereits formell rechtswidrig.

III. Materielle Rechtmäßigkeit

Weiter ist fraglich, ob der Beschluss, das Bürgerbegehren sei unzulässig, materiell rechtmäßig war. Diese Frage richtet sich insbesondere nach § 26 Abs. 6 Satz 2 GO. Die Rechtsfolgen sind auf zwei Möglichkeiten begrenzt: Zulassung bei Vorliegen aller Antragsvoraussetzungen, Ablehnung bei Fehlen irgendeiner Voraussetzung. Vorliegend hat der Rat das Bürgerbegehren für unzulässig erklärt, was nur zulässig ist, wenn die Voraussetzungen für diese Rechtsfolge vorliegen, also Unvollständigkeit der Antragsvoraussetzungen.

Fraglich ist, ob die Voraussetzungen für eine negative Entscheidung vorlagen. Hier allein problematisch ist die Frage, ob ein formell tauglicher Begehrensgegenstand (Formulierung der gestellten Frage) vorlag. Dies hatte der Rat im ursprünglichen Beschluss bejaht, hier nun verneint. Problematisch ist, ob der Rat die gestellte Frage nunmehr anders bewerten durfte als noch in der Vorprüfung.

1. Verengung der tatbestandlichen Voraussetzungen wegen erfolgter Vorprüfung?

Vorliegend ist festzustellen, dass die Vertreter des Bürgerbegehrens ein sogenanntes Vorprüfungsverfahren nach § 26 Abs. 2 Satz 7 GO durchlaufen haben. Nach diesem 2019 eingeführten Verfahrensschritt können die Vertreter eine verbindliche Entscheidung über einen Teil des Zulässigkeitsverfahrens des Bürgerbegehrens erwirken, sodass im nachfolgenden Schritt (§ 26 Abs. 6 Satz 2 GO) nurmehr das Erreichen des Quorums geprüft werden muss.

Fraglich ist, ob die Vorschrift so zu verstehen ist, dass der Rat sich in der Entscheidung über die Zulässigkeit auf bereits geprüfte Antragsvoraussetzungen gar nicht mehr beziehen darf oder er auch im Vorprüfungsverfahren nach Absatz 2 Satz 9 geprüfte Fragen „nochmals hervorholen“ und dann anders entscheiden darf (so die Ansicht der Bürgermeisterin). Hieran kann angesichts des Sinns des Vorprüfungsverfahrens und des Wortlauts der maßgeblichen Vorschriften kaum Zweifel bestehen. Sinn des Vorprüfungsverfahrens ist nicht etwa eine vorläufige Einschätzung, sondern eine verbindliche Teilentscheidung, die insoweit Rechtssicherheit verleihen möchte.[9] Der Gesetzgeber selbst hat eben eine solche *„rechtlich bindende“* Vorentscheidung ausdrücklich beabsichtigt.[10] Weiter durfte nach klarem Gesetzeswortlaut der Rat im Fall eines durchgeführten Vorprüfungsverfahrens nach § 26 Abs. 2 Satz 7 bis 9 GO inhaltlich nur noch die Frage des Quorums nach § 26 Abs. 4 GO klären; der Prüfrahmen ist in diesem Fall tatbestandlich beschränkt.[11] Die Gemeinde hätte also bereits nach Gesetz eine neue Entscheidung zur Rechtmäßigkeit der gestellten Frage nicht fällen dürfen. Damit war neben dem vorliegenden Vorprüfungsbescheid alleine vom (erfüllten) Quorum als Voraussetzung auszugehen. Da beides vorlag, waren die tatbestandlichen Voraussetzungen einer Ablehnung nicht gegeben.

2. Präklusion der Tatbestandsbewertung wegen bestandskräftigem Vorprüfungs-bescheid?

Wenn man nicht wie das *BVerfG* von einer rein organschaftlichen Stellung der Vertreter des Bürgerbegehrens ausgeht,[12] mit der Folge, dass es an außenwirksamen Entscheidungen des Rats gegenüber den Vertretern des Bürgerbegehrens fehlte, sondern den Vorprüfungsbescheid als Verwaltungsakt behandelte, ergibt sich eine zweite Lösungsmöglichkeit aus dem allgemeinen Verwaltungsrecht.

Der Vorprüfungsbescheid vom 28.6.2019 war ein Verwaltungsakt. Die Feststellung, dass die dem Bürgerbegehren zugrunde liegende Frage in einer dem Gesetz entsprechenden Weise gestellt worden war (formelle Tauglichkeit des Begehrensgegenstands), war somit bereits abschließend mit der Vorprüfung geklärt und zum Zeitpunkt der zweiten Entscheidung im Übrigen längst bestandskräftig geworden. Es gilt damit der Grundsatz der Beachtlichkeit dieses vorherigen Verwaltungsakts.[13] Die Gemeinde und ihr Rat waren, wie alle anderen Beteiligten, an die Regelung dieses Verwaltungsakts gebunden und hätten ihn zuvor über §§ 48, 49 VwVfG aufheben müssen, um eine neue Regelung dieser Frage zu ermöglichen. Davon war aber laut Bearbeitervermerk gerade nicht auszugehen.

3. Ergebnis

Die tatbestandlichen Voraussetzungen, das Bürgerbegehren abzulehnen, lagen nicht vor. Die Entscheidung war materiell rechtswidrig.

IV. Beachtlichkeit von Rechtsfehlern

Fraglich ist, wie sich die bezeichneten Rechtsfehler auswirken.

Grundsätzlich sind Verfahrensverstöße immer beachtlich, es sei denn, es bestehen ausdrücklich gesetzliche Ausnahmen. Solche sind hier nicht ersichtlich.

Allerdings ging es vorliegend um den Erlass eines Verwaltungsakts. Deshalb wird eingewandt, ein Verstoß gegen allein die Öffentlichkeit schützende Vorschriften (darunter fallen beide hier verletzten Vorschriften), welche wegen des rein passiven Charakters der Zuschauer den *Inhalt* eines Ratsbeschlusses nicht beeinflusst haben können, stelle lediglich einen Fall des § 45 VwVfG dar.[14] Weiter handelte es sich um eine gebundene Entscheidung ohne jeglichen Spielraum für den Rat. Konsequenz wäre dann nach § 46 VwVfG, dass der Zulassungsbescheid aus diesem Grund nicht angefochten werden könne.

Gegen eine solche Auffassung ist die von der Rechtsprechung zu Recht betonte große Wichtigkeit des Öffentlichkeitsprinzips anzuführen, die gewissermaßen „zahnlos" wäre, wenn sie nicht die gravierende Konsequenz einer Nichtigkeit hätte. Zugleich ist zu bemerken, dass die Vorschriften über den Ratsbeschluss nicht lediglich die Rechte des vom begehrten VA Begünstigten schützen sollen, sondern auch die örtliche Gemeinschaft, die ein wachendes Auge auf ihren Rat haben soll. Das tragende Prinzip der Öffentlichkeit im Ratsbeschlussverfahren verlangt somit nach durchgehender Beachtung; seine Verletzung muss die Nichtigkeit des gefällten Beschlusses zur Folge haben.[15]

Auch der materielle Fehler durch Verstoß gegen § 26 Abs. 6 Satz 2 GO bzw. den ursprünglichen, nicht aufgehobenen Bescheid führt für sich bereits zur Rechtswidrigkeit.

Damit sind alle gefundenen Fehler beachtlich.

V. Ergebnis

Der Ratsbeschluss vom 29. August ist rechtswidrig und damit nichtig.

Zu Frage 3: Rechtmäßigkeit der Äußerung des Bürgermeisters Heinze

Fraglich ist, ob das Verhalten des Bürgermeisters vor der Kamera auf dem Mittsommerball rechtmäßig war. Hier war lediglich auf die rechtlich problematischen Punkte einzugehen.

I. Vorliegen einer Ermächtigungsgrundlage

Fraglich ist, ob das Handeln des Bürgermeisters einer Ermächtigungsgrundlage bedurfte. Einer solchen bedarf es nach dem Grundsatz des Vorbehalts des Gesetzes bei jedem belastenden staatlichen Handeln. Ein solches wird für amtliche Äußerungen von Hoheitsträgern generell angenommen.[16] Im vorliegenden Fall ist anzunehmen, dass der Auftritt des Bürgermeisters Heinze vor der Kamera es dem Bürgerbegehren „schwerer gemacht" und damit eine geschützte Rechtsposition der Vertreter verkürzt hat (Chancengleichheit für die Mobilisierung der Bürger), womit *belastendes* Handeln vorliegt.

Hier sprach der Bürgermeister außerdem ganz klar „als Bürgermeister“, womit seine Äußerung als solche der Gemeinde zu behandeln und somit nach einer Ermächtigungsgrundlage zu fragen ist. Eine solche ergibt sich hier aus § 2 GO i. V. m. Art. 28 Abs. 2 Satz 1 GG bzw. Art. 78 Abs. 1, 2 LVerf.[17] Aus dem Selbstverwaltungsrecht erfolgt anerkanntermaßen ein Recht der Gemeinde (durch ihre Organe), sich zu Angelegenheiten der örtlichen Gemeinschaft zu äußern.

II. Wahrung der Kompetenzen

Fraglich ist, ob der Gemeinde Mogelberg die Verbandskompetenz für diese Äußerung oblag. Vorliegend ist die Gemeinde neben besonders gesetzlich zugewiesenen Aufgaben nur zuständig für ihre verfassungsmäßig vorgesehenen Aufgaben, hier insbesondere die Angelegenheiten der örtlichen Gemeinschaft. Dabei handelt es sich lediglich um die Aufgaben *dieser* spezifischen örtlichen Gemeinschaft (sog. „Örtlichkeitsprinzip“, vgl. § 2 GO). Eine Aufgabenwahrnehmung der Gemeinde ist bereits daraus territorial beschränkt. Die Zuständigkeit der Gemeinde Mogelberg endet dort, wo die Zuständigkeit der Gemeinde Grügelstett beginnt. Vorliegend ging es der Sache nach um ein Bürgerbegehren in Grügelstett, also eine Angelegenheit der dortigen öffentlichen Gemeinschaft. Irgendeine Ausstrahlung auf die Gemeinde Mogelberg, die zumindest eine Befassungskompetenz der Nachbargemeinde begründete, ist nicht ersichtlich. Aus der Wahrnehmung einer Einladung auf dem Grund und Boden der Nachbargemeinde (Ball) folgt noch keine Zuständigkeitsabtretung. Damit war eine sachliche Befassungskompetenz nicht der Gemeinde Mogelberg, sondern allein der Gemeinde Grügelstett gegeben. Folglich fehlte der Gemeinde Mogelberg die Verbandskompetenz für eine inhaltliche Äußerung.

Auch die Organkompetenz ist fraglich. Für das Amt des Bürgermeisters ist eine Organkompetenz zur Äußerung über Angelegenheiten der örtlichen Gemeinschaft aus §§ 40 Abs. 2 Satz 1, 62 Abs. 1, 63 Abs. 1 GO herleitbar.[18] Für Äußerungen zu einer gesetzlichen Aufgabe, die lediglich eine Ausprägung über die Willensbildung bei Angelegenheiten der örtlichen Gemeinschaft darstellt, sollte dies entsprechend gelten. Allerdings ist fraglich, ob es sich hierbei nur um eine Wahrnehmungskompetenz handelt und die vorherige grundsätzliche Festlegung, welche Meinung die Gemeinde eigentlich vertreten will, nicht dem insoweit allzuständigen Rat obliegen sollte. Sehr gute Argumente sprechen für Letzteres.

III. Ermessensüberschreitung wegen Verstoßes gegen höherrangiges Recht

In Betracht kommt vorliegend ein Verstoß gegen höherrangiges Recht, nämlich das Gebot der Willkürfreiheit (aus Art. 3 Abs. 1 GG).[19] Weiter steht jegliche Meinungskundgabe eines Hoheitsträgers im Konflikt mit dem Grundsatz des Demokratieprinzips aus Art. 20 Abs. 1 GG, wonach sich die Willensbildung im demokratischen Staat stets von unten nach oben zu vollziehen hat.[20] Schließlich hat die Rechtsprechung in der Position der Vertreter des Bürgerbegehrens selbst eine wehrfähige Rechtsposition gesehen („Recht auf die gesetzliche Durchführung eines Bürgerbegehrens“),[21] die somit einen Anspruch auf Schonung durch die Gemeindeverwaltung (und damit über Art. 28 Abs. 2 Satz 1 GG auch auf Schonung durch Nachbargemeinden) besitzt.

Zwar erkennt die herrschende Meinung an, dass eine Gemeinde im Verfahren zumindest eines kassatorischen Bürgerbegehrens keine strikte Neutralitätspflicht besitzt.[22] Spätestens mit der Gesetzesänderung 2019, die für den Fall der Vorprüfung eines Bürgerbegehrens ein Auftrittsrecht der Vertreter im Rat vorsieht (§ 26 Abs. 2 Satz 10 i. V. m. Abs. 6 Satz 6 GO), sodass das Gesetz eine Debatte und damit Äußerungen von Gemeindeorganen gerade vorsieht, ist von einem Äußerungsrecht der Gemeindeorgane auszugehen. Dabei gelten allerdings die allgemeinen Grenzen einerseits der Sachlichkeit, andererseits des Verbots der Manipulation, etwa durch „überwältigendes" Auftreten.[23] Außerdem trifft dieses Recht alleine auf die zuständige Gemeinde zu, nicht aber das in der Sache unzuständige Mogelberg.

Weiter ist festzustellen, dass der Bürgermeister sich selbst „ins Bild schiebt", also bewusst ein Massenmedium (Fernsehen) nutzt, dass er die Bürger direkt anspricht, sich ausdrücklich auf die Autorität seines Amtes beruft, eine klare Abstimmungsempfehlung abgibt und mit klaren und sehr bunten Wertungen („Spinner", „Engstirnigkeit", „bereuen") argumentiert. Hierbei sind die Wertungen „Spinner" und „engstirnig" sowie das Inaussichtstellen von Reue nicht mehr als sachliche Befassung mit dem Thema anzusehen. An ein Argumentationsniveau des Staates und seiner Gemeinden sind höhere Anforderungen zu stellen. Aus den Gesamtumständen lässt sich auf ein bewusst emotionales und damit möglicherweise überwältigendes Auftreten bei der Meinungsäußerung schließen, das so nicht zulässig ist.[24]

Darüber hinaus ist die Abgabe einer Abstimmungsempfehlung als Verstoß gegen den Grundsatz der Freiheit der Wahl (bzw. Abstimmung) aus Art. 28 Abs. 1 GG zu werten.[25] Der Aufruf, lediglich beim Bürgerbegehren nicht zu unterschreiben, erscheint der Literatur noch als Grenzfall.[26] Allerdings sollte das Bürgerbegehren als Vorstufe das Bürgerentscheids denselben wahlrechtlichen Schutz genießen wie der Bürgerentscheid, weshalb dieser Aufruf im Ergebnis ebenfalls als Verstoß gegen den Grundsatz der Freiheit der Wahl anzusehen sein sollte.

Damit ist das Verhalten der Gemeinde Mogelberg durch ihren Bürgermeister ermessensfehlerhaft und somit gleichfalls materiell rechtswidrig.

IV. Ergebnis

Das Verhalten des Bürgermeisters Heinze, das sich dessen Gemeinde zurechnen lassen muss, ist rechtswidrig.

Zu Frage 4: Handlungsmöglichkeiten der Vertreter des Bürgerbegehrens

I. Verpflichtungsklage

Der Mahn könnte – gemeinsam mit seinen beiden anderen Vertretern – eine Verpflichtungsklage beim zuständigen Verwaltungsgericht erheben. Der Rechtsbehelf gegen den ablehnenden Bescheid ist bereits in der Gemeindeordnung ausdrücklich vorgesehen (§ 26 Abs. 6 Satz 3 GO). Da es sich nach ganz herrschender Meinung bei der Zulässigkeitserklärung des Bürgerbegehrens nach § 26 Abs. 6 Satz 1 bzw. Satz 2 um einen begünstigenden Verwaltungsakt handelt, auf den bei Vorliegen aller Zulässigkeitsanforderungen ein Rechtsanspruch besteht, ist die geeignete Klage hier die Verpflichtungsklage nach § 42 Abs. 1 Var. 2 VwGO.[27]

Etwas anderes würde sich ergeben, wenn man – wie das BVerfG – die Vertreter allein als organschaftlichen Teil der Gemeinde ansieht, sodass der Entscheidung die Außenwirkung fehlte.[28] Dann wäre stattdessen die Allgemeine Leistungsklage in der Konstellation eines Kommunalverfassungsstreits der zutreffende Rechtsbehelf.

Schon der Gesetzeswortlaut verlangt allerdings, dass nur die Vertretungsberechtigten *gemeinsam* einen Rechtsbehelf einlegen können (§ 26 Abs. 6 Satz 3 GO: *„die Vertreter"*; Abs. 2 Satz 2: *„die berechtigt sind"*). Der Mahn selbst kann ohne seine beiden Mit-Vertreter oder gegen deren Willen also keinen Rechtsbehelf einlegen.

Er würde die Alleinvertretungsbefugnis erst dadurch erlangen, dass die beiden Mitvertreter aus dem Verfahren offiziell ausschieden und ihm als verbliebenen Vertreter deren Rechte anwüchsen.

II. Einstweiliger Rechtsschutz

Ebenfalls denkbar wäre der Antrag auf einstweiligen Rechtsschutz nach § 123 Abs. 1 VwGO gegen die Gemeinde, gerichtet auf das Unterlassen des Abrisses des Zoogebäudes, bis über die Zulässigkeit des Bürgerbegehrens endgültig und rechtskräftig entschieden ist. Allerdings werden die Vertreter des Bürgerbegehrens den nötigen Anordnungsanspruch nur darlegen können, wenn zuvor von einem außergesetzlichen Handlungsstopp der Gemeinde wegen des Grundsatzes der Organtreue auszugehen war[29] – dazu siehe oben. Ein Anordnungsgrund ergäbe sich dann aus der besonderen Dringlichkeit wegen der bereits festgesetzten Terminierung des Abrisses in den kommenden Monaten, bis zu der eine gerichtliche Klärung der Zulässigkeit des Bürgerbegehrens wohl noch nicht erfolgt sein dürfte.

Anmerkungen:

Dieser Fall ist im Juni 2020 (in leicht modifizierter Form) an der HSPV NRW als Leistungsnachweis im Modul 6.1 Kommunalrecht geschrieben worden.

1 So auch *Dietlein/Peters* in Dietlein/Heusch (Hrsg.), BeckOK KommR NRW, 27. Ed. (1.3.2024), § 26 GO Rn. 69; *Köster*, NWVBl. 2019 S. 309 (310). Die historische Auslegung stützt diese Erkenntnis: Der Gesetzgeber wollte im Zuge der Einführung der Vorprüfung nach § 26 Abs. 2 Satz 7 ff. GO gerade sicherstellen, dass eine Sperrwirkung erst dann eintritt, wenn der Rat über alle Zulässigkeitsvoraussetzungen positiv befunden hat; vgl. Gesetzesbegründung, LT-Drs. 17/2994 S. 82: *„Der neue Satz 7 wird mit Blick auf den neu eingefügten Satz 2 in Absatz 6 redaktionell ergänzt. Die Sperrwirkung des Bürgerbegehrens tritt ein, wenn der Rat das Bürgerbegehren entweder nach Satz 1 des Absatzes 6 ohne vorherige Vorprüfung in einem Akt oder nach Satz 2 des Absatzes 6 nach einer bereits erfolgten Vorprüfung und sich anschließender Prüfung der Unterstützungsunterschriften abschließend für zulässig erklärt. Die Sperrwirkung kommt also*

– wie bisher – erst zum Tragen, wenn alle Zulässigkeitsvoraussetzungen eines Bürgerbegehrens einschließlich der zu sammelnden Unterzeichnungen festgestellt sind.“

2 Z. B. *Frenzen* in Dietlein/Heusch (Hrsg.), BeckOK KommR NRW, 27. Ed. (1.3.2024), § 41 GO, Rn. 40 zum Rückholrecht des Rats gegenüber dem Bürgermeister nach § 41 Abs. 3 GO.

3 Vgl. OVG NRW, Beschl. vom 6.12.2007 – 15 B 1744 –, juris, Rn. 34; VG Düsseldorf, Beschl. vom 13.3.2015 – 1 L 891/15 –, juris.

4 *Rohde* in Dietlein/Heusch (Hrsg.), BeckOK KommR NRW, 27. Ed. (1.3.2024), § 48 GO Rn. 7.

5 Vgl. *Rohde* in Dietlein/Heusch (Hrsg.), BeckOK KommR NRW, 27. Ed. (1.3.2024), § 48 GO Rn. 20 mit Verweis auf OVG NRW, BeckRS 2018, 3176; VerfGH NRW, NJW 1976 S. 1931 und VG Gelsenkirchen, BeckRS 2018, 15841.

6 *Rohde* in Dietlein/Heusch (Hrsg.), BeckOK KommR NRW, 27. Ed. (1.3.2024), § 48 GO Rn 23.

7 Vgl. *Rohde* in Dietlein/Heusch (Hrsg.), BeckOK KommR NRW, 27. Ed. (1.3.2024), § 48 GO Rn. 21.

8 Vgl. OVG NRW, NWVBl. 2010 S. 201 ff.

9 *Dietlein/Peters* in Dietlein/Heusch (Hrsg.), BeckOK KommR NRW, 27. Ed. (1.3.2024), § 26 GO Rn. 64a.

10 Vgl. Gesetzesbegründung, LT-Drs. 17/2994 S. 83.

11 *Dietlein/Peters* in Dietlein/Heusch (Hrsg.), BeckOK KommR NRW, 27. Ed. (1.3.2024), § 26 GO Rn. 62.

12 BVerfG (2. Kammer des Zweiten Senats), Nichtannahmebeschl. vom 22.2.2019 – 2 BvR 2203/18 –, NVwZ 2019 S. 642; zur Kritik an der Entscheidung *Muckel*, JA 2019 S. 633 (635). Das OVG NRW, Urt. vom 7.10.2020 – 15 A 2927/18 –, BeckRS 2020, 27713 hat diese Rechtsprechung inzwischen ausdrücklich verworfen und [zu Recht] an der Einordnung des Zulässigkeitsbescheids als Verwaltungsakt festgehalten.

13 Vgl. zum Bundes-Verwaltungsverfahrensrecht *Sachs* in Stelkens/Bonk/Sachs (Hrsg.), VwVfG-Bund, 9. Aufl. 2018, § 43 Rn. 137, 142.

14 So etwa *Gern/Brüning*, Deutsches Kommunalrecht, 4. Aufl. 2019, Rn. 629 m. w. N.

15 So auch VG Gelsenkirchen, Urt. vom 12.7.2018 – 15 K 5404/15 –, BeckRS 2018, 15814, Rn. 57.

16 BVerwG, NJW 1989 S. 412 f.

17 OVG NRW, Beschl. vom 18.5.2017 – 15 B 97/17 –, juris, Rn. 11.

18 OVG NRW, Beschl. vom 18.5.2017 – 15 B 97/17 –, juris, Rn. 11; Das BVerwG hat eine Äußerungsbefugnis darüber hinaus auf die durch direkte Wahl hergestellte politische Funktion des Bürgermeisters gestützt; vgl. BVerwG, Urt. vom 13.9.2017 – 10 C 6/16 –, juris, Rn. 18.

19 BVerwG, Urt. vom 13.9.2017 – 10 C 6/16 –, juris, Rn. 27.

20 BVerwG, Urt. vom 13.9.2017 – 10 C 6/16 –, juris, Rn. 28.

21 OVG NRW, Beschl. vom 16.12.2003 – 15 B 2455/03 –, NVwZ-RR 2004 S. 283 (284).

22 Vgl. OVG NRW, Beschl. vom 13.12.2003 – 15 B 2455/03 –, NVwZ-RR 2004, 283, beck-online; *Dietlein/Peters* in Dietlein/Heusch (Hrsg.), BeckOK KommR NRW, 27. Ed. (1.3.2024), § 26 GO Rn. 72 m. w. N.

23 *Dietlein/Peters* in Dietlein/Heusch (Hrsg.), BeckOK KommR NRW, 27. Ed. (1.3.2024), § 26 GO Rn. 73 ff.

24 Vgl. *Dietlein/Peters* in Dietlein/Heusch (Hrsg.), BeckOK KommR NRW, 27. Ed. (1.3.2024), § 26 GO Rn. 74 f.

25 *Dietlein/Peters* in Dietlein/Heusch (Hrsg.), BeckOK KommR NRW, 27. Ed. (1.3.2024), § 26 GO Rn. 73 f.

26 Vgl. *Dietlein/Peters* in Dietlein/Heusch (Hrsg.), BeckOK KommR NRW, 27. Ed. (1.3.2024), § 26 GO Rn. 74.2.

27 *Dietlein/Peters* in Dietlein/Heusch (Hrsg.), BeckOK KommR NRW, 27. Ed. (1.3.2024), § 26 GO Rn. 75.

28 Dazu siehe oben, Anmerkung 12. Das OVG NRW nimmt für NRW folgerichtig weiter die Verpflichtungsklage an.

29 Vgl. *Bätge*, Kommunalrecht Nordrhein-Westfalen, 5. Aufl. 2019, Rn. 153.

Cornelius Wiesner

7. Fall

Schwerpunkte:
- Satzungen
- Öffentliche Einrichtungen
- Aufsicht
- Widmung
- Anstaltshoheit
- Grundrechte beim Zugang zu öffentlichen Einrichtungen

Hilfsmittel:
- Gemeindeordnung NRW
- Ordnungsbehördengesetz NRW

Zeit: 3 Zeitstunden

Sachverhalt:

In Grügelstett bricht der Fortschritt an: Die Stadt nimmt nach langer und skandalträchtiger Bauzeit ein neues Schwimmbad in Betrieb. Das ganz offiziell „Spaßbad“ genannte Bad bietet sowohl ein olympisches Schwimmbecken mit Sprungturm als auch ein Spaßbecken und zwei Wasserrutschen und dazwischen jede Menge Beckenrand zum Sehen und Gesehen-Werden. Bürgermeisterin Schmittke schneidet am 1.4.2019 stolz das Rote Band zur Eröffnung durch.

Schon bald jedoch wird die Euphorie gestört: Die Umwälzanlage, welche das Wasser reinigen und mittels UV-Strahlung hocheffizient desinfizieren soll, war vom billigsten Anbieter bezogen worden (wegen der Wirtschaftlichkeit) und kommt mit den vielen beim Schwimmen gelösten Körperhaaren nicht klar. Ein Mensch verliert bis zu 100 Haare am Tag und offenbar bevorzugt im Wasser; einige wenige und insbesondere lange Haare wälzen sich um die Umwälzturbinen und bringen diese allein dadurch schon zum Heißlauf. Schon nach fünf Tagen muss das Spaßbad daher ungewollt eine Betriebspause einlegen.

Da der Stadtrat angesichts der horrenden Baukosten keine Lust hat, noch einmal eine Millioneninvestition in eine bessere Filteranlage zu genehmigen, soll das Haarproblem buchstäblich bei der Wurzel gepackt werden. Am 18.4.2019 beschließt der Grügelstetter Stadtrat mit großer Mehrheit eine *„Erste Änderungssatzung zur Satzung über die Benutzung des Grügelstetter Spaßbads“*.

Bürgermeisterin Schmittke gibt den Satzungsbeschluss an das städtische Rechtsamt zur Fertigung einer Reinschrift, vergisst aber anschließend, die Ausfertigung zu unterschreiben, ehe sie sie zur öffentlichen Bekanntmachung veranlasst. Das Amtsblatt erscheint am 27.4.2019 mit folgendem vollständigen und mit dem Inhalt des Ratsbeschlusses exakt übereinstimmenden Wortlaut:

„AMTSBLATT DER STADT GRÜGELSTETT
Nr. 15/2019
Erste Änderungssatzung zur Satzung über die Benutzung des Grügelstetter Spaßbads

Der Rat der Stadt Grügelstett hat in seiner Sitzung vom 18.4.2019 auf Grundlage von §§ 7 Abs. 1, 8 Abs. 1 GO NRW folgende Satzung beschlossen:

Art. 1 Ergänzung der Badsatzung
In die Satzung über die Benutzung des Grügelstetter Spaßbads (Badsatzung) vom 16.3.2019 (Abl. 2019, S. 21) wird nach § 6 folgender § 6a eingefügt:

§ 6a Kopfbedeckung
(1) Schwimmbadbesucher dürfen die Becken und Rutschen lediglich unter Verwendung einer Badekappe oder eines Haarnetzes benutzen. Außerhalb der Becken und Rutschen muss die Bedeckung nicht getragen werden.
(2) Die Schwimmbadleitung und die aufsichtsführenden Personen können Besucher, welche Absatz 1 Satz 1 zuwiderhandeln, des Schwimmbads verweisen.

Art. 2 Inkrafttreten
Diese Satzung tritt am Tage nach ihrer öffentlichen Bekanntmachung in Kraft (§ 7 Abs. 4 Satz 2 GO NRW).

Grügelstett (Westfalen), den 23.4.2019
gez. Schmittke
Bürgermeisterin“

[Ende der Ausgabe 15/2019 des Amtsblatts]

Am selben Tag wird auch das Schwimmbad wieder in Betrieb genommen.

Ratsherr und Ur-Grügelstetter Hans-Joachim Krausel, welcher an den fünf ersten Öffnungstagen des Schwimmbads mit seinem besonders langhaarigen Lockenkopf am Beckenrand gesehen wurde und dabei mächtig Eindruck gemacht hat, ist gar nicht erfreut: Soll er doch zukünftig seine Lockenpracht unter einer Badekappe verbergen. Er ist der Meinung, die Satzung sei formell und materiell rechtswidrig, sodass ihm die Benutzung des Bads auch ohne Badekappe erlaubt werden müsse. Der formelle Fehler sei bereits offensichtlich. Materiell sei einerseits klar, dass die Gemeinde eine Badekappenpflicht nicht einführen dürfe; dafür fehlte es an jeder Rechtsgrundlage. Weiter sei diese Regelung völlig unsinnig, stattdessen müsse die Gemeinde eine stärkere Filteranlage einbauen. Es sei weiter völlig widersprüchlich und daher willkürlich, dass die Bedeckung nur im Becken, aber nicht auch außerhalb davon getragen werden müsse. Drittens überschreite es die Regelungskompetenz der Gemeinde, eine „Rauswurfklausel“ in einer Satzung zu formulieren; dies sei ein Grundrechtseingriff und dies müsse der Gesetzgeber ihr ausdrücklich erlauben, was er nicht getan habe.

Bei einem Telefonat mit der Bürgermeisterin können die Probleme nicht ausgeräumt werden. Sie gibt die fehlende Unterschrift unverhohlen zu, erwidert jedoch, das sei *„bald kein Problem mehr"* und im Übrigen sei es *„Sache der Gemeinde"*, nach welchen Regeln sie ihr Schwimmbad betreibt. Außerdem: *„Rauswerfen aus unserem eigenen Schwimmbad geht rechtlich immer"*, das liege in der *„Natur der Sache"*.

Aus Frust meidet Krausel das Schwimmbad im folgenden Jahr; die Satzung bleibt unterdes in Kraft. Die Filteranlage erweist sich in dieser Zeit immer wieder als hoch störanfällig, schon gelöste Fäden aus Badekleidung können zum Ausfall führen. Erst am 29.4.2020 geht Krausel wieder einmal hin, wird aber, da er keine Badekappe vorweisen kann, von Mitarbeitern des Schwimmbads am Eintritt gehindert. Das Angebot, sehr günstig vor Ort eine zu kaufen, lehnt er vehement ab. Als hierüber die Lokalpresse berichtet, erfährt auch die Landrätin von dem Vorfall sowie von den Umständen des Erlasses der Satzung und lässt sich sogleich das Amtsblatt mit dem Abdruck der Änderungssatzung vorlegen, um zu überlegen, ob sie hier vielleicht eingreifen sollte.

Aufgaben:

Beantworten Sie gutachterlich (Fragen 1 und 2) bzw. in freier Argumentation (Frage 3) folgende Fragen:

1. **Ist Art. 1 der Ersten Änderungssatzung zur Satzung über die Benutzung des Grügelstetter Spaßbads rechtmäßig?**
2. **Wären die Mitarbeiter des Schwimmbads verpflichtet gewesen, Krausel hineinzulassen?**
3. **Kann die Landrätin gegen die Satzung vorgehen? Wenn ja, wie?**

Hinweise:

Beantworten Sie die drei Fragen unter Einbeziehung aller vorgebrachten Argumente. Gehen Sie davon aus, dass Satzungen der Stadt Grügelstett laut der städtischen Hauptsatzung im Amtsblatt bekanntgemacht werden müssen und dass das Manuskript der beschlossenen Satzung nach § 2 Abs. 1 und 2 BekanntmVO ordnungsgemäß ausgefertigt worden ist, soweit im Sachverhalt nicht ausdrücklich etwas anderes steht. Der Ratsbeschluss vom 18.4.2019 ist formell rechtmäßig zustande gekommen.

Normen des 11. Teils der GO sind nicht zu prüfen. Auf Grundrechte ist mit Ausnahme von Art. 2 Abs. 1 und 3 Abs. 1 GG nicht einzugehen.

Zeitpunkt der rechtlichen Betrachtung aller drei Fragen ist der 29.4.2020.

Die kreisangehörige Stadt Grügelstett liegt im nordrhein-westfälischen Grügelkreis.

Platz für Ihre Anmerkungen/Raum für Notizen:

Lösung:

Zu Frage 1: Rechtmäßigkeit der Änderungssatzung

Die Änderungssatzung ist rechtmäßig, soweit sie auf wirksamen Rechts- bzw. Ermächtigungsgrundlagen beruht und im Ergebnis keine erheblichen Rechtsfehler bestehen.

I. Rechtsgrundlage/Ermächtigungsgrundlage

Fraglich ist, ob die einzelnen Regelungen der Satzung dem Grundsatz des Vorbehalts des Gesetzes genügen und auf eine hinreichende parlamentarische Rechts- und Ermächtigungsgrundlage gestützt werden können.

1. Handlungsform Satzung nicht ausnahmsweise ausgeschlossen

Für die vorliegenden Regelungen gibt es in der Gemeindeordnung keine Spezialermächtigung. Auf die Generalklausel des § 7 Abs. 1 Satz 1 GO kann nur zurückgegriffen werden, wenn gesetzlich „nichts anderes“ bestimmt ist. Demnach dürfte die Handlungsform Satzung hier nicht ausnahmsweise ausgeschlossen sein. Vorliegend ist nicht ersichtlich, dass der Gesetzgeber die hier relevanten Regelungen mit einem anderen abstrakt-generellen Instrument als der Satzung regeln wollte. Die Handlungsform Satzung bleibt möglich.

2. § 6a Abs. 1 Satz 1: Badekappenklausel

Die Badekappenklausel könnte auf § 7 Abs. 1 Satz 1 i. V. m. § 8 Abs. 1 GO gestützt werden. Es handelt sich bei der fraglichen Regel der Badeordnung um die Ausgestaltung der Widmung einer typischen öffentlichen Einrichtung nach § 8 Abs. 1 GO.[1] Problematisch ist, ob die Gemeinde mit der Badeordnung in Grundrechte eingreift, sodass besondere Anforderungen an die Ermächtigungsgrundlage zu stellen sind. Die Frage muss an dieser Stelle nicht entschieden werden, soweit die Gemeinde zumindest grundsätzlich zu solchen Eingriffen im Rahmen von Benutzungsordnungen ermächtigt ist. Anerkanntermaßen verfügt die Gemeinde mit § 8 Abs. 1 GO über die sogenannte Anstaltshoheit,[2] nach der sie ihre eigenen Einrichtungen im Rahmen der Gesetze inhaltlich ausgestalten darf. Dieses Recht wird durch Erlass einer Satzung lediglich ausgestaltet. Inwieweit die vorliegende Regel daher in Grundrechte eingreift, kann vorerst offenbleiben. Mit § 7 Abs. 1 Satz 1 i. V. m. § 8 Abs. 1 GO liegt jedenfalls eine wirksame Rechtsgrundlage vor, welche die gewählte Rechtsfolge zumindest grundsätzlich abdecken kann.

3. § 6a Abs. 1 Satz 2: Ausnahme von der Badekappenklausel

Für die Regelung, wo die Badekappe in Ausnahme zu Satz 1 nicht getragen werden muss, gilt das vorgesagte entsprechend. Wenn schon die Badekappenklausel auf § 7 Abs. 1 Satz 1 i. V. m. § 8 Abs. 1 GO gestützt werden kann, kann die Ausnahme dazu erst recht auf diese Norm gestützt werden.

4. § 6a Abs. 2: „Rauswurfklausel“

Problematisch ist, ob auch die „Rauswurfklausel“ auf § 7 Abs. 1 Satz 1 GO gestützt werden darf. Anders als die vorgenannten Regeln geht es hier inhaltlich nicht um die Änderung der Widmung, sondern um die Schaffung einer Regelung, nach der ein Mensch mittels hoheitlicher Gewalt aus einer gemeindlichen Einrichtung herausbefohlen werden darf, wenn er sich bereits in ihr befindet. Dies ist keine Frage des ausgestalteten Zugangs im Sinne der Aufhebung des Zugangsrechts mehr (die alleine nach § 8 GO geregelt werden könnte), sondern setzt auf die Überwindung eines bereits manifestierten menschlichen Willens in einem Einzelfall. Es stellt somit eine belastende Maßnahme (Verwaltungsakt) dar,[3] welche jedenfalls mit dem Grundrecht der Allgemeinen Handlungsfreiheit (Art. 2 Abs. 1 GG) kollidiert.

Hierbei ist anerkannt, dass aus der kommunalen Anstaltshoheit nach § 8 Abs. 1 GO auch das Hausrecht für Einrichtungen folgt.[4] Die Gemeinde ist also gesetzlich generell zu solchen „Rauswürfen“ (Konkretisierung des Hausrechts mit gleichzeitiger Aufhebung des gegenwärtigen Zugangsanspruchs) berechtigt. Die Satzung schafft damit keine neue, vom Gesetzgeber nicht zugelassene Belastung, sondern nimmt lediglich eine gesetzlich bereits bestehende Ermächtigung in einen Regelungskomplex auf. Damit kann die Gemeinde eine entsprechende Regelung auch per Satzung vorsehen.[5]

Die Regelung kann somit auf § 7 Abs. 1 Satz 1 i. V. m. § 8 Abs. 1 GO gestützt werden.

5. Ergebnis

Für alle drei Regelungen liegen taugliche Rechts- bzw. Ermächtigungsgrundlagen vor.

II. Formelle Rechtmäßigkeit

Die Satzung mit ihren drei Regelungen müsste formell rechtmäßig sein.

1. Zuständigkeit

Es müssten Verbands- und Organkompetenz gewahrt sein.

a) Verbandskompetenz

Es müsste sich um Regelungen handeln, für welche die Stadt Grügelstett zuständig ist. Bei den Einzelregelungen handelt es sich um die inhaltliche Ausgestaltung einer öffentlichen Einrichtung und eine Ermächtigung im Rahmen der Organisation dieser Einrichtung. Alle drei Regelungen sind durch § 8 Abs. 1 GO ausdrücklich derjenigen Gemeinde zugewiesen, welche die Einrichtung betreibt, also der Stadt Grügelstett. Die Verbandskompetenz ist gewahrt.

b) Organkompetenz

Zum Erlass von Satzungen ist einzig der Rat berechtigt (§ 41 Abs. 1 Satz 2 lit. f GO). Inhaltlich geht es jeweils um Widmungserweiterungen einer öffentlichen Einrichtung (§ 41 Abs. 1 Satz 2 lit. m GO).[6] Auch die Regelung des Hausrechts, die der unmittelbaren Durchsetzung der Widmung dient, fällt unter die Vorschrift, konnte also vom Rat erlassen werden. Hier hat damit das zuständige Organ gehandelt.

c) Ergebnis

Die Zuständigkeiten sind gewahrt.

2. Verfahren

Der Ratsbeschluss ist laut Bearbeitervermerk formell nicht zu beanstanden. Weitere problematische Verfahrensgesichtspunkte sind nicht ersichtlich.

3. Form

Fraglich ist, ob die Satzung den Formvorschriften genügt. Hier ist auf die Bestimmungen des Grügelstetter Ortsrechts sowie die Bekanntmachverordnung zu verweisen.

a) Ausfertigung

Der Satzungsentwurf muss ausgefertigt werden (§ 2 Abs. 1 und 2 BekanntmVO). Dies ist laut Sachverhalt ordnungsgemäß erfolgt.

b) Unterschrift

Die Ausfertigung ist vom Bürgermeister schriftlich zu bestätigen (zu unterschreiben) (§ 2 Abs. 3 BekanntmVO). Dies ist vorliegend unterblieben.

c) Öffentliche Bekanntmachung

Weiter müsste der Satzungsbeschluss ordnungsgemäß öffentlich bekannt gemacht werden. Dies hat nach § 4 Abs. 2 BekanntmVO in der von der Gemeinde aus § 4 Abs. 1 BekanntmVO gewählten Form zu erfolgen. Vorliegend hat die Stadt Grügelstett das Amtsblatt gewählt, hierin ist auch veröffentlicht worden. Auch stimmte die publizierte Fassung im Sinne des § 3 Abs. 1 BekanntmVO exakt mit dem Wortlaut des Ratsbeschlusses überein. Damit ist die Satzung ordnungsgemäß öffentlich bekannt gemacht worden.

d) Zwischenergebnis

Das Erfordernis der Unterschrift ist nicht gewahrt; im Übrigen sind die Formvorschriften eingehalten.

4. Ergebnis

Die Satzung ist formell rechtswidrig.

III. Materielle Rechtmäßigkeit

Fraglich ist, ob die Satzung materiell rechtmäßig ist.

1. Tatbestand: Vorliegen einer öffentlichen Einrichtung

Für alle drei Teilregelungen ist lediglich Voraussetzung, dass es sich bei dem Spaßbad um eine öffentliche Einrichtung im Sinne des § 8 Abs. 1 GO handelt. Da das Schwimmbad ausdrücklich in § 107 Abs. 2 Satz 1 Nr. 3 GO erwähnt wird, ist es unzweifelhaft eine gemeindliche öffentliche Einrichtung. Mithin ist der Gemeinde Satzungsermessen eröffnet.

2. Rechtsfolge: Ermessen

Fraglich ist, ob die Gemeinde ihr Ermessen jeweils richtig ausgeübt hat. In Betracht kommt jeweils ein Verstoß gegen höherrangiges Recht.

a) Badekappenklausel

Fraglich ist, ob die Badekappenklausel gegen die Allgemeine Handlungsfreiheit aus Art. 2 Abs. 1 GG verstößt, indem sie dieses Grundrecht unverhältnismäßig beschränkt.

Hierbei ist fraglich, ob das Grundrecht der Allgemeinen Handlungsfreiheit bei Widmungskonkretisierungen für den Zugang zu öffentlichen Einrichtungen überhaupt Anwendung findet. Nach einer historischen Ansicht wird dies – pauschal – angenommen.[7] Hiergegen kann eingewandt werden, dass die Benutzung einer öffentlichen Einrichtung einen gewährten *Vorteil* der Gemeinde für ihre Einwohner darstellt. Die Gemeinde dringt also nicht in die Freiheitssphäre ihrer Einwohner ein, sondern erweitert diese gerade und stellt lediglich Anforderungen an die Inanspruchnahme dieses Vorteils. Nach anderer (vorzugswürdiger) Ansicht liegt deshalb bei Widmungsverengungen zumindest bei freiwilligen Einrichtungen, auf deren Nutzung die Grundrechtsträger nicht existenziell angewiesen sind, im Ergebnis kein Eingriff in Freiheitsrechte vor.[8] Der Streit muss indes nicht entschieden werden, wenn beide Ansichten hier zum selben Ergebnis kämen. Ein Eingriff in Art. 2 Abs. 1 GG wäre jedenfalls gerechtfertigt, wenn er verhältnismäßig wäre. Der eher geringen Belastung durch Badekappennutzung steht die Gewähr für die Funktionsfähigkeit der Einrichtung als solcher gegenüber, die, wie im Sachverhalt beschrieben, äußerst störanfällig ist. Die Badekappenregel wäre daher vor Art. 2 Abs. 1 GG zu rechtfertigen.

Fraglich ist allerdings, ob die Badekappenklausel gegen Art. 3 Abs. 1 GG verstößt.

Hier wird die Benutzung der Schwimmbecken vom Tragen einer Badekappe oder eines Haarnetzes abhängig gemacht. Da die Regelung nicht an eine der verpönten Kriterien des Art. 3 Abs. 3 GG anschließt, die als Unterscheidungskriterium nur in Extremfällen zu rechtfertigen wären, genügt ein hinreichender Sachgrund für diese Regelung.

Vorliegend trägt Krausel vor, die Regelung sei sachwidrig, da die Gemeinde vorrangig eine bessere Filteranlage einbauen müsse. Damit verkennt er, dass die Gemeinde im Sinne der kommunalen Anstaltshoheit, welche Ausdruck des Selbstverwaltungsrechtes ist, selbst bestimmen kann, zu welchen Regeln und Bedingungen sie ihre Einrichtung laufen lässt. Es ist der Gemeinde nicht gesetzlich auferlegt, die jeweils nutzerfreundlichste Regelung zu finden; sie hat für die Ausgestaltung ihrer öffentlichen Einrichtung vielmehr einen weiten Gestaltungsspielraum. Tatsächlich hätte der Neueinbau einer besseren Filteranlage auch massive Kosten verursacht; die Gemeinde musste aber zugleich das Wirtschaftlichkeitsgebot in § 75 Abs. 1 Satz 2 GO beachten. Gleichzeitig bietet das Tragen von Badekappen einen effektiven Schutz gegen die Verstopfung von Filteranlagen und war in früheren Zeiten in kommunalen Schwimmbädern deshalb die Regel. Damit liegt im Ergebnis keine sachwidrige Regelung vor.

Die Badekappenklausel ist rechtmäßig.

b) Ausnahmeklausel für die Badekappe

Fraglich ist, ob die Ausnahmeklausel dahingehend, dass die Badekappe außerhalb der Schwimmbecken abgenommen werden kann, mit Art. 3 Abs. 1 GG vereinbar ist. Hier gelten die vorgenannten Ausführungen. Für eine Erleichterung von der allgemeinen Badekappenpflicht spricht der Sachgrund, dass gerade verhindert werden soll, dass Haare in die Filteranlage geraten. Werden Haare außerhalb der Schwimmbecken verloren, ist viel weniger wahrscheinlich, dass diese in den Wasserkreislauf gelangen. Daher darf die Gemeinde sachlich zurecht zwischen dem Aufenthalt im und am Becken differenzieren. Somit ist auch diese Regelung nicht willkürlich.

c) „Rauswurfklausel"

Fraglich ist, ob die Klausel zur Ausweisung störender Personen mit höherrangigem Recht vereinbar ist.

Die Regelung könnte gegen die Allgemeine Handlungsfreiheit nach Art. 2 Abs. 1 GG verstoßen. Zum Schutzbereich der Allgemeinen Handlungsfreiheit gehört es grundsätzlich, zu *„tun und zu lassen, was man will"*. Der hoheitliche Befehl, einen bestimmten Ort jetzt sofort zu verlassen, ist nicht nur Rücknahme eines vorher gewährten Vorteils, sondern stellt einen zielgerichteten und damit klassischen Eingriff in dieses Grundrecht dar, der der Rechtfertigung bedarf. Vorliegend kann in Art. 2 Abs. 1 GG durch die gesamte geschriebene Rechtsordnung eingegriffen werden. Das Hausrecht als Annex zur Anstaltshoheit nach § 8 GO ist damit taugliche Schranke.

Ferner müsste diese Schranke auch ihrerseits verhältnismäßig angewandt sein. Vorliegend dient die „Rauswurfklausel" dem Ziel, das Schwimmbad funktionsfähig zu halten, was angesichts der Zielstellung des § 8 Abs. 1 GO insgesamt ohne Weiteres ein legitimes Ziel ist. Die Ausweisung verringert die Gefahr von Haarverlust im Becken und ist damit geeignet, dieses Ziel zu erreichen. Hinsichtlich milderer Mittel fällt höchstens ein kommunales Angebot zur Ausleihe von Badekappen ein. Allerdings ist die Regel ja gerade für den Fall der Zuwiderhandlung angelegt, dass also jemand die Regel ignoriert. Ein Ausstatten mit Badekappen gäbe keine Garantie dafür, dass diese auch getragen werden. Damit ist dieses Mittel nicht gleich geeignet und somit der Rauswurf erforderlich. Hinsichtlich der Angemessenheit ist festzuhalten, dass eine Regel wie die Badekappenpflicht, die nicht lückenlos kontrolliert werden kann, in hohem Maße von Akzeptanz und Freiwilligkeit abhängig ist, und deshalb gegen Missachter konsequent vorgegangen werden muss. Wenn der Ausfall der Filteranlage dazu führt, dass das Schwimmbad tagelang unbenutzbar ist und dafür schon wenige Haare ausreichen, stellt das einen erheblichen Nachteil für die kommunale Wohlfahrt dar. Auf der anderen Seite ist die Pflicht, eine Einrichtung zu verlassen, an deren Regeln man sich nicht hält, die logische und sozialübliche Folge. Das Schwimmbad ist eine Freizeiteinrichtung; wer sich nicht an die Widmung hält, handelt schon nach der Intention des § 8 Abs. 2 GO nicht mehr im Rahmen geltenden Rechts. Der Verwaltung ist gleichzeitig Ermessen eingeräumt („kann"), unerhebliche Verstöße als Minusmaßnahme auch durch bloße Ermahnung auszuräumen. Damit ist die Regelung insgesamt auch angemessen.

Die Rauswurfklausel ist mit dem Grundrecht der Allgemeinen Handlungsfreiheit vereinbar.

Denkbar ist weiter noch ein Verstoß gegen Art. 3 Abs. 1 GG wegen Willkür.

Auch hier besteht wegen Anknüpfens an allgemeine Unterscheidungskriterien nur wieder die Notwendigkeit für einen sachlichen Grund. Dabei kann auf die Argumente zur Angemessenheit oben verwiesen werden: Es ist nötig, gegen Störer auch konsequent vorgehen zu können. Damit ist die Regelung sachgemäß.

d) Ergebnis

In der Rechtsfolge ist die Satzung nicht zu beanstanden.

3. Ergebnis

Die Satzung ist materiell rechtmäßig.

IV. Beachtlichkeit von Rechtsfehlern

Vorliegend ist die Satzung wegen Verstoßes gegen eine Formvorschrift formell rechtswidrig. Fraglich ist, wie sich die gefundenen Fehler auswirken.

1. Grundsatz

Grundsätzlich führt jeder gefundene Fehler, soweit er sich auf die Satzung auswirkt, zu deren Nichtigkeit. Ein Formverstoß hat damit grundsätzlich auch die Nichtigkeit der Gesamtsatzung zur Folge.[9]

2. Ausnahme wegen § 7 Abs. 6 GO?

Fraglich ist, ob der Formfehler wegen § 7 Abs. 6 GO unbeachtlich geworden ist. Formverstöße sind nach Ablauf eines Jahres nach Bekanntmachung der Satzung unbeachtlich, wenn nicht eine der Negativausnahmen des Satzes 1 vorliegt und die Gemeinde bei Bekanntmachung der Satzung auf diese Regelung hingewiesen hat. Vorliegend kann die Einschlägigkeit des Satzes 1 dahinstehen, da die Gemeinde bei Abdruck der Satzung im Amtsblatt nicht auf § 7 Abs. 6 GO und dessen Rechtsfolgen hingewiesen hat. Dies hätte aber zwingend geschehen müssen, um die Rechtsfolge des § 7 Abs. 6 GO auslösen zu können.[10] Es ist somit ausgeschlossen, dass ein Fehler unbeachtlich geworden ist.[11]

3. Ergebnis

Der Formfehler bleibt beachtlich.

V. Ergebnis

Art. 1 der Änderungssatzung ist rechtswidrig und damit nichtig.

Zu Frage 2: Rechtswidrigkeit der Zurückweisung des Krausel

Fraglich ist, ob die Mitarbeiter des Schwimmbads Krausel zu Recht am Zutritt gehindert haben. Das wäre ausgeschlossen, wenn Krausel Anspruch auf Zugang zum Schwimmbad gehabt hätte.

I. Anspruchsgrundlage

Ein Anspruch könnte sich aus § 8 Abs. 2 GO ergeben.

II. Formelle Anspruchsvoraussetzungen

Als formelle Anspruchsvoraussetzung kommt lediglich der Antrag auf Benutzung in Betracht. Krausel hat diesen bei Betreten des Schwimmbads und Bitte um Einlass konkludent gestellt.

III. Materielle Anspruchsvoraussetzungen

Fraglich ist, ob die materiellen Anspruchsvoraussetzungen erfüllt sind.

1. Vorliegen einer öffentlichen Einrichtung nach § 8 Abs. 1 GO

Das Schwimmbad ist öffentliche Einrichtung im Sinne des § 8 Abs. 1 GO (vgl. o.).

2. Zugangspetent gehört zum berechtigten Personenkreis

Krausel ist als Ratsherr zwingend Einwohner und gehört damit zum gesetzlich vorgesehenen Personenkreis nach § 8 Abs. 2 GO.

3. Zugang liegt *„im Rahmen geltenden Rechts"*

Fraglich ist, ob der Zugang noch im Rahmen geltenden Rechts liegt.

a) Nutzung entspricht Widmung

Zunächst müsste die Nutzung der Widmung entsprechen. Krausel will laut Sachverhalt ausdrücklich schwimmen gehen. Das Schwimmbad sieht diese Nutzung vor, allerdings nur für diejenigen, die eine Badekappe tragen. Zwar muss diese nur im Becken getragen werden. Es ist Krausel aber nicht möglich, die begehrte Nutzung (Schwimmen) zu vollführen, ohne gegen diese Regel zu verstoßen, wenn er keine Badekappe hat. Seine Nutzung liegt damit außerhalb der Widmung.

Diese Widmungsverengung ist jedoch ihrerseits rechtswidrig, da die Satzung, mit welcher sie eingeführt wurde, nichtig ist (s. o.). Damit könnte man annehmen, dass wegen Wegfall der Widmungsverengung die Vorregelung, bei Fehlen einer solchen die gewöhnliche Widmung für Einrichtungen dieser Art gelten würde.

Allerdings ist die Regel, solange die Satzung formell in Kraft ist, ebenfalls noch in Kraft. Sie ist auf dem Papier zwar nichtig, jedoch bislang nicht aufgehoben. Erst wenn das Oberverwaltungsgericht (§ 47 Abs. 1 Nr. 2 VwGO i. V. m. § 109 JustG NRW), die Gemeinde selbst (durch Aufhebungsbeschluss nach § 7 Abs. 1 GO) oder die Aufsicht im Namen der Gemeinde (§ 123 Abs. 2 GO) sie aufheben würde, würde sie ihre Wirksamkeit verlieren. Solange dies nicht geschehen ist, muss die Verwaltung die Satzung als geltendes Recht weiterhin anwenden.[12]

Damit liegt die begehrte Nutzung durch Krausel nicht im Rahmen geltenden Rechts.

b) Keine Schaffung eines sonst rechtswidrigen Zustands

Die Nutzung durch Krausel könnte zugleich einen rechtswidrigen Zustand schaffen, für den Krausel verantwortlich ist. Dies richtet sich in Ermangelung sonstigen einschlägigen höherrangigen Rechts nach den Wertungen des Ordnungsbehördengesetzes (§§ 14 ff. OBG).[13]

aa) Einschlägigkeit eines ordnungsrechtlichen Schutzguts

Es könnte das Schutzgut der öffentlichen Sicherheit einschlägig sein. Zu diesem gehört unter anderem die Funktionsfähigkeit kommunaler Einrichtungen. Die Nutzung durch Krausel könnte zur Verstopfung der Filteranlage und damit zur Funktionsunfähigkeit führen.

bb) Gefahr

Die Nutzung durch Krausel müsste eine Gefahr für das Schutzgut darstellen, also nach allgemeiner Lebenserfahrung mit hinreichender Wahrscheinlichkeit alsbald zu einer Störung des Schutzgutes führen. Vorliegend ist nicht bekannt, ob der Zugang Krausels selbst schon ausreicht, das Schwimmbad funktionsunfähig zu machen. Indizien hierfür sind jedoch einerseits die im Sachverhalt beschriebene hohe Störanfälligkeit, andererseits die besonders langen Haare von Krausel. Es ist daher durchaus möglich, dass der Verlust auch nur weniger Haare die Anlage wieder zum Ausfall bringen könnte. Damit ist die Störung des Schutzguts hinreichend wahrscheinlich für einen Ausfall. Eine Gefahr liegt vor.

cc) Verantwortlichkeit des Zugangspetenten

Krausel müsste als Zugangspetent auch verantwortlich (Störer) im Sinne des Ordnungsrechts sein. Vorliegend könnte Krausel Verhaltensstörer (§ 17 Abs. 1 OBG) sein. Allerdings stört dieser nicht selbst die Filteranlage und auch sein Schwimmen hat nicht unmittelbar diesen Effekt; er verliert seine Haare gerade unwillkürlich und hat anschließend keine Kontrolle mehr über diese. Jedoch haben die von ihm verlorenen Haare, über deren Schicksal er durch Verwendung einer Badekappe selbst entscheiden könnte, den störenden Effekt. Krausel ist daher sinngemäß als Zustandsstörer (§ 18 Abs. 1 OBG) zu sehen. Er ist somit verantwortlich.

dd) Ergebnis

Die Nutzung durch Krausel würde zu einem rechtswidrigen Zustand führen.

c) Ergebnis

Die Nutzung durch Krausel liegt nicht im Rahmen geltenden Rechts.

IV. Gesamtergbebnis

Krausel hatte keinen Anspruch auf Zugang, sodass es rechtmäßig war, ihm diesen zu verwehren.

Zu Frage 3: Handlungsmöglichkeiten der Aufsicht

Die Aufsicht hat über § 11 GO ein ungeschriebenes Pensum informeller Möglichkeiten (Nachfragen, Beratung)[14] sowie über §§ 121–125 GO verschiedene repressive Instrumente. Die Landrätin des Grügelkreises ist gem. § 120 Abs. 1 GO i. V. m. § 119 Abs. 1 GO Aufsichtsbehörde über die Selbstverwaltungsaufgaben der Stadt Grügelstett, also auch den Betrieb des auf § 8 Abs. 1 GO zu stützenden Schwimmbads und die Regelung von dessen Benutzung.

Zunächst sollte die Landrätin die Gemeinde beraten und auf den Fehler hinweisen sowie auf die Notwendigkeit, zur Durchsetzung des Rechtsstaatsprinzips (Art. 20 Abs. 3 GG, Art. 28 Abs. 2 Satz 1 GG, Art. 78 Abs. 1, 2 LVerf) die Satzung selbst aufzuheben. Insbesondere wäre die Bürgermeisterin von vornherein zur Beanstandung nach § 54 Abs. 2 Satz 1 GO verpflichtet gewesen. In den Grenzen des Rückwirkungsverbots wäre es auch zulässig, wenn die Gemeinde das Satzungsverfahren komplett wiederholt und dieses Mal fehlerfrei durchführt, damit im Ergebnis eine fehlerfreie Satzung besteht.

Folgt die Bürgermeisterin keinem dieser Vorschläge, könnte die Landrätin eine Beanstandungsanweisung nach § 122 Abs. 1 Satz 1 GO aussprechen. Die Bürgermeisterin müsste dem Rat dann im Wege der Beanstandung nach § 54 Abs. 2 Satz 1 GO die Möglichkeit zur Selbstkorrektur geben. Würde sich der Rat entschließen, die Satzung aufzuheben, müsste die Gemeinde diesen Beschluss wieder öffentlich bekannt machen, um den Rechtsschein der alten Satzung zu beseitigen.

Erweist sich die Bürgermeisterin als beratungsresistent, kann die Aufsicht die Beanstandung selbst aussprechen (§ 123 Abs. 2 GO analog) und, wenn der Rat sich ebenfalls als beratungsresistent erweist, den Beschluss selbst aufheben (§ 122 Abs. 1 Satz 2 GO). Die Bekanntmachung dieses Beschlusses kann sie nötigenfalls über § 123 Abs. 1 GO mit Fristsetzung anmahnen und anschließend über § 123 Abs. 2 GO selbst ausführen. Damit spätestens wäre die Satzung wirksam aufgehoben.

Anmerkungen:

Dieser Fall basiert teilweise auf VGH BW, Beschl. vom 8.5.1978 – I 1383/75 –, NJW 1979 S. 1900.

1 Bei einer typischen kommunalen öffentlichen Einrichtung wie einem Schwimmbad ist die Eigenschaft als öffentliche Einrichtung nach § 8 Abs. 1 GO nicht weiter zu problematisieren; bei für die Allgemeinheit nutzbaren kommunalen Einrichtungen gilt regelmäßig eine (widerleg-

bare) Vermutung, dass es sich um öffentliche Einrichtungen handelt (OVG NRW, NJW 1976 S. 820 (821)); hilfsweise kann mit § 107 Abs. 2 Nr. 2 GO argumentiert werden, wo der Gesetzgeber bei fast identischem Wortlaut zu § 8 Abs. 1 GO Bäder als öffentliche Einrichtungen behandelt und damit „Regelbeispiele" aufführt (*Bätge*, KommR NRW, 6. Aufl. 2022, Rn. 166). Argumentativ weiter ausgeholt werden sollte nur, wenn jemand im Sachverhalt die Eigenschaft als öffentliche Einrichtung oder das Vorliegen eines der konstitutiven Merkmale bestreitet.

2 Zur Anstaltshoheit und damit verbundenen Gestaltungsrechten der Gemeinde OVG NRW, Beschl. vom 18.12.1991 – 15 B 4474/92 –, NVwZ-RR 1993 S. 318 (319); VG Aachen, Urt. vom 20.1.2015 – 4 K 699/14 – juris, Rn. 46 f.

3 Vgl. VGH BW, NJW 1979 S. 1900 (1900). Anmerkung: Dies ist eine andere Frage als die stark diskutierte, ob der verwehrte Zugang zu öffentlichen Einrichtungen ein Grundrechtseingriff ist, zum Beispiel im Fall der umstrittenen Wildtierklauseln bei kommunalen Zirkusgeländen (dazu anschaulich *Helbich*, JuS 2017 S. 507 (511).

4 OVG NRW, NVwZ 1995 S. 814 (814); ein Hausverbotsrecht besteht im Übrigen bei jedem öffentlichen Gebäude einer Behörde, vgl. *Peters/Lux*, LKV 2018 S. 17 (18).

5 So im Ergebnis auch OVG NRW, NVwZ 1995 S. 814 (814); *Peters* in Dietlein/Heusch (Hrsg.), BeckOK KommR NRW, 27. Ed. (1.3.2024), § 8 GO Rn. 17; *Bätge*, Kommunalrecht Nordrhein-Westfalen, 6. Aufl. 2022, Rn. 98.

6 Bei inhaltlichen Änderungen von öffentlichen Einrichtungen ist zwischen *wesentlichen* und *unwesentlichen* Änderungen zu unterscheiden. Wesentliche Änderungen unterliegen über § 41 Abs. 1 Satz 2 lit. m GO der Organkompetenz des Rates; unwesentliche, d. h. nur organisatorische, Änderungen sind hingegen der Organkompetenz des Bürgermeisters über § 61 Abs. 1 Satz 2 und 3 GO zuzurechnen; dazu *Frenzen* in Dietlein/Heusch (Hrsg.), BeckOK KommR NRW, 27. Ed. (103.2024), § 41 GO Rn. 23.2 m. w. N.

7 Vgl. VGH BW, NJW 1979 S. 1900.

8 Vgl. *Helbich*, JuS 2017 S. 507 (510); etwas anderes soll sich speziell bezogen auf die Berufsfreiheit nur ergeben, wenn die Gemeinde sich durch die Bereitstellung ihrer öffentlichen Einrichtungen an Nicht-Gemeindeangehörige dem Markt öffnet und die Marktteilnehmer für ihre Berufsausübung faktisch auf die Zurverfügungstellung gemeindlicher Grundstücke angewiesen sind. Allgemeiner in diese Richtung *Bätge*, Kommunalrecht Nordrhein-Westfalen, 6. Aufl. 2022, Rn. 97.

9 In Literatur und Rechtsprechung wird bei reinen Verfahrens- oder Formfehlern teilweise ein differenzierender Ansatz vertreten, wonach es auf die Wesentlichkeit des Verfahrensschritts ankommen soll, um die Nichtigkeit annehmen zu können, vgl. *Gern/Brüning*, Deutsches Kommunalrecht, 4. Aufl. 2018, Rn. 897 m. w. N. Da die Unterschrift Teil der Ausfertigung ist, die Ausfertigung selbst aus dem Rechtsstaatsprinzip abzuleiten ist (*Gern/Brüning*, a. a. O., Rn. 870) und der Bürgermeister mit seiner Unterschrift gerade die Gewähr für das bekanntmachungsbereite Dokument übernehmen soll, ist der Unterschriftenverstoß aber nicht als unwesentlich anzusehen.

10 Die Regelung des § 7 Abs. 6 Satz 2 GO ist insoweit konstitutiv zu verstehen; vgl. *Peters* in Dietlein/Heusch (Hrsg.), BeckOK KommR NRW, § 7 GO Rn. 37 m. w. N.

11 Da Krausel den Formverstoß gerügt hat, kann man auch vertreten, dass § 7 Abs. 6 Satz 1 lit. d GO einschlägig ist, allerdings ergibt der Sachverhalt nicht, ob Krausel auch die relevante Vorschrift genannt hat. Dies kann im Ergebnis allerdings dahinstehen, da § 7 Abs. 6 GO hier so oder so nicht zur Unbeachtlichkeit des Fehlers führen kann.

12 Dazu *Peters* in Dietlein/Heusch (Hrsg.), BeckOK KommR NRW, 27. Ed. (1.3.2024), § 7 GO Rn. 26.1. Falls dieser Schluss verwirren sollte, ist zu bedenken, dass Frage 1 aus Gutachtersicht bzw. aus gerichtlicher Sicht zu klären war. Diese Feststellung existiert aber nur auf dem Papier. Die Frage 2 war schon von ihrer Formulierung her bewusst auf die Sicht der handelnden Verwaltung gerichtet. Diese hat nicht die Freiheit, eine Satzung auf dem Papier zu verwerfen.

13 Vgl. *Bätge*, Kommunalrecht Nordrhein-Westfalen, 6. Aufl. 2022, Rn. 172 in Anlehnung an Rechtsprechung des BayVGH, Beschl. vom 17.11.2020 – 4 B 19.1358 –, juris, Rn. 58.

14 Zu den gesetzlich nicht näher geregelten, aber in der Praxis unverzichtbaren und bedeutenden informellen Handlungen der Aufsicht *Hofmann/Bätge/Wiesner*, Kommunalrecht in Nordrhein-Westfalen, 20. Aufl. 2023, Kap. 3.5.3.1. ff.; *Schönenbroicher* in Dietlein/Heusch (Hrsg.), BeckOK KommR NRW, 27. Ed. (1.3.2024), § 11 GO Rn. 11.

Cornelius Wiesner

8. Fall

Schwerpunkte:
- Verbandskompetenz
- Organkompetenz
- Öffentliche Einrichtungen
- Befangenheit
- Wirtschaftliche Betätigung
- Selbstverwaltungsgarantie

Hilfsmittel:
- Gemeindeordnung NRW
- Grundgesetz

Zeit: 3 Zeitstunden

Sachverhalt:

In Grügelstett könnte im September 2024 erstmals ein Triathlon stattfinden. Der Wettkampf, bei dem nacheinander geschwommen, Rad gefahren und gelaufen werden muss und der im Breitensport immer beliebter wird, wurde in der Region bislang nirgendwo anders angeboten und soll in drei Schüler-, einer „Schnupper-" und einer etwas anspruchsvolleren Sprint-Wertung (mit Stadtmeisterschaft) sowie in einer Firmenstaffel für örtliche Unternehmen (nur dort mit der Möglichkeit, als Teil einer Mannschaft jeweils nur eine der Teildisziplinen zu absolvieren) ausgetragen werden, sodass mit breitem Interesse und Anmeldungen aus der ganzen Region gerechnet werden kann.

Der Turnverein Grügelstett 1901 e. V. würde sich um die Anmeldungen, Zeitmessungen, Wettkampfrichter, nötigen Aufbauten etc. kümmern und legt der Stadtverwaltung ein fertiges Konzept mit allen Abläufen, Details, Wegen, notwendigen Straßensperrungen, Rettungsgassen etc. vor. Die Stadt wiederum, die gerade neue Wohngebiete erschließt, erkennt mögliche Werbeeffekte dank tausender Schaulustiger und spektakulärer Fotos: So soll nach dem Konzept die Radstrecke über die idyllische birnbaumbestandene Ausfallstraße (mit „Postkartenblick" auf die Stadt) und der Zieleinlauf auf dem Mauereidechsenweg vor dem gerade erweiterten Reptilienzoo (auf den die Stadt besonders stolz ist) stattfinden. Zugleich würde ein sportliches Großereignis auch zu großer Sportbegeisterung in der Stadt mit viel Freizeittraining der Einwohner (was gut für die Volksgesundheit ist) und einer Revitalisierung des durch die Corona-Pandemie etwas eingeschlafenen Sportvereinswesens führen.

Bürgermeisterin Schmittke und mehrere Ratsfraktionen und -gruppen nehmen die Idee deshalb auch begeistert auf. Die „Wir-sind-die-Steuerzahler"-Fraktion hingegen macht öffentlich Stimmung gegen das Vorhaben (weil es Geld kostet und den Kfz-Verkehr für einen Tag behindern würde). Die Stadt müsste darum entscheiden, ob sie das Vorhaben grundsätzlich möchte und in einer Reihe von darauf aufbauenden Einzelentscheidungen (Wegerechte, Nutzung öffentlicher Einrichtungen etc.) auch daran mitwirkt. Nimmt sie das Konzept an, würde sie sich damit gleichzeitig in Partnerschaft mit dem Turnverein verpflichten, den Triathlon durchzuführen.

Das Rechtsamt stellt fest, dass das Konzept des Vereins gelungen ist und materiellrechtlich 1:1 von der Stadt umgesetzt werden könnte – bis auf ein paar Einzelfragen. Der älteste Sohn des Ersten Beigeordneten Wimmelbücker, Jochen, praktischerweise amtierender U23-NRW-Landesmeister der Herren im Triathlon, gibt seinem Vater ebenfalls noch ein paar Hinweise. So kommen einige Probleme ans Licht, die gelöst werden müssten, ehe in Grügelstett tatsächlich ein Triathlon stattfinden kann.

1. Der Fraktionsvorsitzende der Steuerzahler-Fraktion Gaizling ist der Überzeugung, der Triathlon sei wegen seiner Ausstrahlungswirkung auf die Region kein örtliches Vorhaben mehr und die Stadt nicht zuständig. **„Es gibt doch § 2 Abs. 1 KrO. Müsste das nicht eigentlich der Kreis machen?!"**

2. Jochen Wimmelbücker regt an, im Grügelstetter Schwimmbad eine der Schwimmbahnen als sogenannte Expressbahn auszugestalten (auf der nicht gespielt, nicht geplanscht, nur sportlich und in Reihenfolge geschwommen werden darf), um sportlich orientierten Schwimmern eine Trainingsgelegenheit zu geben; bisher gab es nämlich immer wieder Konflikte auf den Bahnen mit spielenden Kindern und tratschenden Senioren. **Bürgermeisterin Schmittke möchte (auch mit Blick auf die Badsatzung) wissen, ob Sie diese Änderung selbst beschließen darf oder hier den Rat beteiligen muss.**

3. Sollte der Triathlon tatsächlich ausgerichtet und das Konzept des Turnvereins so wie vorgelegt beschlossen werden, müssten zu seiner Durchführung dann noch der Mauereidechsenweg und die Ausfallstraße am großen Tag für die Allgemeinheit gesperrt und für die Straßen eine straßenrechtliche Sondernutzungserlaubnis zugunsten des Triathlons erteilt werden; die Stadt ist dafür jeweils allein zuständig. Hierbei sind noch ein paar Einzelfragen offen, da die genaue Baustellensituation auf den städtischen Straßen im Herbst noch nicht vorhersehbar ist. Das Konzept bleibt deshalb an dieser Stelle recht vage. **Auch hier will die Bürgermeisterin lediglich wissen, ob sie die noch nötigen Konkretisierungen selbst beschließen darf oder hier noch einmal den Rat beteiligen muss.**

4. Für die Grundsatzabstimmung des Rates zur Frage, ob der Triathlon überhaupt (und unter Annahme des Konzepts des Turnvereins) stattfinden soll, und da für die Abstimmung kein Fraktionszwang bestehen wird, sind die Mehrheiten nicht mehr ganz sicher. **Konkret fragen sich deshalb die begeisterten Befürworter des Vorhabens**
   a) **Ratsherrin Wullengerd**, als selbstständige Kauffrau Betreiberin des einzigen Sportgeschäfts in Grügelstett,
   b) **Ratsherr Dr. Kluckhuhn**, Mitglied im Vorstand des Turnvereins Grügelstett 1901 e. V., der bei Annahme des Triathlon-Konzepts durch die Stadt in seinem Verein eine Vereinssatzungs-Änderung vorantreiben und eine eigene Triath-

lon-Abteilung gründen möchte, um den Verein besser für das Vorhaben aufzustellen,

c) **Ratsherr Öniz**, Hobby-Rennradler, der eine partei- und fraktionsübergreifende Rats-Mannschaft für die Firmenstaffel beim Triathlon gründen (es gibt genug begeisterte Interessenten im Rat, die sofort mitmachen würden) und selbst als Radler mitmachen möchte (an die anderen Disziplinen traut er sich nicht heran, da er weder gerne läuft noch schwimmt),

ob sie jeweils mitstimmen dürften.

Aufgabe:

Beantworten Sie diese Fragen! Fragen 1 bis 3 sind in freier Argumentation zu beantworten. Frage 4 ist im Gutachtenstil zu beantworten.

Abwandlung:

Es ist September 2024. Der erste Grügelstetter Triathlon war ein triumphaler Erfolg, sogar der WDR war vor Ort. Nun geht es um die Frage, ob es auch in den Folgejahren einen Triathlon geben soll und Stadt und Verein ihre Partnerschaft nicht verstetigen wollen.

1. Der Turnverein schlägt der Stadt vor, eine gemeinsame und gemeinnützige „Triathlon Grügelstett gGmbH" zu gründen, um alle nichthoheitlichen Abläufe des Triathlons (Anmeldung, Werbung, Planung etc.) in Zukunft zu professionalisieren und den Verein zu entlasten. Da der Turnverein mit seinen 133 Mitgliedern finanziell viel schwächer aufgestellt ist als die Stadt, schlägt er folgenden Passus im GmbH-Vertrag vor:
   „Die Stadt Grügelstett wird ein etwaiges Defizit der Gesellschaft, das sich nach Verrechnung aller Ein- und Ausnahmen des Geschäftsjahres ergibt, sofort ausgleichen".
   Darf die Stadt sich an dieser GmbH beteiligen?
2. Ratsherr Gaizling meint, wenn die Stadt den Triathlon in Zukunft immer weiter austrägt, dann sei sie nach dem Grundgesetz irgendwann verpflichtet, dieses Engagement „auf ewig" fortzusetzen.
   Trifft das zu?

Aufgabe:

Beantworten Sie die beiden Fragen in freier Argumentation! Für die Frage 1 der Abwandlung können Sie direkt auf die Ihrer Meinung nach problematische(n) Norm(en) verweisen und argumentieren.

Hinweise:

Auf allgemeines oder besonderes Ordnungsrecht, insbesondere Straßenrecht und Straßenverkehrsrecht, auf Steuerrecht und das GmbH-Gesetz ist nicht einzugehen.

Die gemeinnützige GmbH (gGmbH) ist ein Sonderfall der GmbH, der sich von dieser grundsätzlich allein dadurch unterscheidet, dass zwingend ein spezifischer gemeinnütziger Zweck verfolgt wird, der auch im Gesellschaftsvertrag festgelegt werden muss. Unterschiede der gGmbH zur gewöhnlichen GmbH sind für diese Klausur im Übrigen irrelevant. Die Förderung des Sports ist ein zulässiger Zweck einer gemeinnützigen Gesellschaft.

§ 107 GO steht der Gründung der gGmbH hier nicht entgegen.

Die mittlere kreisangehörige Stadt Grügelstett hat 33.000 Einwohner und liegt im nordrhein-westfälischen Grügelkreis.

Anlagen:

Auszug aus der Satzung über die Benutzung des Grügelstetter Spaßbads (Badsatzung)

§ 1
Öffentliche Einrichtung

(1) Das Grügelstetter Spaßbad ist eine öffentliche Einrichtung der Stadt Grügelstett.
[...]

§ 2
Zweck der Einrichtung

(1) Das Grügelstetter Spaßbad ist als Freizeit- und Erholungsstätte für Menschen aller Altersgruppen bestimmt. Den Bedürfnissen von Kindern kommt dabei besondere Bedeutung zu.
[...]

Auszug aus dem Vereinsrecht im Bürgerlichen Gesetzbuch (BGB):

§ 25
Verfassung

Die Verfassung eines rechtsfähigen Vereins wird [...] durch die Vereinssatzung bestimmt.

§ 26
Vorstand und Vertretung

(1) Der Verein muss einen Vorstand haben. Der Vorstand vertritt den Verein gerichtlich und außergerichtlich; er hat die Stellung eines gesetzlichen Vertreters. [...]

§ 33
Satzungsänderung

(1) Zu einem Beschluss, der eine Änderung der Satzung enthält, ist eine Mehrheit von drei Vierteln der abgegebenen Stimmen [der Mitgliederversammlung] erforderlich. […]

Platz für Ihre Anmerkungen/Raum für Notizen:

Lösung:

Grundfall

Zu Frage 1: Darf die Stadt oder muss der Kreis die Entscheidung treffen?

Die Frage, ob die Stadt oder der Kreis entscheiden darf, richtet sich nach der Verbandskompetenz für diese Aufgabe.

Die Aufgabe „Triathlon ausrichten" bzw. „Sportliches Großereignis durchführen" ist in der Rechtsordnung nicht spezifisch geregelt. Sie ist damit weder ausdrücklich einem anderen Aufgabenträger noch der Gemeinde zugewiesen.

Als Gemeinwohlaufgabe mit *örtlicher* Prägung (= Angelegenheit der örtlichen Gemeinschaft) könnte die Aufgabe allerdings über das Aufgabenfindungsrecht der Gemeinden nach Art. 78 Abs. 2 LVerf, § 2 GO der Stadt Grügelstett zustehen. Allerdings könnte es sich ebenso um eine nach Art. 78 Abs. 2 LVerf, § 2 Abs. 1 KrO ausdrücklich den Kreisen zugewiesene *über*örtliche Aufgabe nach deren eigenen Aufgabenfindungsrecht handeln.

Fraglich ist demnach, ob die Aufgabe örtlich oder überörtlich ist. Vorliegend trifft der Gesetzgeber in § 2 Abs. 1 Satz 2 KrO eine Zweifelsregelung zugunsten der Gemeinden. Der Kreis müsste demnach nachweisen, dass die Aufgabe entscheidend von überörtlicher denn örtlicher Prägung ist. Dies ist nach dem Schwerpunkt der Aufgabe zu entscheiden. Die Ausrichtung eines Triathlons auf dem Gemeindegebiet mit Durchführung einer Stadtmeisterschaft, besonderer Beteiligung örtlicher Unternehmen etc. hat besonders starken örtlichen Charakter; die Aufgabe hat entsprechend der *Rastede*-Formel des *BVerfG*[1] spezifischen örtlichen Bezug und wurzelt in der örtlichen Gemeinschaft. Dass eine örtliche Aufgabe auch eine Ausstrahlungswirkung über die Gemeindegrenzen hinaus hat, ist unschädlich (quasi jede öffentliche Einrichtung einer Gemeinde zieht auch Publikum von außen an, ohne dass sie dadurch ihren Charakter als örtliche Angelegenheit verlöre). Demgegenüber gibt es kein Argument, dass der Aufgabe einen spezifischen Kreis-Bezug gäbe, der den örtlichen Charakter ganz erheblich in den Schatten stellte.

Es handelt sich demnach klar um eine örtliche Angelegenheit, mithin eine Aufgabe innerhalb der Verbandskompetenz der Stadt Grügelstett nach § 2 GO.

Vertretbar wäre sicher ebenfalls, die Frage über § 8 GO gegenüber § 6 KrO zu lösen, da der Triathlon theoretisch alle Anforderungen an eine öffentliche Einrichtung erfüllen würde (lediglich die Frage der rechtlichen Herrschaft ist nicht ganz klar, da nicht klar ist, inwieweit die Gemeinde bei Entscheidungen des Vereins zum Triathlon das „letzte Wort" hat. Inhaltlich ändert sich ansonsten nichts.)

Zu Frage 2: Organkompetenz für die Einrichtung einer „Expressbahn" im Schwimmbad

Fraglich ist, welches Organ für die Einrichtung einer Expressbahn zuständig ist.

Diese Frage betrifft die Widmung der öffentlichen Einrichtung „Spaßbad" der Stadt Grügelstett (vgl. § 1 der Badsatzung). Hierfür gibt es in Abweichung zur Zuständigkeitsvermutung des Rats nach § 41 Abs. 1 Satz 1 GO eine gesetzliche Spezialregelung zur Organkompetenz. Materielle, wesentliche Widmungsänderungen sind demnach vom Rat zu entscheiden (§ 41 Abs. 1 Satz 2 lit. m GO), rein organisatorische Änderungen unterfallen hingegen der allgemeinen gesetzlichen Organisationskompetenz des Bürgermeisters (hier: der Bürgermeisterin) nach § 62 Abs. 1 Satz 2 und 3 GO.[2] Fraglich ist demnach, wie die Regelung hier einzuordnen ist.

Die Benutzungsregelung für eine einzelne Schwimmbahn in einem großen, mehrbahnigen Schwimmbecken ändert weder das Gesamtgepräge des Schwimmbads (es wird nach wie vor in einem Schwimmbecken geschwommen, wie vorher auch), noch ändert sie den Benutzerkreis (alle potenziellen Benutzergruppen gab es vorher schon). Es handelt sich daher nicht um eine (zumindest keine *wesentliche*) Änderung oder Reduzierung der Widmung.[3] Daher spricht hier alles für eine nur organisatorische Änderung. Demnach wäre die Bürgermeisterin zuständig.

Allerdings ist fraglich, ob die Änderung nicht der Badsatzung widerspricht, sodass diese durch Ratsbeschluss (§ 41 Abs. 1 Satz 2 lit. f GO) erst geändert werden müsste – womit der Rat im Ergebnis doch beteiligt werden müsste. Nach § 2 Abs. 1 Satz 1 Badsatzung soll das Schwimmbad Freizeit- und Erholungsstätte sein. Nach Satz 2 soll den Bedürfnissen von Kindern besonders Rechnung getragen werden. Die Ausweisung einer Bahn nur für das sportliche Schwimmen könnte dieser Widmung widersprechen, da die Möglichkeiten zur Erholung auf der Expressbahn eben auf das sportliche Schwimmen verengt werden und beispielsweise Spielen, Planschen, also typische Kinderaktivitäten, nicht mehr möglich sind. Allerdings stünde die Bahn natürlich auch sportlich orientierten Kindern offen (der Triathlon sieht im Übrigen ausdrücklich auch drei Schülerwertungen vor, soll also gerade auch Kinder ansprechen) und so dient die Regelung letztlich auch den Interessen der Kinder, da sie einen vorhandenen Nutzungskonflikt mit sportlichen Schwimmern auf den anderen Bahnen entschärft. Sportlich orientierte Schwimmer werden sich auf die Expressbahn konzentrieren und nicht auf anderen Bahnen mit Kindern in Konflikt kommen. Das Spielen und Planschen auf den anderen Bahnen wird damit sogar gefördert. Somit steht die Regelung nicht im Widerspruch mit der Widmung, sondern konkretisiert sie lediglich (und auch nur für einen kleinen Teil). Eine Änderung der Satzung ist nicht notwendig.

Bürgermeisterin Schmittke kann die Änderung somit kraft ihrer Organkompetenz nach § 62 Abs. 1 Satz 2 und 3 GO selbst beschließen, ohne dass der Rat irgendwie beteiligt werden müsste.

Zu Frage 3: Organkompetenz für den Beschluss über die Straßensperrungen und die Sondernutzungserlaubnis

Auch hier ist die Organkompetenz fraglich.

Auf § 62 Abs. 2 Satz 2 GO und damit eine Kompetenz des Bürgermeisters könnte zurückgegriffen werden, soweit der Beschluss des Rates zum Grundsatzkonzept bereits abschließend war. Nach dieser Vorschrift ist der Bürgermeister für die Ausführung von Ratsbeschlüsen zuständig. Bei der Erteilung der Sondernutzungserlaubnis für den bereits festgelegten Weg handelt es sich um die bloße Durchführung einer vom Rat bereits entschiedenen Maßnahme; ebenso bei allen Straßensperrungen, die im Konzept bereits festgelegt waren.

Hinsichtlich der noch offenen Fragen kann auf diese Kompetenz jedoch nicht zurückgegriffen werden. Die Kompetenz zur Durchführung der Beschlussfassung setzt nach der Beschlussfassung an. Die Beschlussfassung ist jedoch noch nicht vollständig. Hier muss zunächst ein berufenes Organ die Entscheidungen fällen.

Anders als bei Frage 2 sind beide Aufgaben nicht gesetzlich geregelt, sodass auf Auffangkompetenzen zurückzugreifen ist. Grundsätzlich wäre der Rat nach § 41 Abs. 1 Satz 1 GO in Ermangelung einer Spezialzuständigkeit zuständig.

Jedoch könnte es sich um Geschäfte der laufenden Verwaltung handeln, die nach § 41 Abs. 3 GO als an den Bürgermeister delegiert gelten. Eine genaue Definition für Geschäfte der laufenden Verwaltung ist nicht gegeben. Stattdessen empfiehlt es sich, nach einer Mehrheit von Kriterien abzuwägen, ob ein Geschäft noch zur laufenden Verwaltung gehört oder nicht.[4] Dies sind im Einzelnen:

- Angelegenheit ist eher gewöhnlich, kommt häufig wieder,
- Angelegenheit kann mit Routine („eingefahrene Gleise“) bearbeitet werden, da Grundsatzfragen sich nicht stellen oder schon geklärt sind,
- Gemeinde hat bei dieser Angelegenheit keine oder zumindest keine wesentlichen Gestaltungsmöglichkeiten,
- Angelegenheit ist in Anbetracht der Größe der Gemeinde und ihrer finanziellen Auswirkungen eher als unbedeutend zu betrachten,
- Angelegenheit hat kaum oder gar keine Auswirkungen auf die Gemeindeentwicklung und -politik.

Vorliegend ist auch hier zu beachten, dass die Stadt zuvor das Triathlonkonzept des Turnvereins annehmen würde, welches alle wesentlichen Details regelt, auch die ungefähre Route. Damit sind alle Grundsatzfragen bereits durch Ratsbeschluss entschieden und die noch offenen Einzelregelungen wären nichts weiter als eine Konkretisierung dieses Grundsatzkonzepts. Die Regelungen einer Straßensperrung wären dann reine Routinegeschäfte, bei denen wegen der Bindung an den Ratsbeschluss und damit an das fertige Konzept auch keine wesentlichen Gestaltungsmöglichkeiten der Stadt mehr vorlägen. Hinsichtlich der Bedeutung des Geschäfts für die Größe der Stadt, ihre Entwicklung und ihre Politik ist erneut auf den Grundsatzbeschluss abzustellen, überhaupt einen Triathlon stattfinden zu lassen – dieser ist dann bereits entschieden; die Einzelfrage, wo genau die Straßensperren verlaufen und dass für einen Tag für ein paar Stunden der Gemeingebrauch der Straße eingeengt wird, fällt demgegenüber nicht ins Gewicht.

Damit sind beide Geschäfte solche der laufenden Verwaltung und können nach § 41 Abs. 3 GO von der Bürgermeisterin selbst entschieden werden.

Zu Frage 4: Mitwirkungsverbote der drei Ratsmitglieder

Fraglich ist, ob die Ratsmitglieder Wullengerd, Dr. Kluckhuhn und Öniz an der Abstimmung teilnehmen dürfen.

1. Grundsatz

Alle drei haben als Ratsmitglieder das Recht am Freien Mandat nach § 43 Abs. 1 GO, zu dem im Kern die Wahrnehmung der Organrechte gehört, darunter natürlich die Teilnahme an Ratssitzungen und Abstimmungen.[5]

2. Befangenheit von Wullengerd?

Fraglich ist, ob Ratsherrin Wullengerd befangen ist.[6]

Gemäß §§ 43 Abs. 2, 31 GO sind die Vorschriften über Ausschließungsgründe auch auf sie als Ratsmitglied anwendbar.

Als erstes müsste ein gesetzlicher Bezugspunkt für eine Befangenheit vorliegen. In Betracht kommt *sie selbst* als selbstständige Kauffrau (§ 31 Abs. 1 Nr. 1 GO).

Weiter müsste durch eine Entscheidung des Rates mit Ja oder Nein die Möglichkeit eines wesentlichen Vor- oder Nachteils für sie selbst bestehen. Vorliegend ist, wenn die Stadt sich für die Durchführung des Triathlons entschließt, mit einer Steigerung des allgemeinen Sporttrainings in der Einwohnerschaft und damit zugleich mit einer erheblich höheren Nachfrage nach Sportartikeln zu rechnen. Da Wullengerd zumindest das einzige Ladengeschäft für Sportartikel am Ort hat, hätte sie dadurch einen möglichen finanziellen Vorteil durch größeren Umsatz.

Allerdings müsste die Möglichkeit des Vorteils auch unmittelbar sein, das heißt, es dürfte keiner erheblichen Zwischenschritte zwischen Ratsbeschluss und Eintritt des Vorteils mehr bedürfen, insbesondere solche aufgrund der freien Entscheidung Dritter (sog. direkte Kausalbeziehung).[7] Vorliegend würde der Ratsbeschluss (der ja ein Grundsatzbeschluss ist) zunächst noch einer Reihe weiterer Einzelfallentscheidungen bedürfen, die aber durch das Konzept quasi vorprogrammiert und damit nicht wesentlich sind; sie wären für die Unmittelbarkeit zu vernachlässigen.[8] Allerdings müsste es dann trotzdem noch der autonomen Entscheidung der Einwohner obliegen, einerseits überhaupt am Triathlon teilzunehmen, weiter, sich dafür mit neuer Sportausrüstung einzudecken und schließlich, diese auch bei Wullengerd zu kaufen (und nicht zum Beispiel im Internet). Dies ist zwar wahrscheinliche, aber keinesfalls zwingende, also vorprogrammierte Folge der Entscheidung. Mit diesen drei autonomen Zwischenschritten fehlt es hier an der Unmittelbarkeit.

Damit ist Wullengerd nicht befangen und unterliegt keinem Mitwirkungsverbot.

3. Befangenheit von Dr. Kluckhuhn?

Fraglich ist weiter, ob Dr. Kluckhuhn befangen ist.

Auch auf ihn sind die Vorschriften über Mitwirkungsverbote anwendbar (s. o.).

Bezugspunkt bei ihm als Vorstandsmitglied eines eingetragenen Vereins (§ 26 Abs. 1 BGB) wäre die *Mitgliedschaft im Organ einer juristischen Person* (§ 31 Abs. 2 Nr. 2 GO), sodass für die Auswirkungen der Entscheidung mit möglichen Vor- und Nachteilen *auf diese juristische Person* abzustellen wäre, die Dr. Kluckhuhn dann zuzurechnen wären.

Somit müsste für den Verein die Möglichkeit eines unmittelbaren Vor- oder Nachteils bestehen. Vorliegend würde der Verein durch die grundsätzliche Annahme des Konzepts in die Möglichkeit kommen, ein sportliches Großereignis mit auszurichten, zu dem er allein mangels hoheitlicher Befugnisse (Straßensperrungen etc.) nicht in der Lage wäre. Seine Handlungs- und Wirkungsmöglichkeiten würden sich erheblich erweitern. Weiter würde die Etablierung des Triathlons ihm die Möglichkeit zur Bildung einer lebendigen Triathlonabteilung und damit Erweiterung seines Vereinszwecks verbessern, weil nun mit einer entsprechenden Nachfrage in der Gemeinde gerechnet werden könnte. Beides sind Vorteile für den Verein.

Fraglich ist erneut die Unmittelbarkeit des Vorteilseintritts bei positiver Entscheidung des Stadtrats. Hinsichtlich der Etablierung der Triathlonabteilung wäre eine Änderung des Vereinszwecks und damit der Vereinssatzung beim Turnverein nötig (vgl. §§ 25, 33 Abs. 1 BGB – siehe Anlage). Diese Änderung müsste eine Dreiviertelmehrheit der Mitgliederversammlung erst beschließen, sie käme also nicht schon durch den Ratsbeschluss zustande; gleichzeitig könnte der Verein sie jederzeit, auch jetzt schon, beschließen, auch ohne Ratsbeschluss. Somit fehlte es hier an der Unmittelbarkeit. Die bloße Möglichkeit, dass eine solche Abteilung, wenn sie denn beschlossen und eingeführt ist, wiederum auch erfolgreich ist, würde von der autonomen Entscheidung von Interessierten abhängen, dann auch dem Verein beizutreten, wäre also ebenfalls nicht unmittelbar. Allerdings kommt es auf all dies nicht an: In der Sekunde, in welcher sich die Stadt zur Durchführung des Konzepts beschließt, wäre der Verein in der Pflicht und wären zugleich alle Teile der Verwaltung verpflichtet, mit dem Verein zusammenzuarbeiten und den Triathlon stattfinden zu lassen. Dies folgt unmittelbar aus § 62 Abs. 2 Satz 2 GO bzw., soweit der Ratsbeschluss keiner Umsetzung bedarf (selbstexekutierend), direkt aus dem Beschluss selbst. Dies wird den Rechtskreis des Vereins als Adressaten des Ratsbeschlusses also direkt beeinflussen; der Verein würde enorm profitieren (und sich zugleich verpflichten). Die eintretende Unterstützung und auch der damit verbundene Werbeeffekt für den Verein treten somit ohne wesentliche Zwischenschritte ein, sind damit unmittelbare Vorteile.

Fraglich ist, ob die Rückausnahme nach § 31 Abs. 3 Nr. 1 GO greift. Hier ist nicht auf die Vereinsmitglieder abzustellen, sondern auf den Verein als juristische Person. Dieser würde durch die Annahme des Beschlusses in eine exklusive Sondersituation und Partnerschaft mit der Stadt geraten; eine Konstellation, die für keinen anderen Verein vor Ort zutrifft. Damit liegt kein Gruppeninteresse vor.

Den unmittelbaren Vorteil für seinen Verein muss Dr. Kluckhuhn sich nach § 31 Abs. 2 Nr. 2 GO zurechnen lassen. Er ist damit befangen und unterliegt einem Mitwirkungsverbot.

4. Befangenheit von Öniz?

Fraglich ist schließlich die Befangenheit von Öniz.

Auch auf diesen sind die Befangenheitsvorschriften anwendbar (s. o.).

Bezugspunkt wäre seine Möglichkeit zur Gründung einer Mannschaft und Teilnahme am Triathlon, damit *er selbst* (§ 31 Abs. 1 Nr. 1 GO).

Durch die Annahme des Beschlusses und das damit zu erwartende Stattfinden des Triathlons würde sich für ihn die Möglichkeit ergeben, die Firmenstaffel zu gründen. Nur durch diese wäre es ihm möglich, alleine als Rennradfahrer mitzumachen, ohne zugleich auch schwimmen und laufen zu müssen. Dies stellt zwar mehr einen ideellen als wirtschaftlichen oder rechtlichen Vorteil dar. Zu beachten ist, dass der Ratsherr als Lokalpolitiker auch von einem gewissen öffentlichen Interesse verfolgt sein wird, wenn er am Wettbewerb teilnimmt. Aufgrund der Einzigartigkeit des Vorgangs mit seinem Medieninteresse, Verewigung auf Fotos etc. ist der Vorteil als erheblich einzuschätzen.

Fraglich ist auch hier die Unmittelbarkeit. Erneut geht es nur um den Grundsatzbeschluss, dem erst die Einzelbeschlüsse und das tatsächliche Stattfinden des Triathlons folgen müssten. Allerdings sind diese aufgrund der mit dem Grundsatzbeschluss verbundenen Verpflichtung nicht wesentlich. Auch müsste sich die Mannschaft erst bilden, was aber aufgrund des vorhandenen großen Interesses im Rat ebenfalls als sicher gelten kann. Zwischen dem Grundsatzbeschluss und dem Eintritt des Vorteils für Öniz liegen damit keine wesentlichen Zwischenschritte. *(Andere Ansicht gut vertretbar.)*

Fraglich ist allerdings, ob hier die Rückausnahme nach § 31 Abs. 3 Nr. 1 GO besteht. Vorliegend würden die Vorteile, die Öniz eingeräumt werden, mit dem Stattfinden des Triathlons allen Interessenten eingeräumt, die es schaffen, eine Firmenstaffel auf die Beine zu stellen oder an ihr teilzunehmen. In einer mittleren kreisangehörigen Stadt wird es dutzende, wenn nicht hunderte von Unternehmen, Behörden, Einrichtungen geben, die sich anmelden, die über tausende von Mitarbeitern verfügen. Die Situation Öniz‘ wird sich vielfach wiederholen. Damit ist der Vorteil für Öniz nicht individualisiert, sondern stellt sich als Gruppeninteresse dar. Somit greift die gesetzliche Rückausnahme.

Öniz ist damit nicht befangen und unterliegt keinem Mitwirkungsverbot.

5. Ergebnis

Ratsherr Dr. Kluckhuhn unterliegt einem Mitwirkungsverbot. Die Ratsmitglieder Wullengerd und Öniz können mitstimmen.

Abwandlung

Zu Frage 1: Zulässigkeit der Beteiligung an der gGmbH?

Fraglich ist, ob sich die Stadt Grügelstett an der gGmbH wie vorgeschlagen beteiligen dürfte.

Laut Bearbeitervermerk stand § 107 GO dem Vorhaben nicht entgegen; dies wäre zugleich eine Voraussetzung, um sich in der Rechtsform einer GmbH betätigen zu dürfen (§ 108 Abs. 1 Satz 1 Nr. 1 bzw. Nr. 2 GO).[9]

Problematisch ist hier zunächst, dass die Gemeinde sich nur an einem Unternehmen beteiligen darf, dessen Haftung begrenzt ist (§ 108 Abs. 1 Satz 1 Nr. 3 GO). Dies ist durch Wahl einer GmbH aber gegeben; die GmbH ist haftungsbeschränkt.

Problematisch ist aber weiter, dass die Gemeinde sich bei Wahl der Privatrechtsform nicht zur Übernahme von Verlusten in unbegrenzter Höhe verpflichten darf (§ 108 Abs. 1 Satz 1 Nr. 5 GO). Eben das wäre hier aber der Fall, da der Gemeinde eine Nachschusspflicht in Höhe des jeweiligen Defizits des Geschäftsjahres, das nicht begrenzt wird, auferlegt würde.

Wieder unproblematisch ist, dass der gemeinnützige Zweck der GmbH im Gesellschaftsvertrag festgeschrieben werden müsste, da dies gerade konstitutive Voraussetzung ist (§ 108 Abs. 1 Satz 1 Nr. 7).

Damit verstieße die Beteiligung der Gemeinde an der gGmbH in dieser Form insgesamt gegen § 108 Abs. 1 Satz 1 Nr. 5 GO. Die Gemeinde darf sich damit nicht in dieser Weise beteiligen.

Zu Frage 2: Ewige Verpflichtung der Gemeinde bei Bildung einer Tradition durch fortdauerndes Stattfinden-Lassen des Triathlons?

Fraglich ist, ob die Stadt Grügelstett durch fortdauerndes Stattfinden-Lassen des Triathlons und dadurch Bildung einer Tradition kraft Verfassung dazu gezwungen würde, die Aufgabe quasi ewig weiterzuverfolgen.

Grundsätzlich ist den Gemeinden nach Art. 28 Abs. 2 Satz 1 GG ein verfassungsrechtlich geschützter Kompetenzbereich und mit dem Grundsatz der Eigenverantwortlichkeit auch die Hoheit über ihre Aufgabenerfüllung im Rahmen der Gesetze gewährleistet. Daraus folgt das Recht, sich neue Aufgaben zu suchen und, als *Actus Contrarius*, einmal gewählte freiwillige Aufgaben auch wieder abzulegen.[10] Hiernach wäre die Gemeinde jederzeit frei, ihr Engagement zu beenden und die Durchführung des Triathlons dem Verein zu überlassen oder das Projekt auch „sterben zu lassen".

Allerdings hatte das Bundesverwaltungsgericht 2009 in einem hoch umstrittenen Urteil[11] erkennen wollen, aus der Selbstverwaltungsgarantie folge eine Pflicht der Gemeinde, sich *„im Interesse einer wirksamen Wahrnehmung [des] örtlichen Wirkungskreises, der ausschließlich der Gemeinde, letztlich zum Wohle der Gemeindeangehörigen, anvertraut ist, nicht ihrer gemeinwohlorientierten Handlungsspielräume begeben. Der Gemeinde [stünde] es damit nicht grundsätzlich zu, sich ohne Weiteres der Angelegenheiten der örtlichen Gemeinschaft zu entledigen. Anderenfalls hätten es die Gemeinden selbst in der Hand, den Inhalt der kommunalen Selbstverwaltung durch Abstoßen oder Nichtwahrnehmung ihrer ureigenen Aufgaben auszuhöhlen."*[12] Sollte der Triathlon über Jahre hinweg stattfinden, würde er ob seiner Einzigartigkeit in der Umgebung sicher eine Tradition begründen und grundsätzlich unter diese Rechtsprechung fallen.

Einerseits kann dieser Rechtsprechung mit sehr guten Argumenten entgegengehalten werden, dass sie unter Überdehnung der verfassungsrechtlichen Vorgaben faktische Pflichtaufgaben für die Gemeinden schafft, die kraft Verfassung doch ausdrücklich nur durch Gesetz geschaffen werden könnten.[13] Sie würde, anders als die Intention des Art. 28 Abs. 2 Satz 1 GG, das Selbstverwaltungsrecht nicht schützen, sondern einengen und wäre schon deshalb zu verwerfen. Nicht zuletzt deshalb hat das BVerwG diese Rechtsprechung im April 2024 ausdrücklich wieder aufgegeben.[14]

Andererseits stellt sich die vom BVerwG hinaufbeschworene Gefahr hier vermutlich nicht: Da der Verein immer schon für die operative Abwicklung des Triathlons verantwortlich war und die Gemeinde lediglich auf der hoheitlichen Seite durch Sondernutzungserlaubnisse etc. kooperierte, würde sich an den kommunalen Gestaltungsmöglichkeiten nichts ändern. Die Gemeinde war schließlich in die inhaltliche Durchführung des Triathlons nie involviert und sollte vielmehr durch hoheitliche Entscheidungen lediglich organisatorisch zu dessen Verwirklichung beitragen. Sie würde sich darum materiell auch nicht gemeinwohlorientierter Handlungsräume entledigen. Der Verein könnte insbesondere weiterhin Sondernutzungserlaubnisse und Straßensperren beantragen und sich dabei auf die seit Jahren bestehende Verwaltungspraxis berufen. Die Gemeinde wäre lediglich nur noch im Rahmen ihrer gesetzlichen Pflichten daran beteiligt.

Insofern sollte es der Stadt Grügelstett ohne Weiteres wieder möglich sein, sich aus der Durchführung des Triathlons als eigene Aufgabe zurückzuziehen.

Anmerkungen:

Dieser Fall ist an der HSPV im Modul Kommunalrecht im Januar 2023 mit kleinen Änderungen im Hauptlauf als Klausur gelaufen. Herrn Prof. Dr. Christoph Johannisbauer, HSPV Duisburg, wird herzlich für seine Anmerkungen zum originalen Fall gedankt.

1 St. Rspr.; BVerfG, Beschl. vom 23.11.1988 – 2 BvR 1619, 1628/83 –, BVerfGE 79, 127 (151 f.). Die Rastede-Formel ist zur Standarddefinition für Angelegenheiten der örtlichen Gemeinschaft geworden.

2 Vgl. *Frenzen* in Dietlein/Heusch (Hrsg.), BeckOK KommR NRW, 27. Ed. (1.3.2024), § 41 GO, Rn. 23.2. Anzumerken ist, dass die Rechtsprechung zu dieser Abgrenzung bislang keine Stellung genommen hat; die bei *Frenzen* vertretene Lösung mit der Abgrenzung von nur organisatorischen und tatsächlichen inhaltlichen Änderungen ist jedoch überzeugend und wird hier geteilt. Eine im Klausurlauf häufig zu lesende Einordnung der Kompetenz betraf § 41 Abs. 3 GO als Geschäft der laufenden Verwaltung. Eine Lösung über § 41 Abs. 3 GO als Geschäft der laufenden Verwaltung wäre zwar argumentativ möglich, würde den ausdrücklichen gesetzlichen Kompetenzen nach § 41 Abs. 1 Satz 2 lit. m GO sowie § 62 Abs. 1 Satz 2 und 3 GO aber nachgehen und käme somit nur in Betracht, wenn diese Kompetenz vertretbar abgelehnt worden wäre, was kaum denkbar wäre.

3 Ein im Klausurlauf dieses Falles häufig zu lesendes Argument war, das Gepräge der Einrichtung würde im Ergebnis doch verändert, weil die Änderung ja „gegen die Kinder" gerichtet sei. Diese – sehr oberflächliche – Auffassung geht fehl. Einerseits schreibt die Satzung keinen generellen Vorrang für Kinder, nur eine besonders gewichtige Auslegung vor. Andererseits dient die organisatorische Trennung von sportlichem Schwimmen und „Planschen" gerade dem Zweck der Kinder, das Bad für kindgerechte Erholung zu nutzen, indem kollidierende Nutzungen voneinander getrennt werden. Zugleich könnten selbstverständlich auch Kinder ernsthaft Sport betreiben wollen und die Bahn dafür nutzen, ohne dabei von anderen Kindern gestört zu werden.

4 Dazu *Hofmann/Bätge/Wiesner*, Kommunalrecht in Nordrhein-Westfalen, 20. Aufl., Kap. 2.8.2.4.

5 Dazu *Hofmann/Bätge/Wiesner*, Kommunalrecht in Nordrhein-Westfalen, 20. Aufl., Kap. 2.7.3.3. Es ist durchaus angemessen, die vom Gesetz angeordnete Einschränkung des Freien Mandats noch einmal zu erwähnen, da es sich um einen erheblichen Eingriff in diese Rechtsposition handelt.

6 Die Prüfung der Befangenheitsvorschriften ist komplex, da das Gesetz nur eingeschränkte Aufbauhilfe gibt. Der Aufbau an dieser Stelle folgt folgendem Muster: 1. Anwendbarkeit der Befangenheit der Vorschriften auf den jeweiligen Entscheidungsträger. 2. Gesetzlicher Bezugspunkt für eine Befangenheit. 3. Möglichkeit eines unmittelbaren Vor- oder Nachteils. 4. Rückausnahmen. Zu diesem Schema vgl. *Hofmann/Bätge/Wiesner*, Kommunalrecht in Nordrhein-Westfalen, 20. Aufl., Kap. 2.7.3.5.

7 *Dietlein* in Dietlein/Heusch (Hrsg.), BeckOK KommR NRW, 27. Ed. (1.3.2024), § 31 GO NRW, Rn. 30.

8 Vgl. *Dietlein* (Fn. 7), § 31 GO NRW, Rn. 32 f.

9 Zum Aufbau einer Prüfung im Rahmen einer (im weiteren Sinne) wirtschaftlichen Betätigung einschließlich den Vorschriften ihrer organisatorischen Verselbstständigung vgl. *Hofmann/Bätge/Wiesner*, Kommunalrecht in Nordrhein-Westfalen, 20. Aufl., Kap. 7.2.

10 *Mehde* in Dürig/Herzog/Scholz (Hrsg.), GG, 97. Erg.-Lfg. (Jan 2022), Art. 28 Abs. 2, Rn. 55 m. w. N.

11 BVerwG, Urt. vom 27.5.2009 – 8 C 10.08 – („Offenbacher Weihnachtsmarkt"), bverwg.de.

12 BVerwG (Anm. 11), Rn. 29.

13 Übersicht zu weiteren kritischen Stimmen bei *Mehde* (Fn. 10), Art. 28 Abs. 2, Rn. 56; *Schoch*, DVBl. 2009 S. 1533 (1534) u. a.

14 Vgl. BVerwG, Urt. vom 24.4.2024 – 8 CN 1.23 –, juris, Rn. 17–20. Das BVerwG nimmt die zuvor von der Literatur vorgetragenen Argumente auf, wonach die Selbstverwaltungsgarantie die Gemeinden vor Übergriffen des Staates schützen und eben nicht eine verkappte Verpflichtung schaffen soll. Insbesondere: *„Um den kommunalen Aufgabenkreis entsprechend dem Bedeutungsgehalt von Art. 28 Abs. 2 Satz 1 GG entwicklungsoffen zu halten (vgl. BVerfG, Beschluss vom 19. November 2014 – 2 BvL 2/13 – BVerfGE 138, 1 Rn. 47), muss mit dem Recht, Aufgaben der freiwilligen Selbstverwaltung an sich ziehen zu können, das Recht einhergehen, die Erfüllung solcher Aufgaben nicht fortzuführen"* (Rn. 19).

Cornelius Wiesner

9. Fall

Schwerpunkte:
- Geschäftsordnung
- Organkompetenz
- Freiwillige Selbstverwaltungsaufgaben
- Wirtschaftlichkeitsgebot
- Einberufungsrecht
- Dringliche Entscheidungen

Hilfsmittel:
- Gemeindeordnung NRW
- Grundgesetz

Zeit: 3 Zeitstunden

Sachverhalt:

Bürgermeisterin Schmittke kehrt am 26.6.2021 aus einem verdienten langen Urlaub in Kroatien samt einer Krankheitswoche, nachdem eine besonders gierige kroatische Eidechse sie auf einer Wanderung beim Füttern in die Hand gebissen und die Wunde sich danach entzündet hatte, ins heimische Grügelstett zurück.

Schon nach wenigen Minuten vergeht ihr die Nachurlaubs-Freude, als sie sich die Beschlussfassungen des Stadtrates von der letzten Sitzung (am 24.6.2021) vorlegen lässt und danach sogleich den Ersten Beigeordneten Wimmelbücker, ihren Vertreter im Amt, in ihr Amtszimmer bestellt.

Der Stadtrat hatte beschlossen:

1. **Änderung der Geschäftsordnung des Rates der Stadt Grügelstett**
   § 5 der Geschäftsordnung des Rates wird wie folgt geändert:
   a) § 5 Abs. 1 lautete **bisher**

   „Der Rat wird vom Bürgermeister bzw. der Bürgermeisterin einberufen. Er bzw. sie bestimmt Ort und Zeit der Zusammenkunft.“

   und wird **nunmehr** wie folgt gefasst:

   „Der Rat wird vom Bürgermeister bzw. der Bürgermeisterin einberufen. ***Als Termin hierfür wird der erste Donnerstag jedes Monats um 19.00 Uhr im Alten Ratssaal, Rathaus Grügelstett, festgesetzt. Für zusätzliche Sitzungen bestimmt der Bürgermeister bzw. die Bürgermeisterin Ort und Zeit der Zusammenkunft.*** *“*
   (Mit 39 Ja-Stimmen, 1 Nein-Stimmen, 2 Enthaltungen beschlossen)

Beigeordneter Wimmelbücker erklärt dazu: *„Die bisherige von Ihnen, verehrte Frau Bürgermeisterin, gelebte Praxis für den Termin der Ratssitzung haben wir einfach verbindlich festgeschrieben, damit die Ratsmitglieder in Zukunft ihre Woche mit noch größerer Sicherheit planen können. Die einzelne Gegenstimme kam vom Besserwisser Ratsherr Dr. Dr. Menge, der meinte, das verstoße gegen das Gesetz. Ich habe unserem Doppeldoktor hinterher erklärt, dass der Rat solche Dinge in der Geschäftsordnung selbst regeln darf; er schien allerdings nicht überzeugt davon."*

b) § 5 Abs. 2 lautete bisher

„Der Rat ist unverzüglich einzuberufen, wenn ein Fünftel der Ratsmitglieder ***oder eine Fraktion*** *unter Angabe der zur Beratung zu stellenden Gegenstände es verlangen."*

und wird **nunmehr** wie folgt gefasst:

„Der Rat ist unverzüglich einzuberufen, wenn ein Fünftel der Ratsmitglieder, eine Fraktion ***oder eine Gruppe*** *unter Angabe der zur Beratung zu stellenden Gegenstände es verlangen."*
(Einstimmig mit einer Enthaltung beschlossen)

Beigeordneter Wimmelbücker erklärt dazu: *„Die bisherige Regelung hat unsere beiden im Rat vertretenen Gruppen völlig außen vor gelassen. Wir wollten auch dem kleinsten von der Gemeindeordnung vorgesehenen Zusammenschluss von Ratsmitgliedern dieses wichtige Recht zugestehen. Oberlehrer Menge hat sich enthalten, allerdings darauf hingewiesen, dass die beiden Gruppen im Rat schon genug querschössen und Sie als Bürgermeisterin noch mal gut nachdenken sollen, ob Sie das wirklich wollten, ob das vor allem gut für die Gemeinde sei."*

2. **Genehmigung einer Dringlichkeitsentscheidung nach § 60 Abs. 1 Satz 3 GO**

„Der Rat der Stadt Grügelstett ***bestätigt den vom Ersten Beigeordneten*** **Wimmelbücker** ***und Ratsherrn*** **Krausel** ***am 15.6.2021 gefassten Dringlichkeitsbeschluss*** *betreffend der Änderung von § 9 der städtischen Grünflächensatzung […]."*
(Mit 41 Ja- und einer Nein-Stimme beschlossen)

Beigeordneter Wimmelbücker erklärt: *„Aufgrund einer Gesetzesänderung musste die städtische Grünflächensatzung geringfügig angepasst werden; irgendeine Klarstellung bei den Pflanzennamen, nichts Ernstes. Es musste bis Ende Juni geschehen und das Pflanzenschutzamt hatte das verbummelt, mir mitzuteilen. Ich habe dann gar nicht erst versucht, den Rat oder den Hauptausschuss einzuschalten, da ich beiden nicht die nötige Fachkompetenz für diese schwierige juristische und bo-*

tanische Materie zumesse – das sehen Sie, verehrte Frau Bürgermeisterin, sicher genauso –, sondern das direkt mit dem Vorsitzenden des Grünflächenausschusses Krausel unter Hinweis auf ‚allgemeine Dringlichkeit' nach dem Vier-Augen-Prinzip beschlossen, welches das Gesetz für solche Fälle ja glücklicherweise sehr unbürokratisch vorsieht. Der Rat hatte Verständnis und hat es abgenickt. Menge hat nur mit dem Kopf geschüttelt und gemeint, damit käme ich niemals durch. Aber was weiß der schon."

Bürgermeisterin Schmittke seufzt und nimmt sodann die Tagesordnung für eine außerordentliche Ratssitzung zur Hand, zu der Wimmelbücker vor einigen Tagen für die kommende Woche geladen hatte. Darin heißt es (als einziger inhaltlicher Punkt):

> ***TOP 2: Ankauf des historischen Hammerklaviers „Moser Gruegelstett, Opus 112 (1734)" für höchstens 250.000 Dollar–*** **nichtöffentlich**

Dazu liegt folgende Beschlussvorlage vor:

> *„Der Rat möge beschließen,* ***das der Stadt angebotene historische Hammerklavier mit der Bezeichnung*** **‚Moser Gruegelstett, Opus 112 (1734)'** ***vom bisherigen Eigentümer*** **Ralph W. Jones, Jr.,** ***Connecticut, USA, für höchstens 250.000 Dollar (entspricht ca. 217.000 Euro) anzukaufen****."*

Beigeordneter Wimmelbücker erklärt: *„In Grügelstett war bekanntermaßen bis zur Mitte des 18. Jahrhunderts ein für Westfalen äußerst bedeutender Cembalo- und Klavierbauer namens Johann Fürchtegott Moser ansässig; Sie erinnern sich: Wir haben letztes Jahr eine Straße nach ihm benannt. Mit ihm hatte die jahrhundertelange Instrumentenbautradition in Grügelstett ihre absolute Spitze erreicht und ging mit seinem Tod 1744 vollständig unter. Wir hatten ja angenommen, sein Werk sei vollständig verloren gegangen, aber jetzt ist doch noch ein Moser-Instrument – vermutlich das einzige verbliebene weltweit – aufgetaucht, das ein amerikanischer Sammler der Stadt zum Kauf angeboten hat. Das besonders schöne Instrument aus Birnbaumholz ist spielfähig; es könnte doch in geeigneter Weise im Festsaal unseres historischen Rathauses ausgestellt, zu besonderen Anlässen auch wieder genutzt werden. Da wir nur wenige Tage Zeit haben, auf das Angebot zu reagieren, habe ich den Rat einberufen und die Beschlussvorlage geschrieben, weil ich denke, dass wir uns das nicht entgehen lassen sollten. Ich schätze, der Rat wird das genauso sehen. Wir müssen vielleicht noch mal über eine Verhandlungsstrategie sprechen. Herr Jones will 250.000 Dollar dafür haben, das entspricht etwa 217.000 Euro, allerdings besteht wohl noch etwas Verhandlungsspielraum.*

Ach, eins muss ich dazu leider noch ergänzen: Die Landrätin des Grügelkreises hat es spitzgekriegt und mir am Telefon gesagt, dass sie eine so hohe Ausgabe ‚für irgendein ein altes Klavier' als ‚völlig unwirtschaftlich und deshalb rechtswidrig' erachte und am Ende sogar gemeint, dass sie ‚diese Verschwendung von Steuergeldern nicht zulassen' werde. Ich finde, das müssen wir schon selbst wissen, ob wir uns das leisten wollen oder nicht. Oder was meinen Sie?"

Aufgaben:

Die Bürgermeisterin drückt Ihnen die Liste mit den Beschlüssen und den Tagesordnungs-Entwurf für die nächste Sitzung in die Hand, wiederholt noch einmal alles, was Wimmelbücker gerade gesagt hat und gibt Ihnen dann folgenden Auftrag:

1. ***„Für die drei Punkte, die der Rat schon beschlossen hat, bitte ich um* kurze, aber fundierte Ausführung*, ob die jeweiligen Beschlüsse inhaltlich so rechtmäßig sind. Beschränken Sie sich dabei bitte auf das, was problematisch ist; ein richtiges, strukturiertes Gutachten brauche ich dort* nicht*. Sagen Sie mir am Ende jeweils bitte auch, ob ich hier noch irgendetwas ausrichten kann.***
2. ***Für die Sache mit dem Klavier bitte ich um ein kommunalrechtliches* Gutachten*, ob es rechtmäßig wäre, wenn wir das Klavier, so wie im TOP 2 vorgesehen, ankaufen. Gehen Sie bitte auf alles ein, was die Gemeindeordnung für diesen Vorgang regelt.***
3. ***Außerdem hätte ich gerne noch eine* kurze juristische Einschätzung *von Ihnen,***
   a) ***was die Landrätin schlimmstenfalls tun kann, wenn der Rat den Beschluss zum Ankauf des Klaviers tatsächlich fällt und***
   b) ***wer bei der Bewertung der Wirtschaftlichkeit des Ankaufs eigentlich das letzte Wort hat – wir oder die Landrätin.***

Vielen Dank!"

Beim Rausgehen fängt Sie der Beigeordnete Wimmelbücker ab, räuspert sich kurz und fügt sehr leise und verlegen hinzu:
„Ach, und für mich klären Sie bitte noch kurz,

4. ***ob ich den Rat in der Sache mit dem Klavier überhaupt hätte einberufen dürfen oder ob das nicht der 1. Stellvertreter der Bürgermeisterin, Ratsherr Röderich, hätte tun müssen."***

Hinweise:

Auf die Vorschriften des 8. Teils der GO NRW mit Ausnahme des § 75 ist nicht einzugehen, ebenso wenig auf sonstiges einfaches Landes- oder Bundesrecht.

Der Satzungsbeschluss unter Nr. 2 der Tagesordnung vom 24.6.2021 ist materiell rechtmäßig gewesen; eine Einladung von Rat oder Hauptausschuss wäre in dringenden Fällen mit drei Tagen und regulär mit sieben Tagen Vorlauf möglich gewesen und die Satzungsänderung hätte innerhalb von drei Tagen öffentlich bekannt gemacht werden können.

Zu der Sondersitzung des Rates bezüglich des Klaviers hätte nicht mehr rechtzeitig eingeladen werden können, wenn erst die Rückkehr der Bürgermeisterin abgewartet worden wäre. Das historische Klavier würde im Fall seiner Anschaffung Einnahmen gerieren, die sich mit voraussichtlichen Wartungs- und Reparaturkosten in etwa die Waage hielten.

Die kreisangehörige Stadt Grügelstett hat 33.000 Einwohner, hatte bis zur Corona-Krise gesunde Finanzen (und erwartet, sich schneller als andere Gemeinden von der Krise zu erholen) und liegt im nordrhein-westfälischen Grügelkreis.

Platz für Ihre Anmerkungen/Raum für Notizen:

Lösung:

Zu Frage 1: Problembezogene Prüfung der Rechtmäßigkeit der drei Ratsbeschlüsse

I. Festlegung von Ort und Zeit der Ratssitzung in der Geschäftsordnung (§ 5 Abs. 1 der Geschäftsordnung)

Fraglich ist, ob die Neuregelung des § 5 Abs. 1 der Geschäftsordnung des Rates der Stadt Grügelstett rechtmäßig ist.

Gemäß § 47 Abs. 2 GO hat die Gemeinde die Pflicht, Näheres zur Einberufung des Rats in einer Geschäftsordnung zu regeln. Ausgehend vom kommunalen Organisationsermessen kommt dem Rat dabei ein gewisser Gestaltungsspielraum für das Ratsbeschlussverfahren zu (sog. Geschäftsordnungsautonomie)[1], der allerdings durch die Vorgaben der Kommunalverfassung, insbesondere die Organrechte, wieder beschränkt wird.

Vorliegend könnte die Festlegung von Ort und Zeit in der Geschäftsordnung gegen die Organrechte der Bürgermeisterin verstoßen. Nach der Gemeindeordnung obliegt dieser allein die Einberufung des Rats (§ 47 Abs. 1 Satz 1 GO). Zu diesem Recht gehört die Bestimmung der Zeit des Zusammentritts.[2] Eine Festlegung in der Tagesordnung nimmt ihr überdies das Ermessen, nicht nur den Zeitpunkt, sondern überhaupt die Notwendigkeit einer Ratssitzung selbst zu bewerten, da jetzt „automatisch" der Rat zusammentritt. Die Einberufung im Sinne des § 47 Abs. 1 Satz 3 GO erfolgt sonst gerade nach Geschäftslage.[3]

Für solche Regelungen ist die Geschäftsordnung überdies nicht vorgesehen. Ihrer Natur nach regelt die Geschäftsordnung allein das Verfahren *im* Rat, nicht den Umstand, ob und wie der Rat überhaupt zusammenkommt.[4] Dass die bisherige Praxis sich bisher an dem nun in der Geschäftsordnung festgelegten Datum orientierte, war bloßer Ausfluss des bürgermeisterlichen Ermessens und entspricht der Gepflogenheit, den Ratsmitgliedern damit tatsächlich eine gewisse Sicherheit für ihre Terminplanung zu geben.[5] Dies muss dann aber eben durch vorausschauende Terminplanung der Bürgermeisterin geschehen. Dem Rat steht es nicht zu, diesen Punkt selbst zu regeln.

Nichts anderes kann nach diesen Wertungen für den Ort des Zusammentritts gelten.[6]

Dabei kann es weiter auch nicht darauf ankommen, dass die Regelung im Einvernehmen zwischen Bürgermeisterin (vertreten durch ihren Vertreter im Amt) und dem Rat zustande kam: Es handelt sich um eine gesetzliche Zuständigkeit, deren Verschiebung oder Übertragung nicht in Disposition der Gemeindeorgane steht.

Damit ist die getroffene Regelung mit höherrangigem Recht nicht vereinbar und somit rechtswidrig.

Die Bürgermeisterin ist nach § 54 Abs. 2 Satz 1 GO verpflichtet, den Beschluss des Rats zu beanstanden.

II. Erweiterung des Einberufungsrechts auf Gruppen (§ 5 Abs. 2 der Geschäftsordnung)

Fraglich ist, ob die zweite getroffene Regelung rechtmäßig ist. Sie wiederholte bislang wörtlich die gesetzliche Regelung des § 47 Abs. 1 Satz 4 GO. Nunmehr ist der berechtigte Personenkreis auf Gruppen (§ 56 Abs. 1 Satz 4, 5 GO) erweitert worden. Fraglich ist, ob dies mit höherrangigem Recht vereinbar ist.

Anders als bei der vorherigen Regelung zum Recht der Einberufung als solcher wird hier ein von der Gemeindeordnung bereits vorgesehenes Recht einer Minderheit des Rates lediglich ausgedehnt. Die gesetzliche Vorschrift legt es gerade auf den Minderheitenschutz an.[7] Das Recht der Bürgermeisterin zur Einberufung wird insofern eingeschränkt, als sie eine Minderheit aus der Mitte des Rates dazu zwingen kann, dieses Recht auch auszuüben.

Eine Erweiterung dieses Rechts auf Gruppen, von denen im Gesetz an dieser Stelle nicht die Rede ist, würde den Bestimmungen des Gesetzes auf den ersten Blick zuwiderlaufen. Allerdings ist zweierlei zu bedenken: In kreisangehörigen Gemeinden sind Gruppen genauso groß wie Fraktionen (§ 56 Abs. 1 Satz 2, 4 GO). Die Zahl von Ratsmitgliedern, die zur Erzwingung der Einberufung benötigt würde, würde also nicht schrumpfen. Ebenso müssen sich Gruppen unter denselben Bedingungen konstituieren wie Fraktionen, nämlich bei möglichst grundsätzlicher politischer Übereinstimmung (§ 56 Abs. 1 Satz 1, 3 GO). Dies legt eine Gleichbehandlung beider Gruppierungen nahe. Es ist nicht erkennbar, dass es zwingendes gesetzliches Recht wäre, dieses Minderheitenrecht lediglich Fraktionen als Statusprivileg zu gewähren. Im Ergebnis ist darum anzunehmen, dass die Gemeinde diesen Minderheitenschutz noch ausdehnen darf.[8]

Daher ist kein Rechtsverstoß erkennbar, mithin auch keine Beanstandung nach § 54 Abs. 2 Satz 1 GO möglich.

Im Ergebnis könnte die Bürgermeisterin dem Beschluss allerdings nach § 54 Abs. 1 Satz 1 GO noch widersprechen. Dazu muss sie begründen, warum er ihrer Meinung nach dem Wohl der Gemeinde widerspricht. Die Drei-Tages-Frist dafür kann knapp noch eingehalten werden; der Widerspruch ist schriftlich abzufassen. Der Rat kann diese Bedenken mit nochmaligem Beschluss allerdings zerstreuen.

III. Genehmigung der Dringlichkeitsentscheidung bezüglich der Satzungsänderung

Fraglich ist hier, ob das Ratsbeschlussverfahren gewahrt wurde.

Nach § 41 Abs. 1 Satz 2 lit. f GO können Satzungen nur vom Rat beschlossen werden, sodass es eigentlich eines Ratsbeschlusses bedürfte. Das hier vorgenommene Verfahren im Vier-Augen-Prinzip nach § 60 Abs. 1 Satz 2 ist nur möglich, wenn weder der Rat noch der Hauptausschuss rechtzeitig geladen werden konnten und im Falle des Nichtbeschlusses erhebliche Nachteile oder Gefahren drohten. Vorliegend musste die Änderung, die durch Satzung geschehen sollte, bis Ende Juni wirksam werden. Zwischen dem Zeitpunkt der Dringlichkeitsentscheidung am 15. Juni und der nächsten regulären Ratssitzung am 24. Juni allein hätte noch genug Zeit für eine reguläre Ladung des Rates bestanden, und sei es durch Aktualisierung der Tagesordnung mit neuer Ladung, jedenfalls aber durch eine Sondersitzung. Auch nach der regulären Sitzung hätte noch eine Woche Zeit zur Verfügung gestanden, die Änderung bekanntzumachen. Ob Nachteile oder Gefahren gedroht haben, ist damit vorliegend unerheblich. Die Voraussetzungen einer Dringlichkeitsentscheidung lagen offensichtlich nicht vor. Der Beschluss ist damit grundsätzlich rechtswidrig.

Allerdings ist dem Sachverhalt zu entnehmen, dass der Rat den Beschluss bei der nächsten Sitzung genehmigt hat. Fraglich ist, ob er damit den Verfahrensmangel geheilt hat. Hierfür spricht, dass die hohen Hürden für § 60 Abs. 1 Satz 2 GO gerade dafür da sind, den Rat in seinen Organrechten schützen und der Rat bei einer ausdrücklichen Bestätigung des Beschlusses so behandelt werden muss, als ob er den Beschluss selbst gefasst hat.[9] Damit wird der Verfahrensverstoß geheilt.

Daher ist der Beschluss im Ergebnis als rechtmäßig anzusehen.

Eine Intervention der Bürgermeisterin ist nicht angezeigt.

Zu Frage 2: Rechtmäßigkeit der Anschaffung des Klaviers[10]

Fraglich ist, ob die Gemeinde das Klavier ankaufen dürfte.

I. Rechtsgrundlage

Nach dem Grundsatz des Vorbehalts des Gesetzes bedarf jedes staatliche Handeln einer gesetzlichen Grundlage. Im Falle nicht-eingreifenden Handelns genügt dafür allerdings schon eine allgemeine Aufgabenzuweisung an den Hoheitsträger. Hierfür kommt mangels anderweitiger Spezialvorschriften nur die Auffangregel des § 2 GO als einfachrechtliche Ausprägung der Selbstverwaltungsgarantie aus Art. 28 Abs. 2 Satz 1 GG, Art. 78 Abs. 1, 2 LVerf in Betracht.

II. Formelle Rechtmäßigkeit

Es müsste die Entscheidung formell rechtmäßig ergehen.

1. Zuständigkeit

Zunächst müsste die Zuständigkeiten gewahrt sein.

a) Verbandskompetenz

Die Gemeinde darf nur innerhalb ihrer Aufgaben handeln. Vorrangiges zuweisendes oder abdrängendes Bundes- und Landesrecht war nach Sachverhalt ausgeschlossen. Vorliegend kommt die örtliche Traditionspflege bzw. Selbstdarstellung der örtlichen kulturellen Identität, ferner auch die kulturelle Bildung der Einwohner in Betracht. Diese Aufgaben sind als ungeschriebene freiwillige Selbstverwaltungsaufgaben mit spezifischem Bezug zur örtlichen Gemeinschaft nach § 2 GO Teil des Selbstverwaltungsrechts. Die Gemeinde ist also zuständig.

b) Organkompetenz

Fraglich ist, ob der Rat – wie hier vorgesehen – für die Beschlussfassung überhaupt zuständig ist. Grundsätzlich hätte der Rat – mangels einer einschlägigen Spezialregelung – nach § 41 Abs. 1 Satz 1 GO zu entscheiden, wenn nicht die vorrangige Zuständigkeit eines anderen Organs begründet wäre. In Betracht könnte die Kompetenz des Bürgermeisters (hier: der Bürgermeisterin) nach § 41 Abs. 3 GO kommen, über diese Angelegenheit als Geschäft der laufenden Verwaltung selbst zu entscheiden. Ob hier ein Geschäft der laufenden Verwaltung vorliegt, kann im Ergebnis allerdings dahinstehen, wenn der Rat die Angelegenheit jedenfalls an sich ziehen könnte. Geschäfte der laufenden Verwaltung sind nach der Gemeindeordnung kein strenges gesetzliches Recht des Bürgermeisters, sondern gelten lediglich als vom Rat auf ihn übertragen. Der Rat kann sich Entscheidungen von vornherein vorbehalten (Vorbehaltsrecht) oder im Bedarfsfall an sich ziehen (Rückholrecht).[11] Da hier noch keine Entscheidung in der Sache ergangen ist – der Beigeordnete will ja gerade den Rat damit befassen –, kann der Rat die Sache unproblematisch an sich ziehen. Der hohe Kaufpreis und die Einzigartigkeit des Vorgangs sind zugleich Indizien, hier von vornherein kein Geschäft der laufenden Verwaltung anzunehmen.[12]

Davon abzugrenzen ist anschließend noch die gesetzliche Organzuständigkeit des Bürgermeisters für die Außenvertretung der Gemeinde bei den Kaufverhandlungen und den Vertragsschluss (§ 63 Abs. 1 Satz 1 GO). Dieser muss die Willensbildung des Rates vorausgehen.

c) Ergebnis

Die Zuständigkeiten sind gewahrt.

2. Verfahren

Da der Rat in der Sache zu entscheiden hat, müsste ein formell rechtmäßiger Ratsbeschluss nach §§ 47–52 GO vorliegen. Ein solcher Beschluss ist noch nicht ergangen, seine Voraussetzungen müssten allerdings erfüllbar sein, damit er noch rechtmäßig ergehen kann.

Der Tagesordnungspunkt ist inhaltlich hinreichend bestimmt; insbesondere ermöglicht er mit der Vorgabe „höchstens“ auch eine Preisobergrenze und ermöglicht der Bürgermeisterin bei der Verhandlung, einen Spielraum zu nutzen, wenn er besteht.

Vorliegend ist allerdings die Frage problematisch, ob der Tagesordnungspunkt – wie vorgesehen – nichtöffentlich beraten werden kann.

Nach § 48 Abs. 2 GO sind Ratssitzungen grundsätzlich öffentlich. Diesem Prinzip kommt als Ausprägung des Demokratieprinzips besonders hohe Bedeutung zu. Nach § 48 Abs. 2 Satz 2 GO kann die Öffentlichkeit allerdings ausgeschlossen werden. Dies ist nur unter den Voraussetzungen möglich, die gleichsam eine Schweigepflicht der Ratsmitglieder über den Sitzungsinhalt begründen würden (§ 30 Abs. 1 i. V. m.

§ 43 Abs. 1 GO).[13] In Betracht kommt hier eine Tatsache, die ihrer Natur nach geheim ist (§ 30 Abs. 1 Satz 2 GO), weil ihre Mitteilung dem Gemeinwohl schaden würde. Bedingt durch die Organkompetenzen der Gemeinde müsste der Rat den Beschluss über den Ankauf fassen, lägen die Kompetenzen für die Verhandlung und Vertragsunterzeichnung aber bei der Bürgermeisterin. Diese Trennung darf der Gemeinde nicht zum Nachteil gereichen. Die Beratung und die Beschlussfassung über einen Gegenstand im Wert von einer Fünftel Millionen Euro, bei der auch mögliche Maximalkaufpreise und Verhandlungsstrategien festgelegt werden können, würden bei Bekanntwerden die Verhandlungsposition der Gemeinde erheblich schwächen und könnten ihr sogar einen nicht unerheblichen wirtschaftlichen Schaden verursachen. Deshalb setzen sich hier ausnahmsweise die Interessen an einer Geheimhaltung gegenüber dem Öffentlichkeitsgrundsatz durch.

Zugleich kann die Identität des Verkäufers, der immerhin mit Namen genannt ist, als personenbezogenes Datum ein berechtigtes Einzelinteresse darstellen, das ebenfalls eine Geheimhaltungspflicht begründet.

Die Nichtöffentlichkeit des Tagesordnungspunkts wird demnach nicht zu einem Verfahrensfehler führen.

Das Verfahren kann eingehalten werden.[14]

3. Form

Die eigentliche Beschlussfassung ist formfrei.

Der Kaufvertrag muss zu seiner Abwicklung später schriftlich geschlossen und von der Bürgermeisterin oder bei Verhinderung von ihrem Vertreter unterschrieben werden (§ 64 Abs. 1 GO).

4. Ergebnis

Der Kauf kann formell rechtmäßig erfolgen.

III. Materielle Rechtmäßigkeit

Fraglich ist, ob der Kauf materiell rechtmäßig wäre.

1. Tatbestand

Einzige Tatbestandsvoraussetzung des § 2 GO ist, dass es sich um eine Aufgabe der Gemeinde handelt. Das wurde im Rahmen der Verbandskompetenz bereits festgestellt.

2. Rechtsfolge: Ermessen

Als Ausdruck kommunaler Hoheiten ist der Gemeinde Ermessen eröffnet, das lediglich auf Fehler zu überprüfen ist. Fraglich ist, ob solche vorliegen.

a) Innere Ermessensfehler

Fraglich ist, ob an einzelnen den Beschluss tragenden Motiven Fehler vorliegen, sodass ein Ermessensfehlgebrauch vorläge. Das Ermessen hat sich nach § 40 VwVfG an der Rechtsnorm auszurichten, die es einräumt. Für § 2 GO ist dabei mangels spezieller ermessenslenkender Vorschriften auf § 1 GO zu verweisen. Die Intention, ein mit der Ortsgeschichte verbundenes Instrument gerade der Nachwelt zu erhalten, entspringt nicht nur der Motivation zur Pflege der örtlichen Gemeinschaft, sondern kann auch mit dem Ermessensziel verbunden werden, auch in Verantwortung für die kommenden Generationen zu handeln (§ 1 Abs. 1 Satz 3 GO) und das Instrument für die Nachwelt zu erhalten. Das Ermessen ist damit an gesetzlichen Grundsätzen ausgerichtet, bei denen einer Gemeinde ohnehin ein großer Spielraum verbleiben muss. Ein Ermessensfehlgebrauch ist damit nicht ersichtlich.

b) Äußere Ermessensfehler

Fraglich ist, ob eine Ermessensüberschreitung vorliegt. Das gemeindliche Ermessen wird durch das Wirtschaftlichkeitsgebot des § 75 Abs. 1 Satz 3 GO begrenzt. Dieses hat Gesetzesrang, ist also höherrangiges Recht. Es wäre verletzt, wenn der Kauf mit den Geboten von Wirtschaftlichkeit, Effizienz und Sparsamkeit nicht vereinbar wäre. Hier ist allerdings zu bedenken, dass der Gemeinde als Ausdruck der Eigenverantwortlichkeit in Art. 28 Abs. 2 Satz 1 GO eine Finanzhoheit zukommt, welche gerade auch das Gebot eigenverantwortlichen Wirtschaftens enthält.[15] Der Gemeinde muss deshalb ein *„weiter Gestaltungsraum“*[16] bzw. *„weiter Einschätzungs- und Beurteilungsspielraum“*[17] zukommen, der erst überschritten wäre, wenn das gemeindliche Handeln mit den Grundsätzen vernünftigen Wirtschaftens schlechthin unvereinbar ist. Die gerichtliche und aufsichtsrechtliche Kontrolle über die Einhaltung dieses unbestimmten Rechtsbegriffs haben sich demnach darauf zu beschränken, ob eine Ausgabe noch vertretbar ist, nicht aber, ob sie auch sinnvoll ist.[18]

Vorliegend ist der Bewertung zwar das ökonomische Prinzip zugrunde zu legen, wonach entweder ein Ziel mit dem geringstmöglichen Ertrag (Minimalprinzip, zugleich Gebot der Sparsamkeit) oder mit gegebenen Mitteln der größtmögliche Erfolg (Maximalprinzip) erreicht werden soll.[19] Hier ist dazu jedoch anzumerken, dass bei einer solchen kulturellen bzw. ortsgeschichtlichen Angelegenheit rein rechnerische Grundsätze nicht weit führen. So ist zu bedenken, dass wohl nur noch dieses eine Klavier besteht und es damit keine auf dem Markt austauschbare Leistung gibt, die mit weniger Mitteleinsatz billiger zu haben wäre (es geht nicht einfach um die Anschaffung irgendeines spielbaren Klaviers); zugleich würde mit dem Mitteleinsatz nicht „irgendein“, sondern ein für die Ortsidentität besonders wertvolles (ja einzigartiges!) und beispielgebendes Klavier erworben werden, das sogar den Stadtnamen in sich trägt – die Gemeinde würde im Hinblick auf die Zielstellung „Pflege der Ortsidentität und -kultur“ also gewissermaßen das Beste erhalten, das sie bekommen könnte. Auch im Hinblick auf mögliche Folgekosten, die sich mit den Einnahmen ja etwa die Waage halten, ist hier keine Verschwendung erkennbar. Auch ein Blick auf die kommunalen Finanzen, die aufgrund der Corona-Lage zwar beschränkt, aber nicht „hoffnungslos“ sind, lässt im Hinblick auf eine zukünftige Erfüllung der gemeindlichen Aufgaben eine Unvertretbarkeit nicht erkennen.

Ein Verstoß gegen das Wirtschaftlichkeitsgebot liegt deshalb nicht vor.

c) Ergebnis

Die Anschaffung des Klaviers wäre frei von Ermessensfehlern.

IV. Gesamtergebnis

Der Kauf wäre rechtmäßig.

Zu Frage 3: Konsequenzen des Kaufs

Fraglich sind die beiden von der Bürgermeisterin angedeuteten möglichen Konsequenzen.

I. Interventionsmöglichkeiten der Aufsicht

Damit die Landrätin des Grügelkreises eingreifen kann, müsste sie als Aufsichtsbehörde überhaupt zuständig sein. Dies richtet sich nach § 119 Abs. 1 i. V. m. § 120 Abs. 1 GO. Vorliegend geht es um eine freiwillige Selbstverwaltungsaufgabe und ist Grügelstett kreisangehörige Gemeinde, sodass der Landrat (hier: die Landrätin) des entsprechenden Kreises zuständige Allgemeine Aufsicht ist.

Nach § 11 GO ist der Landrätin ein informelles Repertoire präventiver Mittel gegeben, insbesondere kann sie die Gemeinde beraten. Das hat sie vorliegend bereits getan und ihre Rechtsmeinung übermittelt.

Repressive Mittel nach § 119 Abs. 1 Satz 1 und Satz 2 GO setzen jeweils rechtswidriges Handeln voraus. Da der Kauf des Klaviers (und damit der Ratsbeschluss) aber rechtmäßig wäre (s. o.), lägen deren tatbestandliche Voraussetzungen nicht vor. Aus denselben Gründen scheiden eine Veranlassungsverfügung (§ 123 Abs. 1 GO) und die Selbstvornahme (§ 123 Abs. 2 GO) aus. Für weitergehende repressive Mittel nach § 124 und § 125 GO liegen die Voraussetzungen offensichtlich nicht vor.

Demnach kann die Landrätin den Kauf nicht, zumindest nicht rechtmäßig, verhindern.

II. Frage des „letzten Worts“

Fraglich ist, ob die Landrätin die Wirtschaftlichkeit des Kaufs zulässigerweise anders einschätzen könnte als die Gemeinde. Hierzu ist auf die obigen Ausführungen zum Wirtschaftlichkeitsgrundsatz zu verweisen: Die gemeindliche Entscheidung ist nur auf Vertretbarkeit zu überprüfen, nicht auf Zweckmäßigkeit; andernfalls würde sich die Rechtsaufsicht hier als Fachaufsicht gerieren. Dazu ist sie gesetzlich ausdrücklich nicht berufen (§ 119 Abs. 1 GO). Zu einer Prüfung der Zweckmäßigkeit ist sie folglich nicht befugt, auch nicht „verkappt“ durch eine andersartige Auslegung des Begriffs der Wirtschaftlichkeit. Die Landrätin kann demnach nur prüfen, ob die Gemeinde eine vor § 75 Abs. 1 Satz 2 GO noch vertretbare Entscheidung getroffen hat (was hier bejaht wurde).

Besonders aufmerksame Klausurteilnehmer werden die Frage vielleicht noch weiterdenken; dies sollte dann honoriert werden:

Das „letzte Wort“ hätte in der Praxis das Verwaltungsgericht bei gemeindlicher Anfechtung einer möglichen Aufsichtsentscheidung, wobei es denselben Begrenzungen bei der Auslegung unterliegt, wie die Landrätin als Allgemeine Aufsicht, und die kommunale Finanzhoheit wahren muss. Ein verwaltungsgerichtliches Urteil, welches dagegen verstößt, würde die verfassungsrechtliche Selbstverwaltungsgarantie der Gemeinde verletzen. Eine Kommunalverfassungsbeschwerde gegen die höchstinstanzliche Verwaltungsgerichtsentscheidung ist der Gemeinde wiederum nicht möglich, da die Kommunalverfassungsbeschwerde nur gegen Gesetze möglich ist, nicht auch gegen Urteile (vgl. Art. 93 Abs. 1 Nr. 4b GG).

Zu Frage 4: Zuständigkeit für die Ratseinberufung bei Abwesenheit der Bürgermeisterin

Fraglich ist, ob für die Einberufung des Rats nach § 47 Abs. 1 Satz 1 der (erste) stellvertretende Bürgermeister (§ 67 Abs. 1 GO) oder der Erste Beigeordnete als Vertreter im Amt (§ 68 Abs. 1 GO) zuständig sind. Voraussetzung dafür ist zunächst die Verhinderung des Bürgermeisters.[20] Dies ist durch den Urlaub von Bürgermeisterin Schmittke und ihre Erkrankung im fraglichen Zeitraum gegeben; es musste laut Sachverhalt auch eingeladen werden, ehe sie aus dem Urlaub zurückkam, sodass keine missbräuchliche Umgehung dieser Vorschrift (rechtmäßiger Fall der Verhinderung) vorliegt.

Wer den Bürgermeister bei der Ratseinberufung vertreten darf, ist in Ermangelung einer gesetzlichen Regelung an dieser Stelle umstritten.[21] Zur Lösung ist danach abzugrenzen, ob die Aufgabe eher in den Bereich „Sitzungsleitung“ (§ 67 Abs. 1 Satz 2 GO – dann stellvertretender Bürgermeister) oder in den Bereich „Sitzungsvorbereitung“ (§ 62 Abs. 2 Satz 1 GO – dann Vertreter im Amt) gehört.[22] Überzeugender ist hier, nicht auf die zeremonielle Aufgabe der Sitzungsleitung, sondern auf die von der Geschäftslage (s. o.) abgeleitete Frage der Ausübung des Einberufungsermessens abzustellen: Nur der Vertreter im Amt hat den nötigen Überblick über die Geschäftslage, um dies beurteilen zu können *(a. A. natürlich vertretbar)*.[23] Darum ist der Vertreter im Amt für die Einberufung zuständig.

Folglich hat mit dem Ersten Beigeordneten Wimmelbücker der richtige der beiden Vertreter gehandelt.

Anmerkungen:

Dieser Fall ist an der HSPV NRW im Modul Kommunalrecht im März 2022 mit kleinen Änderungen im 2. Wiederholerlauf als Klausur gelaufen. Herrn Prof. Dr. Christoph Johannisbauer, HSPV Duisburg, wird herzlich für seine Anmerkungen zum originalen Fall gedankt.

1 *Rohde* in Dietlein/Heusch (Hrsg.), BeckOK KommR NRW, 27. Ed. (1.3.2024), § 47 GO Rn. 6.

2 *Rohde* (Fn. 1), § 47 GO, Rn. 6 mit Verweis auf VGH BW, Urt. vom 11.6.1991 –1 S 780/90 –, NVwZ-RR 1992 S. 204 (204 f.) zur insoweit übertragbaren baden-württembergischen Rechtslage.

3 *Hofmann/Bätge/Wiesner*, Kommunalrecht in Nordrhein-Westfalen, 20. Aufl. 2023, Kap. 2.8.3.2.8.1.

4 Vgl. *Rohde* (Fn. 1), § 47 GO Rn. 6.

5 Vgl. *Hofmann/Bätge/Wiesner*, Kommunalrecht in Nordrhein-Westfalen, 20. Aufl. 2023, Kap. 2.8.3.2.8.1.

6 So im Ergebnis auch *Bätge*, Kommunalrecht Nordrhein-Westfalen, 6. Aufl. 2022, Rn. 263.

7 Vgl. OVG NRW, Beschl. vom 9.5.2014 –15 B 521/14 –, BeckRS 2014, 51603.

8 So zur Parallelregelung bei § 48 Abs. 1 Satz 2 GO im Ergebnis das OVG NRW, Urt. vom 30.3.2004 – 15 A 2360/02 –, NVwZ-RR 2004 S. 674 (676); darauf aufbauend *Rohde* in Dietlein/Heusch (Hrsg.), BeckOK KommR NRW, 27. Ed. (1.3.2024), § 47 GO Rn. 10.

9 So die ständige Rechtsprechung des OVG NRW, zuletzt im Beschl. vom 31.5.2019 – 4 B 691/19.NE –, BeckRS 2019, 10872, Rn. 12.

10 Anmerkung: Dieser Fall basiert auf einer wahren Begebenheit in der Stadt Ronneburg, Landkreis Greiz, Thüringen, die aus einer sehr ähnlichen Motivation heraus im Frühjahr 2020 ein 1903 dort ursprünglich hergestelltes Automobil der Marke „Rex Simplex" ankaufte: *Berger*, Rex Simplex soll nach Ronneburg zurück, Ostthüringer Zeitung Online vom 29.1.2021. Genau wie hier befasste sich die örtliche Kommunalaufsicht mit dem Fall.

11 Vgl. *Hofmann/Bätge/Wiesner*, Kommunalrecht in Nordrhein-Westfalen, 20. Aufl. 2023, Kap. 2.8.2.4.2.

12 Zu den unscharfen Kriterien der Geschäfte der laufenden Verwaltung u. a. *Hofmann/Bätge/Wiesner*, Kommunalrecht in Nordrhein-Westfalen, 20. Aufl. 2023, Kap. 2.8.2.4.1; *Bätge*, Kommunalrecht Nordrhein-Westfalen, 6. Aufl. 2022, Rn. 263 m. w. N.

13 *Rohde* in Dietlein/Heusch (Hrsg.), BeckOK KommR NRW, 27. Ed. (1.3.2024), § 48 GO Rn. 25 m. w. N.

14 Zur Frage, ob der Vertreter im Amt den Rat einberufen durfte, siehe Frage 4. Wird der anderen Auffassung gefolgt, wäre der Rat nicht korrekt einberufen worden und eine Rechtswidrigkeit des Ratsbeschlusses vertretbar, müsste allerdings begründet werden.

15 *Mehde* in Dürig/Herzog/Scholz (Hrsg.), 102. Erg.-Lfg. (Aug 2023), Art. 28 Abs. 2 Rn. 76 m. w. N.

16 Vgl. *Bätge*, Kommunalrecht Nordrhein-Westfalen, 6. Aufl. 2022, Rn. 38 m. w. N.

17 Vgl. SächsOVG, Urt. vom 18.12.2017 – 5 A 149/16 –, juris, Rn. 42 m. w. N. zur sächsischen Parallelvorschrift.

18 Vgl. OVG NRW, Beschl. vom 26.10.1990 – 15 A 1099/87 –, NVwZ-RR 1991 S. 509 (509).

19 *Diemert* in Dietlein/Heusch (Hrsg.), BeckOK KommR NRW, 27. Ed. (1.3.2024), § 75 GO Rn. 12 f.

20 *Hofmann/Bätge/Wiesner*, Kommunalrecht in Nordrhein-Westfalen, 20. Aufl., 2023, Kap. 2.7.5.7.2.1.

21 Streitstand u. a. bei *Bätge* (Fn. 6), Rn. 264.

22 Vgl. *Heinisch* in Dietlein/Heusch (Hrsg.), BeckOK KommR NRW, 27. Ed. (1.3.2024), § 68 GO Rn. 5.

23 So auch die h. M.; vgl. *Bätge*, Kommunalrecht Nordrhein-Westfalen, 6. Aufl. 2022, Rn. 264; *Hofmann/Bätge/Wiesner*, Kommunalrecht in Nordrhein-Westfalen, 20. Aufl. 2023, Kap. 2.7.5.7.2.4.

Frank Bätge

10. Fall

Schwerpunkte:	– Einstweiliger Rechtsschutz – Äußerungen der Gemeinde
Hilfsmittel:	– Gemeindeordnung NRW – Verwaltungsgerichtsordnung – Grundgesetz
Zeit:	3 Zeitstunden

Sachverhalt:

Im Gebiet der kreisangehörigen nordrhein-westfälischen Stadt S betreibt der eingetragene Verein V eine in seinem Eigentum befindliche Tagungsstätte. Im letztjährigen Verfassungsschutzbericht des Landes Nordrhein-Westfalen wird über verfassungsfeindliche Aktivitäten des Vereins berichtet. In der Tagungsstätte finden Vereinssitzungen statt, in denen es immer wieder zu gegen die freiheitlich demokratische Grundordnung gerichteten Äußerungen maßgeblicher Vereinsvertreter kommt. Vor diesem Hintergrund hat sich in S ein „Bündnis gegen V" aus Einwohnern gebildet, die sich gegen die Äußerungen und Aktivitäten des Vereins richten und Demonstrationen und Kundgebungen veranstalten.

Am 20.2.2024 ist in der Tagungsstätte die Jahreshauptversammlung des Vereins geplant. Das „Bündnis gegen V" will an diesem Tag eine Großkundgebung gegen V veranstalten.

S gibt eine „Bürgerinformation" heraus, die monatlich kostenlos an alle Haushalte der Stadt verteilt wird. Neben örtlichen Nachrichten und Veranstaltungen sind auch öffentliche Bekanntmachungen der Stadt enthalten. Die Redaktion liegt beim städtischen Presseamt. Der Bürgermeister von S wendet sich in der „Bürgerinformation" in der Ausgabe vom 23.1.2024 angesichts der bevorstehenden Vereinssitzung und der Großkundgebung an alle Einwohner von S und ruft *„zur Teilnahme an der Kundgebung des Bündnisses gegen V, da dieser verfassungsfeindliche Auffassungen verbreitet"* auf. Darüber hinaus *„unterstützt er in jeder Hinsicht die Aktivitäten des Bündnisses gegen V"* und spricht V *„das Recht zur Betätigung in S"* ab.

V hält dies für *„eine Verletzung der Neutralitätspflicht der Stadt"* und will auf gerichtlichem Weg *„so schnell wie möglich"* verhindern, dass solche „amtliche Äußerungen" in den mit „Steuergeldern finanzierten Bürgerinformationen" vor der Vereinssitzung am 20.2.2024 sich wiederholen. „Durch das Aufhetzen der Bürger" werde die Vereinssitzung faktisch unmöglich gemacht. Die Stadt solle sich „heraushalten" und eine derartige Äußerung vor der Februarsitzung *„gefälligst unterlassen"*, schließlich sei der Verein nicht verboten. Zudem beruft sich V auf *„seine ihm zustehenden Grundrechte"*.

V stellt am 26.1.2024 einen entsprechenden gerichtlichen Antrag.

Aufgabe:

Hätte ein gerichtliches Vorgehen des V gegen S Aussicht auf Erfolg? Erstellen Sie bitte ein Gutachten dazu.

Platz für Ihre Anmerkungen/Raum für Notizen:

Lösung:

Ein gerichtliches Vorgehen des V gegen S hat dann Aussicht auf Erfolg, wenn es zulässig und begründet ist.

I. Zulässigkeit

1. V könnte sein Begehren vor dem zuständigen Verwaltungsgericht geltend machen. Dies setzt voraus, dass der Verwaltungsrechtsweg hierfür gemäß § 40 Abs. 1 Satz 1 VwGO eröffnet ist. Dann müsste es sich um eine öffentlich-rechtliche Streitigkeit handeln. Dies ist dann der Fall, wenn die streitentscheidende Norm ausschließlich Hoheitsträger berechtigt oder verpflichtet.[1] Streitgegenstand ist hier die Frage nach der Befugnis der Stadt zu den in Rede stehenden – gegen V gerichteten – Äußerungen durch ihre Organe in amtlichen Bekanntmachungsblättern. Diese Frage ist den gemeindlichen Kompetenznormen des Kommunalrechts, insbesondere Art. 28 Abs. 2 Satz 1 GG und § 2 GO zuzuordnen, welche dem öffentlichen Recht angehören. Dieser Rechtsstreit ist auch nicht verfassungsrechtlicher Art, da es hier nicht um verfassungsrechtliche Befugnisse und Pflichten eines Verfassungsorgans geht.[2]
2. Die statthafte Rechtsschutzform hängt gemäß § 88 VwGO vom Begehren des V ab. V möchte sichergestellt wissen, dass die Stadt durch ihre Organe bis zur Vereinssitzung am 20.2.2024 gegen den Verein gerichtete Äußerungen unterlässt. Da der Antrag bei Gericht bereits am 26.1.2024 eingereicht ist und nur wenige Wochen später am 20.2.2024 die maßgebliche Vereinssitzung ansteht, würde eine Klage mit den damit verbundenen mehrmonatigen Gerichtsverfahren (Hauptsacheverfahren) dem eiligen Begehren des V nicht gerecht werden. Deshalb kommt nur die Einleitung eines einstweiligen Rechtsschutzverfahrens in Betracht.[3] Maßgeblich für die statthafte Antragsart ist § 123 Abs. 5 VwGO. Ist in der Hauptsache die Anfechtungsklage statthaft, richtet sich der einstweilige Rechtsschutz nach §§ 80, 80a VwGO, in allen übrigen Fällen nach § 123 VwGO.[4] Hier begehrt V nicht die Anfechtung eines Verwaltungsaktes, sondern ein Unterlassen gemeindlicher Äußerungen. In der Hauptsache wäre hierfür die allgemeine Leistungsklage in Gestalt der Unterlassungsklage statthaft. Für dieses Begehren kommt nur der Erlass einer einstweiligen Anordnung nach § 123 Abs. 1 VwGO in Betracht. Da es V um die vorläufige – bis zur Vereinssitzung am 20.2.2024 gehende – Sicherung eines möglichen Unterlassungsanspruches gegen S geht und damit um die Erhaltung seiner Rechte, liegt ein Fall der Sicherungsanordnung im Sinne des § 123 Abs. 1 Satz 1 VwGO vor.[5]
3. V müsste zwecks Vermeidung von Popularanträgen analog § 42 Abs. 2 VwGO[6] geltend machen können, durch das amtliche Handeln in seinen subjektiven Rechten verletzt zu sein und einen entsprechenden Unterlassungsanspruch zu haben.[7] Als subjektive Rechte könnten die Meinungsfreiheit (Art. 5 Abs. 1 Satz 1 GG)

sowie die Vereinigungsfreiheit (Art. 9 Abs. 1 GG) berührt sein. Hier beruft sich V darauf, dass er durch die in Rede stehenden Äußerungen in seinen Vereinsaktivitäten und der Verbreitung seiner Auffassungen auf dem Gebiet der S faktisch beeinträchtigt werde. Eine Verletzung der genannten Grundrechte ist damit nicht ausgeschlossen. Auf diese Grundrechte kann sich V auch gemäß Art. 19 Abs. 3 GG berufen, da sie ihren Wesen nach auch auf privatrechtliche Vereinigungen wie V anwendbar sind. Aufgrund der möglichen Verletzung seiner Grundrechte durch die amtlichen Äußerungen ist ein entsprechender öffentlich-rechtlicher Unterlassungsanspruch des V gegen S nicht ausgeschlossen. Die Antragsbefugnis ist damit gegeben.

4. Die Beteiligtenfähigkeit von V und S folgt jeweils aus § 61 Nr. 1 VwGO als juristische Person des privaten (V) bzw. des öffentlichen Rechts (S).
5. S müsste auch die richtige Antragsgegnerin sein. Da es sich in der Hauptsache um eine Leistungsklage in Form der Unterlassungsklage handelt, ist der Antrag gegen den Rechtsträger der gemeindlichen Organe zu richten, dem deren Handeln zuzurechnen ist. Die Stadt ist Herausgeberin der „Bürgerinformation" und insoweit nach dem Rechtsträgerprinzip richtige Anspruchs- und Antragsgegnerin.

Der Antrag auf Erlass einer einstweiligen Anordnung ist damit zulässig.

II. Begründetheit

Der Antrag müsste auch begründet sein. Nach § 123 Abs. 1 Satz 1 VwGO kann das Gericht eine einstweilige Sicherungsanordnung treffen, wenn die Gefahr besteht, dass durch eine Veränderung des bestehenden Zustandes die Verwirklichung eines Rechts des Antragstellers vereitelt oder wesentlich erschwert wird. Dies setzt voraus, dass V die in Anspruch genommene Rechtsposition (Anordnungsanspruch) und die Notwendigkeit einer vorläufigen Sicherung (Anordnungsgrund) glaubhaft macht (§ 123 Abs. 3 VwGO in Verbindung mit § 920 Abs. 1 und 2 ZPO). Da die einstweilige Anordnung ein Mittel bloß vorläufigen Rechtsschutzes ist, ist eine Vorwegnahme der Hauptsache grundsätzlich unzulässig.[8]

Zunächst müsste ein Anordnungsanspruch von V glaubhaft gemacht werden. Ein entsprechender Anspruch könnte auf der Grundlage des öffentlich-rechtlichen Unterlassungsanspruchs bestehen. Der Anspruch setzt voraus, dass in ein subjektives Recht des V (1) durch hoheitliches Handeln der S (2) eingriffen wird (3) und dieser Eingriff nicht gerechtfertigt wäre, dadurch also ein rechtswidriger Zustand geschaffen würde (4).[9]

1. Zunächst müsste ein subjektives Recht des V betroffen sein. Inhaltlich wendet sich der Aufruf des Bürgermeisters in der „Bürgerinformation" dadurch gegen V, dass dessen verfassungsfeindliche Auffassungen aufgegriffen werden und öffentlich eingetreten wird gegen V und für dessen Gegner. Zudem wird V das Recht zur Betätigung in S abgesprochen. S wendet sich damit im Ergebnis gegen die Bestrebungen des V und fordert deren Unterbindung.

Als subjektives Recht des V könnte zum einen dessen Grundrecht der Meinungsfreiheit gemäß Art. 5 Abs. 1 Satz 1 GG in Verbindung mit Art. 19 Abs. 3 GG betroffen sein. Dies gewährleistet, die eigene Meinung in Wort, Schrift und Bild frei zu äußern und zu verbreiten und hierfür auch Ort und Zeit zu wählen.[10] Der Schutzbereich dieses Grundrechts ist betroffen, da V an der Verbreitung der von ihm vertretenen Auffassungen faktisch beeinträchtigt werden soll.
Der Schutzbereich der Vereinigungsfreiheit gemäß Art. 9 Abs. 1 GG in Verbindung mit Art. 19 Abs. 3 GG könnte gleichfalls berührt sein. Geschützt ist jede spezifisch vereinsmäßige Tätigkeit.[11] Infolge des öffentlichen Aufrufes zur Demonstration anlässlich der Vereinssitzung soll V auch in seinen Vereinsaktivitäten behindert werden. Subjektive Rechte des V sind damit in Gestalt der Grundrechte des Art. 5 Abs. 1 GG und Art. 9 Abs. 1 GG in Verbindung mit Art. 19 Abs. 3 GG betroffen.
Diesen Aufruf hat sich S zuzurechnen, da sie die „Bürgerinformation" herausgibt und der Bürgermeister deren Organ ist.

2. In die genannten Grundrechte müsste S durch hoheitliches Handeln eingegriffen haben. Erforderlich ist zunächst ein hoheitliches Handeln der S. Inwieweit der Aufruf des Bürgermeisters als hoheitlich zu bewerten ist, hängt von den Einzelumständen ab. Aufgrund der städtischen Herausgebereigenschaft, der öffentlich-rechtlichen Nutzung als öffentliches Bekanntmachungsblatt sowie des Aufrufes des Bürgermeisters in amtlicher Funktion sprechen die Einzelumstände für ein hoheitliches Handeln, welches S zugerechnet wird.[12]
3. Dadurch müsste in subjektive Rechte des V eingegriffen werden. Ein Eingriff in klassischer Form durch ge- oder verbietenden Zwang liegt hier nicht vor. Allerdings reicht auch ein faktisch wirkender, spürbarer mittelbarer Eingriff aus.[13] Eine solche faktische Wirkung mit Eingriffsqualität könnten die beanstandeten hoheitlichen Äußerungen hier entfalten. S tritt öffentlich gegen V und für dessen Gegner ein und bezweckt damit, die Vereinsaktivitäten von V und die Verbreitung der von ihm vertretenen Meinungen zu behindern. Angesichts der Bedeutung amtlicher Kundgebungen ist auch von einer spürbaren Wirkung in den genannten Schutzbereichen auszugehen.
4. Die amtlichen Äußerungen könnten allerdings gerechtfertigt sein. Dies ist dann der Fall, wenn der Hoheitsträger für die in Rede stehende Thematik überhaupt zuständig ist (a) und das Verhältnismäßigkeitsgebot beachtet wird (b).[14]
   a) Die Stadt S müsste sich mit den Äußerungen im Rahmen des ihr zustehenden Aufgabenkreises bewegen. Der selbstverwaltungsrechtliche Aufgabenkreis der Antragsgegnerin umfasst die Regelung aller Angelegenheiten der örtlichen Gemeinschaft im Rahmen der Gesetze in eigener Verantwortung (Art. 28 Abs. 2 Satz 1 GG, Art. 78 Abs. 1 und 2 LV, § 2 der GO). Damit sind den Gemeinden alle Angelegenheiten zur Regelung zugewiesen, die in der örtlichen Gemeinschaft wurzeln oder auf sie einen spezifischen Bezug haben, die also den Gemeindeeinwohnern gerade als solchen gemeinsam sind, indem sie das Zusammenleben und -wohnen der Menschen in der Gemeinde betreffen.[15] Hier wendet sich die Antragsgegnerin gegen Aktivitäten des V,

der im Gebiet der S eine Tagungsstätte betreibt. Damit ist der örtliche Bezug gegeben und die Zuständigkeit der S begründet.

b) Die beanstandeten Äußerungen müssten auch dem rechtsstaatlichen Gebot der Verhältnismäßigkeit entsprechen. Dies ist dann der Fall, wenn sie einem legitimen Zweck entsprechen und sie geeignet, erforderlich und angemessen sind.

Zunächst müsste ein objektiv legitimer Zweck für diese Äußerungen seitens S bestehen. Aus den Umständen ergibt sich, dass S nicht in einen allgemeinen politischen Meinungskampf zu Lasten des V eingreift. Dies stünde ihr als Hoheitsträgerin auch gar nicht zu, da sie kein Grundrecht auf Meinungsfreiheit hat[16] und als Hoheitsträgerin jedenfalls in der parteipolitischen Auseinandersetzung grundsätzlich zur Neutralität verpflichtet ist. Vielmehr geht es S darum, Bestrebungen auf ihrem Gebiet zu verhindern, die gegen die freiheitlich demokratische Grundordnung gerichtet sind. Diese Einschätzung ist aufgrund der Tatsachenlage auch objektiv vertretbar, da V unstrittig in der Tagungsstätte auf dem Gebiet der S verfassungsfeindliche Auffassungen verbreitet. Es liegt damit im legitimen Interesse, sich gegen derartige Bestrebungen zu verwahren.[17] Damit besteht ein objektiv legitimer Zweck für den Eingriff der S.

Die Äußerungen sind als Aufruf an der Teilnahme an der Demonstration gegen V und als Solidaritätsbekundung für die Gegner von V unter öffentlicher Mitteilung der verfassungsfeindlichen Ausrichtung des V auch geeignet, V in diesen Aktivitäten zu behindern.

Weiterhin müssten die Äußerungen auch erforderlich sein. Dies ist nicht der Fall, wenn es ein milderes gleich geeignetes Mittel gäbe. S greift hier aber nicht etwa durch ge- oder verbietenden Zwang ein, sondern wählt den rechtlich milderen Weg eines öffentlichen Aufrufes der Einwohnerschaft. Hinsichtlich der Wortwahl wahrt er dabei auch das Sachlichkeitsgebot.[18] Dies erfordert vor allem, dass mitgeteilte Tatsachen zutreffend wiedergegeben werden. Hier wird V vorgeworfen, dass er verfassungsfeindliche Ziele verfolgt. Aus dem Sachverhalt und dem Verfassungsschutzbericht heraus ist genau dies zu entnehmen. Die darauf fußende Bewertung der Aktivitäten des V durch S als verfassungsfeindlich erscheint sachgerecht und vertretbar. Auch die sich daran anschließende Forderung im Aufruf, die Bestrebungen auf dem Gebiet von S zu unterbinden, bewegt sich im legitimen und rechtlich zulässigen Rahmen. Die Äußerungen sind daher auch erforderlich.

Zuletzt müssten sie auch angemessen sein. Es ist eine Abwägung vorzunehmen zwischen dem von S zu schützenden Rechtsgut und der Intensität der Gefährdung einerseits und der Art und Schwere der Beeinträchtigung der Grundrechte des V andererseits.[19] Der hohen Bedeutung der Unterbindung von Bestrebungen, die sich gegen die freiheitlich demokratische Grundordnung richten, stehen in Form der Meinungs- und Vereinigungsfreiheit ebenfalls hohe Rechtsgüter des V gegenüber. In diese Rechtsgüter wird jedoch nicht durch ge- oder verbietenden Zwang eingegriffen, sondern in Form –

wenn gleich rechtfertigungsbedürftiger – faktisch eingreifend wirkender amtlicher Äußerungen. S ruft insbesondere auch nicht zu rechtswidrigem Handeln gegen V auf – was dem Unterlassungsanspruch ohne Weiteres zum Erfolg verhelfen würde[20] –, sondern wendet sich sachlich mit objektiv vertretbaren Erwägungen gegen die Bestrebungen des V und fordert deren Unterbindung. Es ist zwar aus rechtsstaatlichen und demokratischen Gründen heraus grundsätzlich festzuhalten, dass Hoheitsträger nicht unzulässig in den Wettbewerb der politischen Meinungen eingreifen und lenkenden Einfluss auf die Grundrechtsausübung der Bürger nehmen dürfen.[21] Sofern allerdings die Vertreter anderer Meinungen die für alle geltenden rechtlichen Grenzen überschreiten, können Amtsträger in der öffentlichen Diskussion auch entsprechend Position beziehen.[22] Gerade dies ist vorliegend der Fall, da V verfassungsfeindliche Aktivitäten tätigt und führende Vereinsvertreter sich gegen die freiheitlich demokratische Grundordnung äußern.

Da nicht ersichtlich ist, dass S dies durch Maßnahmen außerhalb des rechtlich Zulässigen fordert, sind die Äußerungen auch unter Berücksichtigung der in Rede stehenden Rechtspositionen des V angemessen und damit insgesamt verhältnismäßig.

Da der Eingriff damit gerechtfertigt ist, besteht ein öffentlich-rechtlicher Unterlassungsanspruch nicht. Mangels Anordnungsanspruches ist der Antrag auf Erlass einer einstweiligen Anordnung nach § 123 Abs. 1 Satz 1 VwGO unbegründet.

III. Ergebnis

Der Antrag auf Erlass einer einstweiligen Anordnung ist zulässig, aber nicht begründet. Er hat deshalb keine Aussicht auf Erfolg.

Anmerkungen:

1 *Hofmann/Hildebrandt/Gunia/Zeissler*, Allgemeines Verwaltungsrecht, 12. Aufl., Rdnr. 128.

2 Unproblematische Tatbestandsmerkmale sollten in der gebotenen Kürze abgehandelt werden. Eine darüber hinausgehende breite Erörterung spricht für eine fehlerhafte Schwerpunktsetzung.

3 Zwar stellt die Klagemöglichkeit grundsätzlich eine umfassende Kontrolle der Verwaltung sicher. Allerdings hat der einstweilige Rechtsschutz wegen der mitunter langen Verfahrensdauer bis zur Entscheidung in der Hauptsache eine große Bedeutung erlangt. Hierdurch wird verhindert, dass vor einer gerichtlichen Klärung vollendete Tatsachen geschaffen werden.

4 Vgl. hierzu *Hofmann/Hildebrandt/Gunia/Zeissler*, Allgemeines Verwaltungsrecht, 12. Aufl., Rdnr. 1096.

5 Während die Regelungsanordnung (§ 123 Abs. 1 Satz 2 VwGO) für zustandsverändernde Maßnahmen in Betracht kommt, dient die Sicherungsanordnung (§ 123 Abs. 1 Satz 1 VwGO) der Sicherung eines bestehenden Zustandes.

6 Die Begründung für die analoge Anwendung des § 42 Abs. 2 VwGO sollte nur kurz im Urteilsstil erwähnt werden.

7 Eine Antragsbefugnis scheidet nur dann aus, wenn eine Verletzung subjektiver Rechte nach jeder denkbaren Betrachtungsweise ausgeschlossen ist. Da die bloße Möglichkeit einer subjek-

tiven Rechtsverletzung ausreicht, können die möglicherweise beeinträchtigten Rechtsnormen im Regelfall lediglich erwähnt werden. Eine ausführlichere Prüfung sollte nur bei problematischen Fällen vorgenommen werden, da die Untersuchung in anderen Fällen zu „kopflastig“ ausfiele.

8 In der Klausur sollte der Obersatz der Begründetheitsprüfung die wesentlichen im Folgenden näher zu prüfenden Voraussetzungen zusammenfassen und die maßgebliche Rechtsgrundlage aufführen.

9 Vgl. zu den Anspruchsvoraussetzungen OVG NRW, Beschl. vom 12.7.2005 – 15 B 1099/05 –, NWVBl. 2006 S. S. 32.

10 BVerfG, Beschl. vom 15.12.1983 – 1 BvR 209/83 –, BVerfGE 65, 1, 40.

11 BVerfG, Beschl. vom 1.4.2003 – 1 BvR 539/03 –, NVwZ 2003 S. 855.

12 Vgl. zum amtlichen Charakter von Äußerungen gemeindlicher Organe im Wahlkampf *Kallerhoff* in Kallerhoff/von Lennep/Bätge/Becker/Schneider/Schnell, Handbuch zum Kommunalwahlrecht in NRW, A. II. 2.2; *Bätge*, Wahlen und Abstimmungen in NRW, Loseblattkommentar, Kennziffer 10.00, Erl. 6–9 und die Fallbesprechung von *Bätge*, Die Bürgerinformation im Wahlkampf, VR 2012 S. 162.

13 BVerfG, Beschl. vom 26.6.2002 – 1 BvR 670/91 –, BVerfGE 105, 279, 300 f.

14 OVG NRW, Beschl. vom 12.7.2005 – 15 B 1099/05 –, NWVBl. 2006 S. 32.

15 BVerfG, Beschl. vom 23.11.1988 – 2 BvR 1619, 1628/83 –, BVerfGE 79, 127, 151 f.

16 BVerwG, Urt. vom 13.9.2017 – 10 C 6/16 –, juris, Rdnr. 28; OVG NRW, Beschl. vom 12.7.2005 – 15 B 1099/05 –, NWVBl. 2006 S. 32.

17 So auch OVG NRW, Beschl. vom 12.7.2005 – 15 B 1099/05 –, NWVBl. 2006 S. 32.

18 Vgl. hierzu BVerwG, Urt. vom 13.9.2017 – 10 C 6/16 –, juris, Rdnr. 26 ff.; OVG NRW, Beschl. vom 12.7.2005 – 15 B 1099/05 –, NWVBl. 2006 S. 32.

19 Vgl. OVG NRW, Beschl. vom 16.12.2003 – 15 B 2455/03 –, NVwZ-RR 2004 S. 283, 285.

20 OVG NRW, Beschl. vom 12.7.2005 – 15 B 1099/05 –, NWVBl. 2006 S. 32.

21 BVerwG, Urt. vom 13.9.2017 – 10 C 6/16 –, juris, Rdnr. 30.

22 BVerwG, Urt. vom 13.9.2017 – 10 C 6/16 –, juris, Rdnr. 29.

Frank Bätge

11. Fall

Schwerpunkte:	– Einstweiliger Rechtsschutz
	– Wirtschaftliche Betätigung
Hilfsmittel:	– Gemeindeordnung NRW
	– Verwaltungsgerichtsordnung
Zeit:	3 Zeitstunden

Sachverhalt:

Die Stadt S beabsichtigt, auf ihrem Gebiet ein Schwimmbad mit Restaurant und Sauna zu errichten und zu betreiben. Hierzu soll ein darauf spezialisierter Partner gesucht werden, der die Errichtung und den Betrieb der gesamten Anlage im Auftrag der S entgeltlich vornehmen soll. Zu diesem Zweck schreibt S die Leistungen ordnungsgemäß europaweit aus.

An der Ausschreibung beteiligt sich auch die Stadtwerke N-GmbH, die bei einer Auftragserteilung eine wirtschaftlichere Auslastung ihrer vorhandenen Kapazitäten erreichen würde. Die N-GmbH ist im Alleineigentum der Nachbarstadt N von S. Da die N-GmbH das wirtschaftlichste Angebot abgegeben hat, beabsichtigt S, dieser den Zuschlag für den Auftrag kurzfristig zu erteilen.

Die zweitplatzierte X-GmbH ist damit nicht einverstanden. Sie meint, die in Rede stehende Tätigkeit der N-GmbH sei rechtlich unzulässig. Daraufhin nimmt sie gerichtlichen Eilrechtsschutz in Anspruch.

Aufgabe:

Prüfen Sie die Erfolgsaussichten des gerichtlichen Eilrechtsschutzes der X-GmbH gegen N. Auf einen etwaigen vergaberechtlichen Rechtschutz vor der Vergabekammer ist nicht einzugehen. Erstellen Sie bitte ein Gutachten dazu.

Platz für Ihre Anmerkungen/Raum für Notizen:

Lösung:

Ein gerichtliches Vorgehen der X-GmbH gegen N hat dann Aussicht auf Erfolg, wenn es zulässig und begründet ist.

I. Zulässigkeit

1. Die X-GmbH könnte ihr Begehren vor dem zuständigen Verwaltungsgericht geltend machen. Dies setzt voraus, dass der Verwaltungsrechtsweg hierfür gemäß § 40 Abs. 1 Satz 1 VwGO eröffnet ist. Dann müsste es sich um eine öffentlich-rechtliche Streitigkeit handeln. Dies ist dann der Fall, wenn die streitentscheidende Norm ausschließlich Hoheitsträger berechtigt oder verpflichtet.[1] Maßgeblich hierfür ist der Streitgegenstand. Streitgegenstand ist hier die Frage, ob die im Alleineigentum der Stadt N befindliche N-GmbH die ausgeschriebene Tätigkeit der Errichtung und des Betriebs des Schwimmbades mit Sauna und Restaurant auf dem Gebiet der Stadt S übernehmen darf. Für die Frage nach der streitentscheidenden Norm ist die Begründung für die geltend gemachte Unzulässigkeit der Betätigung entscheidend.[2] Richtet sich der Angriff gegen den öffentlich-rechtlich geregelten Marktzutritt, so ist grundsätzlich der Verwaltungsrechtsweg maßgebend. Gilt der Angriff dagegen der Art und Weise der wettbewerblichen Tätigkeit, so ist der Zivilrechtsweg zu wählen. Hier geht es um die Frage der Zulässigkeit einer das Stadtgebiet von N überschreitenden Tätigkeit der N-GmbH. Würde die Stadt N unmittelbar selbst handeln, würde sich die Zulässigkeit der Betätigung nach den öffentlich-rechtlichen Vorschriften des § 107 Abs. 1 und 4 GO richten. Die Vorschriften regeln die Betätigung einer Gemeinde außerhalb ihres Gemeindegebietes und gehören als Kommunalrecht zum öffentlichen Recht.
   Hier handelt aber nicht die Stadt N unmittelbar, sondern ihre Tochtergesellschaft N-GmbH hat sich um den Auftrag in S beworben. Im Falle der Zwischenschaltung einer privatrechtlichen Tochtergesellschaft einer Gemeinde richtet sich die Beurteilung der rechtlichen Zulässigkeit einer solchen Betätigung weiterhin nach den kommunalwirtschaftlichen Vorschriften, da die Stadt sich nicht ihren öffentlich-rechtlichen Verpflichtungen durch eine Flucht in privatrechtliche Organisationsformen entziehen kann.[3] Der Anspruch geht dann dahin, dass die Stadt ihre Einwirkungsmöglichkeiten auf die Tochtergesellschaft wahrnehme, damit diese die kommunalwirtschaftlich unzulässigen Tätigkeiten unterlasse.[4] Das Rechtsverhältnis zwischen der X-GmbH und N ist somit öffentlich-rechtlich geprägt, weil durch die kommunalwirtschaftlichen Normen allein ein Träger hoheitlicher Gewalt (Stadt N) berechtigt und verpflichtet wird.
   Dieser Rechtsstreit ist auch nicht verfassungsrechtlicher Art, da es hier nicht um verfassungsrechtliche Befugnisse und Pflichten eines Verfassungsorgans geht.[5]
2. Die statthafte Rechtsschutzform hängt vom Begehren der X-GmbH ab.
   Die X-GmbH möchte sichergestellt wissen, dass die N-GmbH den Auftrag nicht erhält. Da die Auftragserteilung seitens S an die N-GmbH unmittelbar bevorsteht,

würde eine Klage mit den damit verbundenen mehrmonatigen Gerichtsverfahren (Hauptsache) dem eiligen Begehren der X-GmbH nicht gerecht werden. Deshalb kommt nur die Einleitung eines einstweiligen Rechtsschutzverfahrens in Betracht.[6]
Maßgeblich für die statthafte Antragsart ist § 123 Abs. 5 VwGO. Ist in der Hauptsache die Anfechtungsklage statthaft, richtet sich der einstweilige Rechtsschutz nach §§ 80, 80a VwGO, in allen übrigen Fällen nach § 123 VwGO.[7] Hier begehrt die X-GmbH nicht die Anfechtung eines Verwaltungsaktes, sondern eine Einwirkung der Stadt N auf ihre Tochtergesellschaft, der N-GmbH, gerichtet darauf, es vorläufig zu unterlassen, das Schwimmbad mit Restaurant und Sauna auf dem Gebiet der Stadt S zu errichten und zu betreiben. Für dieses Begehren kommt nur der Erlass einer einstweiligen Anordnung nach § 123 Abs. 1 VwGO in Betracht. Da es der X-GmbH um die Sicherung eines möglichen Unterlassungsanspruches gegen N geht und damit um die Erhaltung ihrer Rechte, liegt ein Fall der Sicherungsanordnung im Sinne des § 123 Abs. 1 Satz 1 VwGO vor.[8]

3. Die X-GmbH müsste zur Vermeidung von Popularanträgen analog § 42 Abs. 2 VwGO[9] geltend machen können, einen entsprechenden Unterlassungsanspruch zu haben. Ein solcher öffentlich-rechtlicher Unterlassungsanspruch setzt die Verletzung subjektiver Rechte des Anspruchsstellers voraus.[10] Es fragt sich daher, ob die X-GmbH überhaupt in eigenen Rechten betroffen sein kann und ggf. einen entsprechenden Unterlassungsanspruch herleiten kann, falls sich N über ihre N-GmbH unzulässigerweise auf dem Stadtgebiet von S betätigen würde. Dies hängt davon ab, ob die dafür maßgeblichen kommunalwirtschaftlichen Zulassungsschranken auch für die X-GmbH eine drittschützende Wirkung entfalten oder lediglich dem allgemeinen öffentlichen Interesse zu dienen bestimmt sind.[11]
Maßgebliche Rechtsgrundlage könnte hierfür zunächst § 107 Abs. 4 GO sein. Danach ist die nichtwirtschaftliche Tätigkeit außerhalb des Gemeindegebietes unter anderem nur zulässig, wenn die Voraussetzungen des § 107 Abs. 1 Satz 1 Nr. 1 und Nr. 2 vorliegen. Zu klären ist zunächst, ob es bei der Errichtung und dem Betrieb des Schwimmbades nebst Sauna und Restaurant um eine nichtwirtschaftliche Betätigung handelt. Dies richtet sich nach § 107 Abs. 2 GO. Der Betrieb von öffentlichen und für die soziale und kulturelle Betreuung der Einwohner erforderlichen Einrichtungen auf dem Gebiet Sport oder Erholung gilt als nichtwirtschaftliche Betätigung gemäß § 107 Abs. 2 Satz 1 Nr. 2, 2. Spiegelstrich GO. Damit sind die Errichtung und der Betrieb eines Schwimmbades nichtwirtschaftliche Betätigungen. Zwar werden dort Saunaanlagen nicht ausdrücklich genannt, sie können aber als zulässige Nebeneinrichtungen des Schwimmbades oder, bei isolierter Betrachtung, als Einrichtungen zur Erholung angesehen werden.[12] Auch das Restaurant gehört als Nebeneinrichtung zu dem Betrieb eines modernen Schwimmbades.[13]
§ 107 Abs. 4 GO verlangt weiterhin, dass die nichtwirtschaftliche Betätigung auf dem Gebiet einer anderen Gemeinde erfolgt. Auch dies ist der Fall, da die Errichtung und der Betrieb der Anlage außerhalb des Stadtgebietes von N auf dem Gebiet von S erfolgen sollen. Da damit die Voraussetzungen des § 107 Abs. 4 GO vorliegen, greift hinsichtlich der Frage der Zulässigkeit § 107 Abs. 1 Satz 1 Nr. 1 und Nr. 2 GO.

Aufgrund des Verweises besteht für die das Gemeindegebiet von N überschreitende nichtwirtschaftliche Betätigung der N-GmbH das Erfordernis eines öffentlichen Zweckes. Es ist problematisch, ob sich private Konkurrenten wie hier die X-GmbH überhaupt auf dieses Erfordernis berufen können, da die §§ 107 ff. GO sich nicht unmittelbar an die privaten Unternehmen wenden, sondern an die Gemeinden adressiert sind. § 107 GO geht es aber nach seiner Zweckrichtung nicht nur um den Schutz der Gemeinden vor den Gefahren der wirtschaftlichen und dieser teilweise gleichgestellten nichtwirtschaftlichen Betätigung. Vielmehr zeigt die Gesamtschau der aufgestellten Voraussetzungen, wie insbesondere das Erfordernis eines rechtfertigenden öffentlichen Zweckes, dass es auch um einen Ausgleich in einem teils widerstreitenden Interessengeflecht geht, zu dem auch die Interessen jedenfalls der betroffenen Wirtschaftsteilnehmer zählen.[14] Diese Erfordernisse entfalten für konkurrierende Wirtschaftsunternehmen wie die X-GmbH damit drittschützende Wirkung. Daher kann die X-GmbH sich auf einen etwaigen Unterlassungsanspruch im Falle der Verletzung der Zulässigkeitsschranken des § 107 Abs. 4 in Verbindung mit Abs. 1 GO berufen. Da dieser nicht von vornherein ausgeschlossen ist, ist die Antragsbefugnis gegeben.

4. Die Beteiligtenfähigkeit der X-GmbH und der N folgt jeweils aus § 61 Nr. 1 VwGO als juristische Person des privaten (X-GmbH) bzw. des öffentlichen Rechts (N).

Der Antrag auf Erlass einer einstweiligen Anordnung ist damit zulässig.

II. Begründetheit

Der Antrag müsste auch begründet sein. Nach § 123 Abs. 1 Satz 1 VwGO kann das Gericht eine einstweilige Sicherungsanordnung treffen, wenn die Gefahr besteht, dass durch eine Veränderung des bestehenden Zustandes die Verwirklichung eines Rechts des Antragstellers vereitelt oder wesentlich erschwert wird. Dies setzt voraus, dass die X-GmbH die in Anspruch genommene Rechtsposition (Anordnungsanspruch) und die Notwendigkeit einer vorläufigen Sicherung (Anordnungsgrund) glaubhaft macht (§ 123 Abs. 3 VwGO in Verbindung mit § 920 Abs. 1 und 2 ZPO). Da die einstweilige Anordnung ein Mittel bloß vorläufigen Rechtsschutzes ist, ist eine Vorwegnahme der Hauptsache grundsätzlich unzulässig.[15]

Zunächst müsste die X-GmbH einen Anordnungsanspruch glaubhaft machen. Als solcher kommt hier der öffentlich-rechtliche Einwirkungs- und Unterlassungsanspruch in Betracht, gerichtet auf Einwirkung der Stadt N auf ihre Tochtergesellschaft, der N-GmbH, es vorläufig zu unterlassen, das Schwimmbad mit Restauration und Sauna auf dem Gebiet der Stadt S zu errichten und zu betreiben. Dann müsste die N-GmbH bei ihrer avisierten Betätigung auf dem Gebiet von S gegen die Zulässigkeitsvoraussetzungen des § 107 Abs. 4 in Verbindung mit § 107 Abs. 1 Satz 1 Nr. 1 und 2 GO verstoßen.

1. Zunächst müsste der Anwendungsbereich des § 107 Abs. 4 GO eröffnet sein. Dies ist – wie oben bereits geprüft – der Fall, da die N-GmbH mit der Errichtung und

dem Betrieb der Schwimmbadanlage eine nichtwirtschaftliche Tätigkeit außerhalb des Stadtgebietes von N auf dem Stadtgebiet von S aufnehmen will.

2. Aufgrund der damit eröffneten Bezugnahme auf § 107 Abs. 1 Satz 1 Nr. 1 und 2 GO sind die darin bezeichneten Voraussetzungen zu prüfen. Die in Rede stehende Betätigung der N-GmbH müsste durch einen öffentlichen Zweck erfordert werden (a) und nach Art und Umfang in einem angemessenen Verhältnis zu der Leistungsfähigkeit der Gemeinde stehen (b).

   a) Die Errichtung und der Betrieb des Schwimmbades mit Saunaanlage und Restauration müssten zunächst durch einen öffentlichen Zweck erfordert werden. Im Falle der gemeindeübergreifenden Tätigkeit ist dafür der maßgebliche Bezugspunkt zu klären, d. h., auf welche Gemeinde sich das Erfordernis des öffentlichen Zweckes zu beziehen hat. In Betracht kommen hierfür die „ausgreifende Gemeinde" (hier N) und/oder die „Sitzgemeinde", in deren Gebiet die Tätigkeit zu begehen ist (hier S). Bei einer Betätigung ohne oder gegen den Willen der Sitzgemeinde, kommt es für die Frage, ob die Betätigung durch einen öffentlichen Zweck erfordert wird, nur auf die ausgreifende Gemeinde an, da nur diese sich aktiv gegen bzw. ohne den Willen der Sitzgemeinde „betätigt". In den Fällen, in denen – wie hier – eine Gemeinde (hier die Sitzgemeinde S) sich zur Erfüllung ihrer Aufgaben der Mitwirkung einer anderen Gemeinde (hier der ausgreifenden Gemeinde N) bedient, kommt es auf den objektiven Blickwinkel beider Kommunen an[16], da sich beide in diesem Sinne betätigen.

      Der Begriff des öffentlichen Zweckes umfasst jeden im Aufgabenbereich der Gemeinde liegenden Gemeinwohlbelang und schließt lediglich die Gewinnerwirtschaftung als (alleinigen) öffentlichen Zweck aus. Für den Begriff des „Erforderns" reicht es aus, dass die Betätigung für den öffentlichen Zweck objektiv erforderlich im Sinne von vernünftigerweise geboten ist. Während das Merkmal „öffentlicher Zweck" uneingeschränkter gerichtlicher Kontrolle unterliegt, hat die Gemeinde hinsichtlich des Merkmals „erfordert" eine gerichtlich nur eingeschränkt überprüfbare Einschätzungsprärogative.[17]

      Bezogen auf die Stadt S folgt der öffentliche Zweck für die Errichtung und den Betrieb der Sport- und Erholungsanlage bereits gesetzessystematisch aus der privilegierten Einordnung als Einrichtung der Daseinsvorsorge nach § 107 Abs. 2 Satz 1 Nr. 2, 2. Spiegelstrich GO. Ein Schwimmbad mit den Nebeneinrichtungen liegt im freiwilligen Selbstverwaltungsbereich der Gemeinde und entspricht als Einrichtung der Daseinsvorsorge vernünftigerweise dem Bedürfnis der Einwohner. Objektive Anzeichen für eine ausschließliche Zweckausrichtung am Gewinn liegen nicht vor.

      Bezogen auf die Stadt N handelt es sich bei dem Vorhaben gleichfalls um eine privilegierte nichtwirtschaftliche Betätigung gemäß § 107 Abs. 2 Satz 1 Nr. 2, 2. Spiegelstrich GO. Diese ist gemäß § 107 Abs. 2 Satz 2 GO, soweit es mit deren öffentlichen Zweck vereinbar ist, nach wirtschaftlichen Gesichtspunkten zu führen. Zur Erreichung eines öffentlichen Zweckes ist also für die Stadt N eine wirtschaftliche Verwaltung der N-GmbH erforderlich. Hierbei

sind vorhandene Kapazitäten möglichst auszulasten.[18] Genau dies ist vorliegend bei einer Auftragserteilung an die N-GmbH der Fall.
Damit liegt sowohl bei S als auch bei N der Tatbestand des § 107 Abs. 1 Satz 1 Nr. 1 GO vor.

b) Anhaltspunkte dafür, dass die Betätigung nach Art und Umfang in einem nicht angemessenen Verhältnis zu der Leistungsfähigkeit einer der beteiligten Gemeinden steht, sind nicht erkennbar. Damit liegen die Voraussetzungen des § 107 Abs. 1 Satz 1 Nr. 1 und 2 GO vor.

3. Zuletzt verlangt § 107 Abs. 4 Satz 1 GO noch, dass die berechtigten Interessen der betroffenen Gemeinde gewahrt bleiben müssen. Da auch seitens S ein öffentlicher Zweck die Betätigung erfordert (s. o.) und S mit der N-GmbH den wirtschaftlichsten Bieter beauftragen kann und will, sind vorliegend deren berechtigte Interessen gewahrt.

Damit bewegt sich die Betätigung der N-GmbH innerhalb der Zulässigkeitsschranken des § 107 Abs. 4 in Verbindung mit Abs. 1 Satz 1 Nr. 1 und 2 GO. Eine Verletzung subjektiver Rechte der X-GmbH und damit ein Unterlassungsanspruch scheiden aus. Mangels Anordnungsanspruch ist der Antrag damit unbegründet.

III. Ergebnis

Der Antrag auf Erlass einer einstweiligen Anordnung ist zwar zulässig, aber nicht begründet. Damit hat ein gerichtliches Vorgehen der X-GmbH gegen N im Wege des einstweiligen Rechtsschutzes keine Aussicht auf Erfolg.

Anmerkungen:

1 *Hofmann/Hildebrandt/Gunia/Zeissler*, Allgemeines Verwaltungsrecht, 12. Aufl., Rdnr. 128
2 OVG NRW, Urt. vom 1.4.2008 – 15 B 122/08 –, NVwZ 2008 S. 1031, 1033.
3 *Hofmann/Bätge/Wiesner*, Kommunalrecht in NRW, 20. Aufl., Kap. 7.2; *Bätge*, Kommunalrecht NRW, 6. Aufl., Rdnr. 417.
4 OVG NRW, Urt. vom 13.8.2003 – 15 B 1137/03 –, DVBL 2004 S. 133.
5 Unproblematische Tatbestandsmerkmale sollten nur kurz abgehandelt werden. Eine darüber hinausgehende breite Erörterung spricht für eine fehlerhafte Schwerpunktsetzung.
6 Zwar stellt die Klagemöglichkeit grundsätzlich eine umfassende Kontrolle der Verwaltung sicher. Allerdings hat der einstweilige Rechtsschutz wegen der mitunter langen Verfahrensdauer bis zur Entscheidung in der Hauptsache eine große Bedeutung erlangt. Hierdurch wird verhindert, dass vor einer gerichtlichen Klärung vollendete Tatsachen geschaffen werden.
7 *Hofmann/Hildebrandt/Gunia/Zeissler*, Allgemeines Verwaltungsrecht, 12. Aufl., Rdnr. 1096.
8 Während die Regelungsanordnung (§ 123 Abs. 1 Satz 2 VwGO) für zustandsverändernde Maßnahmen in Betracht kommt, dient die Sicherungsanordnung (§ 123 Abs. 1 Satz 1 VwGO) der Sicherung eines bestehenden Zustandes.
9 Die Begründung für die analoge Anwendung des § 42 Abs. 2 VwGO sollte nur kurz im Urteilsstil erwähnt werden.
10 OVG NRW, Urt. vom 1.4.2008 – 15 B 122/08 –, NVwZ 2008 S. 1031, 1032.

11 OVG NRW, Urt. vom 1.4.2008 – 15 B 122/08 –, NVwZ 2008 S. 1031, 1032; *Bätge*, Kommunalrecht NRW, 6. Aufl., Rdnr. 417; vgl. zur aktuellen Rechtsprechung ausführlich *Bätge*, Die wirtschaftliche Betätigung der Kommunen im Lichte der aktuellen Rechtsprechung, KommJur 2020 S. 321 ff. (Teil 1) und 365 ff. (Teil 2).

12 OVG NRW, Urt. vom 2.12.1985 – 4 A 2214/84 –, Städte- und Gemeinderat 1987 S. 59.

13 Vgl. dazu die Antwort der Landesregierung vom 6.10.2008 auf die Kleine Anfrage des Abgeordneten Dr. Fritz Behrens, LT-Drs. 14/7618.

14 OVG NRW, Urt. vom 13.8.2003 – 15 B 1137/03 –, DVBL 2004 S. 133.

15 In der Klausur sollte der Obersatz der Begründetheitsprüfung die wesentlichen im Folgenden näher zu prüfenden Voraussetzungen zusammenfassen und die maßgebliche Rechtsgrundlage aufführen.

16 OVG NRW, Urt. vom 1.4.2008 – 15 B 122/08 –, NVwZ 2008 S. 1031, 1036.

17 Vgl. zu den einzelnen Tatbestandsmerkmalen OVG NRW, Urt. vom 1.4.2008 – 15 B 122/08 –, NVwZ 2008 S. 1031, 1036.

18 OVG NRW, Urt. vom 1.4.2008 – 15 B 122/08 –, NVwZ 2008 S. 1031, 1036.

Rolf-Dieter Theisen

12. Fall

Schwerpunkte: Unterlassungsanspruch gegen kommunale wirtschaftliche Betätigung

Hilfsmittel:
- Gemeindeordnung NRW (GO)
- Grundgesetz (GG)
- Gerichtsverfassungsgesetz (GVG)
- Verwaltungsgerichtsordnung (VwGO)
- Gesetz gegen den unlauteren Wettbewerb (UWG)

Zeit: 3 Zeitstunden

Sachverhalt:[1]

In der kreisfreien Stadt S in NRW war das Grünflächen- und Friedhofsamt umorganisiert worden. Dieser Bereich wird nunmehr in der Organisationsform „eigenbetriebsähnliche Einrichtung“ i. S. v. § 107 Abs. 2 Satz 2 GO NRW unter der Bezeichnung „S – Grün“ geführt.

Da die S – Grün mit der Pflege der städtischen Anlagen und Friedhöfe nicht (immer) ausgelastet war, beteiligte sie sich – unter Einhaltung der für private Wirtschaftsbetriebe geltenden Regeln für einen fairen Wettbewerb – auch an privat ausgeschriebenen gärtnerischen und landschaftsbaulichen Aufträgen. Erklärtes Ziel ist, dadurch zu einer besseren Auslastung ihrer Kapazitäten zu gelangen und damit Einnahmen für den städtischen Haushalt zu erzielen. Zur Begründung wird darauf verwiesen, dass nach § 107 Abs. 2 Satz 2 GO auch die Einrichtungen im Sinne des § 107 Abs. 2 GO *„nach wirtschaftlichen Gesichtspunkten zu verwalten“* seien.

Die S – Grün geriet so in Konkurrenz zu den in S ansässigen privaten Gärtnerei- und Landschaftsbaubetrieben. Nachdem wiederholt solche Betriebe bei Ausschreibungen nicht berücksichtigt worden waren, wandten sie sich an ihren Berufsverband, den „Gärtnerverband NRW e. V.“ (G), dessen satzungsgemäße Aufgabe u. a. die Interessenwahrung der Gärtnerei- und Landschaftsbaubetriebe in NRW – auch im Wettbewerb zu Dritten – ist. Diesem Verband gehören alle privaten Gartenbaubetriebe des Landes NRW an. Er ist aber nicht in die Liste nach §§ 8 Abs. 3 Nr. 2, 8b UWG eingetragen worden.

Der Jurist des Verbandes kommt im Rahmen eines Gutachtens zu der Auffassung, im Verhalten der Stadt S und der S – Grün liege ein Verstoß gegen Kommunalrecht, nämlich ein Verstoß gegen § 107 Abs. 1 Satz 1 GO NRW vor.

Aufgabe:

Prüfen Sie gutachtlich folgende Fragen:
Könnten
1. **der Gärtnerverband G oder**
2. **der bereits mehrfach betroffene Landschaftsbauer L**

mit Erfolg gegen die Stadt S vor dem örtlich zuständigen Verwaltungsgericht mit dem Antrag klagen, die Stadt S dazu zu verurteilen, es künftig zu unterlassen, über die S – Grün gärtnerische und landschaftsbauliche Aufträge Dritter im Rahmen von Ausschreibungsverfahren zu akquirieren?[2]

Platz für Ihre Anmerkungen/Raum für Notizen:

Lösung:

1. Lösungsskizze

Klage des Gärtnereiverbandes G

Zulässigkeit der Klage

1. Verwaltungsrechtsweg § 40 Abs. 1 VwGO?
   a) öffentlich-rechtliche Streitigkeit (+), da (nur) Verletzung des § 107 Abs. 1 GO NRW geltend gemacht wird, der dem öffentlichen Recht zuzuordnen ist
   b) nicht verfassungsrechtlicher Art (+)

   Erg.: Der Verwaltungsrechtsweg ist eröffnet.
2. Sonstige allgemeine Sachurteilsvoraussetzungen

   G: gem. § 61 Nr. 1 VwGO als jur. Person des Privatrechts beteiligtenfähig und durch den Vorstand gem. §§ 62 Abs. 3 VwGO, 26 Abs. 1 Satz 2 BGB prozessfähig.

   S: gem. § 61 Nr. 1 VwGO als jur. Person des öff. Rechts beteiligtenfähig und gem. §§ 62 Abs. 3 VwGO, 63 Abs. 1 Satz 1 GO durch den OB prozessfähig.
3. Klageart: Allgemeine Leistungsklage auf Unterlassung.
   a) Klagebefugnis gem. § 42 Abs. 2 VwGO analog?

      G nimmt nur die Interessen seiner Mitglieder wahr, ist kein Wettbewerber. Verletzung eigener Rechte daher (–), § 42 Abs. 2 VwGO analog (–).
   b) Kein Verbandsklagerecht vor dem Verwaltungsgericht nach § 8 Abs. 3 Nr. 2, 13 Abs. 1 Satz 1 UWG.

   Erg.: Klage des Verbandes vor dem Verwaltungsgericht unzulässig.

Klage des Gärtnermeisters L

I. Zulässigkeit der Klage
   1. Verwaltungsrechtsweg gem. § 40 Abs. 1 VwGO (+, s. o.)
   2. Sonstige allgemeine Sachurteilsvoraussetzungen:

      L: Gem. § 61 Nr. 1 VwGO als natürliche Person beteiligtenfähig und gem. § 62 Abs. 1 Nr. 1 VwGO prozessfähig.

      S: Als jur. Person gem. § 61 Nr. 1 VwGO beteiligtenfähig und gem. §§ 62 Abs. 3 VwGO, 63 Abs. 1 Satz 1 GO durch den OB prozessfähig.
   3. Die weiteren Zulässigkeitsvoraussetzungen richten sich nach der Klageart: Allgemeine Leistungsklage auf Unterlassung

      Klagebefugnis gemäß § 42 Abs. 2 VwGO analog?

      L trägt Beeinträchtigung seines Gewerbebetriebes vor. Rechtswidrige Betätigung der S – Grün kann Rechte aus Art. 12 Abs. 1, 14 Abs. 1 GG verletzen.

      Klagebefugnis des L (+).

   Erg.: Klage des L zulässig.

II. Begründetheit der Klage (+), wenn L einen Unterlassungsanspruch hat. Anspruchsgrundlage: Öffentlich-rechtlicher Unterlassungsanspruch aus Art. 20 Abs. 3 GG i. V. m. Art. 12 Abs. 1, 14 Abs. 1 GG i. V. m. § 1004 BGB analog und § 107 Abs. 1 Satz 1 GO?

1. Voraussetzung: Verstoß gegen § 107 Abs. 1 Satz 1 GO.
   a) landschaftsgärtnerische Tätigkeit als eine wirtschaftliche Betätigung der S i. S. d. § 107 Abs. 1 Satz 3 GO? Def.: § 107 Abs. 1 Satz 3 GO (+).
      Keine Ausnahme wegen *Organisationsform* der S – Grün als eigenbetriebsähnliche Einrichtung i. S. v. § 107 Abs. 2 Satz 2 GO NRW.
      Anwendungsausschluss des § 107 Abs. 1 wegen § 107 Abs. 2 Satz 1 Nr. 5 GO (–), da nicht ausschließlich Eigenbedarf i. S. v. § 107 Abs. 2 Satz 1 Nr. 5 GO.
      Ausnahme, wenn die landschaftsgärtnerische Tätigkeit der S – Grün lediglich Annextätigkeit. Hier aber kein zul. Nebengeschäft, sondern Ausdehnung der Haupttätigkeit in privaten Wettbewerb – Erg.: Verhalten der S – Grün ist wirtschaftliche Betätigung i. S. v. § 107 Abs. 1 GO NRW.
   b) Verstoß gegen § 107 Abs. 1 Satz 1 Nr. 2 GO nicht ersichtlich.
   c) § 107 Abs. 1 Satz 1 Nr. 1 GO: öffentlicher Zweck erfordert Betätigung? Öffentlicher Zweck = jeder im Aufgabenbereich der Gemeinde liegende Gemeinwohlbelang. Nicht gegeben, wenn die Betätigung allein dazu dient, Gewinne zu erzielen, bzw. wenn (nur) eine bessere Auslastung erreicht werden soll. Zweck: Auslastung der S – Grün zu gewährleisten. Ziel also insoweit: bloße Gewinnerwirtschaftung. Betätigung verstößt gegen § 107 Abs. 1 Satz 1 GO NRW.
   d) Verstoß gegen Subsidiaritätsklausel § 107 Abs. 1 Satz 1 Nr. 3 GO? (–), da kein (erlaubter) öff. Zweck und S – Grün nicht den Zuschlag erhalten würde, wenn andere besser und wirtschaftlicher anbieten können.
2. Unterlassungsanspruch aber nur, wenn § 107 Abs. 1 Satz 1 Nr. 1 GO Schutznorm i. S. einer Anspruchsgrundlage für L ist.
   a) Hoheitliches (d. h. öffentlich-rechtliches) Handeln der Stadt S (+), da Tätigkeit nach §§ 107 ff. GO geregelt.
   b) Eingriff in subjektive Rechte des L bei Verstoß gegen § 107 Abs. 1 Satz 1 GO NRW?
      Voraussetzung: Schutznormcharakter. Def.: Norm dient zumindest auch dem Schutz der Wettbewerber.
      Auslegung erforderlich.
      (aa) Weder aus der Interpretation des Wortlautes noch aus der systematischen Stellung bei den organisationsrechtlichen Vorschriften ergeben sich Anhaltspunkte für die Drittschutzwirkung; Branchendialog nur aus Gemeinwohlverpflichtung nach § 1 Abs. 1 Satz 2 GO. § 107 ist Schutznorm für die Gemeinde, nicht für Dritte.
      (bb) Zivilgerichte und ein anderer Teil des Schrifttums: Schutznormcharakter des § 107 Abs. 1 Satz 1 GO NRW i. V. m. § 3 UWG. Ver-

stoß gegen § 107 GO führt zu – zivilrechtlichem – Unterlassungsanspruch gem. § 8 UWG. Durch BGH aufgegeben!

(cc) OVG NRW, Beschl. vom 13.8.2003: Zwar kein Schutznormcharakter allein aus (zum Entscheidungszeitpunkt geltender Fassung) der Subsidiaritätsklausel des § 107 Abs. 1 Satz 1 Nr. 3 GO NRW, aber Auslegung des § 107 Abs. 1 Satz 1 Nr. 1 im Zusammenhang mit § 107 Abs. 5 GO NRW. Marktanalyse + das Recht zur Stellungnahme durch die örtlichen Selbstverwaltungsorganisationen von Handwerk, Industrie und Handel und durch die Gewerkschaften zeigen, dass die wirtschaftliche Betätigung der Gemeinde auch vom Gesetzgeber als mögliche Beeinträchtigung der örtlichen Wirtschaft angesehen wird. Also Schutznorm für private Wettbewerber.

Allerdings Neuregelung des § 107 GO mit Gesetz vom 21.12.2010 (erneut) ohne Regelung eines Abwehrrechts. Ziel vielmehr Erleichterung der wirtschaftlichen Betätigung: Es reicht „öffentlicher Zweck". Ziel der Neuregelung: „Revitalisierung". Subsidiaritätsklausel „entschärft". Auch z. B. die §§ 107 Abs. 3, 108 Abs. 3 Nr. 3–5 GO schützen nicht den Dritten als Wettbewerber. Auch spätere Änderungen brachten kein subjektives Recht auf Unterlassung.

Daher: Argumente gegen Schutznormcharakter wohl überzeugender. Die Klage ist dann unbegründet, da sie allein mit einem Verstoß gegen § 107 GO begründet wird. Sie hat keine Aussicht auf Erfolg.

2. Lösungstext[3]

Klage G gegen S

Die Klage des G vor dem örtlich zuständigen Verwaltungsgericht gegen die Stadt S mit dem Antrag, die Stadt S zur Unterlassung wettbewerbender Tätigkeit durch die städtische S – Grün zu verurteilen, wird Erfolg haben, wenn sie zulässig und begründet ist.

Zulässigkeit

Für die Zulässigkeit einer Klage vor dem Verwaltungsgericht müsste zunächst der Verwaltungsrechtsweg gegeben sein. Mangels Spezialregelung entscheidet sich diese Frage nach § 40 Abs. 1 VwGO daran, ob eine öffentlich-rechtliche Streitigkeit nichtverfassungsrechtlicher Art vorliegt.

G macht einen Unterlassungsanspruch geltend. Da er sich damit gegen die Stadt S als Trägerin der S – Grün richtet, könnte eine öffentlich-rechtliche Streitigkeit vorliegen. Andererseits begehrt G das Unterlassen der landschaftsgärtnerischen Tätigkeiten bei privaten Kunden. Dafür könnten zivilrechtliche Anspruchsgrundlagen eingreifen, sodass gem. § 13 GVG der Zivilrechtsweg eröffnet sein könnte.[4]

Ob eine Streitigkeit dem Privatrecht oder dem öffentlichen Recht zuzuordnen ist, richtet sich nach der wahren Natur des Rechtsverhältnisses. G beruft sich für seinen Unterlassungsanspruch auf eine Verletzung des § 107 Abs. 1 Satz 1 GO NRW. Diese Vorschrift regelt öffentlich-rechtlich die Zulässigkeit einer wirtschaftlichen Betätigung der Gemeinde. Sie verpflichtet bzw. berechtigt damit ausschließlich einen Träger öffentlicher Gewalt und ist daher öffentlich-rechtlicher Natur.

Die Unzulässigkeit der Wettbewerbsteilnahme von S über die S – Grün wird allein auf den Verstoß gegen § 107 GO gestützt. Es geht also nicht um die Art und Weise (das Wie?) der Wettbewerbsteilnahme, die z. B. im UWG geregelt ist (§§ 3, 8 UWG), sondern allein um die Zulässigkeit (das Ob) der Wettbewerbsteilnahme nach dem kommunalen Wirtschaftsrecht.

Zu entscheiden ist damit über eine Rechtsfrage des öffentlichen Rechts. Es liegt eine öffentlich-rechtliche Streitigkeit im Sinne des § 40 VwGO vor.

Diese wäre nur dann verfassungsrechtlicher Art, wenn Verfassungsorgane beteiligt sind und es um die Auslegung oder Anwendung von Verfassungsrecht geht. G wendet sich gegen die Betätigung der S – Grün im wirtschaftlichen Bereich. Daher handelt es sich um eine nichtverfassungsrechtliche Streitigkeit.

Der Verwaltungsrechtsweg ist gemäß § 40 Abs. 1 VwGO eröffnet. Die Sachurteilsvoraussetzungen für die Klage richten sich demzufolge nach den Vorschriften der VwGO.

G ist als eingetragener Verein juristische Person des Privatrechts, die Stadt S ist juristische Person des öffentlichen Rechts. Beide Parteien des Rechtsstreites sind somit parteifähig gemäß § 61 Nr. 1 VwGO. G wird prozessfähig durch seinen Vorstand (§§ 62 Abs. 3 VwGO, 26 Abs. 1 Satz 2 BGB), S wird durch den Oberbürgermeister vertreten (§§ 62 Abs. 3 VwGO, 63 Abs. 1 GO).

Die weiteren Zulässigkeitsvoraussetzungen richten sich nach der Klageart. G kann die Beseitigungen der Beeinträchtigungen der ihm angeschlossenen Betriebe im Wettbewerb nur erreichen, wenn die Unterlassung der wirtschaftlichen Betätigung durch die S – Grün verlangt wird. Ein solcher Unterlassungsanspruch kann nur im Wege der allgemeinen Leistungsklage geltend gemacht werden.

Nach allgemeiner Auffassung setzt die Zulässigkeit einer solchen Klage in analoger Anwendung des § 42 Abs. 2 VwGO voraus, dass der Kläger geltend machen kann, durch die als unzulässig behauptete Tätigkeit in seinen Rechten verletzt zu sein.

G selbst nimmt nur die Interessen seiner Mitglieder wahr und ist selbst kein Wettbewerber. Er kann daher auch bei einer unterstellt rechtswidrigen Wettbewerbsteilnahme der S – Grün nicht in eigenen Rechten verletzt sein.

Ein besonders geregeltes Verbandsklagerecht steht G vor dem Verwaltungsgericht nicht zu. Das Verwaltungsprozessrecht stellt grundsätzlich auf den Schutz von Individualrechten ab. Eine Verbandsklage auf dem Verwaltungsrechtsweg ist nur dann möglich, wenn dies durch besondere gesetzliche Bestimmung geregelt ist (z. B. § 64 BNatSchG, § 15 BGG).[5] Eine solche besondere Bestimmung besteht hier nicht.

Damit ist G auf dem Verwaltungsgerichtsweg nicht klagebefugt. Eine Klage des G vor dem Verwaltungsgericht ist unzulässig.

Die Klage wird keinen Erfolg haben.

Klage L gegen S

Auch die Klage des L gegen die Stadt S auf Unterlassung wettbewerbender Tätigkeit durch die städtische S – Grün kann nur Erfolg haben, wenn sie zulässig und begründet ist.

Zulässigkeit

Der Verwaltungsrechtsweg ist – wie oben gezeigt – gemäß § 40 Abs. 1 VwGO gegeben. L ist als natürliche und volljährige Person beteiligten- und prozessfähig (§§ 61 Nr. 1, 62 Abs. 1 Nr. 1 VwGO). Die Stadt S ist als juristische Person parteifähig (§ 61 Nr. 1 VwGO) und durch den Oberbürgermeister prozessfähig (§§ 61 Nr. 1, 62 Abs. 3 VwGO).

Wie oben bereits dargelegt, kann L die Unterlassung des Wettbewerbs durch die S – Grün vor dem Verwaltungsgericht nur im Wege der allgemeinen Leistungsklage begehren. Voraussetzung dafür ist analog § 42 Abs. 2 VwGO, dass L geltend machen kann, durch die als unzulässig behauptete Tätigkeit in seinen Rechten verletzt zu sein.

L ist Wettbewerber der S – Grün. Eine rechtswidrige Wettbewerbsteilnahme der S – Grün kann daher L in seinem Recht auf freie Berufsausübung aus Art. 12 Abs. 1 GG und in seinem Recht am eingerichteten und ausgeübten Gewerbebetrieb im Sinne des Art. 14 Abs. 1 GG beeinträchtigen. L ist klagebefugt.

Somit ist die Klage zulässig.

Begründetheit

Die Klage des L ist auch begründet und wird Erfolg haben, wenn L der geltend gemachte Unterlassungsanspruch gegen die Stadt S zusteht.

L will verhindern, dass die Stadt S mittels der S – Grün weiter landschaftsgärtnerische Arbeiten anbietet und ausführt. Damit macht L einen Abwehranspruch gegen die Stadt S geltend. Als Anspruchsgrundlage kommt ein öffentlich-rechtlicher Unterlassungsanspruch infrage. Dieser ist als mögliche Anspruchsgrundlage für einen Unterlassungsanspruch gewohnheitsrechtlich anerkannt und wird aus Art. 20 Abs. 3 GG i. V. m. den einschlägigen Abwehrrechten – hier also Art. 12 Abs. 1 und 14 Abs. 1 GG – i. V. m. § 1004 BGB analog hergeleitet.

Voraussetzung für einen solchen öffentlich-rechtlichen Unterlassungsanspruch ist zunächst ein öffentlich-rechtliches Handeln der Stadt S. Dies besteht in dem Umstand, dass sich die Stadt S über die S – Grün betätigt und diese Tätigkeit den Regeln des öffentlichen Rechts – §§ 107 ff. GO – unterworfen ist. Dabei kommt es nicht darauf an, dass die S – Grün selbst zivilrechtlich agiert. Vielmehr geht es hier um die Frage, ob die Teilnahme der Stadt S über die S – Grün am Wettbewerb der Landschaftsgärtner kommunalrechtlich zulässig ist. Die Teilnahme am Wettbewerb ist daher als öffentlich-rechtliches Handeln zu qualifizieren.

Ein Unterlassungsanspruch kommt aber nur in Betracht, wenn die Teilnahme am Wettbewerb rechtswidrig ist, S also hier gegen § 107 Abs. 1 GO verstößt.

Das setzt zunächst voraus, dass die Tätigkeit der S – Grün wirtschaftliche Betätigung der Beklagten i. S. v. § 107 Abs. 1 Satz 3 GO ist.

Als wirtschaftliche Betätigung ist der Betrieb von Unternehmen zu verstehen, die als Hersteller, Anbieter oder Verteiler von Gütern oder Dienstleistungen am Markt tätig werden, sofern die Leistung ihrer Art nach auch von einem Privaten mit der Absicht der Gewinnerzielung erbracht werden könnte (§ 107 Abs. 1 Satz 3 GO).

Die S – Grün bietet – wie Private und in Konkurrenz zu diesen – gärtnerische und Landschaftsbauleistungen am Markt an. Es handelt sich also um wirtschaftliche Betätigung i. S. v. § 107 Abs. 1 Satz 3 GO NRW.

§ 107 Abs. 1 GO NRW könnte aber deshalb nicht gelten, weil die S – Grün als *„eigenbetriebsähnliche Einrichtung"* i. S. v. § 107 Abs. 2 Satz 2 GO NRW organisiert ist. Für die Einrichtungen, die in Absatz 2 genannt sind, gelten die einschränkenden Vorgaben des Absatz 1 nämlich grundsätzlich nicht, da deren Betrieb durch gesetzliche Fiktion nicht als wirtschaftliche Betätigung gilt.

Allerdings erstreckt sich die Ausnahmeregelung des § 107 Abs. 2 GO nur auf Einrichtungen, die bestimmte Aufgaben erledigen. Allein der Umstand, dass die S – Grün als eigenbetriebsähnliche Einrichtung organisiert ist, befreit sie also nicht von den Vorgaben des § 107 Abs. 1 GO NRW. Es kommt vielmehr auf die Frage an, ob die Tätigkeit der Stadt S über die S – Grün den in Absatz 2 genannten Inhalten entspricht.

Landschaftsgärtnerische Tätigkeiten können dann unter die Regel des § 107 Abs. 2 GO fallen, wenn sie ausschließlich der Deckung des Eigenbedarfs der Gemeinde dienen (§ 107 Abs. 2 Nr. 5 GO). Hier allerdings nimmt die S – Grün gezielt am Wettbewerb der privaten Landschaftsgärtner teil und verlässt den Bereich der Deckung des Eigenbedarfs der Stadt S. Ein solches Angebot von landschaftsgärtnerischer Tätigkeit führt nicht dazu, dass die Tätigkeit der S – Grün unter die Ausnahmeregelung des § 107 Abs. 2 GO fällt.

Es könnte aber das Merkmal „Betrieb von Unternehmen" fehlen, wenn die landschaftsgärtnerischen Dienstleistungen, welche die S – Grün für Private erbringt, lediglich untergeordnete Annextätigkeiten einer Einrichtung nach § 107 Abs. 2 Satz 1 Nr. 5 GO NRW wären. Allerdings fallen nach dem Wortlaut des § 107 Abs. 2 Satz 1 Nr. 5 GO nur solche Einrichtungen unter die Ausnahmeregelung, die „ausschließlich" der Deckung des Eigenbedarfs der Gemeinde dienen. Wettbewerblich relevante Tätigkeiten, die darüber hinaus für Dritte am Markt geleistet werden, können demnach selbst dann nicht unter die Ausnahmeregelung des § 107 Abs. 2 Nr. 5 GO fallen, wenn sie nur einen Teil der Tätigkeit des kommunalen Unternehmens darstellen.[6]

Die Betätigung der S – Grün wird demzufolge nicht von § 107 Abs. 2 Satz 1 Nr. 5 GO NRW erfasst, sodass § 107 Abs. 1 GO NRW Anwendung findet.

Nach § 107 Abs. 1 Satz 1 Nr. 1 GO darf sich eine Gemeinde nur dann wirtschaftlich betätigen, wenn ein öffentlicher Zweck die Betätigung erfordert.[7]

Der Begriff des öffentlichen Zwecks ist weit gefasst. Er umgreift jedweden im Aufgabenbereich der Gemeinde liegenden Gemeinwohlbelang und schließt lediglich die bloße Gewinnerwirtschaftung als öffentlichen Zweck aus. Es muss also ein über die bloße Gewinnerzielung hinausgehendes kommunales Gemeinwohlinteresse verfolgt werden.

Die Beteiligung der S – Grün an Aufträgen hat zum Zweck, durch eine bessere Auslastung ihrer Kapazitäten wirtschaftlicher zu arbeiten und dadurch Einnahmen für den kommunalen Haushalt der Stadt S zu erzielen. Diese Ziele dienen allein der Gewinnerzielung und können somit kein ausreichender *„öffentlicher Zweck"* im Sinne des § 107 Abs. 1 Satz 1 Nr. 11 GO NRW sein, da sonst die einschränkenden Vorgaben dieser Vorschrift in der Sache ins Leere liefen, da regelmäßig eine wirtschaftliche Tätigkeit das Ziel hat, Gewinne zu machen.

Andere Zielrichtungen sind weder genannt noch sonst erkennbar.

Die Voraussetzungen für eine zulässige wirtschaftliche Betätigung der Stadt S im Wettbewerb zu den privaten Garten- und Landschaftsbaubetrieben sind also nicht gegeben.

Die Stadt S verstößt gegen die Zulässigkeitsvorgaben des § 107 Abs. 1 Satz 1 Nr. 1 GO.

Ein Verstoß gegen die Vorgaben des § 107 Abs. 1 Satz 1 Nr. 2 GO ist nicht erkennbar.

Allerdings könnte ein Verstoß gegen die (einfache)[8] Subsidiaritätsklausel des § 107 Abs. 1 Satz 1 Nr. 3 GO vorliegen. Wenn aber schon kein zulässiger öffentlicher Zweck vorliegt, ist für die Anwendung der Subsidiaritätsklausel kein Raum. Im Übrigen wäre die S – Grün in den Ausschreibungsverfahren nicht siegreich gewesen, wenn andere Unternehmen den Auftrag „besser und wirtschaftlicher" hätten erfüllen können.

Im Ergebnis bleibt also der Verstoß gegen § 107 Abs. 1 Satz 1 Nr. 1 GO, der zur Rechtswidrigkeit der wirtschaftlichen Betätigung von S über die S – Grün führt.

Ein Abwehranspruch des L setzt aber weiter voraus, dass die Stadt S dadurch in unzulässiger Weise in subjektive Rechte des L eingreift.

Aus einer Verletzung des § 107 Abs. 1 Satz 1 Nr. 1 GO kann sich nur dann ein Abwehranspruch des L ergeben, wenn es sich bei dieser Vorschrift um ein Schutzgesetz zugunsten des L handelt. Nach der Schutznormtheorie ist das dann anzunehmen, wenn die Norm zumindest auch dem Schutz der Wettbewerber dient. Da sich der Inhalt dieser Formulierung nicht ohne Weiteres aus dem Wortlaut ermitteln lässt, ist eine Auslegung erforderlich.[9]

Die Interpretation des Wortlauts ergibt keine entsprechenden Anhaltspunkte.

Auch die systematische Stellung des § 107 Abs. 1 Satz 1 GO NRW im 11. Abschnitt der GO NRW spricht gegen einen Schutznormcharakter der Norm, da sich dieser Abschnitt nur an die Gemeinde wendet und an keiner Stelle Ansprüche von Dritten ausdrücklich regelt, obwohl dem Gesetzgeber die Streitfrage um den Schutznormcharakter der Vorschrift bekannt ist.

Soweit § 107 Abs. 5 GO Marktanalyse und Branchendialog vorschreibt, ist dies nur eine besondere Ausformung des Auftrages nach § 1 Abs. 1 Satz 2 GO, nämlich das

Wohl der Einwohner zu fördern und daher die unterschiedlichen Interessen der am Wirtschaftsleben beteiligten Gruppen zu berücksichtigen.

Zivilgerichte[10] und ein Teil des Schrifttums hatten sich für den Schutznormcharakter des § 107 Abs. 1 Satz 1 GO NRW ausgesprochen. Nach dieser Ansicht zielt die Vorschrift auf die Einschränkung wirtschaftlicher Betätigung der Gemeinde als solche ab („Privat vor Staat"). Dies folge auch aus der (alten) Subsidiaritätsklausel des § 107 Abs. 1 Satz 1 Nr. 3 GO. Der Wettbewerber müsse sich daher gegen eine Verletzung der Vorgaben für die Zulässigkeit wirtschaftlicher Betätigung auch zur Wehr setzen können. Weiterhin folge aus der Grundrechtsbindung des Art. 1 Abs. 3 GG auch eine Bindung der Gemeinde im Bereich der wirtschaftlichen Betätigung. Jede unerlaubte wirtschaftliche Betätigung stelle daher auch einen Verstoß gegen den lauteren Wettbewerb dar (§ 3 UWG) und gebe dem Wettbewerber einen Abwehranspruch nach § 8 Abs. 1 UWG. Diese Ansicht ist aber durch den BGH mit einem Urt. vom 25.4.2002 – I ZR 250/00 – aufgegeben worden. Die GO enthalte kein Wettbewerbsrecht. Allein aus der Unzulässigkeit des Marktzugangs nach der GO folge nicht ein Verstoß gegen den lauteren Wettbewerb, also gegen die Regeln eines fairen Wettbewerbs am Markt.

Die Verwaltungsgerichte hatten zunächst den Schutznormcharakter des § 107 Abs. 1 GO verneint. Das OVG NRW hat dann allerdings den Schutznormcharakter des § 107 Abs. 1 Satz 1 GO NRW angenommen.[11] Zwar könne dies nicht allein aus der Subsidiaritätsklausel des § 107 Abs. 1 Satz 1 Nr. 3 GO NRW gefolgert werden, die Auslegung des § 107 Abs. 1 Satz 1 Nr. 1 im Zusammenhang mit dem Wortlaut des Absatzes 5 der Vorschrift ergebe aber die drittschützende Wirkung. Die in § 107 Abs. 5 vorgesehene Marktanalyse und das Recht zur Stellungnahme durch die örtlichen Selbstverwaltungsorganisationen von Handwerk, Industrie und Handel zeigten, dass – so das OVG – die wirtschaftliche Betätigung der Gemeinde auch vom Gesetzgeber als mögliche Beeinträchtigung der örtlichen Wirtschaft angesehen werde und die einschränkenden Regelungen diese auch schützen sollten.

Allerdings werden diese Argumente durch die Neufassung des § 107 Abs. 1 Satz 1 GO durch das Gesetz zur Revitalisierung des Gemeindewirtschaftsrechts vom 21.12.2010[12] weitgehend relativiert. Die Pflicht zu Marktanalyse und Branchendialog ist zwar unverändert in § 107 Abs. 5 GO bestehen geblieben, doch spricht vieles dafür, dass insoweit nur der Rat „wissen soll, was er tut" und dabei eben auch – als Ausformung der Pflicht aus § 1 Abs. 1 GO – die Interessen der örtlichen Wirtschaft berücksichtigen soll. Dass sich aus einem Recht zur Stellungnahme zur Marktanalyse ein subjektives Abwehrrecht eines Wettbewerbers gegen die wirtschaftliche Betätigung ergeben soll, leuchtet jedenfalls nicht unmittelbar ein.

Im Übrigen sollte die Neuregelung eine Erleichterung der wirtschaftlichen Betätigung der Gemeinden bringen, wie schon der Titel des Gesetzes vom 21.12.2010 (Gesetz zur Revitalisierung des Gemeindewirtschaftsrechts) erkennen lässt. Dafür sprechen auch die Sonderregeln aus § 107a Abs. 2 GO, die für „verbundene Dienstleistungen" im Rahmen energiewirtschaftlicher Betätigung deutlich erleichterte Zulässigkeitsvoraussetzungen enthalten.

Ein weiteres Argument gegen die Annahme eines Drittschutzes ist der Umstand, dass das Problem der Konkurrentenklagen bekannt ist, der Gesetzgeber aber darauf nicht positiv reagiert hat.[13] Er hat vielmehr den „dringenden“ öffentlichen Zweck zum öffentlichen Zweck abgemildert (§ 107 Abs. 1 Satz 1 Nr. 1 GO) und aus der echten Subsidiaritätsklausel eine unechte Subsidiarität gemacht (§ 107 Abs. 1 Satz 1 Nr. 3 GO).

Auch andere die Zulässigkeit einschränkende Vorgaben, wie z. B. § 107 Abs. 1 Satz 1 Nr. 2 GO: Berücksichtigung der Leistungsfähigkeit der Gemeinde, § 107 Abs. 3 GO: Berücksichtigung der Interessen der Nachbargemeinden, § 108 Abs. 1 Nr. 3–5 GO: Beschränkung des Haftungsrisikos, § 108 Abs. 1 Nr. 6 ff. GO: Steuerungsfähigkeit durch die Gemeinde zeigen, dass es im 11. Teil der GO nicht um den Schutz Dritter geht, sondern darum, die Gemeinde vor Risiken zu bewahren, welche die Erfüllung ihrer öffentlichen Aufgabe gefährden könnten.

Im Ergebnis stellen sich die Argumente gegen den Schutznormcharakter des § 107 Abs. 1 GO als überzeugender dar. Wenn aber § 107 Abs. 1 Satz 1 Nr. 1 GO keinen Schutznormcharakter hat, kann auch – trotz Verstoßes gegen dessen Vorgaben – eine Rechtsverletzung des L nicht vorliegen. Die Klage ist unbegründet und wird keinen Erfolg haben.

Ergebnis

Die Klage des Verbandes G vor dem Verwaltungsgericht ist unzulässig und kann keinen Erfolg haben.

Die Klage des Landschaftsgärtners L ist zwar zulässig, aber unbegründet, und hat daher ebenfalls keinen Erfolg.

Anmerkungen:

1 Der Fall ist nachgebildet der sog. „Gelsengrün-Entscheidung“ des OLG Hamm vom 23.9.1997, DVBl. 1998 S. 792 ff. Die vorliegende Bearbeitung greift die Entwicklung in der Rechtsprechung des OVG NRW auf: Beschl. vom 13.8.2003 – 15 B 1137/03 –, DVBl. 2004 S. 133, Beschl. vom 12.10.2004 – 15 B 1873/04 –, zuletzt bestätigt mit Beschl. vom 1.4.2008 – 15 B 122/08 –, NVwZ 2008 S. 1031, jeweils nachzulesen unter www.nrwe.de und der Rechtsprechung des BGH, Urt. vom 25.4.2002 – I ZR 250/00 – (Verstoß gegen § 107 GO allein ist kein Verstoß gegen § 3 UWG), nachzulesen unter www.bundesgerichtshof.de → Entscheidungen oder NWVBl. 2002 S. 396 = DVBl. 2003 S. 267. Die Lösung stellt auf die Absicht des Gesetzgebers mit Gesetz vom 21.12.2010 in der noch geltenden Fassung ab, die *„Fesseln, die der Kommunalwirtschaft getreu der Ideologie ‚Privat vor Staat‘ angelegt wurden, durch eine Neufassung des Kommunalwirtschaftsrechts wieder lösen“* zu wollen (damalige Koalitionsvereinbarung von SPD und Bündnis 90/Die Grünen, S. 20.) Obwohl seitdem die Mehrheiten im Landtag mehrfach wechselten, ist eine Neuregelung des Grundsatzes in § 107 GO nicht erfolgt.

2 Zu den Problemen, die sich aus wettbewerblicher Betätigung von Gemeinden und Gemeindeverbänden ergeben können, vgl. *Hofmann/Bätge/Wiesner*, Kommunalrecht in Nordrhein-Westfalen, 20. Aufl. 2023, Kap. 7.6.

3 In einer Klausur ist jede Lösung „richtig“, die systematisch ordnungsgemäß hergeleitet wird. Es kommt nicht allein auf das Ergebnis an. Vgl. dazu die Vorbemerkung der Anleitungen zur Anfertigung von Klausuren.

Die Darstellung im Textteil geht mit der Angabe von Rechtsprechung und Literatur über die Möglichkeiten einer Klausurbearbeitung hinaus. In einer Klausur brauchen nur die Argumente dargestellt und gegeneinander abgewogen zu werden, ohne dass es eines Nachweises der Quellen bedürfte.

4 Ein Unterlassungsanspruch wurde früher von den Zivilgerichten aus §§ 1004, 823 Abs. 2 BGB i. V. m. § 107 Abs. 1 Satz 1 GO NRW bzw. §§ 1, 13 UWG a. F. (heute §§ 3, 8 UWG) hergeleitet mit der Begründung, eine kommunalrechtlich unzulässige Tätigkeit verstoße gleichzeitig gegen das UWG. Diese Auffassung hat der BGH aber abgelehnt: BGH, Urt. vom 25.4.2002 – I ZR 250/00 –, NWVBl. 2002 S. 396 (zu § 1 UWG alter Fassung). Allein der Verstoß gegen § 107 Abs. 1 GO führe nicht zu einem wettbewerbsrechtlichen Unterlassungsanspruch, da das Kommunalrecht nur die Zulässigkeit des Marktzugangs regele, nicht aber das Verhalten am Markt.
Das Verwaltungsgericht ist im Übrigen nicht gehindert, auch Rechtsgrundlagen des allgemeinen Wettbewerbsrechts zu prüfen, soweit sich der Anspruch aus einer solchen Rechtsgrundlage ergeben kann. Dies folgt aus § 17 Abs. 2 GVG. So könnte das VG z. B. prüfen, ob sich bei Verletzung des § 107 Abs. 1 GO ein Abwehranspruch aus §§ 3 i. V. m. 8 UWG ergibt. Allein die Verletzung des § 107 Abs. 1 Satz 1 GO wird aber nach der Rechtsprechung des BGH, Urt. vom 25.4.2002 – I ZR 250/00 –, NWVBl. 2002 S. 396 (zu § 1 UWG alter Fassung) nicht zu einem Anspruch aus §§ 3, 8 UWG führen können. Im Übrigen verhält sich die S – Grün nach dem Sachverhalt am Markt nach den Regeln des fairen Wettbewerbs.

5 Ein Verbandsklagerecht würde ggf. im Zivilverfahren vor dem Landgericht (§ 13 UWG) nach Maßgabe des § 8 Abs. 3 Nr. 2 UWG bestehen, wenn und soweit Regeln eines fairen Wettbewerbs verletzt sind.

6 Beachte aber OVG NRW, Beschl. vom 13.8.2003 – 15 B 1137/03 –, www.nrwe.de, Rrn. 41 ff.: § 107 Abs. 1 GO stelle auf den Betrieb eines Unternehmens ab. Dies verbiete eine atomisierende Betrachtung einzelner unternehmerischer Handlungen. Wenn der Hauptzweck zulässig sei, könnten auch anderweitige Tätigkeiten zulässig sein, wenn sich das Unternehmen noch im Rahmen des Unternehmensgegenstandes bewege. Im Ergebnis dürfte aber hier auch das OVG NRW zur Unzulässigkeit kommen, da in diesem Falle eine Haupttätigkeit des Unternehmens auf den privaten Markt ausgedehnt wird. Es handelt sich also nicht um bloße Hilfsgeschäfte zur Verfolgung des eigentlichen Unternehmenszwecks.

7 Vor dem Gesetz vom 21.12.2010 war ein **dringender** öffentlicher Zweck nötig. Aus dieser Formulierung wurde bereits auf einen Drittschutz geschlossen: *Flüshöh* in Kleerbaum/Palmen, § 107 Erl. IV, Nr. 4. Vgl. auch VG Gießen, Beschl. vom 14.10.2004 – 8 G 3009/04 –. Allerdings bleibt offen, welcher Unterschied bestehen soll zwischen den Formulierungen „ein öffentlicher Zweck **erfordert** die Betätigung" und „ein **dringender** öffentlicher Zweck **erfordert** die Betätigung".

8 Bis zum Gesetz vom 21.12.2010 lautete die von der Vorgängerregierung eingeführte Formulierung: *„nicht ebenso gut und wirtschaftlich erfüllt werden kann"*. Dies war eine sog. „*echte* Subsidiaritätsklausel".

9 Will man die Klagebefugnis aus der Verletzung (drittschützender) einfachgesetzlicher Regelungen ableiten, so besteht die Klagebefugnis nur, wenn § 107 Abs. 1 Satz 1 GO NRW als verletzte Rechtsgrundlage für die wirtschaftliche Betätigung der Gemeinde drittschützenden Charakter hat. Insoweit könnte dieser Frage bereits bei der Prüfung der Klagebefugnis nachgegangen werden. Vgl. dazu *Schlacke*, Konkurrentenklagen gegen die Wirtschaftstätigkeit von Gemeinden, JA 2002 S. 48 ff. (49).

10 Vgl. OLG Hamm, Urt. vom 23.9.1997, DVBl. 1998 S. 792 ff. (793). Vgl. aber auch BGH, Urt. vom 25.4.2002 – I ZR 250/00 –, NWVBl. 2002 S. 396, der jedenfalls keine Sittenwidrigkeit im Sinne des (alten) § 1 UWG aus der Verletzung des § 107 GO folgert und daher einen Unterlassungsanspruch nach (dem alten) § 13 UWG ablehnt.

11 Zuerst OVG NRW, Beschl. vom 13.8.2003 – 15 B 1137/03 –, DVBl. 2004 S. 133 ff. (der Antrag nach § 123 VwGO hatte aber in der Sache aus anderem Grunde keinen Erfolg), bestätigt im Beschl. vom 1.4.2008 – 15 B 122/08 –, NVwZ 2008 S. 1031: Schutzwirkung jedenfalls des öffentlichen Zwecks wird angenommen, der Antrag aber als unbegründet abgewiesen, da zulässige Tätigkeit. Die Entscheidungen sind auch unter www.nrwe.de nachzulesen. Zu den Argumenten gegen die Ansicht des OVG NRW vgl. *Hofmann/Theisen/Bätge*, Kommunalrecht in

NRW, 19. Aufl. 2021, Kap. 7.5 und 7.6.; *Mößner/Albrecht*, Kommunen und Wettbewerbsrecht, apf 2010 S. 193 ff.

12 GV NRW 2010 S. 688.

13 Anders zunächst das Land Niedersachsen in § 136 Abs. 1 Satz 3 a. F. des niedersächsischen KomVG: *„Die Beschränkung nach Satz 2 Nr. 3 dient auch dem Schutz privater Dritter, die sich entsprechend betätigen wollen.“* Diese Regelung ist aber inzwischen wieder aufgehoben worden.

Rolf-Dieter Theisen

13. Fall

Schwerpunkte:
- Abgrenzung allgemeine Aufsicht/ Sonderaufsicht
- Rechtsschutz gegen Maßnahmen der (Sonder-)Aufsichtsbehörde

Hilfsmittel:
- Gemeindeordnung NRW
- Denkmalschutzgesetz NRW
- Ordnungsbehördengesetz NRW
- Justizgesetz NRW

Zeit: 3 Zeitstunden

Sachverhalt:

Auf dem Gebiet der kreisangehörigen Gemeinde G befinden sich mehrere alte Wasserschloss- und -burganlagen, die nach dem DSchG als Baudenkmäler (§ 2 Abs. 2 DSchG[1]) unter Schutz gestellt werden sollen. Einige der Anlagen befinden sich in einem so schlechten Zustand, dass ein Verfall der Anlagen zu befürchten steht. Da bei den Bürgern der Gemeinde nachhaltig der Wunsch geäußert worden war, diese Anlagen zu erhalten, um die touristische Attraktivität der Gemeinde zu erhöhen, hatten Vorgespräche zwischen G und den Eigentümern der Anlagen stattgefunden, in denen die Eigentümer jeweils glaubhaft vorgetragen hatten, dass sie nicht in der Lage seien, die für eine Erhaltung der Anlagen notwendigen Mittel aufzubringen.

Im Rat der Gemeinde war mehrfach die Frage erörtert worden, welche Folgen sich für die Gemeinde G aus einer Eintragung der Anlagen in die Denkmalliste ergeben könnten. Es bestand die Befürchtung, dass G nach Unterschutzstellung der Anlagen von den Eigentümern nach § 32 DSchG zur Übernahme der Schlösser und Burgen gezwungen werden könnte und dadurch nach § 7 DSchG mit Unterhaltungskosten belastet sein würde, was – unstreitig – die Finanzbelastung der Gemeinde maßgeblich zu Lasten anderer Aufgaben beeinträchtigen würde.[2] Aus diesem Grund hatte der Rat in seiner Sitzung vom 7. November des vergangenen Jahres beschlossen, die Gemeinde G solle die Schlösser und Burgen grundsätzlich nicht in die Denkmalliste aufnehmen.

Der Landrat L des Kreises K, in dem die Gemeinde G liegt, wies – nach mehreren ergebnislos verlaufenen Gesprächen – daraufhin den Bürgermeister B der Gemeinde G „als staatliche Verwaltungsbehörde“ an, die Eintragung der Anlage Schloss G in die Denkmalliste innerhalb von zwei Wochen durchzuführen. Als der Bürgermeister dieser Anweisung nicht nachkam, trug Landrat L selbst das Schloss G in die Denkmalliste der Gemeinde G (§§ 2 Abs. 2 Satz 1, 21 Abs. 1 Satz 2 DSchG) ein.

Der Rat der Gemeinde G war empört. Er beschloss in seiner Sitzung am 20. Februar des laufenden Jahres, die Gemeinde solle gegen die Maßnahmen des Landrats die zulässigen Rechtsbehelfe einlegen. Daraufhin wies Landrat L den Bürgermeister der Gemeinde G an, diesen Ratsbeschluss zu beanstanden. Als Begründung führte der Landrat an, der Ratsbeschluss sei schon deswegen rechtswidrig, weil die von ihm, dem Landrat als Aufsichtsbehörde, getroffenen Maßnahmen rechtmäßig seien. Ein Rechtsbehelf gegen seine Maßnahmen könne daher keinen Erfolg haben. Nachdem der Bürgermeister weisungsgemäß beanstandet hatte, verblieb aber der Rat in seiner Sitzung am 23. April des Jahres bei seinem Beschluss. Daraufhin hob der Landrat den Beschluss des Rates auf.

Aufgaben:

1. **Prüfen Sie gutachtlich, ob folgende Maßnahmen des Landrats L rechtmäßig waren:**
   a) **die Anweisung des Bürgermeisters B der Gemeinde G „als staatliche Verwaltungsbehörde" durch Landrat L, die Anlage Schloss G in die Denkmalliste einzutragen,**
   b) **die Eintragung der Anlage Schloss G in die Denkmalliste durch Landrat L in die Denkmalliste der G,**
   c) **die Anweisung des Bürgermeisters B, den Ratsbeschluss vom 20. Februar zu beanstanden, und**
   d) **die Aufhebung des Ratsbeschlusses vom 20. Februar.**
2. **Welche zulässigen Rechtsbehelfe könnte *die Gemeinde* gegen die unter 1. genannten Maßnahmen des Landrats ergreifen? (Verfristung ist nicht zu prüfen.)**
3. **Werden *die nach Aufgabe 2 zulässigen Rechtsbehelfe* Erfolg haben?**

Hinweise:

Gehen Sie bei der Bearbeitung der Aufgaben davon aus, dass die Anlage Schloss G Denkmal im Sinne des § 2 Abs. 2 DSchG ist. Soweit vor einer Eintragung in die Denkmalliste andere Behörden mitwirken müssen, soll deren eine Eintragung befürwortende Mitwirkung erfolgt sein.

Platz für Ihre Anmerkungen/Raum für Notizen:

Lösung:

Zu Aufgabe 1 a): Anweisung des Bürgermeisters, den Beschl. vom 7. November zu beanstanden

Ein Anweisungsrecht des Landrats L als obere Denkmalbehörde gegenüber dem Bürgermeister B der Gemeinde G als „staatliche Verwaltungsbehörde“, die Anlage Schloss G in die Denkmalliste einzutragen, kann sich aus § 9 Abs. 4 OBG i. V. m. §§ 21 Abs. 1 Satz 2 DSchG und 12 OBG ergeben.[3]

Dann müssten zunächst die Vorschriften des OBG im Bereich des Denkmalschutzes anwendbar sein. Gemäß §§ 21 Abs. 1 Satz 2 DSchG, 12 Abs. 2 OBG können die Vorschriften des OBG im Bereich des Denkmalschutzes Anwendung finden, da dieser den Gemeinden als Aufgabe der Gefahrenabwehr obliegt (§ 21 Abs. 1 Satz 2 DSchG) und vom Bürgermeister in seiner Eigenschaft als Gemeindebehörde „untere Denkmalbehörde“ (§ 20 Abs. 1 Nr. 3 DSchG) als Aufgaben der Gefahrenabwehr (§ 21 Abs. 1 Satz 2 DSchG) wahrgenommen wird.

Das DSchG selbst enthält in § 11 nur Vorschriften über die Ersatzvornahme zum Schutz von Denkmalbereichen. Es gelten damit im Übrigen nach § 12 Abs. 2 OBG insoweit die entsprechenden Vorschriften des OBG, also auch §§ 7 ff. OBG. Nach § 7 Abs. 1 OBG führt der Landrat als untere staatliche Verwaltungsbehörde die Aufsicht über örtliche Ordnungsbehörden.

Das Weisungsrecht des Landrats L als untere staatliche Verwaltungsbehörde (Sonderaufsichtsbehörde) zur Handhabung des Aufsichtsmittels aus § 9 Abs. 1 und 4 OBG im Bereich des Denkmalschutzes ergibt sich aus § 7 Abs. 1 OBG i. V. m. § 21 Abs. 1 Nr. 2 DSchG.

Verbindliche Weisungen einer staatlichen Aufsichtsbehörde gegenüber einem Dritten bedürfen einer Ermächtigungsgrundlage. Nach § 9 Abs. 4 OBG kann die Sonderaufsichtsbehörde im Rahmen einer Weisung zur Erledigung einer bestimmten ordnungsbehördlichen Aufgabe im Einzelfall den Bürgermeister als „staatliche Verwaltungsbehörde“ anweisen. Die Aufgaben des Denkmalschutzes sind ordnungsbehördliche Aufgaben i. S. der §§ 21 Abs. 1 DSchG, 12 OBG; die Eintragung einer bestimmten Anlage (hier des Schlosses G) in die Denkmalliste ist die Erledigung einer Aufgabe im Einzelfall.

Die Voraussetzungen zur Erteilung einer Weisung nach § 9 Abs. 4 OBG können sich aber nicht allein aus Absatz 4 dieser Vorschrift ergeben, da Absatz 4 nicht als Erweiterung – und dann voraussetzungslose Erweiterung – des grundsätzlichen Weisungsrechts nach § 9 Abs. 1 und 2 OBG begriffen werden kann. Der Eingriff nach Absatz 4 stellt sich vielmehr dar als besonders einschneidende Maßnahme, die unter Voraussetzungen möglich ist, die über die Voraussetzungen, die Absatz 1 oder 2 für ein Weisungsrecht normieren, hinausgehen. Voraussetzung für eine Weisung nach § 9 Abs. 4 OBG ist daher zusätzlich, dass die grundsätzliche Weisungsbefugnis nach § 9 Abs. 1 oder 2 OBG gegeben ist.

Ermächtigungsgrundlage insoweit könnte im vorliegenden Fall § 9 Abs. 1 i. V. m. Abs. 4 OBG sein.

Nach § 9 Abs. 1 OBG sind sonderaufsichtliche Weisungen zulässig, um die gesetzmäßige Erfüllung der Aufgaben zu sichern. Im vorliegenden Fall müsste also die Nichteintragung der Anlage Schloss G in die Denkmalliste rechtswidrig sein.

Gem. §§ 23 Abs. 1 Satz 1, 21 Abs. 1 Nr. 3 DSchG hat die untere Denkmalbehörde die Eintragung vorzunehmen, wenn die Schlossanlage ein Baudenkmal ist. Nach dem Sachverhalt ist davon auszugehen, dass Schloss G ein Baudenkmal ist.

Nach § 21 Abs. 3 DSchG war für die Eintragung die untere Denkmalbehörde G auch örtlich zuständig. Die Ablehnung der Eintragung von Schloss G in die Denkmalliste durch den Bürgermeister B war also rechtswidrig.[4]

Über diese grundsätzliche Voraussetzung des § 9 Abs. 1 OBG hinaus verlangt Absatz 4 des § 9 OBG, dass die Weisung der Erledigung einer bestimmten ordnungsbehördlichen Aufgabe im Einzelfall dient. Da es hier konkret um die Eintragung der Schlossanlage G geht, ist diese weitere Voraussetzung gegeben.

Das Weisungsrecht nach § 9 OBG wird von der Aufsichtsbehörde nach pflichtgemäßem Ermessen ausgeübt. Da zum einen G die Eintragung der Schloss- und Burganlagen in ihrem Gebiet grundsätzlich verweigert und zum anderen die Argumente im Rahmen der Vorgespräche ausgetauscht worden waren – und darin auch eine Anhörung im Sinne des § 28 VwVfG zu sehen ist –, ist ein Ermessensfehler auch deswegen nicht erkennbar, weil eine „Wiederholungsgefahr" für die Ablehnung der Eintragung hinsichtlich der nach dem Sachverhalt weiteren in der Gemeinde vorhandenen Baudenkmale besteht.

Die Anweisung des Bürgermeisters B der Gemeinde G als „staatliche Verwaltungsbehörde" nach § 9 Abs. 4 OBG durch den Landrat als Sonderordnungsbehörde war also rechtmäßig.

Zu Aufgabe 1 b): Eintragung in die Denkmalliste per Selbsteintritt

Ermächtigungsgrundlage für die Eintragung der Burganlage durch Landrat L als untere staatliche Verwaltungsbehörde (Sonderaufsichtsbehörde) kann § 10 OBG sein.[5] Nach dieser Vorschrift kann die Sonderaufsichtsbehörde in analoger Anwendung des § 123 Abs. 2 GO die Befugnisse der ihrer Aufsicht unterstehenden Behörden selbst ausüben, wenn eine Weisung nach § 9 Abs. 4 OBG nicht innerhalb der bestimmten Frist vom Hauptverwaltungsbeamten (also dem Bürgermeister) durchgeführt worden ist. Diese Voraussetzungen liegen nach dem Sachverhalt vor. Die Eintragung der Schlossanlage G in die Denkmalliste im Wege des Selbsteintritts durch den Landrat als Sonderaufsichtsbehörde war also rechtmäßig.[6]

Zu Aufgabe 1 c): Anweisung des Bürgermeisters, den Beschl. vom 20. Februar zu beanstanden

Die Anweisung an den Bürgermeister, einen Ratsbeschluss zu beanstanden, ist als Rechtsfolge nur im § 122 Abs. 1 Satz 1 GO NRW enthalten. Gemäß § 127 GO NRW kann eine solche Anweisung nur durch die Behörde der allgemeinen Aufsicht erfolgen. Nach § 120 Abs. 1 GO NRW ist der Landrat als untere staatliche Verwaltungsbehörde allgemeine Aufsichtsbehörde über die kreisangehörige Gemeinde G.

Materiell setzt die Anweisung nach § 122 Abs. 1 Satz 1 GO NRW voraus, dass der Ratsbeschluss vom 20. Februar – die Gemeinde solle die zulässigen Rechtsbehelfe ergreifen – rechtswidrig ist.

Formelle oder verfahrensrechtliche Fehler des Ratsbeschlusses lässt der Sachverhalt nicht erkennen.

Inhaltlich wäre der Beschluss nur rechtswidrig, wenn er gegen eine Rechtsnorm verstieße. Ein solcher Verstoß ist aber nicht ersichtlich.

Der Auffassung des Landrats L, eine Klage gegen seine Maßnahmen als Aufsichtsbehörde sei schon deswegen rechtswidrig, da seine Maßnahmen rechtmäßig seien und daher eine Klage keinen Erfolg haben könne, kann nicht gefolgt werden. Sie würde dazu führen, dass der Landrat auf diesem Wege letztinstanzlich über die Rechtmäßigkeit und den Bestand der von ihm getroffenen Maßnahmen entscheiden könnte. Zu einer solchen Entscheidung sind ggf. die jeweils höheren Aufsichtsbehörden oder aber die Gerichte berufen.

Wenn demzufolge der Ratsbeschluss vom 20. Februar, zulässige Rechtsbehelfe einzulegen, nicht rechtswidrig war, war die Anweisung des Landrats als allgemeine Aufsichtsbehörde an den Bürgermeister, den Ratsbeschluss zu beanstanden, rechtswidrig, da die Voraussetzungen des § 122 Abs. 1 Satz 1 GO nicht vorlagen.

Zu Aufgabe 1 d): Aufhebung des Beschl. vom 20. Februar

Gem. § 122 Abs. 1 Satz 2 GO NRW ist die Aufhebung eines Ratsbeschlusses grundsätzlich möglich, wenn – wie hier – eine Beanstandung erfolgt war und der Beschluss vom Rat erneut beraten und bestätigt worden war. Allerdings setzt § 122 Abs. 1 Satz 2 GO NRW ebenso wie Satz 1 dieser Vorschrift voraus, dass der Beschluss rechtswidrig war. Da diese Voraussetzung nicht gegeben ist, war auch die Aufhebung des Ratsbeschlusses vom 20. Februar rechtswidrig.

Ergebnis zu Aufgabe 1:

Die Maßnahmen zu 1 a) und 1 b) waren rechtmäßig, die Maßnahmen zu 1 c) und 1 d) dagegen rechtswidrig.

Zu Aufgabe 2:

Zu 1 a): Zulässiger Rechtsbehelf gegen Anweisung des Bürgermeisters, den Beschl. vom 7. November zu beanstanden

Die Zulässigkeit eines jeden Rechtsbehelfs setzt grundsätzlich voraus, dass ein Rechtsschutzbedürfnis besteht, soweit nicht eine besonders geregelte Rechtsbehelfsbefugnis (z. B. Petition oder Verbandsklage) besteht.[7] Ein solches Rechtsschutzbedürfnis ist nur gegeben, wenn der Rechtsbehelf sich gegen eine Maßnahme richtet, welche in den Rechtskreis des Rechtsbehelfsführers – hier also der Gemeinde G – einzugreifen geeignet ist (Vgl. § 42 Abs. 2 VwGO).

Die Anweisung an den Bürgermeister B ergeht über das Rechtsinstitut der Organleihe gegen den Bürgermeister als Amtsträger und nimmt ihn als „staatliche Verwaltungsbehörde" in Anspruch. Die Gemeinde selbst ist nicht Adressatin der Anweisung. Die Anweisung kann daher die kommunale Körperschaft in ihren Rechten grundsätzlich nicht verletzen.[8] Ein Rechtsbehelf gegen diese Maßnahme des Landrats steht daher der Gemeinde nicht zur Verfügung.

Zu 1 b):[9] Rechtsbehelf gegen die Eintragung in die Denkmalliste per Selbsteintritt

Gegen die Eintragung der Schlossanlage G in die Denkmalliste durch den Landrat nach §§ 9 Abs. 4, 10 OBG könnte ein Widerspruch und/oder eine Anfechtungsklage nach §§ 68 ff. VwGO als Rechtsbehelf der Gemeinde statthaft sein.

Die Anfechtungsklage ist grundsätzlich nur statthaft, wenn die Aufhebung eines Verwaltungsaktes begehrt wird (§ 42 Abs. 1 VwGO).

Gem. § 23 Abs. 5 DSchG ist über die Eintragung ein Bescheid zu erteilen. Mit dem Ausdruck „Bescheid" bezeichnet der Gesetzgeber einen Verwaltungsakt. In der Sache bewirkt die Eintragung die rechtsbegründende Feststellung, dass es sich bei dem eingetragenen Bauwerk um ein Denkmal i. S. d. DSchG handelt (Feststellender Verwaltungsakt).[10] Die Anfechtungsklage gegen die Eintragung ist also grundsätzlich statthaft.

Nach § 68 Abs. 1 VwGO ist allerdings grundsätzlich vor Erhebung der Anfechtungsklage ein Vorverfahren durchzuführen, soweit dies nicht durch Gesetz anderweitig geregelt ist.

Da die Eintragung als Maßnahme nach § 10 OBG eine Maßnahme im Rahmen der Sonderaufsicht i. S. v. § 119 Abs. 2 GO ist, wird das Widerspruchsverfahren nicht nach § 126 GO NRW ausgeschlossen. Diese Vorschrift gilt nur für Maßnahmen der allgemeinen Aufsicht.

Allerdings greift hier § 110 Abs. 1 Satz 1 JustizG NRW ein, wonach in NRW vor Erhebung einer Anfechtungsklage ein Widerspruchsverfahren grundsätzlich nicht stattfindet. Einer der in § 110 JustizG vorgesehenen Ausnahmefälle liegt hier nicht vor. Es kann also unmittelbar Anfechtungsklage erhoben werden.

Nach § 42 Abs. 2 VwGO müsste die Gemeinde klagebefugt sein.[11] Gem. § 21 Abs. 1 Nr. 3, i. V. m. §§ 21 Abs. 1 Satz 3 und Abs. 3 DSchG fällt es in die Zuständigkeit der Gemeinde G, Denkmäler in die Denkmalliste einzutragen. Greift eine Staatsbehörde in diesen Zuständigkeitsbereich ein, so wird die Gemeinde im Bereich der ihr zugewiesenen Aufgabenerledigung tangiert. Nach Art. 28 Abs. 2 Satz 1 GG erledigen die Gemeinden kommunale Aufgaben in eigener Verantwortung. Nach Art. 78 Abs. 2 Verf. NRW sind die Gemeinden grundsätzlich alleinige Träger der öffentlichen Verwaltung in ihrem Gebiet. Bei einem rechtswidrigen Eingriff einer Staatsbehörde in den Bereich der Aufgabenerledigung durch die Gemeinde kann diese also geltend machen, in ihrem Selbstverwaltungsrecht verletzt zu sein.[12]

Eine Anfechtungsklage der Gemeinde G gegen die Eintragung der Schlossanlage G im Wege des Selbsteintritts nach § 10 OBG ist demzufolge der richtige Rechtsbehelf.

Zu 1 c): Rechtsbehelf gegen die Anweisung des Bürgermeisters, den Beschl. vom 20. Februar zu beanstanden

Auch die Anweisung des Bürgermeisters B durch den Landrat als Kommunalaufsichtsbehörde nach § 122 Abs. 1 Satz 1 GO NRW, den Ratsbeschluss vom 20. Februar zu beanstanden, stellt die Inanspruchnahme des Bürgermeisters im Wege der Organleihe dar. Wie in Aufgabe 2 zu 1 a) dargestellt, fehlt der Gemeinde für eine Klage gegen eine solche Anweisung das Rechtsschutzbedürfnis.

Zu 1 d): Rechtsbehelf gegen die Aufhebung des Beschl. vom 20. Februar

Die Aufhebung des Ratsbeschlusses nach § 122 Abs. 1 Satz 2 GO NRW ist eine Maßnahme einer Landesbehörde der allgemeinen Aufsicht, durch welche ein Willensbildungsakt der Gemeinde als Trägerin des Selbstverwaltungsrechts aufgehoben wird, und hat daher Außenwirkung. Sie stellt also einen Verwaltungsakt im Sinne des § 35 Satz 1 VwVfG dar. Eine solche Maßnahme der allgemeinen Aufsicht kann nach § 126 GO NRW[13] unmittelbar mit der Klage vor dem Verwaltungsgericht angefochten werden. Eine entsprechende Anfechtungsklage vor dem Verwaltungsgericht ist also der richtige Rechtsbehelf.

Ergebnis zu Aufgabe 2:

Die Gemeinde kann in zulässiger Weise Anfechtungsklage gegen (das Land NRW, vertreten durch)[14] Landrat L mit den Anträgen erheben,

- die Eintragung der Burganlage im Wege des Selbsteintritts nach § 10 OBG (Maßnahme 1 b)
- und die Verfügung zur Aufhebung des Ratsbeschlusses vom 20. Februar (Maßnahme 1 d)

aufzuheben.

Zu Aufgabe 3:

Zu 1 b):[15] Erfolg der Klage gegen den Selbsteintritt

Eine zulässige Klage gegen die Eintragung der Schlossanlage G in Ausübung der Sonderaufsicht nach § 10 OBG wird nur Erfolg haben, wenn die Maßnahme rechtswidrig war und die Gemeinde G durch sie in ihren Rechten verletzt ist (§ 113 Abs. 1 Satz 1 VwGO).

Wie unter Aufgabe 1 zu 1 b) dargelegt, war die Eintragung aber rechtmäßig. Die Gemeinde kann durch eine rechtmäßige Maßnahme nicht in ihren Rechten „verletzt" sein. Eine Anfechtungsklage wäre unbegründet und könnte daher keinen Erfolg haben.

Zu 1 d): Erfolg der Klage gegen die Aufhebung des Ratsbeschlusses vom 20. Februar

Eine zulässige Klage gegen die Aufhebung des Ratsbeschlusses vom 20. Februar wird gem. § 113 Abs. 1 Satz 1 VwGO Erfolg haben, wenn diese Maßnahme ein rechtswidriger Verwaltungsakt war, der die Gemeinde G in ihren Rechten verletzt.

Wie in Aufgabe 1 zu 1 d) gezeigt, war die Aufhebung des Ratsbeschlusses rechtswidrig. Durch die Aufhebung des Ratsbeschlusses wird in die Willensbildung der Gemeinde eingegriffen, die ihrerseits Bestandteil des Selbstverwaltungsrechts der Gemeinde ist. Die Aufhebung eines Ratsbeschlusses nach § 122 Abs. 1 Satz 2 GO stellt sich damit als eine Maßnahme einer staatlichen Behörde gegenüber der Gemeinde dar (Außenwirkung), die einen Willensbildungsakt der Gemeinde aufhebt (unmittelbare Rechtswirkung). Sie hat also Verwaltungsaktcharakter i. S. v. § 35 Satz 1 VwVfG. Eine Klage gegen die Aufhebungsverfügung ist also eine Anfechtungsklage nach § 42 Abs. 1 VwGO.

Eine Anfechtungsklage ist nach § 113 Abs. 1 Satz 1 VwGO begründet, wenn der angegriffene Verwaltungsakt rechtswidrig ist und die Klägerin in ihren Rechten verletzt.

Oben ist dargestellt worden, dass die Aufhebung des Ratsbeschusses vom 20. Februar rechtswidrig war.

Aus dem Selbstverwaltungsrecht der Gemeinde folgt das Recht zur eigenverantwortlichen Willensbildung. Ein rechtswidriger Eingriff verletzt daher die Gemeinde in ihren Rechten. Die Klage ist zulässig und begründet.

Ergebnis zu Aufgabe 3:

Die Anfechtungsklage gegen die Eintragung der Schlossanlage G im Wege des Selbsteintritts wird keinen Erfolg haben, die Anfechtungsklage gegen die Aufhebung des Ratsbeschlusses vom 20. Februar dagegen wird erfolgreich sein.

Anmerkungen:

1 Denkmalschutzgesetz NRW vom 13.4.2022 (GV NRW S. 662), in Kraft seit 1.6.2022.

2 Zu den Voraussetzungen für ein begründetes Übernahmeverlangen vgl. BVerwG, Beschl. vom 17.11.2009 – 7 B 25.09 –, NWVBl. 2010 S. 181.

3 Vgl. *Theisen*, Hinweis 10 der Anleitung zur Anfertigung von Klausuren. Hier muss der Bearbeiter in seinen Vorüberlegungen erkennen, dass eine Anweisung des G „als staatliche Verwaltungsbehörde" nur nach § 9 Abs. 4 OBG möglich ist. Unzulässig wäre – wie es einige Bearbeiter in der Klausurlösung getan haben –, dieses wörtliche Zitat in „als untere staatliche Verwaltungsbehörde" zu ändern und als Attribut dem Landrat zuzuordnen. Dass dieser nicht als kommunale Behörde oder kommunales Organ des Kreises K agiert, ergibt sich aus seinem Auftreten als Behörde der staatlichen Aufsicht. Die Aufsicht über kommunale Körperschaften ist staatliche (Landes-)Aufsicht (§ 11 GO). Vgl. *Hofmann/Theisen/Bätge*, Kommunalrecht in NRW, Kap. 3.1 und 3.2.

4 Bei der Eintragung von Baudenkmälern hat die Denkmalbehörde kein Ermessen (HessVGH, Urt. vom 28.11.1984, NVwZ 1986 S. 237; VGH BW, Urt. vom 30.7.1985, NVwZ 1986 S. 240; OVG Bln-Bbg, Urt. vom 10.5.1985, NVwZ 1986 S. 239).
In der Klausur muss auf dieses Problem aber nicht besonders eingegangen werden. Zum einen gibt der Wortlaut des § 3 Abs. 1 Satz 1 DSchG *„sind ... einzutragen"* zu Zweifeln am zwingenden Charakter keinen Anlass, zum anderen enthält der Sachverhalt auch keinen dahingehenden Vortrag der Gemeinde G.

5 Da die Anwendbarkeit des OBG und die Zuständigkeit des Landrats zu Aufgabe 1 a) bereits dargelegt wurde, kann hier auf eine erneute Darlegung verzichtet werden. Es könnte ein entsprechender Verweis erfolgen; da aber die Ausführungen zu 1 a) nicht so umfangreich sind, dass der Leser die Darstellung von Anwendbarkeit und Zuständigkeit aus dem Gedächtnis verloren hätte, kann auch darauf verzichtet werden.

6 Ein Vorgehen der Sonderaufsichtsbehörde nach §§ 9 Abs. 4, 10 OBG stellt einen schweren Eingriff in die kommunale Selbstverwaltung dar. Der Bearbeiter könnte daher zu 1 a) und/oder 1 b) auch erwägen, ob nicht nach dem Prinzip vom geringstmöglichen Eingriff die Anwendung dieser Aufsichtsmittel rechtswidrig ist, da andere, mildere Mittel (z. B. Weisung nach § 9 Abs. 1 OBG oder Vorgehen der allgemeinen Aufsicht nach §§ 122 ff. GO NRW) hätten ergriffen werden können. Da aber dieser Gesichtspunkt im Sachverhalt weder als Parteivortrag enthalten ist noch sonst (deutlich) angesprochen wird, halte ich Ausführungen hierzu nicht für notwendig, wohl aber für zulässig, da das Prinzip vom geringstmöglichen Eingriff als Ausformung des Verhältnismäßigkeitsgrundsatzes einen verfassungsrechtlichen Grundsatz darstellt, der in der gesamten Rechtsordnung gilt.
Im Ergebnis aber wird der Bearbeiter darlegen können, dass die Nichteintragung der Schlossanlage G auf einer politischen Grundentscheidung der Gemeinde G beruht und daher ein Vorgehen nach §§ 9 Abs. 4, 10 OBG angemessen ist, da es auf dem kürzesten Wege zum Erfolg führt und für eventuelle weitere Eintragungen in die Denkmalliste wegweisend ist.

7 Eine geschriebene Rechtsnorm, die für alle Rechtsbehelfe grundsätzlich ein Rechtsschutzbedürfnis verlangt, existiert in dieser Weise nicht ausdrücklich. Der Grundsatz ist aber gleichwohl allgemein anerkannt. Der Bearbeiter, der auf diesen Rechtsgrundsatz abstellen will, muss ihn daher vorher selbst formulieren. Dabei ist darauf zu achten, dass in der Formulierung bereits die Gesichtspunkte enthalten sind, auf die bei der Anwendung des Rechtsgrundsatzes auf den Sachverhalt abgestellt werden soll.

8 Denkbar wäre allerdings, dass die Anweisung des Bürgermeisters einen Eingriff in die Personalhoheit der Gemeinde darstellt. Einen solchen (ggf. rechtswidrigen) Eingriff in die Personalhoheit wird man m. E. aber nur dann annehmen können, wenn durch die Inanspruchnahme des Bürgermeisters im Wege der Organleihe dieser von der Erledigung seiner gemeindlichen Aufgaben abgehalten wird (Vgl. *Buttler* in Kleerbaum/Palmen, § 122 GO, Anmerkung II 3).
Denkbar ist auch, in der Inanspruchnahme des Bürgermeisters im Wege der Organleihe eine Statusveränderung des Bürgermeisters (durch Verwaltungsakt) zu sehen. Auch hiergegen hat die Gemeinde aber grundsätzlich keinen Rechtsbehelf, da nicht sie in ihren Rechten betroffen ist.

9 Es gibt eine Vielzahl formeller und formloser Rechtsbehelfe wie z. B. Dienst- oder Fachaufsichtsbeschwerden, Gegenvorstellung, Widerspruch, Klage usw. Erkennt der Bearbeiter im Rahmen seiner Vorüberlegungen, dass ein formeller Rechtsbehelf zulässig ist, so werden formlose Rechtsbehelfe nur dann darzustellen sein, wenn die Aufgabe dies ausdrücklich verlangt. Kommen mehrere formelle Rechtsbehelfe in Betracht, so gibt es verschiedene Aufbaumöglichkeiten für die Darlegungen. Liegt bei der Frage nach den zulässigen Rechtsbehelfen erkennbar der Aufgabenschwerpunkt, so ist eine breitere Darstellung gerechtfertigt. Da dies vorliegend aber nicht der Fall ist, werden nur kurz der unzulässige Widerspruch und danach die zulässige Anfechtungsklage angesprochen.

10 OVG NRW, Urt. vom 20.6.1991, NWVBl. 1992 S. 322: *„Die Eintragung einer Sache in die Denkmalliste gemäß § 3 Abs. 1 DSchG NW erfüllt die Voraussetzungen eines dinglichen Verwaltungsaktes in Form einer Allgemeinverfügung im Sinne von § 35 S. 2, 2. Alternative VwVfG."*

11 Die Frage, ob eine kommunale Körperschaft Maßnahmen der Sonderaufsicht mit (dem Widerspruch oder) der Anfechtungsklage angreifen kann, war umstritten (vgl. *Hofmann/Bätge/Wiesner*, Kommunalrecht in Nordrhein-Westfalen, Kap. 3.6.1.2.2). Gegen diese Möglichkeit wurde eingewandt, Pflichtaufgaben zur Erfüllung nach Weisung seien – wie Auftragsangelegenheiten – übertragene Aufgaben und gehörten daher nicht zum Selbstverwaltungsbereich der Gemeinde. Weisungen in diesem Bereich könnten daher die Gemeinde auch nicht mit Wirkung nach außen in ihren Rechten verletzen und seien daher mangels Außenwirkung keine Verwaltungsakte. Widerspruch und/oder Anfechtungsklage seien also schon deshalb nicht statthaft. Zur Gegenposition vgl. *Hofmann/Bätge/Wiesner*, a. a. O., mit Nachweisen.

Wenn bei diesem schwierigen Problem die Klausuraufgabe nicht erkennbar den oder zumindest einen Schwerpunkt setzt, wird es dem Bearbeiter im Rahmen einer dreistündigen Klausur nicht gelingen, überzeugende Ausführungen zur Problemlösung zu machen. Es bleibt ihm in der Kürze der Zeit dann nur die Möglichkeit (wenn er das Problem überhaupt erkennt), sich bei den Vorüberlegungen der einen oder anderen Auffassung anzuschließen und im Ergebnis auf diese abzustellen. Gelingt es dann noch, ein sinnvolles Argument für das gewählte Ergebnis anzuführen, wird der Korrektor, der vielleicht ein anderes Ergebnis für richtig hält, eine solche Ausführung gleichwohl als vertretbar – und damit nicht als falsch – akzeptieren.

12 Die Gemeinde G wendet sich nicht allein gegen die Eintragung, sondern gegen die Eintragung durch die Sonderaufsichtsbehörde „Landrat als untere staatliche Verwaltungsbehörde" im Wege des Selbsteintritts. Stellt man auf den Selbsteintritt als solchen ab, so stellt sich dieser als Vollzug der nicht befolgten Weisung dar. Ob ein solcher Vollzugsakt Verwaltungsaktcharakter hat oder nur als Verwaltungsrealakt zu qualifizieren ist, kann zweifelhaft sein. Hier spricht vieles dafür, den Verwaltungsaktcharakter zu bejahen, da der Vollzugsakt selbst im Erlass eines Verwaltungsaktes (Eintragung) besteht. Hält aber der Bearbeiter den Selbsteintritt nach § 10 OBG mangels Regelung gegenüber der Gemeinde nicht für einen Verwaltungsakt, so können – je nach Klageziel – als Rechtsbehelfe eine Folgenbeseitigungsklage oder Feststellungsklage vor dem Verwaltungsgericht in Betracht kommen.

13 § 126 GO hat als Spezialvorschrift nur für die Anfechtung von Maßnahmen der allgemeinen Aufsicht neben der allgemeinen Regelung des § 110 JustizG NRW eigenständige Bedeutung. § 110 JustizG NRW gilt darüber hinaus für alle anderen Anfechtungsklagen und auch für die Verpflichtungssituation. Eine Erörterung dieser Frage bietet sich in dieser Klausur aber nicht an.

14 § 78 Abs. 1 Nr. 1 VwGO.

15 Aufgabe 3 fragt nur nach dem Erfolg *der gem. Aufgabe 2 zulässigen* Rechtsbehelfe (*Theisen*, Hinweis 3 der Anleitung zur Anfertigung von Klausuren!). Einige Bearbeiter der Klausur haben entweder Aufgaben 2 und 3 gemeinsam behandelt oder bei Aufgabe 3 auch den Erfolg von Rechtsbehelfen gegen Maßnahmen 1 a) und 1 c) geprüft. Sie haben sich dadurch unnötige Arbeit gemacht und häufig auch nicht deutlich gemacht, dass die Begründetheit eines unzulässigen Rechtsbehelfs nur hilfsgutachtlich geprüft werden soll.

Rolf-Dieter Theisen

14. Fall

Schwerpunkte: – Ausschluss und Befangenheit in Ausschüssen
– Kommunalverfassungsstreitverfahren

Hilfsmittel: – Gemeindeordnung NRW (GO)
– Kinder- und Jugendhilfegesetz (SGB VIII)
– 1. AG KJHG NRW
– 3. AG KJHG – KJFöG NRW
– Verwaltungsgerichtsordnung (VwGO)

Zeit: 3 Zeitstunden

Sachverhalt:

B ist Bürger der kreisfreien Stadt S in Nordrhein-Westfalen. Er ist sowohl Vorstandsvorsitzender des Allgemeinen Sportvereins e. V. (ASV) als auch der gewerkschaftlichen Jugendorganisation Hans-Böckler-Kreis. Da er auch politisch aktiv ist, hat ihn der Rat der Stadt S auf Vorschlag seiner Partei in den Sportausschuss als sachkundigen Bürger und auf Vorschlag des Deutschen Gewerkschaftsbundes DGB in den Jugendhilfeausschuss gewählt.

Der Sportausschuss tagt am 6. März des Jahres. Auf der Tagesordnung stehen u. a. die Punkte:

7. Änderung der Richtlinien über die allgemeine Förderung von Sportvereinen.
8. Zuweisung allgemeiner Zuschussbeträge gemäß Richtlinien an die Sportvereine.
9. Gewährung eines einmaligen Zuschusses von 15.000 € an den ASV zum Ausbau der Zuschauertribüne.

Vor Eintritt in die Beratung dieser Tagesordnungspunkte verweist der Ausschussvorsitzende auf § 31 GO NRW und bittet B, für die Erörterung der Tagesordnungspunkte 7 bis 9 den Sitzungsraum zu verlassen, da er befangen sei. B erklärt, er halte sich nicht für befangen, da er persönlich von den Entscheidungen keine Vor- oder Nachteile haben könne. Daraufhin beschließt der Ausschuss mehrheitlich, B für die Tagesordnungspunkte 7, 8 und 9 von Beratung und Beschluss auszuschließen.

Die Sitzung des Jugendhilfeausschusses findet am 7. März des Jahres statt. Auf der Tagesordnung stehen u. a. die Punkte:

9. Haushalt des Jugendamtes
   a) Zuschüsse für Einzelmaßnahmen der Stadtranderholung wie Jugendlager und Wanderungen (Änderungen der Antrags- und Verteilungsrichtlinien)
   b) Beihilfen an Jugendverbände für pädagogische Fachkräfte (Projekt des gewerkschaftlichen Hans-Böckler-Kreises zur Förderung arbeitsloser Jugendlicher)

Vor Eintritt in die Erörterung verweist der Vorsitzende auf § 31 GO NRW und bittet B, den Sitzungsraum zu verlassen. Er sei in beiden Punkten befangen, da nur eine begrenzte Geldmenge für Zuschüsse und Beihilfen zur Verfügung stehe. Daraus folge, dass jede Entscheidung über allgemeine Verteilungsmodalitäten und besonders über konkrete Beihilfen sich positiv oder negativ unmittelbar auf die Förderung des Hans-Böckler-Kreises auswirken müsse.

B hält dem entgegen, dass § 31 GO NRW für die Arbeit des Jugendhilfeausschusses gar nicht gelte. Der Jugendhilfeausschuss sei nämlich ein sondergesetzlicher Ausschuss, auf den die GO NRW gar keine Anwendung finde. Selbst wenn man aber grundsätzlich den Gedanken der Befangenheit auch auf die Arbeit des Jugendhilfeausschusses anwenden wolle, so gelte er doch nicht für Mitglieder, die gemäß § 71 Abs. 1 Nr. 2 SGB VIII in den Ausschuss gewählt worden seien. Diese Mitglieder seien nämlich nicht dem öffentlichen Wohl der Gemeinde allein verpflichtet, sondern als Interessenvertreter der Träger der freien Jugendhilfe gewählt worden und daher allein deren Interessen verpflichtet.

Nach kurzer Beratung beschließt der Jugendhilfeausschuss mehrheitlich, B von Beratung und Beschluss zu Punkt 9 der Tagesordnung auszuschließen.

Aufgaben:

1. **Prüfen Sie gutachtlich, ob die Ausschlussentscheidungen**
   a) des Sportausschusses
   b) des Jugendhilfeausschusses
   rechtmäßig waren.
2. **Könnte B gegen**
   a) den Sportausschuss, vertreten durch den Vorsitzenden,
   b) den Jugendhilfeausschuss, vertreten durch den Vorsitzenden,
   mit Erfolg vor dem örtlich zuständigen Verwaltungsgericht mit dem Antrag klagen, die Rechtswidrigkeit der Ausschlussentscheidungen festzustellen?

Hinweise:

Gehen Sie davon aus, dass der DGB ein Jugendverband im Sinne des § 71 Abs. 1 Nr. 2 SGB VIII ist.

Zu Aufgabe 1:
Die Ausschusssitzungen wurden formal fehlerfrei durchgeführt, soweit nicht der Sachverhalt besondere Hinweise enthält.

Hinsichtlich der aufgeführten Tagesordnungspunkte sind die Ausschüsse entscheidungsbefugt.

Zu Aufgabe 2:
Hinsichtlich der Begründetheit einer möglicherweise zulässigen Klage kann auf das Gutachten zu 1 verwiesen werden.

Platz für Ihre Anmerkungen/Raum für Notizen:

Lösung:

Zu Aufgabe 1:[1] Rechtmäßigkeit der Ausschlussentscheidungen der Ausschüsse

A Die Ausschlussentscheidungen[2] können aus formellen und materiellen Gründen rechtswidrig sein. Da nach dem Bearbeitungshinweis die Ausschusssitzungen „formal fehlerfrei" durchgeführt worden sind, kommen als Anknüpfungspunkte für die Erörterungen der formellen Rechtswidrigkeit allenfalls Zuständigkeit und Verfahren zum Ausschlussbeschluss in den Ausschüssen in Betracht.[3]

I. Formelle Rechtmäßigkeit des Sportausschuss-Beschlusses
Als Rechtsgrundlage für den Ausschlussbeschluss im Sportausschuss kommt § 43 Abs. 2 Nr. 4 GO NRW in Betracht. Danach entscheidet der Ausschuss durch Beschluss über Ausschlussgründe seiner Mitglieder. Da B als Ausschussmitglied den Sitzungsraum nicht freiwillig verließ (§§ 31 Abs. 4, 43 Abs. 2 GO NRW), hat der Ausschuss mit Mehrheit insoweit ordnungsgemäß über seinen Ausschluss beschlossen.

II. Formelle Rechtmäßigkeit des Jugendhilfeausschuss-Beschlusses
B macht geltend, dass die Vorschriften der GO NRW für die Arbeit des Jugendhilfeausschusses gar nicht gelten.[4] Insoweit kann zweifelhaft sein, ob im Jugendhilfeausschuss nach den Vorschriften der GO NRW überhaupt ein Beschluss über den Ausschluss eines Mitgliedes wegen Befangenheit gefasst werden kann.
Der Jugendhilfeausschuss ist ein sondergesetzlicher Ausschuss nach § 71 SGB VIII. Gemäß § 71 Abs. 6 Satz 1 SGB VIII regelt Landesrecht die näheren Einzelheiten. Nach § 3 Abs. 1 des 1. AG KJHG NRW[5] gelten für das Jugendamt die Bestimmungen der GO, soweit keine speziellen Regelungen im SGB VIII oder im Ausführungsgesetz NRW bestehen. Das Jugendamt besteht nach § 70 Abs. 1 SGB VIII aus der Verwaltung des Jugendamtes und dem Jugendhilfeausschuss.
Da für die Frage des Verfahrens bei Befangenheit im Jugendhilfeausschuss spezielle Regelungen weder im SGB VIII noch im 1. AG KJHG NRW bestehen, gilt also insoweit die GO NRW entsprechend. Im Ergebnis ist daher der Ausschlussbeschluss im Jugendhilfeausschuss ebenfalls formell ordnungsgemäß gefasst worden.

B Zweifelhaft aber könnte sein, ob die Ausschussbeschlüsse inhaltlich rechtmäßig sind.

I. Der Ausschlussbeschluss des Sportausschusses ist nur dann rechtmäßig, wenn für B gemäß §§ 43 Abs. 2, 31 GO NRW bei den Tagesordnungspunkten 7 bis 9 ein Ausschließungsgrund bestand. In einem solchen Fall darf er nach §§ 58 Abs. 2 Satz 1, 50 Abs. 6 GO weder an der Beratung noch am Beschluss zu den Tagesordnungspunkten 7 bis 9 teilnehmen.

1. Zu TOP 7
In Betracht kommt hier ein Ausschlussgrund nach §§ 31 Abs. 2 Nr. 2, 43 Abs. 2 GO.[6] Als Vorstandsvorsitzender des ASV gehört B zu dem in § 31 Abs. 2 Nr. 2 GO genannten Personenkreis. Ein Ausschließungsgrund nach § 31 Abs. 2 GO könnte für B dann vorliegen, wenn die Entscheidung zu TOP 7 für den ASV einen unmittelbaren Vor- oder Nachteil bringen kann.
Grundsätzlich sind die Richtlinien über die Förderung von Sportvereinen auch für den ASV von Interesse. Je nachdem, wie diese Richtlinien ausgestaltet sind, wird der ASV mehr oder weniger in den Genuss von Förderung durch die Gemeinde kommen können. Insoweit kann also die Ausgestaltung der Richtlinien einen Vor- oder Nachteil für den ASV mit sich bringen. Ein Ausschließungsgrund liegt allerdings nur dann vor, wenn dieser Vor- oder Nachteil unmittelbar eintreten kann. Nach § 31 Abs. 1 letzter Satz GO NRW liegt Unmittelbarkeit dann vor, wenn die Entscheidung den ASV direkt berührt. Der Beschluss über die Richtlinien zur Förderung von Sportvereinen gewährt unmittelbar dem ASV noch keine Geldzuwendungen. Andererseits aber prägt er maßgeblich die Entscheidungen über die Zuwendungen der Gemeinde an die Sportvereine in der Zukunft vor. Im Regelfall wird sich die Einzelentscheidung über eine Zuwendung nach den Prinzipien der Richtlinien richten müssen. Andererseits aber betreffen die Richtlinien nicht nur den ASV allein, sondern stellen eine grundsätzliche Entscheidung über die Förderungsmodalitäten für alle Sportvereine dar. Insofern steht nicht nur ein Individualinteresse im Vordergrund, sondern es sind Interessen aller Sportvereine der Gemeinde berührt.
Zu bedenken ist auch, dass die sachkundigen Bürger in der Regel deshalb „sachkundig“ sind, weil sie in dem Bereich, für den der Ausschuss gebildet wird, in der einen oder anderen Weise tätig sind. Je weiter man die Befangenheitsvorschriften ausdehnt, umso weiter würde man die „Sachkunde“ der sachkundigen Bürger in den Ausschüssen zurückdrängen.
Nach § 31 Abs. 3 Nr. 1 GO gelten die Befangenheitsvorschriften der Absätze 1 und 2 u. a. dann nicht, wenn der Vor- oder Nachteil nur darauf beruht, dass jemand – also das Mitglied des Gremiums – einer Berufs- oder Bevölkerungsgruppe angehört, deren gemeinsame Interessen durch die Angelegenheit berührt werden. Diese Formulierung könnte dafür sprechen, dass § 31 Abs. 3 Nr. 1 GO nur für den Fall gilt, dass der Vor- oder Nachteil bei dem Ausschussmitglied persönlich eintritt. Eine Geltung der Befangenheitsvorschriften wäre dann im vorliegenden Fall ausgeschlossen, da der Vor- oder Nachteil nicht bei B persönlich anfällt, da nicht er, sondern alle Sportvereine berührt sind.[7]
Es ist allerdings auch Aufgabe der Vorschriften über Ausschluss und Befangenheit, bereits den Anschein eines Interessenwiderstreites zwischen den öffentlichen Interessen der Gemeinde und Individualinteres-

sen zu vermeiden.[8] Insoweit wird nicht geleugnet werden können, dass in der Person des B ein Interessenwiderstreit auftreten kann, der ihn dazu verleiten könnte, die Interessen seines Vereins vor die öffentlichen Interessen der Gemeinde an der Sportförderung allgemein zu stellen. Selbst wenn also bei formaler Betrachtung die Entscheidung über die Sportförderrichtlinien noch keinen unmittelbaren geldwerten Vorteil beim ASV entstehen lässt, so wird man doch auf Grund der Bindung der Vergabeentscheidungen über die zur Verfügung stehenden Mittel an die Richtlinien hier eine Befangenheit annehmen können.[9]
Wenn demnach B zu TOP 7 befangen war im Sinne des § 31 Abs. 2 Nr. 2 GO, war auch sein Ausschluss rechtmäßig; die Ausschlussentscheidung des Sportausschusses war rechtmäßig.

2. Auch für die Tagesordnungspunkte 8 und 9 könnte sich ein Befangenheitsgrund aus § 31 Abs. 2 Nr. 2 GO NRW ergeben.
   a) Unter TOP 8 geht es um die Zuweisung von Zuschussbeträgen an die Sportvereine. Hier werden also konkrete Entscheidungen über finanzielle Zuwendungen an die Vereine getroffen. Die Entscheidungen des Sportausschusses sind nach § 62 Abs. 2 Satz 2 GO NRW vom Oberbürgermeister auszuführen, ohne dass diesem noch eine weitergehende Entscheidungskompetenz zustünde. Die Entscheidung des Sportausschusses über die Vergabe bedeutet daher einen unmittelbaren Vor- oder Nachteil für den ASV. B ist also zu diesem Tagesordnungspunkt befangen. Der Ausschlussbeschluss des Ausschusses war rechtmäßig.
   b) Nach den aufgezeigten Grundsätzen liegt auch eine Befangenheit zu TOP 9 vor, zu dem über die Gewährung eines einmaligen Zuschusses an den ASV entschieden wird. Auch insoweit ist also der Ausschluss von B gerechtfertigt.
   Insgesamt ist daher der Ausschlussbeschluss des Sportausschusses rechtmäßig.

II. Der Ausschlussbeschluss des Jugendhilfeausschusses ist rechtmäßig, wenn für B hinsichtlich TOP 9 ein Befangenheitsgrund nach § 31 GO NRW vorlag. In Betracht kommt hier nur eine Befangenheit nach § 31 Abs. 2 Nr. 2 GO NRW, da B Vorsitzender der gewerkschaftlichen Jugendorganisation Hans-Böckler-Kreis ist. Das setzt voraus, dass aus den Entscheidungen zu TOP 9 dem Hans-Böckler-Kreis ein unmittelbarer Vor- oder Nachteil entstehen könnte.

1. Unter Ziffer a) des TOP 9 werden die Verteilungsrichtlinien über Zuschüsse für Stadtranderholung, Jugendlager und Wanderungen neu beraten und beschlossen. Zweifelhaft könnte dabei zunächst sein, ob der Hans-Böckler-Kreis überhaupt Aktivitäten in diesem Bereich entwickelt. Selbst wenn man dies aber annimmt, greift die Mittelgewährung nach den zu beschließenden Richtlinien nur dann ein, wenn entsprechende Veranstaltungen durchgeführt werden. Anders als im Fall des TOP 7 des

Sportausschusses werden also hier nicht allgemeine Finanzierungsmittel gewährt, deren Zuweisung nach dem Richtlinienbeschluss auch gesichert ist, sondern Einzelunterstützungen zu konkreten Maßnahmen. Der Vor- oder Nachteil, der sich aus den Richtlinien ergeben kann, setzt daher weiter noch voraus, dass eine solche konkrete Maßnahme überhaupt durchgeführt werden soll, die – im Rahmen der zur Verfügung stehenden Mittel – die Vorgaben der Richtlinien auch erfüllen. Insofern ist die Entfernung zwischen der Entscheidung über die Richtlinien und dem Bezug von kommunalen Finanzmitteln deutlich größer als im Falle des TOP 7 des Sportausschusses. Man wird daher eine Unmittelbarkeit im Sinne von § 31 Abs. 1 Satz 2 GO NRW verneinen können, da die Entscheidung über die Richtlinien allein noch keine Vorentscheidung über die Gewährung eines konkreten Zuschusses ist. Insoweit also liegt dann ein Ausschlussgrund nach § 31 Abs. 2 Nr. 2 GO NRW nicht vor. Der Ausschlussbeschluss zu TOP 9 a) war rechtswidrig.

2. Ein solcher Ausschlussgrund könnte aber vorliegen zu TOP 9 b), unter welchem dem Hans-Böckler-Kreis eine konkrete Beihilfe gewährt werden soll. Die Beihilfe ist ein Vorteil für den Hans-Böckler-Kreis, der auf der Grundlage des Beschlusses des Jugendhilfeausschusses nach § 62 Abs. 2 Satz 2 GO NRW vom Oberbürgermeister zu gewähren ist. Die Unmittelbarkeit dieses Vorteils liegt daher vor.

   Zweifelhaft könnte aber sein, ob für B der Befangenheitsgrund des § 31 Abs. 2 Nr. 2 GO überhaupt greifen kann.

   Der bundesrechtliche § 71 Abs. 5 Satz 1 SGB VIII lässt nämlich landesrechtliche Regelungen nur insoweit zu, als das SGB VIII selbst keine Regeln enthält. Hier könnte deswegen eine Ausnahme von der Befangenheitsregelung der GO vorliegen, weil B als Vertreter eines Jugendverbandes und auf Vorschlag eines Jugendverbandes gemäß § 71 Abs. 1 Nr. 2 SGB VIII in den Jugendhilfeausschuss gewählt worden ist. Insoweit ist B also als „Interessenvertreter“ Mitglied des Jugendhilfeausschusses und es könnten daher für ihn besondere Regelungen für einen Fall der Interessenkollision gelten.

   Andererseits aber ist auch der Jugendhilfeausschuss ein kommunaler Ausschuss. Die Jugendhilfe ist eine Aufgabe der Kreise und kreisfreien Städte als örtliche Träger der Jugendhilfe (§§ 69 Abs. 1 SGB VIII, 1a 1. AG KJHG NRW), die auch aus kommunalen Mitteln finanziert wird (§§ 79 SGB VIII, 15 i. V. m. 16 Abs. 3 AG KJHG – KJFöG NRW vom 12.10.2004). Aus diesem Grund ist B nicht nur an die Interessen des Verbandes, der ihn vorgeschlagen hat, gebunden, sondern hat darüber hinaus auch Interessen des öffentlichen Wohls des Trägers der Jugendhilfe – hier also der kreisfreien Stadt S – zu beachten. Dies muss jedenfalls insoweit gelten, als er nicht nur die Interessen seines Verbandes vertreten darf, sondern die Interessen aller Jugend- und Wohlfahrtsverbände betr. die Jugendhilfe in S. Man wird also dann einen Ausschließungsgrund in An-

wendung des § 31 Abs. 2 Nr. 2 GO NRW annehmen können, wenn ein Interessenkonflikt zwischen den Interessen seines Verbandes – hier des Hans-Böckler-Kreises, dessen Vorstand er ist – und den Interessen aller anderen Jugend- und Wohlfahrtsverbände besteht.
Im vorliegenden Fall geht es um eine konkrete Zuschussmaßnahme für den Hans-Böckler-Kreis. In Anbetracht der begrenzten Finanzmittel besteht also ein Interessenkonflikt zwischen dem Hans-Böckler-Kreis und den übrigen möglichen Empfängern gemeindlicher Zuwendungen. Insoweit wird man daher die Befangenheitsregelungen des § 31 Abs. 2 Nr. 2 GO NRW nicht für durch § 71 SGB VIII ausgeschlossen halten können. Wenn aber diese Regelungen gelten, ist B befangen; der Ausschlussbeschluss des Jugendhilfeausschusses ist rechtmäßig hinsichtlich des Tagesordnungspunktes 9 b).

Zu Aufgabe 2:

Die Klage des B auf Feststellung der Rechtswidrigkeit der Ausschlussentscheidungen gegen den Sportausschuss und gegen den Jugendhilfeausschuss könnte als Kommunalverfassungsstreit in Form einer Feststellungsklage vor dem Verwaltungsgericht zulässig sein.

Das setzt zunächst voraus, dass es sich bei diesem Streit um eine öffentlich-rechtliche Streitigkeit im Sinne von § 40 Abs. 1 VwGO handelt. Hier streitet B um die Ausübung von Mitgliedschaftsrechten, die sich aus der GO und dem SGB VIII sowie den Ausführungsgesetzen des Landes NRW ergeben. Diese Gesetze gehören dem öffentlichen Recht an; es liegt daher eine öffentlich-rechtliche Streitigkeit vor, für die der Verwaltungsrechtsweg zulässig ist.

Als Kommunalverfassungsstreitverfahren könnte die beabsichtigte Klage zulässig sein, wenn der Streit hier um Mitgliedschaftsrechte in Kommunalorganen geführt wird und der B geltend machen kann, in seinen Mitgliedschaftsrechten verletzt zu sein.[10]

Der Sache nach streitet hier B um die Ausübung seiner Mitgliedschaftsrechte in den Ausschüssen. Diese Mitgliedschaftsrechte geben ihm das subjektiv-öffentliche Recht, an Beratung und Beschluss der Ausschüsse teilzuhaben. Wenn er sich gegen einen Ausschlussbeschluss der Ausschüsse wendet, macht er damit gemäß § 42 Abs. 2 VwGO analog geltend, in diesen subjektiv-öffentlichen Rechten verletzt zu sein. Beteiligtenfähigkeit und Prozessfähigkeit für den Kläger ergeben sich aus §§ 61 Nr. 2 VwGO analog und 62 Abs. 1 Nr. 1 VwGO, für den beklagten Ausschuss aus §§ 61 Nr. 2 VwGO und 62 Abs. 3 VwGO bei Vertretung durch den Ausschussvorsitzenden.

Die Klage vor dem Verwaltungsgericht ist demzufolge grundsätzlich zulässig.

Ein Feststellungsinteresse in analoger Anwendung des § 43 VwGO kann sich aus einer Wiederholungsgefahr ergeben. Insgesamt wäre damit die Klage des B vor dem Verwaltungsgericht als Kommunalverfassungsstreit in der Form einer Feststellungsklage also zulässig.

Begründet ist die Klage allerdings nur, wenn und soweit die Ausschlussbeschlüsse rechtswidrig gewesen sind.

Wie oben dargestellt, war nur der Ausschluss zu TOP 9 a) der Sitzung des Jugendhilfeausschusses rechtswidrig und verletzt B daher in seinen Mitgliedschaftsrechten. Nur insoweit hat also die Klage des B gegen den Jugendhilfeausschuss Aussicht auf Erfolg. Im Übrigen werden die Klageanträge des B abgewiesen werden.

Anmerkungen:

Die Klausuraufgabe ist angelehnt an die Entscheidung des VG Gelsenkirchen vom 14.12.1984, Nachrichtendienst des Deutschen Vereins für öffentliche und private Fürsorge 1985, S. 297.

1 Eine Klausur braucht keine Gliederungspunkte oder Überschriften zu enthalten. Es reicht grundsätzlich aus, dass sich eine gedankliche Gliederung aus den Ausführungen selbst ergibt. Allerdings empfiehlt sich eine Gliederung durch Überschriften oder in sonstiger Weise immer dann, wenn mehrere Aufgaben zu bearbeiten sind oder im Rahmen einer Aufgabe verschiedene Aspekte zu bearbeiten sind.
Für die Gliederungsstufen gibt es ein numerisches System (1, 1.1, 1.2, 2 usw.) und ein System aus Buchstaben und Zahlen. Bei Klausuren wird häufig das zweite System angewandt. Dann sollte gegliedert werden: A, I., 1., a., (1), z. T. werden statt (1) auch griechische Buchstaben verwendet.

2 Beachten Sie *Theisen*, Hinweis 6 der Anleitung zur Anfertigung von Klausuren. Da hier nach dem Bearbeitungshinweis beide Ausschusssitzungen formal fehlerfrei durchgeführt worden sind, kann dieser Aspekt für beide Ausschusssitzungen gemeinsam geprüft werden.

3 Aufgrund des Bearbeitungshinweises wäre durchaus auch möglich, gleich – nach einem entsprechenden Einleitungssatz – mit der materiellen Rechtmäßigkeitsprüfung zu beginnen: *„Die nach dem Bearbeitungshinweis formal fehlerfreien Ausschlussbeschlüsse können inhaltlich rechtswidrig sein, wenn für B eine Befangenheit i. S. v. §§ 43 Abs. 2, 31 GO NRW nicht vorgelegen hat."* Hier wurde der Gedanke gleichwohl aufgegriffen, um die grundsätzliche Anwendung der GO auch auf den sondergesetzlichen Jugendhilfeausschuss darzulegen.

4 Beachten Sie *Theisen*, Hinweis 9 der Anleitung zur Anfertigung von Klausuren.

5 1. AG KJHG NRW vom 12.12.1990 (SGV NRW Nr. 216).

6 Wäre B alleiniger gesetzlicher Vertreter des ASV e. V., käme die Anwendung des § 31 Abs. 1 Nr. 3 GO NRW in Betracht. Nach § 26 Abs. 1 Satz 2 BGB kann der Vorstand eines Vereins aber aus mehreren Personen bestehen. Der Ausdruck *„Vorstandsvorsitzender"* spricht im Sachverhalt dafür, dass ein Mehrpersonenvorstand besteht.

7 Zu diesem Ansatz vgl. *Wansleben* in Held u. a., § 31 GO Anmerkung 5a.

8 Vgl. hierzu OVG NRW, Urt. vom 20.2.1979, NJW 1979 S. 2632.

9 Für TOP 7 ist durchaus ein anderes Ergebnis vertretbar. Da insoweit eine Rechtsauffassung des B im Sachverhalt geschildert wird, ist auf diese einzugehen (Hinweis 9). Wird dann sachgerecht argumentiert, kommt es nicht (allein) auf das Ergebnis der Darstellung an.

10 Nachdem in der Praxis sowohl die Rechtsprechung als auch die Literatur die Zulässigkeit von Kommunalverfassungsstreitverfahren – hier als Innerorganstreitigkeit – anerkannt hat, scheint es nicht mehr notwendig, im Einzelnen die Zulässigkeitsprobleme einer solchen Klage im Rahmen einer Klausur aufzuarbeiten. Wichtig ist allerdings die Darlegung, dass es sich nach dem Streitgegenstand um einen Kommunalverfassungsstreit handelt und dass der Kläger geltend machen kann, in ihm zustehenden mitgliedschaftlichen oder organschaftlichen Rechten verletzt zu sein. Stehen dem Kläger solche Rechte nicht zu, ist die Klage unzulässig.
Näher zum Problemkreis und zu Lösungsansätzen vgl. *Hofmann/Bätge/Wiesner*, Kommunalrecht in Nordrhein-Westfalen, Kap. 2.8.5.

Rolf-Dieter Theisen

15. Fall

Schwerpunkte:	Kommunalwahlen
Hilfsmittel:	– Gemeindeordnung NRW (GO)
	– Kommunalwahlgesetz NRW (KWahlG)
	– Landesbeamtengesetz NRW (LBG)
Zeit:	3 Zeitstunden

Sachverhalt:

In der Stadt S in NRW, die 35.000 Einwohner hat, tritt der bei den Bürgern sehr beliebte bisherige Bürgermeister nicht mehr zur Kommunalwahl an, da er sich mit seinem Rat heillos zerstritten hat. Nach langem Suchen haben die in S vertretenen vier Parteien einen Kandidaten – A, der alle der in § 65 Abs. 2 GO genannten Wählbarkeitsvoraussetzungen erfüllt – gefunden, der sich in S um das Bürgermeisteramt bewerben will und sich zur Wahl stellt. Die vier Parteien schlagen A gemeinsam nach Maßgabe des § 46d Abs. 3 Satz 1 KWahlG zur Wahl vor. Der Wahlvorschlag wird zugelassen. Weitere Bewerber beteiligen sich nicht an der Bürgermeisterwahl.
Bei der Wahl zum Bürgermeister beteiligen sich aber mit 8.002 abgegebenen Stimmzetteln nur wenige der insgesamt 28.000 wahlberechtigten Bürger. Zum einen lag darin ein Protest: Man wollte wegen der vorangegangenen Streitigkeiten zwischen dem bisherigen Bürgermeister und den im Rat vertretenen Parteien diesen „eine Lehre erteilen". Zum anderen stört die Bürger, dass Kandidat A bereits 67 Jahre alt ist.

Es gaben bei der Bürgermeisterwahl insgesamt 8.002 Bürger gültige Stimmen ab; 7.002 Bürger stimmten dabei gültig für A.

Die vier im Rat vertretenen Parteien haben auch wirksam Direktkandidaten und Reservelisten für die Wahl der Ratsmitglieder aufgestellt. Sie beteiligen sich in allen Wahlkreisen mit je einem Direktkandidaten und einer Reserveliste für das ganze Gebiet der Stadt S.

Die Stadt S hat keine Regelung hinsichtlich der Anzahl der Ratssitze nach § 3 Abs. 2 Satz 2 KWahlG getroffen. An der Wahl der Ratsmitglieder beteiligen sich von den 28.000 wahlberechtigten Bürgern 22.000 Bürger.

In den 22 Wahlkreisen haben die A-Partei 12, die B-Partei 6, die C-Partei 4 Direktmandate und die D-Partei kein Direktmandat erhalten.

Auf die Liste der A-Partei entfielen 12.000 Stimmen
Auf die Liste der B-Partei entfielen 5.000 Stimmen
Auf die Liste der C-Partei entfielen 4.000 Stimmen
Auf die Liste der D-Partei entfielen 1.000 Stimmen

Aufgaben:

1. **Legen Sie dar, ob A ordnungsgemäß zum Bürgermeister in S gewählt worden ist.**
2. **Legen Sie dar, wie sich der neue Rat der Stadt S zusammensetzen wird, wenn alle gewählten Kandidaten die Wahl annehmen und die jeweiligen Reservelisten für die Verteilung der Sitze ausreichen.**
   Wie viel Direktmandate und wie viel Listenmandate haben die an der Wahl beteiligten Parteien erreicht?

Platz für Ihre Anmerkungen/Raum für Notizen:

Lösung:[1]

Zu Aufgabe 1:

Nach § 65 GO wird der Bürgermeister nach den Grundsätzen der Mehrheitswahl für fünf Jahre von den Bürgern gewählt. Nach § 65 Abs. 1 Satz 3 GO i. V. m. § 46c Abs. 1 Satz 3 KWahlG ist – da es nur einen zugelassenen Bewerber um das Amt des Bürgermeisters gibt – derjenige Kandidat gewählt, für den sich die Mehrheit der Wähler entschieden hat.

A hat für seine Wahl 7.002 Stimmen von insgesamt 8.002 gültig abgegebenen Stimmen erhalten. Er hat also die nach § 46c Abs. 1 Satz 3 KWahlG notwendige Mehrheit bei der Bürgermeisterwahl erreicht.

Kriterien des § 65 Abs. 2 GO stehen einer Wahl des A nach dem Sachverhalt nicht entgegen.

Bedenken gegen die Ordnungsgemäßheit der Wahl könnten aber bestehen, da A bereits 67 Jahre alt ist.

Nach § 62 Abs. 1 Satz 1 GO ist der Bürgermeister kommunaler Wahlbeamter. Für ihn gelten daher nach §§ 65 Abs. 4 GO, 118 Abs. 1 LBG grundsätzlich die allgemeinen Vorschriften für Beamte. Nach § 31 LBG ist die Regelaltersgrenze die Vollendung des 67. Lebensjahres. Da A bereits 67 Jahre alt ist, hat er die Regelaltersgrenze bereits überschritten. Allerdings gilt die Regelaltersgrenze nur, soweit nicht im LBG etwas anderes bestimmt ist. Eine solche andere Bestimmung enthält § 118 Abs. 4 Satz 1 LBG. Danach gibt es für Bürgermeister keine Altersgrenze. Das Alter von A steht also einer ordnungsgemäßen Wahl zum Bürgermeister nicht entgegen.

A ist also mit 7.002 Stimmen ordnungsgemäß zum Bürgermeister in S gewählt worden.[2]

Zu Aufgabe 2:

Nach § 3 Abs. 2 lit. a KWahlG besteht der Rat einer Stadt mit 35.000 Einwohnern aus 44 Ratsmitgliedern, von denen 22 in den Wahlkreisen direkt gewählt werden. Direkt gewählte Kandidaten bekommen einen Sitz im Rat (§ 32 Satz 1 KWahlG). Die weiteren Ratsmitglieder werden aus den Listen bestimmt (§§ 31, 33 KWahlG).[3]

Die Verteilung der Sitze im Einzelnen erfolgt nach § 33 KWahlG.

Danach ist zunächst die Gesamtstimmenzahl nach § 33 Abs. 1 Satz 1 KWahlG festzustellen. Diese stellt die insgesamt abgegebenen gültigen Stimmen für alle Bewerber dar: 22.000. Die Summe der abgegebenen gültigen Stimmen ergibt die Gesamtstimmenzahl.

Da im vorliegenden Fall an der Wahl keine Einzelbewerber teilgenommen haben oder Stimmen für eine Partei oder Wählergruppe ohne Reserveliste abgegeben wurden, ist die Gesamtstimmenzahl auch die bereinigte Gesamtstimmenzahl i. S. v. § 33 Abs. 1 Satz 2 KWahlG.

Die Verteilung der Ratssitze im Einzelnen erfolgt nun nach dem Divisorverfahren mit Standardrundung gemäß § 33 KWahlG.

Zunächst wird ermittelt, wieviel Stimmen nötig wären, um von den 44 (Gesamtzahl von Vertretern i. S. v. §33 Abs. 2 Satz 1 KWahlG) zu verteilenden Sitzen im Rat (der Ausgangszahl) einen Sitz zu bekommen. Dafür teilt man die bereinigte Gesamtstimmenzahl durch die Ausgangszahl und erhält damit einen Zuteilungsdivisor i. S. v. § 33 Abs. 2 Satz 7 KWahlG. Teilt man dann die Zahl der jeweils auf die Parteien entfallenen gültigen Stimmen durch diesen Zuteilungsdivisor ergibt sich der Anteil der Ratssitze, welcher der jeweiligen Partei zusteht.

Bereinigte Gesamtstimmenzahl durch die Ausgangszahl ergibt:

22.000 : 44 = 500.

Das bedeutet, dass für die Erlangung eines Sitzes grundsätzlich 500 Listenstimmen notwendig sind.

Die auf die Listen der Parteien entfallenden Stimmen sind danach durch den Zuteilungsdivisor zu teilen (§ 33 Abs. 2 Satz 3 KWahlG):[4]

Auf die Liste der A-Partei entfielen 12.000 Stimmen.
12.000 : 500 = 24

Auf die Liste der B-Partei entfielen 5.000 Stimmen.
5.000 : 500 = 10

Auf die Liste der C-Partei entfielen 4.000 Stimmen
4.000 : 500 = 8

Auf die Liste der D-Partei entfielen 1.000 Stimmen
1.000 : 500 = 2

Danach entfallen auf die A-Partei 24 Sitze, auf die B-Partei 10 Sitze, auf die C-Partei 8 Sitze und auf die D-Partei 2 Sitze. Die Summe der Sitze ergibt 44. Damit sind alle Sitze im Rat der Stadt S vergeben.

Nach § 33 Abs. 4 Satz 1 KWahlG ist zu prüfen, ob eine der Parteien mehr als die Hälfte der gültigen Stimmen erhalten hat. Bei 22.000 gültigen Stimmen hat die A-Partei mit 12.000 Stimmen mehr als die Hälfte der gültigen Stimmen erhalten. Dann muss sie nach § 33 Abs. 4 Satz 1 KWahlG auch mehr als die Hälfte der Sitze im Rat erhalten. Da die A-Partei 24 von 44 Sitzen erhalten hat, ist dies der Fall.

Nach § 32 Satz 1 KWahlG erhalten die direkt gewählten Kandidaten einen Sitz im Rat. Nach § 33 Abs. 5 KWahlG werden die restlichen Sitze aus den Listen besetzt.

Danach erhalten
die A-Partei 24 Sitze, davon 12 Direktmandate,
die B-Partei 10 Sitze, davon 6 Direktmandate,
die C-Partei 8 Sitze, davon 4 Direktmandate,
die D-Partei 2 Sitze ausschließlich aus der Liste.[5]

Anmerkungen:

1 Bis 2009 galt das Prinzip der verbundenen Kommunalwahl: Bürgermeister und Ratsmitglieder wurden zum gleichen Zeitpunkt und für eine gleichlange Wahlperiode gewählt. Vom Jahr 2009 an wurde der Bürgermeister auf eine Wahlperiode von sechs Jahren (§ 65 Abs. 1 Satz 1 GO), der Rat nach wie vor auf fünf Jahre (§ 42 Abs. 1 Satz 1 GO) gewählt (GO-Reformgesetz vom 9.10.2007 [GV. NRW S. 380]). Damit wurde das zuvor geltende Prinzip der verbundenen Wahl aufgegeben. Die letzte verbundene Wahl war die Kommunalwahl 2009, soweit nicht bereits vorher nach neuem Recht ein Bürgermeister gewählt worden war. Inzwischen ist man aber wieder zum Prinzip der verbundenen Kommunalwahl zurückgekehrt (Gesetz zur Stärkung der kommunalen Demokratie vom 9.4.2013 [GV S. 194]); Bürgermeister und Rat/Landrat und Kreistag werden zukünftig wieder an einem Termin auf eine Periode von fünf Jahren gewählt (§§ 42 Abs. 1 Satz 1, 65 Abs. 1 Satz 1 GO und §§ 27 Abs. 1 Satz 1, 44 Abs. 1 Satz 1 KrO). Für die Zeit zwischen der letzten verbundenen Kommunalwahl 2009 und der zukünftigen Kommunalwahl 2020 galten Übergangsvorschriften.

2 Regelungen zu Sperrklauseln nach altem Recht (zuletzt Art. 78 Abs. 1 Satz 3 Verf. NRW, 33 Abs. 1 Satz 2 und 3, Abs. 2 Satz 2 KWahlG) sind nach den Entscheidungen des Verf-GH NRW (zuletzt vom 21.11.2017 – 9, 11, 15, 16, 17, 18, 21/16) entfallen.
Beantworten Sie am Ende Ihrer Darlegung möglichst genau die gestellte Aufgabe: Vgl. *Theisen*, Hinweis 3 der Anleitung zur Anfertigung von Klausuren.

3 Die Schwierigkeit der Aufgabe 2 besteht darin, sich mit dem System des § 33 KWahlG auseinanderzusetzen. Auch erfordert die Berechnung der Sitzverteilung einen anderen als den gewohnten Aufbau bei Fragen nach dem Erfolg eines Rechtsbehelfs oder der Rechtmäßigkeit einer Maßnahme.

4 Die Bearbeitung erfordert einige Berechnungen, die aber durch die Wahl der Zahlen ohne Taschenrechner zu bewältigen sind.
Neben dem KWahlG enthält die Kommunalwahlordnung weitere Hinweise zur Verteilung der Sitze in § 61. Für die Lösung der Aufgaben ist die Zuziehung der Kommunalwahlordnung aber nicht nötig.

5 Durch die Wahl der Zahlen stellt sich weder ein Problem bei der Bestimmung des Zuteilungsdivisors, noch das Problem der Rundung. Es braucht daher auch nicht angesprochen zu werden. Vgl. *Theisen*, Hinweis 8 der Anleitung zur Anfertigung von Klausuren.

Rolf-Dieter Theisen

16. Fall

Schwerpunkte: – Erlass einer Satzung
– inzidente und abstrakte Normenkontrolle

Hilfsmittel: – Gemeindeordnung NRW (GO)
– Bekanntmachungsverordnung NRW (BekanntmVO)
– Kommunalabgabengesetz NRW (KAG)
– Kommunalwahlgesetz NRW (KWahlG)
– Verwaltungsverfahrensgesetz NRW (VwVfG)
– Abgabenordnung (AO)
– Verwaltungsgerichtsordnung (VwGO)
– Justizgesetz NRW (JustizG NRW)

Zeit: 3 Zeitstunden

Sachverhalt:

In der kreisangehörigen Gemeinde G mit 25.000 Einwohnern in NRW sollen zwei Dinge neu geregelt werden. Zum einen sollen Veröffentlichungen von Satzungen usw. aus Kostengründen nicht mehr in der Tageszeitung G-Kurier, sondern im Amtsblatt der Gemeinde erfolgen, zum anderen soll eine neue Hundesteuersatzung erlassen werden.

Beide Angelegenheiten stehen ordnungsgemäß auf der Tagesordnung der Ratssitzung vom 3. November des laufenden Jahres: Als Tagesordnungspunkt 3 (Änderung von § 5 der Hauptsatzung: Bekanntmachungen) und als Tagesordnungspunkt 4 (Erhebung von Hundesteuer: Beschluss einer Hundesteuersatzung).

Zur Sitzung sind 32 Ratsmitglieder und der Bürgermeister erschienen.

Nach Aufruf von Punkt 3 der Tagesordnung verweist der Bürgermeister auf die Verwaltungsvorlage, die einen Änderungsvorschlag für § 5 der Hauptsatzung enthält. Da zur Frage der Änderung des Veröffentlichungsorgans Wortmeldungen nicht erfolgen, lässt der Bürgermeister abstimmen. Es ergeben sich 31 Ja-Stimmen und 2 Enthaltungen. Der Bürgermeister stellt die Annahme des Änderungsvorschlages fest und erklärt, fortan werde also im Amtsblatt veröffentlicht.

Nach Aufruf von Punkt 4 der Tagesordnung verweist der Bürgermeister auf die Verwaltungsvorlage, die den Text einer neuen Hundesteuersatzung enthält. Es entwickelt sich eine kontroverse Debatte über die Frage, ob in G überhaupt Hundesteuer erhoben werden soll. Während die A-Fraktion die Erhebung der Hundesteuer zur Steigerung der Einnahmen befürwortet, sieht die B-Fraktion darin einen Schlag ins Gesicht eines jeden Hundes. Nach einer erregten Debatte stimmen 16 Ratsmitglieder und der Bürgermeister für und 16 Ratsmitglieder gegen die Hundesteuersatzung. Der Bürgermeister stellt die Annahme der Satzung fest.

Zwei Wochen nach der Ratssitzung erscheint das neue Amtsblatt, in dem die Änderung der Hauptsatzung und die neue Hundesteuersatzung, die ab Anfang des Folgejahres gelten soll, veröffentlicht sind. Die Veröffentlichung erfolgte jeweils mit einem Zusatz nach § 7 Abs. 6 GO.

A ist Halter des dicken Hundes Bello. Er erhält Anfang des Folgejahres einen Hundesteuerbescheid über 80 €, wie es in der neuen Satzung vorgesehen ist. Nach Rücksprache mit seinem Hund beschließt A, den Hundesteuerbescheid nicht zu akzeptieren, sondern ihn anzufechten.

Aufgaben:

1. **Stellen Sie rechtsgutachtlich dar, wie und ob A den Hundesteuerbescheid erfolgreich anfechten kann. Kommen Sie zu dem Ergebnis, dass ein Widerspruch statthaft ist, unterstellen Sie, dass der Widerspruch frist- und formgerecht erhoben wurde, aber keinen Erfolg hatte.**
2. **Wie beantworten Sie die Frage 1, wenn die Hundesteuersatzung noch – wie früher – in der Tageszeitung G-Kurier veröffentlicht worden war?**
3. **Könnte B, der keinen Hund hat und auch keinen Hundesteuerbescheid bekommen hat, einen Rechtsbehelf gegen die Hundesteuersatzung als solche einlegen?**

Platz für Ihre Anmerkungen/Raum für Notizen:

Lösung:

1) Lösungsskizze zu Aufgabe 1

Ziel der Anfechtung: Aufhebung eines Bescheides = VA. Anfechtung also durch Anfechtungswiderspruch und/oder Anfechtungsklage

A Zulässigkeit von Widerspruch oder Klage

I Aufhebung eines VA → Anfechtungsklage i. S. v. § 42 I VwGO.
Grundsatz in NRW: kein Widerspruch, wenn nicht Gesetz anders bestimmt (§ 68 Abs. 1 Satz 2 VwGO i. V. m § 110 Abs. 1 Satz 1 JustizG). Hier aber § 110 Abs. 1 Satz 3 JustizG NRW: Widerspruch statthaft, da
– Rechtsgrundlage ist § 2 KAG
– Bescheid nicht im Zeitraum 1.11.2007 bis 31.12.2015.
Anfechtung also zunächst durch Widerspruch.

II Nach Aufgabenstellung ohne Erfolg erhoben, also nunmehr Anfechtungsklage.

Zulässigkeit der Klage:
Verwaltungsrechtsweg, Klagebefugnis usw. unzweifelhaft gegeben.

B Begründetheit der Anfechtungsklage

Die Anfechtungsklage ist begründet, wenn der angegriffene VA rechtswidrig ist und den Kläger dadurch in seinen Rechten verletzt (§ 113 Abs. 1 Satz 1 VwGO).

I **Formelle Rechtmäßigkeit** des Bescheides: Verstöße gegen Form und Verfahren sind nicht erkennbar. (Hinsichtlich der Anhörung gilt § 2 Abs. 2 Nr. 1 VwVfG → § 91 Abs. 2 Nr. 4 AO.)

II **Materielle Rechtmäßigkeit**: Der Steuerbescheid muss von einer Ermächtigungsgrundlage getragen werden.

1. Gem. §§ 1 Abs. 1, 2 Abs. 1, 3 Abs. 1 KAG kann die Hundesteuersatzung **Ermächtigungsgrundlage** sein.
2. Die **Hundesteuersatzung müsste wirksam** (rechtmäßig) sein.
   a Inhaltlich sind Fehler nicht erkennbar.
   b **Satzungsbeschluss:**
   Zuständigkeit des Rates: § 41 Abs. 1 Satz 2 lit. f GO (+)
   Beschlussfähigkeit des Rates gem. § 49 Abs. 1 GO – 33 von 38 + 1 Mitgliedern des Rates (+)
   Mehrheitlicher Beschluss der Satzung gem. § 50 Abs. 1 GO? 16 + 1 (Bürgerm. hat Stimmrecht gem. § 40 Abs. 2 Satz 5 GO) zu 16, also (+)
   c **Satzungserlass:**
   Änderung der Hauptsatzung (§ 7 Abs. 3 GO) mit ausreichender Mehrheit

§ 7 Abs. 4 GO: Satzung muss ordnungsgemäß bekannt gemacht worden sein. Gem. § 5 der alten HS i. V. m. §§ 7 Abs. 5 GO, 4 Abs. 1 und 2 BekVO erfolgte Bekanntmachung in der Tageszeitung.
Neuer § 5 HS nur wirksam, wenn in Tageszeitung veröffentlicht. Also: neue Regelung nicht wirksam, es gilt alte Regelung. → Satzung nicht ordnungsgemäß bekannt gemacht.
Heilung nach § 7 Abs. 6 lit. b GO nicht möglich

Ergebnis
Die Satzung ist nicht wirksam, da nicht ordnungsgemäß veröffentlicht und der Hundesteuerbescheid ist rechtswidrig und – da belastend – verletzt A in seinen Rechten. Die Klage wird Erfolg haben.

2) Lösungstext zu Aufgabe 1

A will den Hundesteuerbescheid anfechten. Der Hundesteuerbescheid ist ein Verwaltungsakt. Für die Anfechtung eines Verwaltungsaktes kommen in Betracht ein Anfechtungswiderspruch und/oder eine Anfechtungsklage nach §§ 42 Abs. 1, 68 Abs. 1 VwGO.

Das Ziel, die Aufhebung eines Verwaltungsaktes zu erzwingen, wird nach § 42 Abs. 1 VwGO grundsätzlich durch Erhebung einer Anfechtungsklage verfolgt. Nach § 68 Abs. 1 VwGO ist vor Erhebung einer Anfechtungsklage ein Vorverfahren durch Einlegung eines Widerspruchs (§ 69 VwGO) durchzuführen, wenn nicht ein Gesetz etwas anderes bestimmt. Ein solches Gesetz ist § 110 JustizG NRW.

Grundsätzlich ist die Statthaftigkeit des Widerspruchsverfahrens nach § 110 Abs. 1 Satz 1 JustizG weitgehend aufgehoben. Besonderheiten gelten nach § 110 Abs. 1 Satz 3 JustizG für Verwaltungsakte, die – wie hier die Hundesteuersatzung – aufgrund einer Rechtsgrundlage nach § 2 KAG erlassen wurde. Danach bedarf es nur dann keines Vorverfahrens, wenn der angegriffene Verwaltungsakt in der Zeit vom 1.11.2007 bis zum 31.12.2015 bekannt gegeben wurde. Hier wurde der Hundesteuerbescheid nach diesem Zeitraum bekannt gegeben. Also ist entgegen § 110 Abs. 1 Satz 1 JustizG NRW vor Erhebung der Anfechtungsklage ein Widerspruchsverfahren durchzuführen.

Nach der Aufgabenstellung ist davon auszugehen, dass ein solches Widerspruchsverfahren erfolglos durchgeführt wurde und damit nunmehr die Anfechtungsklage erhoben werden muss.

Eine Anfechtungsklage vor dem Verwaltungsgericht wird Erfolg haben, wenn sie zulässig und begründet ist.[1]

Da es sich bei dem Streit um Hundesteuer um eine öffentlich-rechtliche Streitigkeit im Sinne von § 40 Abs. 1 Verwaltungsgerichtsordnung (VwGO)[2] handelt und hinsichtlich der übrigen Zulässigkeitsvoraussetzungen nach den Angaben im Sachverhalt keine Bedenken bestehen, kann von der zulässigen Klageerhebung ausgegangen werden.

Die Anfechtungsklage ist nach § 113 Abs. 1 Satz 1 VwGO auch begründet, wenn der angegriffene Verwaltungsakt rechtswidrig ist und den Kläger in seinen Rechten verletzt.

Die Rechtswidrigkeit des Hundesteuerbescheides kann sich aus einem Verstoß gegen Vorschriften über Form oder Verfahren bei seinem Erlass ergeben oder daraus, dass der belastende Bescheid nicht von einer Ermächtigungsgrundlage getragen wird.[3]

Hinsichtlich der Form des Bescheides lässt der Sachverhalt Fehler nicht erkennen.

Es könnte aber ein Verstoß gegen Verfahrensvorschriften vorliegen, wenn eine notwendige Anhörung unterlassen wurde.

Grundsätzlich ist der Hundesteuerbescheid ein belastender Verwaltungsakt im Sinne des § 28 Verwaltungsverfahrensgesetz (VwVfG). Allerdings ist zu fragen, ob die Vorschriften des VwVfG für die Erhebung von Hundesteuer überhaupt anwendbar sind. Nach § 2 Abs. 2 Nr. 1 VwVfG gilt das VwVfG nicht für Verfahren, in denen Vorschriften der Abgabenordnung (AO) anwendbar sind.

Die Rechtsgrundlage für eine Erhebung von Hundesteuer ist § 2 des KAG, in dessen § 3 Abs. 2 Satz 2 KAG die Hundesteuer ausdrücklich erwähnt wird. Nach § 12 KAG gelten für die Erhebung von Kommunalabgaben – und damit auch für die Erhebung einer Hundesteuer – die dort genannten Vorschriften der AO. § 28 VwVfG ist daher für das Verfahren zur Erhebung der Hundesteuer nicht anwendbar.

Allerdings sieht auch die AO in § 91 – der inhaltlich dem § 28 VwVfG entspricht – eine Anhörungsverpflichtung vor. § 91 AO wird durch § 12 Abs. 1 Nr. 3 lit. a KAG für das Besteuerungsverfahren in Bezug genommen. § 91 Abs. 2 Nr. 4 AO bestimmt jedoch u. a., dass die Anhörung entfallen kann, wenn Verwaltungsakte mit Hilfe automatischer Einrichtungen erlassen werden sollen. Hundesteuerbescheide werden regelmäßig EDV-mäßig erlassen, sodass eine Anhörung vor ihrem Erlass nicht notwendig ist. Wenn im vorliegenden Fall keine vorherige Anhörung stattgefunden hat, führt dies also nicht zu einem Verfahrensfehler. Im Übrigen wäre eine unterlassene Anhörung mit der Durchführung eines Widerspruchsverfahrens geheilt (Gedanke des § 45 Abs. 1 Nr. 3 VwVfG).

Materiell kann der Hundesteuerbescheid nur rechtmäßig sein, wenn er von einer Ermächtigungsgrundlage getragen wird. Dies muss nach §§ 2 Abs. 1, 3 Abs. 1 KAG eine entsprechende Hundesteuersatzung sein.

Nach dem Sachverhalt entspricht die Festsetzung von 80 € Hundesteuer gegen A formal dem Inhalt der neuen Satzung.[4]

Diese neue Satzung kann aber nur dann wirksame Ermächtigungsgrundlage für die Erhebung der Hundesteuer sein, wenn sie selbst wirksam ist.

Das setzt zunächst voraus, dass die Satzung wirksam beschlossen wurde.

Nach § 41 Abs. 1 Satz 2 lit. f Gemeindeordnung (GO) ist für den Beschluss einer Satzung der Rat zuständig.

Der Rat kann nur Beschlüsse fassen, wenn er auch beschlussfähig ist. Nach § 49 Abs. 1 Satz 1 GO ist der Rat beschlussfähig, wenn mehr als die Hälfte der gesetzlichen Mitgliederzahl anwesend ist. Die gesetzliche Zahl der Ratsmitglieder beträgt nach § 3 Abs. 3 lit. a KWahlG bei 25.000 Einwohnern 38 Mitglieder (§ 3 Abs. 4 KWahlG). Anwesend sind 32 Ratsmitglieder und der Bürgermeister, der bei der Feststellung der Beschlussfähigkeit als Mitglied des Rates kraft Gesetzes mitzuzählen ist (§ 40 Abs. 2 Satz 2 GO). Der Rat war also beschlussfähig.

Nach § 50 Abs. 1 Satz 1 GO werden Beschlüsse mit Stimmenmehrheit gefasst. Nach dem Sachverhalt haben 16 Ratsmitglieder für und 16 Ratsmitglieder gegen die Satzung gestimmt. Der Bürgermeister stimmte für die Satzung. Nach § 50 Abs. 1 Satz 2 GO ist die Satzung mehrheitlich also nur beschlossen, wenn die Stimme des Bürgermeisters für die Mehrheitsbildung mitzählt. Der Bürgermeister ist nach § 40 Abs. 2 Satz 2 GO Mitglied des Rates kraft Gesetzes und hat daher grundsätzlich Stimmrecht (§ 40 Abs. 2 Satz 5 GO). Eine der in § 40 Abs. 2 Satz 6 GO genannten Ausnahmen greift nicht ein; die Abstimmung nach § 50 Abs. 1 GO ist in § 40 Abs. 2 Satz 6 GO nicht genannt. Die Stimme des Bürgermeisters zählt also zur Mehrheitsbildung mit. Die Satzung wurde mehrheitlich und insoweit wirksam beschlossen.

Nach § 7 Abs. 4 GO kann eine Satzung nur wirksam sein, wenn sie auch ordnungsgemäß bekannt gemacht wurde. Die näheren Bestimmungen über die Bekanntmachung enthält die nach § 7 Abs. 5 GO erlassene Bekanntmachungsverordnung (BekanntmVO).

Nach § 4 Abs. 1 lit. a BekanntmVO kann eine Satzung grundsätzlich im Amtsblatt der Gemeinde bekannt gemacht werden, wie es im vorliegenden Fall mit der Hundesteuersatzung geschehen ist. Allerdings nennt § 4 Abs. 1 BekanntmVO alternativ mehrere Möglichkeiten der Bekanntmachung. Nach § 4 Abs. 2 Satz 1 BekanntmVO hat die Gemeinde in der Hauptsatzung zu bestimmen, in welcher Form ihre Bekanntmachungen erfolgen sollen.

Zunächst war in § 5 der Hauptsatzung geregelt, dass Bekanntmachungen in der Tageszeitung G-Kurier erfolgen. § 5 könnte aber wirksam geändert worden sein. Das setzt eine wirksame Änderung von § 5 der Hauptsatzung voraus.

Nach dem Sachverhalt war die Änderung des § 5 mit 31 Ja-Stimmen bei zwei Enthaltungen beschlossen worden. Nach § 7 Abs. 3 Satz 3 GO muss für eine Hauptsatzungsänderung eine Mehrheit der gesetzlichen Zahl der Mitglieder stimmen. Bei einer gesetzlichen Zahl der Mitglieder des Rates von 38 Ratsmitgliedern + 1 Bürgermeister[5] stellen 31 Ja-Stimmen eine entsprechende Mehrheit dar. Die Änderung der Hauptsatzung ist also mit der notwendigen Mehrheit beschlossen worden.

Nach § 7 Abs. 4 GO kann diese neue Regelung aber erst in Kraft treten, wenn die Änderung der Hauptsatzung ordnungsgemäß veröffentlicht wurde. Dabei muss die Veröffentlichung (noch) in der Form geschehen, die vor der Änderung gültig war – hier also in der Tageszeitung G-Kurier. Die Änderung ist aber im Amtsblatt bekannt gemacht worden. Damit ist die Änderung des § 5 der Hauptsatzung nicht ordnungsgemäß bekannt gemacht worden; es bleibt die alte Fassung des § 5 in Kraft.

Dann aber ist auch die Hundesteuersatzung – die ebenfalls im Amtsblatt veröffentlicht wurde – nicht wirksam bekannt gemacht worden und damit grundsätzlich unwirksam.

Allerdings könnte die Verletzung der §§ 7 Abs. 4 und 5 GO i. V. m. 4 BekanntmVO nach § 7 Abs. 6 GO unbeachtlich sein. Nach § 7 Abs. 6 lit. b GO gilt die heilende Wirkung aber nicht für Fehler bei der Bekanntmachung. Die Hundesteuersatzung ist also im Ergebnis unwirksam.

Eine unwirksame Satzung kann aber keine Ermächtigung für einen Hundesteuerbescheid sein. Der Hundesteuerbescheid ist rechtswidrig. Da der Steuerbescheid A als Adressaten belastet, stellt er auch eine Rechtsverletzung des A dar.

Die Anfechtungsklage des A gegen den Hundesteuerbescheid wird also Erfolg haben. Das Verwaltungsgericht wird den Hundesteuerbescheid nach § 113 Abs. 1 Satz 1 VwGO aufheben.[6]

Zu Aufgabe 2:

Wenn die Satzung noch in der alten Form im G-Kurier bekannt gemacht wurde, ist die Satzung ordnungsgemäß veröffentlicht worden. Sie ist dann wirksam geworden, wenn sich nicht die Unwirksamkeit aus anderem Grunde ergibt.

Nach dem Sachverhalt soll die Erhebung von Hundesteuern zur Steigerung der Einnahmen im Gemeindehaushalt dienen. Nach § 77 Abs. 2 Nr. 2 GO und § 3 Abs. 2 Satz 1 KAG sollen Steuern aber grundsätzlich nur erhoben werden, wenn sonstige Einnahmen nicht ausreichen. Dies gilt aber nach § 3 Abs. 2 Satz 2 KAG nicht für die Erhebung von Hundesteuer. Bedenken gegen die Wirksamkeit der Satzung ergeben sich also insoweit nicht.

Es könnte aber eine notwendige Genehmigung fehlen. Nach § 7 Abs. 1 Satz 2 GO sind Satzungen nur genehmigungsbedürftig, wenn eine Genehmigung ausdrücklich vorgeschrieben ist. Nach § 2 Abs. 2 KAG gibt es eine Genehmigungspflicht für Steuersatzungen. Diese gilt allerdings nur für solche Steuern, die erstmalig im Land NRW erhoben werden sollen. Hundesteuer wird aber inzwischen in allen Gemeinden des Landes erhoben[7]; eine Genehmigungspflicht besteht also nicht.

Im Ergebnis ist die Satzung wirksam, der Bescheid also rechtmäßig. Die Anfechtungsklage wäre zwar zulässig, aber unbegründet. Sie kann keinen Erfolg haben.[8]

Zu Aufgabe 3:

B kann den Hundesteuerbescheid gegen A nicht anfechten – und in diesem Rahmen eine Prüfung der Hundesteuersatzung erreichen –, da er nicht Adressat des Hundesteuerbescheides ist und ihm daher die Widerspruchs- und Klagebefugnis nach § 42 Abs. 2 VwGO fehlen.

Grundsätzlich können Satzungen aber einem Normenkontrollverfahren nach § 47 VwGO vor dem Oberverwaltungsgericht unterworfen werden. Dies gilt bundesrechtlich nach § 47 Abs. 1 Nr. 1 VwGO für Satzungen nach dem Baugesetzbuch (BauGB). Eine Hundesteuersatzung wird aber nicht auf der Grundlage des BauGB erlassen.

Nach § 47 Abs. 1 Nr. 2 VwGO kann der Landesgesetzgeber den Anwendungsbereich des § 47 VwGO auf andere unter dem Landesgesetz stehende Rechtsvorschriften erweitern.

Für NRW gilt insoweit § 109a JustizG, der grundsätzlich das Verfahren des § 47 VwGO auch gegen kommunale Satzungen eröffnet.

Nach § 133 Abs. 3 Satz 2 JustizG gilt dies aber nur für Rechtsvorschriften, die seit dem 1.1.2019 bekannt gemacht wurden. Die Hundesteuersatzung wurde im laufenden Jahr beschlossen und bekannt gemacht; es ist also grundsätzlich auch das Verfahren nach § 47 VwGO gegen diese Hundesteuersatzung statthaft.

Allerdings setzt die Zulässigkeit eines Antrags auf Normenkontrolle nach § 47 Abs. 2 Satz 1 VwGO voraus, dass der Antragsteller B geltend machen kann, diese Satzung oder ihre Anwendung könne ihn in seinen Rechten verletzen. B hat aber keinen Hundesteuerbescheid erhalten und nicht einmal einen Hund. Sein Rechtskreis ist also durch die Regelungen der Hundesteuersatzung in keiner Weise tangiert. Sein Antrag auf Normenkontrolle wäre mangels Rechtsschutzinteresses unzulässig und könnte keinen Erfolg haben.

Im Ergebnis kann B keinen zulässigen Rechtsbehelf gegen die Hundesteuersatzung einlegen.[9]

Anmerkungen:

1 Vgl. *Theisen*, Hinweis 8 der Anleitung zur Anfertigung von Klausuren.

2 In der Regel brauchen bekannte Abkürzungen in einer Klausur nicht erläutert zu werden. Für die Anfertigung einer Seminararbeit oder einer Hausarbeit aber bietet sich an, Abkürzungen bei ihrer erstmaligen Verwendung wie hier zu erläutern, wenn nicht ein besonderes Abkürzungsverzeichnis erstellt wird.

3 Vgl. *Theisen*, Hinweis 10 der Anleitung zur Anfertigung von Klausuren.

4 Es gibt einen Streit hinsichtlich der Frage, ob die Satzungsgemäßheit vor der Wirksamkeit der Satzung geprüft werden darf. Gegen ein solches Vorgehen spreche der Grundsatz, dass eine unwirksame Satzung nicht angewandt werden dürfe. M. E. sollte aber in der Regel zunächst die Satzungsgemäßheit geprüft werden. Zum einen entspricht das der Vorgehensweise der Praxis, die – wenn nicht Besonderheiten vorliegen – von der Wirksamkeit der Satzung, die angewandt werden soll, zunächst ausgeht, zum anderen ist die Prüfung der Satzungsgemäßheit in aller Regel einfacher als die Prüfung der Wirksamkeit der Satzung. Kommt man zum Ergebnis, dass die Satzung nicht richtig angewandt wurde, ist der Bescheid rechtswidrig und die Anfechtung erfolgreich, ohne dass es auf die Wirksamkeit der Satzung ankommt.

5 Das Gesetz unterscheidet die Begriffe „gesetzliche Zahl der **Ratsmitglieder**“ und „gesetzliche **Mitgliederzahl des Rates**“. Im ersten Falle sind nur die nach KWahlG gewählten **Ratsmitglieder** gemeint. Die gesetzliche Zahl ergibt sich also aus den Bestimmungen des KWahlG (vgl. § 3 Abs. 4 KWahlG). Im zweiten Fall zählt der Bürgermeister mit, da dieser nach § 40 Abs. 2 Satz 2 GO **Mitglied des Rates kraft Gesetzes** ist. Für die Kreisebene gelten insoweit die Begriffe „gesetzliche Zahl der Kreistagsmitglieder“ und „gesetzliche Mitgliederzahl des Kreistages“.

6 Vgl. *Theisen*, Hinweis 3 der Anleitung zur Anfertigung von Klausuren.

7 Zu Beginn des Jahres 2011 hatte mit der Stadt Hörstel auch die letzte Gemeinde in NRW die Hundesteuer eingeführt: Hundesteuersatzung der Stadt Hörstel vom 2.9.2010.

8 Vgl. *Theisen*, Hinweis 3 der Anleitung zur Anfertigung von Klausuren.

9 Vgl. *Theisen*, Hinweis 3 der Anleitung zur Anfertigung von Klausuren.

Lothar Spahlholz

17. Fall

Schwerpunkte:
- Bürgerbegehren
- Ratsmehrheit
- Beanstandung durch den Bürgermeister
- Klage der Gemeinde gegen Maßnahmen der Aufsichtsbehörde

Hilfsmittel:
- Gemeindeordnung NRW
- Verwaltungsgerichtsordnung
- Verwaltungsverfahrensgesetz NRW
- Grundgesetz (GG)

Zeit: 4 Zeitstunden

Sachverhalt:

Eine nordrhein-westfälische Gemeinde hatte ein gemeindliches Grundstück zur Errichtung eines Mobilfunkmastes verpachtet. Hiergegen beabsichtigte eine Bürgergemeinschaft, ein Bürgerbegehren mit dem Ziel durchzuführen, die Verpachtung rückgängig zu machen. Die Bürgergemeinschaft bestimmte drei Bürger zu Vertretungsberechtigten des Bürgerbegehrens. Diese teilten der Gemeindeverwaltung die beabsichtigte Durchführung des Bürgerbegehrens schriftlich mit. Die Gemeindeverwaltung teilte den Vertretungsberechtigten schriftlich eine Einschätzung der mit der Durchführung der verlangten Maßnahme verbundenen Kosten mit.

Mit Schreiben vom 21. Januar, unterzeichnet von drei Vertretungsberechtigten, stellte die Bürgergemeinschaft ein Bürgerbegehren mit dem Ziel, die Verpachtung eines gemeindlichen Grundstücks zur Errichtung eines Mobilfunkmastes rückgängig zu machen. Am 18. Februar übergaben die Vertretungsberechtigten der Bürgergemeinschaft dem Bürgermeister einen Band gebundener Unterschriftenlisten mit einem nachträglich vorgehefteten Begleitschreiben, ebenfalls unterzeichnet durch die drei Vertretungsberechtigten. Auf jeder Liste waren der Text der zur Entscheidung zu bringenden Frage und der Begründung sowie Rubriken für zwölf Eintragungen mit Namen, Vornamen, Geburtsdatum, Anschrift und Unterschrift vorgedruckt.

Die Überprüfung durch die Gemeinde ergab, dass das erforderliche Unterschriftenquorum erreicht war. Die Kostenschätzung der Gemeindeverwaltung war bei der Sammlung der Unterschriften angegeben worden.

In der Sitzung des Rates am 8. Mai waren von insgesamt 26 Ratsmitgliedern 25 anwesend. Als über den Beschlussvorschlag des Bürgermeisters, das Bürgerbegehren für unzulässig zu erklären, abgestimmt wurde, stimmten der Bürgermeister und 12 Ratsmitglieder dafür und 13 Ratsmitglieder dagegen.

Mit Schreiben vom selben Tag beanstandete der Bürgermeister diesen Beschluss schriftlich beim Rat mit der Begründung, der Beschluss sei rechtswidrig, weil auf den einzelnen vorgelegten Unterschriftenlisten die Vertreterbenennung fehle.

In seiner Sitzung vom 22. Mai beriet der Rat erneut über den Beschlussvorschlag des Bürgermeisters. Er wurde mit großer Mehrheit abgelehnt.

Hiernach holte der Bürgermeister unverzüglich die Entscheidung des zuständigen Landrats als allgemeine Aufsichtsbehörde ein.

Nachdem der Landrat von der Gemeinde einen schriftlichen Bericht angefordert und erhalten sowie die einschlägigen Unterlagen eingesehen hatte, hob er mit Verfügung vom 3. August die Ratsbeschlüsse vom 8. und 22. Mai mit der Begründung auf, die einzelnen Unterschriftenlisten enthielten nicht die Namen der vertretungsberechtigten Personen.

Hiergegen erhob die Gemeinde aufgrund eines Beschlusses des Rates, vertreten durch den Bürgermeister, beim zuständigen Verwaltungsgericht form- und fristgerecht Anfechtungsklage gegen das Land Nordrhein-Westfalen.

Das beklagte Land NRW hält die Klage für unzulässig. Das gesetzlich hierfür vorgeschriebene Vorverfahren habe nicht stattgefunden. Weiterhin könne der Bürgermeister die Klägerin in dieser Klage nicht wirksam vertreten. Er habe die Ratsbeschlüsse selbst als rechtswidrig beanstandet. Aus demselben Grund habe es – das beklagte Land – die Ratsbeschlüsse aufgehoben. Wenn der Bürgermeister die Ratsbeschlüsse für rechtswidrig halte, könne er jetzt im Klageverfahren nicht den gegenteiligen Rechtsstandpunkt vertreten. Schließlich fehle das allgemeine Rechtsschutzinteresse für die Klage. Die Inanspruchnahme des Gerichts erscheine unnötig, weil die Klägerin einen Ratsbeschluss mit dem Inhalt, den Pachtvertrag über das gemeindliche Grundstück zur Errichtung eines Mobilfunkmastes rückgängig zu machen, auch unabhängig von dem Bürgerbegehren herbeiführen könne.

Die Gemeinde hält ihre Anfechtungsklage für zulässig und begründet. Die Aufhebung der Ratsbeschlüsse sei rechtswidrig und verletze sie – die Klägerin – in ihren Rechten.

Die Aufhebung sei formell und materiell rechtswidrig.

Sie sei formell rechtswidrig, weil sie ein belastender Verwaltungsakt sei, die vorgeschriebene vorherige Anhörung nach dem Verwaltungsverfahrensgesetz aber nicht stattgefunden habe.

Die Aufhebung sei materiell rechtswidrig, weil die Ratsbeschlüsse rechtmäßig gewesen seien. Das Gesetz verlange keine Vertreterbenennung auf jeder Unterschriftenliste.

Aufgabe:

Prüfen Sie gutachtlich, ob die Klage Erfolg hat.

Hinweise:

1. *Bei der Prüfung der Zulässigkeit der Klage ist nur auf die vom beklagten Land NRW gerügten Punkte einzugehen.*
2. *Sollten Sie die Klage für unzulässig halten, sind die restlichen Rechtsfragen in einem Hilfsgutachten zu erörtern.*

Platz für Ihre Anmerkungen/Raum für Notizen:

Lösung:[1]

Die Klage hat Aussicht auf Erfolg, wenn sie zulässig und begründet ist.

I. Zulässigkeit

Hinsichtlich der Zulässigkeit der Klage ist zu prüfen, ob es vor Erhebung der Klage eines Vorverfahrens bedurfte. Nach § 126 GO NRW können Maßnahmen nach §§ 122 Abs. 1 Satz 2 ff. GO NRW mit der Klage im Verwaltungsstreitverfahren *angefochten* werden. Damit ist die Anfechtungsklage (§ 42 Abs. 1 Alt. 1 VwGO) gemeint. Vor Erhebung der Anfechtungsklage sind Recht- und Zweckmäßigkeit des Verwaltungsakts grundsätzlich in einem Vorverfahren nachzuprüfen (§ 68 Abs. 1 Satz 1 VwGO). Einer solchen Nachprüfung bedarf es ausnahmsweise nicht, wenn ein Gesetz dies bestimmt (§ 68 Abs. 1 Satz 2 VwGO). Nach § 126 GO NRW können Maßnahmen der Aufsichtsbehörde *unmittelbar* mit der Anfechtungsklage angegriffen werden. Daher bedurfte es vor Klageerhebung keines Vorverfahrens.

Problematisch ist, ob der Bürgermeister die Klägerin im Klageverfahren wirksam vertreten kann. Für die Klägerin handelt im Klageverfahren ihr gesetzlicher Vertreter (§ 62 Abs. 3 VwGO). Der Bürgermeister ist der gesetzliche Vertreter der Klägerin in Rechts- und Verwaltungsgeschäften (§ 63 Abs. 1 Satz 1 GO NRW). Er könnte jedoch in dem vorliegenden Klageverfahren in eine Interessenkollision geraten. Er hat die Ratsbeschlüsse als rechtswidrig beanstandet. Aus demselben Grund hat das beklagte Land NRW die Ratsbeschlüsse aufgehoben. Zu prüfen ist, ob der Bürgermeister im Klageverfahren nunmehr die Auffassung vertreten kann, die Ratsbeschlüsse seien rechtmäßig gewesen. Als dem ehrenamtlichen Bürgermeister noch der hauptamtliche Gemeindedirektor gegenüberstand, wurde die Auffassung vertreten, dass der hauptamtliche Gemeindedirektor die Gemeinde im Klageverfahren gegen die Aufhebung von Ratsbeschlüssen nicht vertreten könne, wenn er die Ratsbeschlüsse selbst beanstandet hatte. Dies müsse vielmehr der ehrenamtliche Bürgermeister tun.[2] Diese Auffassung ist nach Abschaffung der Doppelspitze seit Inkrafttreten der neuen GO NRW gegenstandslos. Das Gesetz sieht für die genannte Fallkonstellation keine Beschränkung des Vertretungsrechts des Bürgermeisters nach § 63 Abs. 1 Satz 1 GO NRW vor. Es ist auch in der Sache nicht nötig, da kein Widerspruch darin besteht, kraft eigener Organkompetenz einen Ratsbeschluss zu beanstanden und auf Beschluss des Rates die Aufhebung des Ratsbeschlusses durch die Aufsichtsbehörde gerichtlich zu bekämpfen. Der Bürgermeister ist nämlich zur Durchführung des Ratsbeschlusses verpflichtet (§ 62 Abs. 2 Satz 2 GO NRW). Der Rat hat auch ausreichende Möglichkeiten, die Durchführung des Beschlusses zu überwachen (§ 55 Abs. 3 GO NRW) und das Prozessverhalten – etwa durch Ausübung seines Rückholrechts nach § 41 Abs. 3 GO NRW – zu bestimmen. Aus § 53 Abs. 2 GO NRW, der ausnahmsweise die Durchführung eines Ratsbeschlusses durch den Stellvertreter des Bürgermeisters vorsieht, kann nichts Gegenteiliges entnommen werden. Diese Vorschrift ist auf Fälle beschränkt, in denen Maßnahmen gegenüber dem Bürgermeister selbst und seine Amtsführung Gegenstand des Ratsbeschlusses sind. Sie erfasst aber nicht Fälle unterschiedlicher Auffassung in der Sache.[3, 4]

Schließlich ist bezüglich der Zulässigkeit fraglich, ob das allgemeine Rechtsschutzinteresse für die Klage vorliegt, weil die Klägerin einen Ratsbeschluss mit dem Inhalt, den Pachtvertrag über das gemeindliche Grundstück zur Errichtung eines Mobilfunkmastes rückgängig zu machen, auch unabhängig von dem Bürgerbegehren herbeiführen könnte. Das allgemeine Rechtsschutzinteresse fehlt, wenn die Inanspruchnahme des Verwaltungsgerichts unnötig erscheint. Es entfällt nicht deshalb, weil die Klägerin dem Bürgerbegehren durch einen Ratsbeschluss außerhalb des in § 26 GO NRW vorgesehenen Verfahrens auch selbst Rechnung tragen könnte. Auf ein derartiges Vorgehen kann die Klägerin nicht verwiesen werden, weil es voraussetzt, dass der Rat dem Bürgerbegehren unabhängig von seiner Zulässigkeit jedenfalls in der Sache folgen will. Lehnt der Rat das Bürgerbegehren hingegen in der Sache ab oder will er die Entscheidung darüber etwa aus Gründen besserer Akzeptanz den Bürgern selbst überlassen, so kann der Klägerin eine verbindliche gerichtliche Klärung der Zulässigkeit des Bürgerbegehrens nicht verwehrt werden. Von seiner Zulässigkeit hängt nämlich ab, ob die Klägerin einen Bürgerentscheid durchführen darf und muss (§ 26 Abs. 6 Satz 3 GO NRW). Da § 26 Abs. 6 Satz 1 GO NRW zwingend ist, hat der Rat bei seiner Entscheidung über die Zulässigkeit des Bürgerbegehrens keinen Ermessensspielraum. Er muss nach Maßgabe der gesetzlichen Regelungen die Zulässigkeit oder Unzulässigkeit des Bürgerbegehrens feststellen. Somit ist das allgemeine Rechtsschutzinteresse für die Klage gegeben.

Nach alledem ist die Klage zulässig.

II. Begründetheit

Sie ist begründet, wenn die Aufhebung der Ratsbeschlüsse rechtswidrig und die Klägerin dadurch in ihren Rechten verletzt ist (§ 113 Abs. 1 Satz 1 VwGO).

Sie könnte formell rechtswidrig sein, weil vor ihr keine nach dem VwVfG NRW erforderliche Anhörung stattgefunden hat. Die Anhörung richtet sich nach § 28 VwVfG NRW. Nach § 28 Abs. 1 VwVfG NRW ist der Beteiligte vor Erlass eines belastenden Verwaltungsakts grundsätzlich anzuhören. Die Aufhebung der Ratsbeschlüsse ist ein belastender Verwaltungsakt, weil sie sonst nicht mit der Anfechtungsklage (§ 42 Abs. 1 Alt. 1 VwGO) gemäß § 126 GO NRW angegriffen werden könnte. Nach § 28 Abs. 3 und Abs. 2 VwVfG NRW gibt es Ausnahmen von der Anhörungspflicht. Ein Fall für ein Anhörungsverbot nach § 28 Abs. 3 VwVfG NRW ist vorliegend nicht ersichtlich. Auch liegt keiner der in § 28 Abs. 2 VwVfG NRW genannten Ausnahmefälle vor. Jedoch sind die dort genannten Fälle nicht abschließend aufgezählt („insbesondere"). Auch in weiteren Fällen kann von der Anhörung abgesehen werden, wenn sie nach den Umständen des Einzelfalls nicht geboten ist. Vor der Aufhebung der Ratsbeschlüsse hatte das beklagte Land NRW von der Klägerin einen schriftlichen Bericht angefordert. Rechtsgrundlage hierfür ist § 121 GO NRW, wonach sich das beklagte Land

NRW jederzeit über die Angelegenheiten der Klägerin unterrichten kann. Hierzu konnte es den schriftlichen Bericht anfordern. Diesen Bericht hat die Klägerin auch erstattet. Damit hat sie die Gelegenheit erhalten und wahrgenommen, sich zu den für die Entscheidung erheblichen Tatsachen zu äußern. Damit ist sie gemäß § 28 Abs. 1 VwVfG NRW angehört worden. Selbst wenn man in Erstattung des Berichts keine Anhörung im Sinne des § 28 Abs. 1 VwVfG NRW sähe, wäre eine Anhörung nach Erstattung des Berichts nach § 28 Abs. 2 VwVfG NRW nicht mehr geboten. Folglich ist die Aufhebung der Ratsbeschlüsse nicht wegen Verstoßes gegen § 28 VwVfG NRW formell rechtswidrig.

Sie wäre materiell rechtswidrig, wenn es für sie keine Ermächtigungsgrundlage gegeben hätte, deren Voraussetzungen nicht vorgelegen hätten oder ein Ermessensfehler vorgelegen hätte.

Ermächtigungsgrundlage für die Aufhebung der Ratsbeschlüsse ist § 122 Abs. 1 Satz 2 GO NRW. Danach konnte das beklagte Land NRW die Ratsbeschlüsse, wenn sie rechtswidrig waren, nach vorheriger Beanstandung durch den Bürgermeister und nochmaliger Beratung im Rat aufheben.

Zunächst ist zu prüfen, ob die Ratsbeschlüsse rechtswidrig waren.

Sie waren rechtswidrig, wenn die Ablehnung der Beschlussvorlage des Bürgermeisters, die Unzulässigkeit des Bürgerbegehrens festzustellen, rechtswidrig war.

Das hängt davon ab, ob jede Unterschriftenliste die Benennung der Vertretungsberechtigten enthalten musste. Das Bürgerbegehren muss schriftlich eingereicht werden und die zur Entscheidung zu bringende Frage sowie eine Begründung enthalten (§ 26 Abs. 2 Satz 1 GO NRW). Diese Voraussetzungen waren vorliegend erfüllt. Das Bürgerbegehren muss bis zu drei Bürger benennen, die berechtigt sind, die Unterzeichnenden zu vertreten (§ 26 Abs. 2 Satz 2 GO NRW). Fraglich ist, ob diese Vertreterbenennung in jeder Unterschriftenliste enthalten sein muss. § 26 GO NRW trifft hierzu keine Regelung. §§ 25 Abs. 4 Satz 1 und 2, 26 Abs. 4 Satz 3 GO NRW verlangen nur, dass jede Unterschriftenliste den vollen Wortlaut des Bürgerbegehrens sowie Namen, Vornamen, Geburtsdatum und Anschrift der Unterzeichner enthalten muss. Hieraus könnte im Umkehrschluss folgen, dass die Vertretungsberechtigten des Bürgerbegehrens nicht auf jeder Unterschriftenliste bezeichnet sein müssen. Jedoch könnte sich das Erfordernis der Vertreterbenennung auf jeder Unterschriftenliste aus § 17 Abs. 1 Satz 1 VwVfG NRW ergeben. Dann müsste es sich bei dem Bürgerbegehren um ein Verwaltungsverfahren in Form einer gleichförmigen Eingabe (§§ 9 Satz 1, 17 Abs. 1 Satz 1 VwVfG NRW) handeln. Das Verwaltungsverfahren zielt auf den Erlass eines Verwaltungsaktes im Sinne des § 35 Satz 1 VwVfG NRW (§ 9 Satz 1 VwVfG NRW). Das Bürgerbegehren ist ein Antrag auf Durchführung eines Bürgerentscheids (§ 26 Abs. 1 Satz 1 GO NRW). Voraussetzung für die Durchführung eines Bürgerentscheids ist, dass der Rat die Zulässigkeit des Bürgerbegehrens feststellt (§ 26 Abs. 6 Satz 1 GO NRW). Gegen die ablehnende Entscheidung des Rates können die Vertreter des Bürgerbegehrens einen Rechtsbehelf einlegen (§ 26 Abs. 6 Satz 2 GO NRW). Dieser Rechtsbehelf ist die Verpflichtungsklage (§ 42 Abs. 1 Alt. 2 VwGO).[5] Diese zielt auf Erlass eines begünstigenden Verwaltungsakts (§§ 42 Abs. 1 Alt. 2 VwGO, 35 Satz 1 VwVfG NRW). Hieraus folgt: Wenn gegen die ablehnende Entscheidung des Rates die Verpflichtungsklage statthaft ist, muss der Beschluss des Rates, die Zulässigkeit des Bürgerbegehrens festzustellen, ein begünstigender Verwaltungsakt sein. Folglich handelt es sich bei dem Bürgerbegehren um ein Verwaltungsverfahren. Da das Bürgerbegehren von mehr als 50 Personen unterzeichnet sein muss (§ 26 Abs. 4 Satz 1 GO NRW), handelt es sich um ein Verwaltungsverfahren in Form einer gleichförmigen Eingabe (§ 17 Abs. 1 Satz 1 VwVfG NRW). Aus § 17 Abs. 2 Satz 1 VwVfG NRW folgt, dass die Bezeichnung der Vertreter auf jeder mit einer Unterschrift versehenen Seite enthalten sein muss.[6] Das von den drei Bürgern unterschriebene, dem Band gebundener Unterschriftenlisten vorgeheftete Begleitschreiben vermag die fehlende Vertreterbenennung auf Unterschriftenlisten nicht zu ersetzen, da sie den Unterschriftenlisten nachträglich hinzugeheftet sind. Somit hätte jede Unterschriftenliste die Vertreterbenennung enthalten müssen.

Da dies nicht der Fall war, war das Bürgerbegehren unzulässig.

Folglich hätte der Rat entsprechend dem Beschlussvorschlag des Bürgermeisters die Unzulässigkeit des Bürgerbegehrens feststellen müssen (§ 26 Abs. 6 Satz 1 GO NRW).

In der Ratssitzung am 8. Mai waren 25 der insgesamt 26 Ratsmitglieder anwesend. 13 Ratsmitglieder stimmten gegen den Beschlussvorschlag des Bürgermeisters, 12 Ratsmitglieder und der Bürgermeister dafür. Der von den Bürgern gewählte Bürgermeister (§ 65 Abs. 1 Satz 1 GO NRW) ist Ratsmitglied kraft Gesetzes (§ 40 Abs. 2 Satz 2 GO NRW). Er hat im Rat Stimmrecht (§ 40 Abs. 2 Satz 5 GO NRW). Ratsbeschlüsse werden mit Stimmenmehrheit gefasst (§ 50 Abs. 1 Satz 1 GO NRW). Da 13 Ratsmitglieder gegen die Beschlussvorlage des Bürgermeisters stimmten und 12 Ratsmitglieder sowie der Bürgermeister dafür, ergab sich Stimmengleichheit. Damit galt die Beschlussvorlage des Bürgermeisters als abgelehnt (§ 50 Abs. 1 Satz 2 GO NRW). Da der Rat entsprechend dem Beschlussvorschlag des Bürgermeisters die Unzulässigkeit des Bürgerbegehrens hätte feststellen müssen, war die Ablehnung der Beschlussvorlage rechtswidrig.

Auch die sonstigen Voraussetzungen für die Aufhebung der Ratsbeschlüsse nach § 122 Abs. 1 Satz 2 GO NRW lagen vor. Der Bürgermeister hatte den Ratsbeschluss vom 8. Mai gemäß § 54 Abs. 2 Satz 1 GO NRW beanstandet. Entsprechend § 54 Abs. 2 Satz 3 GO NRW hatte er die Beanstandung schriftlich in Form einer begründeten Darlegung dem Rat mitgeteilt. In seiner Sitzung vom 22. Mai lehnte der Rat die Beschlussvorlage erneut mit großer Mehrheit ab. Auch dieser Beschluss war rechtswidrig. Gemäß § 54 Abs. 2 Satz 4 GO NRW holte der Bürgermeister nunmehr unverzüglich die Entscheidung des beklagten Landes NRW ein. Damit lagen die Tatbestandsvoraussetzungen des § 122 Abs. 1 Satz 2 GO NRW vor.

Nach § 122 Abs. 1 Satz 2 GO NRW stand die Aufhebung der rechtswidrigen Ratsbeschlüsse vom 8. und 22. Mai im Ermessen des beklagten Landes NRW. Die Ermessensausübung richtet sich nach § 40 VwVfG NRW. Hierbei hatte das beklagte Land NRW abzuwägen zwischen dem Selbstverwaltungsrecht der Klägerin (Art. 28 Abs. 2 Satz 1 GG) und der Rechtmäßigkeit ihrer Aufgabenerfüllung (§ 119 Abs. 1 GO NRW) unter Beachtung der Verhältnismäßigkeit. Bei Vorliegen der Voraussetzung des § 122 Abs. 1 Satz 2 GO NRW wird die allgemeine Aufsichtsbehörde grundsätzlich die Ratsbeschlüsse aufheben. Ausnahmetatbestände sind nicht ersichtlich.

Insbesondere bestehen keine Anhaltspunkte für eine Ermessensreduktion auf null im Hinblick auf eine Nichtaufhebung der Ratsbeschlüsse. Schließlich ist zu prüfen, ob gegen die Aufhebung der Ratsbeschlüsse unter dem Gesichtspunkt der Verhältnismäßigkeit Bedenken bestehen. Die Aufsichtsmaßnahmen in den §§ 121 bis 125 GO NRW sind nach der Verhältnismäßigkeit gestaffelt. Von dem Unterrichtungsrecht (§ 121 GO NRW) als mildestem Mittel hat das beklagte Land NRW Gebrauch gemacht. Für die Beanstandungsanweisung (§ 122 Abs. 1 Satz 1 GO NRW) als zweitmildestes Mittel bestand kein Raum, weil der Bürgermeister die Ratsbeschlüsse bereits von sich aus beanstandet hatte. Also konnte das beklagte Land NRW nur von der Aufhebung der Ratsbeschlüsse (§ 122 Abs. 1 Satz 2 GO NRW) als drittmildestem Mittel Gebrauch machen. Somit entspricht diese Maßnahme auch dem Grundsatz der Verhältnismäßigkeit. Ermessensfehler sind also nicht ersichtlich. Folglich beruhte die Aufhebung der Ratsbeschlüsse auf einer pflichtgemäßen Ermessensausübung.

Nach alledem ist die Aufhebung der Ratsbeschlüsse auch materiell rechtmäßig.

Daher ist die Klage unbegründet.

III. Ergebnis

Die Klage hat keine Aussicht auf Erfolg.

Anmerkungen:

1 Die Klausur wurde einem Urt. des OVG NRW (NVwZ-RR 2001 S. 49 ff.) nachgebildet.
2 OVG NRW, NVwZ-RR 2001 S. 50.
3 OVG NRW, a. a. O.
4 Mit entsprechender Begründung ist die gegenteilige Auffassung vertretbar. Dann ist die Klage unzulässig. Laut Bearbeitungshinweis sind dann die restlichen Rechtsfragen in einem Hilfsgutachten zu erörtern.
5 *Hofmann/Bätge/Wiesner*, Kommunalrecht in NRW, 20. Aufl. 2023, Kap. 2.3.3.2.1.2 (Nr. 18).
6 Im Ergebnis ebenso, wenn auch mit anderer Begründung, OVG NRW, a. a. O., S. 50, 51.

Lothar Spahlholz

18. Fall

Schwerpunkte:	–	Bezirksvertretungen
	–	Beschlussfähigkeit
	–	Wirksamkeit von Beschlüssen
	–	Kommunalverfassungsrechtlicher Organstreit
Hilfsmittel:	–	Gemeindeordnung NRW
	–	Verwaltungsgerichtsordnung
	–	Bürgerliches Gesetzbuch
Zeit:		4 Zeitstunden

Sachverhalt:

Die bei der letzten Kommunalwahl am 25. Mai im Innenstadtbezirk der kreisfreien Stadt B gewählte Bezirksvertretung hat 17 Mitglieder. Neun davon bilden die A-Fraktion, sechs die B-Fraktion, zwei die C-Fraktion.

Am 25. Februar trat der von der Bezirksvertretung gewählte, der A-Fraktion angehörende Bezirksvorsteher von seinem Amt zurück. Daraufhin lud der stellvertretende Bezirksvorsteher die Bezirksvertreter frist- und formgerecht zu einer Sitzung der Bezirksvertretung am 25. März ein. Als Punkt 2 der Tagesordnung war die Wahl eines neuen Bezirksvorstehers vorgesehen.

Ausweislich der Sitzungsniederschrift verlief die Sitzung wie folgt:

Zu Beginn der Sitzung waren von den 17 Bezirksvertretern 16 anwesend. Der zurückgetretene Bezirksvorsteher fehlte. Vor der Wahl des neuen Bezirksvorstehers verließen die sechs Mitglieder der B-Fraktion und die zwei Mitglieder der C-Fraktion kommentarlos den Sitzungssaal. Die Beschlussunfähigkeit wurde nicht festgestellt. Anschließend wählten die acht Bezirksvertreter der A-Fraktion einstimmig einen neuen Bezirksvorsteher.

Nach dieser Sitzung bat der Vorsitzende der B-Fraktion die Oberbürgermeisterin schriftlich, die Wahl des Bezirksvorstehers zu beanstanden, weil sie wegen offenkundiger Beschlussunfähigkeit der Bezirksvertretung unwirksam gewesen sei.

Am 17. April lud der Bezirksvorsteher die Mitglieder der Bezirksvertretung form- und fristgerecht zu einer Sitzung der Bezirksvertretung am 6. Mai ein. Als Tagesordnungspunkt 3 war die Wahl eines neuen Bezirksvorstehers vorgesehen. Am 22. April trat der Bezirksvorsteher von seinem Amt zurück, um alle Zweifel an der Rechtmäßigkeit seiner Wahl am 25. März zu beseitigen.

Mit Schreiben vom 27. April bat der Vorsitzende der B-Fraktion die Oberbürgermeisterin um Beanstandung. Da die Wahl des Bezirksvorstehers unwirksam gewesen sei, sei die Einberufung der Bezirksvertretung durch den Bezirksvorsteher zu der Sitzung am 6. Mai auch unwirksam. Dies sei ein so schwerwiegender Verfahrensfehler, dass er zur Unwirksamkeit der Beschlüsse der Bezirksvertretung führe.

In Ihrem Antwortschreiben lehnte die Oberbürgermeisterin eine Beanstandung ab. Die Wahl des Bezirksvorstehers sei wegen Beschlussunfähigkeit zwar rechtswidrig, nicht jedoch unwirksam gewesen. Daher sei er bis zu seinem Rücktritt wirksam gewählter Bezirksvorsteher gewesen und habe die Bezirksvertretung wirksam eingeladen.

An der Sitzung der Bezirksvertretung am 6. Mai nahmen elf Mitglieder der Bezirksvertretung teil. Die Mitglieder der B-Fraktion blieben der Sitzung fern. Vor der Neuwahl des Bezirksvorstehers verließen die beiden Mitglieder der C-Fraktion den Sitzungssaal. Anschließend wählten die neun Mitglieder der A-Fraktion den zurückgetretenen Bezirksvorsteher einstimmig erneut zum Bezirksvorsteher.

Am 15. Juni erhob die B-Fraktion beim Verwaltungsgericht Klage gegen die Bezirksvertretung mit dem Antrag, festzustellen, dass

1. die am 25. März erfolgte Wahl des Bezirksvorstehers und
2. die am 6. Mai erfolgte Wahl des Bezirksvorstehers unwirksam gewesen seien.

Die Klägerin meint, für ihr Begehren bestehe ein Feststellungsinteresse, weil ihr Recht auf Mitwirkung an der Willensbildung der Bezirksvertretung verletzt worden sei. Diese Rechtsverletzung dauere trotz des Rücktritts des Bezirksvorstehers vom 22. April wegen der Einberufung der nächsten Sitzung der Bezirksvertretung durch den Bezirksvorsteher fort. Die B-Fraktion müsse weiterhin mit vergleichbaren Einschränkungen ihrer Mitwirkungsrechte rechnen und befürchten, dass fehlerhafte Beschlüsse von der Oberbürgermeisterin umgesetzt würden, zumal sie eine Beanstandung abgelehnt habe. Hinsichtlich der Begründetheit der Klage verweist die Klägerin auf ihre gegenüber der Oberbürgermeisterin vorgetragenen Rechtsargumente.

Die Beklagte beantragt, die Klage abzuweisen. Sie sei unzulässig, weil sie verfristet sei. Im Übrigen macht sich die Beklagte die Rechtsauffassung der Oberbürgermeisterin zu eigen.

Aufgabe:

Prüfen Sie gutachtlich, ob die Klage Erfolgsaussicht hat.
Hierbei ist auf *alle* Zulässigkeitsvoraussetzungen einzugehen.

Platz für Ihre Anmerkungen/Raum für Notizen:

Lösung:[1]

A. Prüfung der Erfolgsaussicht der Klage betreffend die Feststellung der Unwirksamkeit der Wahl am 25. März

Die Klage hat Erfolgsaussicht, wenn sie zulässig und begründet ist.

I. Zulässigkeit

Zuerst zu prüfende Zulässigkeitsvoraussetzung ist die Zuständigkeit des Verwaltungsgerichts.

Mangels besonderer Vorschriften (vgl. § 40 Abs. 2 Satz 2 VwGO) beurteilt sich die sachliche Zuständigkeit nach § 40 Abs. 1 VwGO. Problematisch ist nur, ob hier eine Streitigkeit nichtverfassungsrechtlicher Art vorliegt. Die Beteiligten streiten um die Auslegung des § 49 Abs. 1 GO NRW, der eine *kommunalverfassungsrechtliche* Vorschrift ist. § 40 Abs. 1 VwGO meint mit Verfassungsrecht jedoch nur das *Staats*verfassungsrecht. Das Kommunalverfassungsrecht gehört zum (besonderen) Verwaltungsrecht. Damit ist die Streitigkeit nicht verfassungsrechtlicher Art. Mithin ist das Verwaltungsgericht sachlich zuständig.

Die örtliche Zuständigkeit des Verwaltungsgerichts folgt aus § 52 Nr. 5 VwGO. Danach ist das Verwaltungsgericht örtlich zuständig, in dessen Bezirk der Beklagte seinen Sitz hat. Beklagter ist die Bezirksvertretung des Innenstadtbezirks der Stadt B.

Da eine Streitigkeit im ersten Rechtszug vorliegt, ist das Verwaltungsgericht auch instanziell zuständig (§ 45 VwGO).

Nach alledem ist das Verwaltungsgericht für die Klage zuständig.

Da die Klägerin darauf klagt festzustellen, dass die Wahl zum Bezirksvorsteher am 25. März unwirksam war, liegt eine Feststellungsklage (§ 43 Abs. 1 VwGO) vor. Sie ist auf das Bestehen eines Rechtsverhältnisses gerichtet. Zwischen den Beteiligten bestehen rechtliche Beziehungen hinsichtlich der Frage, ob die Wahl zum Bezirksvorsteher am 25. März nach den Vorschriften der GO NRW wirksam war.[2]

Fraglich ist, ob die Feststellungsklage hier die richtige Klageart ist. Die Feststellung kann nämlich nicht begehrt werden, soweit die Klägerin ihre Rechte durch Gestaltungs- oder Leistungsklage verfolgen kann (§ 43 Abs. 2 Satz 1 VwGO). Da sich die Wahl zum Bezirksvorsteher am 25. März durch dessen Rücktritt erledigt hat, kann die Klägerin ihre Rechte nicht durch Gestaltungs- oder Leistungsklage verfolgen. Daher ist die Feststellungsklage die richtige Klageart.

Problematisch ist, ob die Klage verfristet ist. Die VwGO sieht eine Klagefrist nur für die Anfechtungs- und Verpflichtungsklage (§ 42 Abs. 1 VwGO) vor (§ 74 VwGO). Hier liegt jedoch eine Feststellungsklage vor. Da für sie keine Frist gilt, kann sie nicht verfristet sein. Da die Klägerin die Klage knapp drei Monate nach der Wahl am 25. März erhob, hat sie ihr Klagerecht nicht wegen treuwidrig spät erhobener Klage (§ 242 BGB analog) verwirkt.[3]

Zu prüfen ist, ob die Beteiligten beteiligtenfähig im Sinne des § 61 Nr. 2 VwGO sind. Dann müssten sie Vereinigungen sein, denen Rechte zustehen können. Die Klägerin ist eine Vereinigung (§§ 56 Abs. 1, 36 Abs. 5 Satz 2 GO NRW). Sie hat Rechte nach §§ 47 Abs. 1 Satz 4, 48 Abs. 1 Satz 2, 36 Abs. 5 Satz 2 GO NRW. Da die Beklagte 17 Mitglieder hat (§ 36 Abs. 2 Satz 1 GO NRW), ist sie ebenfalls eine Vereinigung. Sie hat Rechte nach §§ 36 Abs. 3 Satz 2, 37 Abs. 1 Satz 1, Abs. 4 Satz 1 und Satz 2, Abs. 5 GO NRW. Folglich sind die Beteiligten beteiligtenfähig.

Weiterhin müssten die Beteiligten prozessführungsbefugt sein. Die Prozessführungsbefugnis regelt die Frage, zwischen wem der Rechtsstreit auszutragen ist.[4] Aktiv prozessführungsbefugt ist das Stadtorgan, das von der streitbefangenen Maßnahme betroffen ist.[5] Da die Klägerin durch die Wahl vom 25. März betroffen ist, ist sie aktiv prozessführungsbefugt. Passiv prozessführungsbefugt ist das Stadtorgan, das die streitbefangene Maßnahme getroffen hat.[6] Dies ist die Beklagte, welche die Wahl am 25. März durchgeführt hat. Demzufolge sind die Beteiligten prozessführungsbefugt.

Ferner müssen die Beteiligten handlungsfähig sein. Für Vereinigungen handeln ihre Vorstände (§ 62 Abs. 3 VwGO). Vorsitzender der Klägerin ist der Vorsitzende der B-Fraktion, Vorsitzender der Beklagten der Bezirksvorsteher (§ 36 Abs. 2 Satz 2 GO NRW). Also sind die Beteiligten handlungsfähig.

Die Feststellungsklage ist nur zulässig, wenn die Klägerin ein berechtigtes Interesse an der baldigen Feststellung des Bestehens des Rechtsverhältnisses hat (§ 43 Abs. 1 VwGO). Die Wahl vom 25. März zum Bezirksvorsteher hat sich durch dessen Rücktritt erledigt. Gleichwohl besteht nach wie vor ein Interesse der Klägerin an der Klärung der Wirksamkeit dieser Wahl, da das streitige Rechtsverhältnis Rechtswirkung bis in die Gegenwart hat. Denn der Bezirksvorsteher hat die Bezirksvertreter vor seinem Rücktritt zu einer weiteren Sitzung eingeladen. War die Wahl am 25. März unwirksam, war möglicherweise auch die Einladung unwirksam. Auch ist nicht auszuschließen, dass sich dieser Rechtsverstoß auf die Wirksamkeit der Wahl am 6. Mai ausgewirkt hat.[7]

Schließlich müsste für die Klage das allgemeine Rechtsschutzbedürfnis bestehen. Dies ist nicht der Fall, wenn die Klägerin ihr Ziel anders als durch Anrufung des Gerichts erreichen kann.[8] Da dies nicht ersichtlich ist, liegt auch diese Voraussetzung vor.

Nach alledem ist die Klage zulässig.

II. Begründetheit

Sie ist begründet, wenn die Wahl vom 25. März rechtswidrig und die Klägerin dadurch in ihren Rechten verletzt ist (§ 113 Abs. 1 Satz 1 VwGO analog).

Dann müsste die Wahl am 25. März gegen kommunalrechtliche Vorschriften verstoßen haben.

Die Beklagte wäre beschlussfähig gewesen, wenn mehr als die Hälfte ihrer gesetzlichen Mitgliederzahl anwesend gewesen wäre (§§ 49 Abs. 1 Satz 1, 36 Abs. 5 Satz 2 GO NRW). Da die Klägerin 17 Mitglieder hat, hätten mindestens neun Mitglieder anwesend sein müssen. Zu Beginn der Sitzung waren 16 Mitglieder anwesend. Damit war die Beschlussfähigkeit zunächst gegeben. Vor der Wahl verließen acht Mitglieder den Sitzungssaal, sodass nur noch acht Mitglieder im Sitzungssaal verblieben, die dann den Bezirksvorsteher einstimmig wählten. Damit war die Beklagte beschlussunfähig.

Jedoch galt die Beklagte als beschlussfähig, solange ihre Beschlussunfähigkeit nicht festgestellt war (§§ 49 Abs. 1 Satz 2, 36 Abs. 5 Satz 2 GO NRW). Der stellvertretende Bezirksvorsteher hatte die Beschlussunfähigkeit nicht festgestellt.

Problematisch ist jedoch, ob die Wahl wegen der tatsächlich entstandenen Beschlussunfähigkeit gleichwohl unwirksam war. § 49 Abs. 1 GO NRW will die Arbeitsfähigkeit der Gremien sicherstellen, aber auch Rechtssicherheit für getroffene Entscheidungen gewährleisten. Wenn zu Beginn der Sitzung das Gremium nach § 49 Abs. 1 Satz 1 GO NRW beschlussfähig ist, soll § 49 Abs. 1 Satz 2 GO NRW grundsätzlich ermöglichen, dass im Verlauf der Sitzung Entscheidungen getroffen werden können, ohne dass bei jedem Tagesordnungspunkt erneut die Beschlussfähigkeit überprüft und festgestellt werden muss. Zugleich dient die Regelung der Rechtssicherheit, indem sie ausschließt, dass die rechtliche Wirksamkeit von Beschlüssen unter Berufung auf die Beschlussunfähigkeit im Nachhinein erfolgreich angezweifelt werden kann. Hieraus folgt, dass die Beschlussfähigkeit in der Sitzung und aus der Mitte des Gremiums in Zweifel gezogen werden muss. Könnten auch noch später Einwände gegen die Beschlussfähigkeit erhoben werden, würde die Arbeit des Gremiums bis zur Rechtskraft der Überprüfung dieser Bedenken lahmgelegt. Damit wäre auch die kommunale Handlungsfähigkeit gefährdet. Würde rechtskräftig die Unwirksamkeit der Wahl eines Vorsitzenden festgestellt, wären möglicherweise alle danach von ihm vorgenommenen Amtshandlungen einschließlich der unter seiner Leitung gefassten Beschlüsse ebenfalls ungültig.[9]

Diesen Überlegungen könnte man entgegenhalten, dass § 49 Abs. 1 Satz 2 GO NRW bezweckt, schwierige Beweisermittlungen für den Fall abzuschneiden, dass nachträglich Zweifel an der Beschlussfähigkeit des Gremiums erhoben werden. Die Vermutung der Beschlussfähigkeit soll nicht greifen, wenn die Beschlussunfähigkeit offenkundig ist.[10] Dieser Gedanke überzeugt hier jedoch nicht, weil sich die Beschlussunfähigkeit eindeutig aus der Sitzungsniederschrift ergibt und daher keine Beweisschwierigkeiten bestehen.

Zweifelhaft ist schließlich, ob die Wahl rechtsmissbräuchlich war (§ 242 BGB analog). Die Klägerin hätte an der Wahl teilnehmen können. Sie selbst führte die Beschlussunfähigkeit durch ihr Verlassen des Sitzungssaals mit herbei. Sie hätte in Kenntnis dessen ihre Rechte durch eine Erklärung in der Sitzungsniederschrift wahren können. Stattdessen verließ die Klägerin kommentarlos den Sitzungssaal. Angesichts dessen war die Wahl nicht treuwidrig.[11]

Nach alledem war die Beschlussunfähigkeit nicht festzustellen. Daher galt die Beklagte als beschlussfähig. Folglich war die Wahl rechtmäßig. Die Klage ist also unbegründet.

III. Ergebnis

Sie hat keine Erfolgsaussicht.

B. Prüfung der Erfolgsaussicht der Klage betreffend die Feststellung der Unwirksamkeit der Wahl am 6. Mai

Die Klage hat Erfolgsaussicht, wenn sie zulässig und begründet ist.

I. Zulässigkeit

Bezüglich der Zulässigkeit der Klage wird auf die diesbezüglichen Ausführungen zu Buchstabe A verwiesen. Also ist die Klage zulässig.

II. Begründetheit

Die Klage ist begründet, wenn die Wahl am 6. Mai rechtswidrig war und die Klägerin dadurch in ihren Rechten verletzt ist (§ 113 Abs. 1 Satz 1 VwGO analog).

Die Wahl war rechtswidrig, wenn der Bezirksvorsteher nicht wirksam zu der Sitzung am 6. Mai einladen konnte. Da der Bezirksvorsteher wirksam gewählt wurde, konnte er auch wirksam einladen (§§ 47 Abs. 1 Satz 1, 36 Abs. 5 Satz 2 GO NRW).

Die Wahl war rechtswidrig, wenn die Beklagte beschlussunfähig war. Bei der Wahl waren neun Mitglieder der Beklagten zugegen, also mehr als die Hälfte ihrer Mitglieder (§ 49 Abs. 1 Satz 1 GO NRW). Mithin war die Beklagte beschlussfähig.

Schließlich müsste der Bezirksvorsteher mit der erforderlichen Mehrheit (§§ 50 Abs. 2 Satz 2, 36 Abs. 5 Satz 2 GO NRW) gewählt worden sein. Da alle neun anwesenden Mitglieder der Beklagten für ihn stimmten, liegt auch diese Voraussetzung vor.

Nach alledem war auch diese Wahl rechtmäßig. Somit ist die Klage auch insoweit unbegründet.

III. Ergebnis

Sie hat insgesamt keine Erfolgsaussicht.

Anmerkungen:

1 Die Klausur ist einem Urt. des VG Düsseldorf (NWVBl. 1998 S. 202 ff.) nachempfunden.
2 VG Düsseldorf, NWVBl. 1998 S. 203.
3 Zur Verwirkung des Klagerechts: *Stern/Blanke*, Verwaltungsprozessrecht in der Klausur, 9. Aufl. 2008, Rdnr. 507.
4 *Stern/Blanke*, Verwaltungsprozessrecht in der Klausur, 9. Aufl. 2008, Rdnr. 382.
5 *Stern/Blanke*, a. a. O.
6 *Stern/Blanke*, a. a. O.
7 VG Düsseldorf, a. a. O.
8 *Stern/Blanke*, a. a. O., Rdnr. 409.
9 VG Düsseldorf, a. a. O.
10 VG Düsseldorf, a. a. O., S. 202, 203.
11 VG Düsseldorf, a. a. O.

Lothar Spahlholz

19. Fall

Schwerpunkte: – Bezirksvertretung/Ausschuss
– Kommunalverfassungsrechtlicher Organstreit

Hilfsmittel: – Gemeindeordnung NRW
– Verwaltungsgerichtsordnung
– Bürgerliches Gesetzbuch
– Gewerbeordnung

Zeit: 4 Zeitstunden

Sachverhalt:

Mit Schreiben vom 24. November beantragte ein Marktveranstalter bei der Oberbürgermeisterin der kreisfreien Stadt B, einen Spezialmarkt im Sinne des § 68 Abs. 1 GewO gemäß § 69 Abs. 1 Satz 1 GewO für die Zeit vom 21. bis 24. Mai des Folgejahres festzusetzen. Der Markt sollte im Rahmen einer Großveranstaltung stattfinden. Es handelte sich um einen ländlichen Markt, auf dem insbesondere ländliche Mode, Sportbekleidung und -zubehör sowie Produkte aus dem Kunsthandwerk ausgestellt und angeboten werden sollten. Bestandteil des Markts waren zusätzlich ein Unterhaltungsprogramm und Möglichkeiten zum Essen und Trinken. Nach den Planungen und Werbemaßnahmen des Veranstalters war mit Besuchern aus ganz B und der Region sowie aus Belgien und den Niederlanden zu rechnen. Die Einschätzung des Veranstalters über die Größenordnung des Markts führte zu Überlegungen in Stadtverwaltung und Polizeipräsidium, wie der Markt unter Verkehrsgesichtspunkten bewältigt werden könne. Diese gingen dahin, Parkplätze auch in anderen Stadtbezirken als dem Stadtbezirk, in welchem der Markt stattfinden sollte, zur Verfügung zu stellen, das Verkehrsaufkommen durch Hinweisschilder zu regeln und umzulenken und die Zufahrten zu Wohnbereichen zu sperren.

Die Oberbürgermeisterin legte dem Ordnungs- und Verkehrsausschuss zu seiner Sitzung am 12. Dezember den Antrag zur Zustimmung vor. Der Rat hatte diesem Ausschuss die Entscheidung über die Zustimmung von Märkten übertragen, deren Bedeutung wesentlich über die Stadtbezirke hinausgeht. Der Ausschuss beschloss, der Durchführung des Marktes zuzustimmen.

Die Bezirksvertretung des Stadtbezirks, in welchem der Markt stattfinden sollte, vertrat die Auffassung, dass sie über die Durchführung des Markts hätte entscheiden müssen, weil eine Angelegenheit von bezirklicher Bedeutung vorgelegen habe. Der Ordnungs- und Verkehrsausschuss vertrat die gegenteilige Meinung.

Daraufhin beschloss der Hauptausschuss in seiner Sitzung am 14. Januar des Folgejahres, dass der Ordnungs- und Verkehrsausschuss für die Zustimmung zur Durchführung des Marktes zuständig war.

Mit Bescheid vom 21. Januar erteilte die Oberbürgermeisterin dem Veranstalter die Marktfestsetzung.

Der Markt wurde in dem beantragten Zeitraum durchgeführt.

Der Veranstalter beabsichtigt, den Markt auch künftig einmal im Jahr in dem Stadtbezirk durchzuführen.

Am 3. Juni erhob die Bezirksvertretung beim Verwaltungsgericht gegen den Ordnungs- und Verkehrsausschuss Klage auf Feststellung, dass sie für die Zustimmung zu dem Markt zuständig sei.

Die Beteiligten halten ihre gegensätzlichen Rechtsauffassungen aufrecht.

Der Beklagte hält die Klage für unzulässig, weil sie verfristet sei.

Die Klägerin beruft sich auf § 19 Abs. 1 Satz 2 Nr. 7.1 der Hauptsatzung der Stadt B, der wie folgt lautet:

> *„§ 19 Aufgaben der Bezirksvertretungen (Entscheidungs- und Mitwirkungsrechte, § 37 GO NRW)*
> *Die Bezirksvertretungen entscheiden, soweit nicht der Rat ausschließlich zuständig ist oder es sich um Geschäfte der laufenden Verwaltung gemäß § 41 Abs. 3 GO NRW handelt, in den nachfolgend aufgeführten sowie in allen übrigen Angelegenheiten, deren Bedeutung nicht wesentlich über den Stadtbezirk hinausgeht. Dem Entscheidungsrecht der Bezirksvertretungen unterliegen insbesondere:*
> *... 7.1 Veranstaltungen von Märkten aller Art im Stadtbezirk ...*
> *...“*

Aufgabe:

Prüfen Sie gutachtlich, ob die Klage Erfolgsaussicht hat.
Hierbei ist auf *alle* Zulässigkeitsvoraussetzungen einzugehen.

Hinweis:

Im vorliegenden Fall handelt es sich um einen Spezialmarkt im Sinne der §§ 68 Abs. 1, 69 Abs. 1 Satz 1 GewO. Gewerberechtliche Vorschriften sind ***nicht*** *zu behandeln.*

Platz für Ihre Anmerkungen/Raum für Notizen:

Lösung:[1]

Die Klage hat Erfolgsaussicht, wenn sie zulässig und begründet ist.

I. Zulässigkeit

Zuerst zu prüfende Zulässigkeitsvoraussetzung ist die Zuständigkeit des Verwaltungsgerichts.

Mangels besonderer Vorschriften (vgl. § 40 Abs. 2 Satz 2 VwGO) beurteilt sich die sachliche Zuständigkeit nach § 40 Abs. 1 VwGO.

Dann müsste zunächst eine öffentlich-rechtliche Streitigkeit vorliegen. Die Beteiligten streiten sich über die Entscheidungskompetenz der Klägerin aus § 37 Abs. 1 GO NRW und § 19 Abs. 1 Satz 2 Nr. 7.1 der Hauptsatzung. Da dies öffentlich-rechtliche Vorschriften sind, ist eine öffentlich-rechtliche Streitigkeit gegeben.

Weiterhin müsste die Streitigkeit nichtverfassungsrechtlicher Art sein. Der Streit zwischen den Beteiligten dreht sich um § 37 Abs. 1 GO NRW und § 19 Abs. 1 Satz 2 Nr. 7.1 der Hauptsatzung, also um Kommunal*verfassungs*recht. § 40 Abs. 1 Satz 1 VwGO meint jedoch mit Verfassungsrecht nur das *Staats*verfassungsrecht. Das *Kommunal*verfassungsrecht gehört jedoch zum (besonderen) Verwaltungsrecht. Damit ist die Streitigkeit nichtverfassungsrechtlich i. S. d. § 40 Abs. 1 Satz 1 GO NRW.

Da die Streitigkeit weder durch Bundesgesetz (§ 40 Abs. 1 Satz 1 VwGO) noch durch Landesgesetz (§ 40 Abs. 1 Satz 2 VwGO) einem anderen Gericht zugewiesen ist, liegen alle Voraussetzungen des § 40 Abs. 1 VwGO vor.

Folglich ist das Verwaltungsgericht sachlich zuständig.

Die örtliche Zuständigkeit des Verwaltungsgerichts ergibt sich aus § 52 Nr. 5 VwGO. Danach ist das Verwaltungsgericht örtlich zuständig, in dessen Bezirk der Beklagte seinen Sitz hat. Beklagter ist der Ordnungs- und Verkehrsausschuss der Stadt B.

Da eine Streitigkeit im ersten Rechtszug vorliegt, ist das Verwaltungsgericht auch instanziell zuständig (§ 45 VwGO).

Nach alledem ist das Verwaltungsgericht für die Klage zuständig.

Da die Klägerin darauf klagt, festzustellen, dass sie für die Festsetzung des Marktes zuständig ist, liegt eine Feststellungsklage (§ 43 Abs. 1 VwGO) vor. Fraglich ist, ob dies die richtige Klageart ist. Die Feststellung kann nämlich nicht begehrt werden, soweit die Klägerin ihre Rechte durch Gestaltungs- oder Leistungsklage verfolgen kann (§ 43 Abs. 2 Satz 1 VwGO). Da der Markt bereits durchgeführt wurde, kann die Klägerin ihre Rechte insoweit nicht mehr mit einer Gestaltungs- oder Leistungsklage verfolgen. Mithin ist die Feststellungsklage die richtige Klageart.

Sie müsste sich auf Feststellung des Bestehens eines Rechtsverhältnisses richten. Da zwischen den Beteiligten rechtliche Beziehungen über die Frage bestehen, wer nach § 37 Abs. 1 Satz 1 GO NRW und § 19 Abs. 1 Satz 2 Nr. 7.1 der Hauptsatzung für die Entscheidung über den Markt zuständig war, ist diese Voraussetzung gegeben.[2]

Also ist die Feststellungsklage die richtige Klageart.

Fraglich ist, ob die Klage verfristet ist. Die VwGO sieht eine Klagefrist nur für die Anfechtungs- und Verpflichtungsklage (§ 42 Abs. 1 VwGO) vor (§ 74 VwGO). Wie bereits festgestellt wurde, liegt hier jedoch eine Feststellungsklage vor. Da für die Feststellungsklage keine Frist gilt, kann sie nicht verfristet sein. Obwohl die Klägerin die Klage erst sechs Monate nach dem Beschluss des Beklagten erhob, ist keine Verwirkung (§ 242 BGB analog) des Klagerechts eingetreten.[3]

Zu prüfen ist, ob die Beteiligten beteiligtenfähig im Sinne des § 61 Nr. 2 VwGO sind. Dann müssten sie Vereinigungen sein, denen Rechte zustehen können. Da die Beteiligten aus mehreren Mitgliedern bestehen (§§ 36 Abs. 2 Satz l, 58 Abs. 2 Satz 1 GO NRW), sind sie Vereinigungen. Die Klägerin hat unter anderem Entscheidungsrechte nach § 37 GO NRW. Der Beklagte ist vom Rat mit Entscheidungsrecht ausgestattet (§ 41 Abs. 2 Satz 1 GO NRW). Somit sind die Beteiligten Vereinigungen, denen eigene Rechte zustehen. Also sind sie beteiligtenfähig.

Weiterhin müssten die Beteiligten prozessführungsbefugt sein. Die Prozessführungsbefugnis regelt die Frage, zwischen wem der Rechtsstreit auszutragen ist.[4] Da die Klägerin durch den Beschluss des Beklagten vom 12. Dezember betroffen ist, ist sie aktiv prozessführungsbefugt.[5]

Passiv prozessführungsbefugt ist das Stadtorgan, das die streitbefangene Maßnahme getroffen hat. Dies ist der Beklagte, der den Beschluss vom 12. Dezember gefasst hat.[6]

Daher sind die Beteiligten prozessführungsbefugt.

Ferner müssten sie handlungsfähig im Sinne des § 62 Abs. 3 VwGO sein.

Für Vereinigungen handeln ihre Vorstände. Dass die Beteiligten Vereinigungen sind, wurde bereits festgestellt. Vorsitzender der Klägerin ist der Bezirksvorsteher (§ 36 Abs. 2 Satz 2 GO NRW), Vorsitzender des Beklagten der Ausschussvorsitzende (§ 58 Abs. 2 Satz 2 GO NRW).

Somit sind die Beteiligten handlungsfähig.

Die Feststellungsklage ist nur zulässig, wenn die Klägerin ein berechtigtes Interesse an der baldigen Feststellung des Bestehens des Rechtsverhältnisses hat (§ 43 Abs. 1 VwGO). Dies ist zweifelhaft, weil der Markt bereits durchgeführt wurde. Damit gehört das streitige Rechtsverhältnis insoweit der Vergangenheit an. Da der Markt aber auch künftig einmal jährlich durchgeführt werden soll und die Beteiligten ihre gegensätzlichen Rechtsauffassungen aufrechterhalten, besteht die streitige Rechtsfrage fort. Daher ist die Klärung des in Rede stehenden Rechtsproblems geeignet, künftige vergleichbare Konfliktsituationen zu vermeiden. Somit liegt das erforderliche Feststellungsinteresse vor.[7]

Da nicht ersichtlich ist, dass die Klägerin ihr Klageziel anders als durch Klage beim Verwaltungsgericht erreichen kann, ist auch das allgemeine Rechtsschutzinteresse für die Klage gegeben.[8]

Nach alledem ist die Klage zulässig.

II. Begründetheit

Die Klage ist begründet, wenn der Beschluss des Beklagten vom 12. Dezember rechtswidrig und die Klägerin dadurch in ihren Rechten verletzt ist (§ 113 Abs. 1 Satz 1 VwGO analog).

Der Beschluss wäre rechtswidrig, wenn der Beklagte hinsichtlich des Markts kein Entscheidungsrecht hätte.

Nach der GO NRW gibt es Ausschüsse mit Entscheidungsbefugnis (vgl. §§ 54 Abs. 3, 57 Abs. 4 GO NRW) und Ausschüsse ohne Entscheidungsbefugnis. Die Entscheidungsbefugnis kann auf Gesetz (z. B. § 60 Abs. 1 Satz 1 GO NRW) oder auf Übertragung durch den Rat (§ 41 Abs. 2 Satz 1 GO NRW) beruhen. Der Rat hat dem Beklagten die Entscheidung über die Zustimmung von Märkten, deren Bedeutung wesentlich über die Stadtbezirke hinausgeht, übertragen. Also ist der Beklagte ein Ausschuss mit Entscheidungsbefugnis.

Fraglich ist jedoch, ob der Beklagte für die Entscheidung über den Markt zuständig war.

Der Hauptausschuss hatte auf seiner Sitzung am 14. Januar beschlossen, dass der Beklagte zuständig war. Er entscheidet bei Streitigkeiten zwischen Bezirksvertretungen und Ausschüssen über Zuständigkeiten im Einzelfall (§ 37 Abs. 2 GO NRW). Seine Entscheidung ist jedoch nur stadtintern, nicht jedoch für das Verwaltungsgericht bindend.

Der Beklagte wäre für die Entscheidung über den Markt nicht zuständig, wenn eine Angelegenheit vorläge, deren Bedeutung nicht wesentlich über den Stadtbezirk hinausgeht, denn dann wäre die Klägerin zuständig (§ 37 Abs. 1 Satz 1 GO NRW). Die Klägerin wäre jedoch unzuständig, wenn der Rat nach § 41 Abs. 1 GO ausschließlich zuständig wäre (§ 37 Abs. 1 Satz 1 GO NRW). Die Zustimmung zu Märkten fällt nicht unter den Vorbehaltskatalog des § 41 Abs. 1 Satz 2 GO NRW. Anderenfalls hätte der Rat dem Beklagten kein diesbezügliches Entscheidungsrecht übertragen dürfen (§ 41 Abs. 2 Satz 1 GO NRW: „*Im Übrigen* ...“). Mithin steht § 41 Abs. 1 GO NRW der Entscheidungskompetenz der Klägerin nicht entgegen.

Jedoch gilt hinsichtlich der Geschäfte der laufenden Verwaltung § 41 Abs. 3 GO NRW (§ 37 Abs. 1 Satz 4 GO NRW). Solche Geschäfte gelten als im Namen des Rates als auf die Oberbürgermeisterin übertragen. Damit stellt sich die Frage, ob die Festsetzung des Marktes ein Geschäft der laufenden Verwaltung ist. Geschäfte der laufenden Verwaltung sind laufend vorkommende Geschäfte ohne weittragende Bedeutung.[9] Für Geschäfte mit weittragender Bedeutung ist nämlich der Rat zuständig (§ 41 Abs. 1 GO NRW). Da der Markt nur einmal jährlich durchgeführt werden soll, liegt kein laufendes Verwaltungsgeschäft vor. Somit steht auch § 41 Abs. 3 GO NRW der Entscheidungszuständigkeit der Klägerin nicht entgegen.

Entscheidend ist nun, ob der Markt eine Angelegenheit ist, deren Bedeutung nicht wesentlich über den Stadtbezirk hinausgeht (§ 37 Abs. 1 Satz 1 GO NRW). Ausschlaggebend für die Abgrenzung zwischen bezirklichen und überbezirklichen Angelegenheiten sind Art, Umfang und Bedeutungsinhalt des jeweiligen Entscheidungsgegenstands. Ist eine Angelegenheit unter objektiven Gesichtspunkten von gesamtstädtischem

Interesse, ist sie überbezirklich. Das ist insbesondere der Fall, wenn mit ihr Vor- und Nachteile für die gesamte Stadt verbunden sind. Eine Angelegenheit ist nicht deshalb bezirklich, weil sie nur im Gebiet eines Stadtbezirks stattfindet.[10]

Bei dem Markt war nicht nur mit Besuchern aus ganz B, sondern auch aus der Region und sogar aus Belgien und den Niederlanden zu rechnen. Damit war der Markt auf einen überbezirklichen Personenkreis ausgerichtet. Dadurch unterschied er sich von kleineren bezirklichen Märkten. Zudem hatten Stadtverwaltung und Polizeipräsidium überlegt, für den Markt Parkplätze in anderen Stadtbezirken zur Verfügung zu stellen, das Verkehrsaufkommen durch Hinweisschilder zu regeln und umzulenken und die Zufahrten zu Wohnbereichen zu sperren. Die dadurch aufgeworfenen Probleme konnten nur durch eine überbezirkliche Entscheidung bewältigt werden. Mithin hatte der Markt Auswirkungen für die gesamte Stadt, die über die bezirklichen Belange der Klägerin deutlich hinausweisen. Demnach war der Markt nach § 37 Abs. 1 Satz 1 GO NRW eine Angelegenheit, deren Bedeutung wesentlich über den Stadtbezirk hinausgeht.

Zweifelhaft ist, ob § 19 Abs. 1 Satz 2 Nr. 7.1 der Hauptsatzung die Entscheidungskompetenz der Klägerin begründet. Danach unterliegt dem Entscheidungsrecht der Bezirksvertretungen die Veranstaltung von Märkten aller Art im Stadtbezirk. Gemäß § 37 Abs. 1 Satz 2 GO NRW sind die näheren Einzelheiten der Entscheidungszuständigkeiten der Bezirksvertretungen in der Hauptsatzung zu regeln. Dabei kann der Rat die in § 37 Abs. 1 Satz 1 GO NRW aufgezählten Aufgaben im Einzelnen abgrenzen (§ 37 Abs. 1 Satz 3 GO NRW). Hierbei haben die Vorschriften der Hauptsatzung keine konstitutive Wirkung und dürfen den gesetzlichen Zuständigkeitsbereich der Bezirksvertretungen weder einschränken noch erweitern. Vielmehr können sie § 37 Abs. 1 Satz 1 GO NRW nur konkretisieren. Ein Verfügungsrecht über den Aufgabenbestand der Bezirksvertretungen steht dem Rat nicht zu.[11] § 19 Abs. 1 der Hauptsatzung verweist unter Wiedergabe des Gesetzeswortlauts auf § 37 Abs. 1 Satz 1 GO NRW. Er füllt § 37 Abs. 1 Satz 1 GO NRW durch weitere Regelbeispiele aus. Diese Regelbeispiele stehen jedoch entsprechend § 37 Abs. 1 Satz 1 GO NRW unter dem Vorbehalt, dass es sich um Angelegenheiten handeln muss, deren Bedeutung nicht wesentlich über den Stadtbezirk hinausgeht. Es wurde jedoch bereits festgestellt, dass der Markt eine überbezirkliche Angelegenheit war.

Damit war eine Entscheidungskompetenz der Klägerin für den Markt weder nach § 37 Abs. 1 Satz 1 GO NRW noch nach § 19 Abs. 1 Satz 2 Nr. 7.1 der Hauptsatzung gegeben.

Folglich war der Beschluss des Beklagten vom 13. Dezember rechtmäßig.

III. Ergebnis

Die Klage hat mithin keine Erfolgsaussicht.

Anmerkungen:

1 Die Klausur ist einem Urt. des VG Düsseldorf (NWVBl. 1997 S. 402 ff.) nachempfunden.
2 VG Düsseldorf, NWVBl. 1997 S. 402.
3 Zur Verwirkung des Klagerechts: *Stern/Blanke*, Verwaltungsprozessrecht in der Klausur, 9. Aufl. 2008, Rdnr 507.
4 *Stern/Blanke*, a. a. O., Rdnr 382.
5 *Stern/Blanke*, a. a. O.
6 *Stern/Blanke*, a. a. O.
7 VG Düsseldorf, a. a. O., S. 402, 403.
8 *Stern/Blanke*, a. a. O., Rdnr 409.
9 *Hofmann/Bätge/Wiesner*, Kommunalrecht in NRW, 20. Aufl., Kap. 2.8.2.4.1.
10 VG Düsseldorf, a. a. O., S. 403, 404.
11 VG Düsseldorf, a.a.O., S. 404.

Lothar Spahlholz

20. Fall

Schwerpunkte:
- Öffentliche Einrichtungen
- Politische Parteien
- Kommunalinterne Zuständigkeiten

Hilfsmittel:
- Grundgesetz
- Bundeswahlgesetz
- Parteiengesetz
- Bundesverfassungsgerichtsgesetz
- Gemeindeordnung NRW
- Verwaltungsgerichtsordnung
- Versammlungsgesetz
- Strafgesetzbuch
- Verwaltungsverfahrensgesetz NRW
- Landesverfassung NRW

Zeit: 4 Zeitstunden

Sachverhalt – Ausgangsfall:

Die Stadt K unterhält in ihrem Stadtbezirk Innenstadt eine Stadthalle. Die Stadthalle dient gemäß ihrer Benutzungsordnung zur Durchführung von Veranstaltungen aller Art von politischen Parteien, Gewerkschaften, anderen Verbänden und Vereinen sowie Kirchen. Die Stadthalle ist laufend belegt. Das Benutzungsverhältnis ist privatrechtlich ausgestaltet.

Mit Schreiben vom 13. Mai beantragte der Vorstand des nicht rechtsfähigen Bundesverbands der „Republiktreuen" mit Sitz in B die Zulassung zur Benutzung der Stadthalle am 9. September von 18.00 bis 24.00 Uhr für eine Wahlkampfveranstaltung im Hinblick auf die Bundestagswahl am 22. September.

Die „Republiktreuen" sind eine politische Partei. Der Vorstand der „Republiktreuen" hatte dem Bundeswahlleiter gemäß § 18 Abs. 2 Satz 1 BWG die Beteiligung der „Republiktreuen" an der Bundestagswahl schriftlich angezeigt. Daraufhin hatte der Bundeswahlausschuss die Parteieigenschaft der „Republiktreuen" festgestellt. Danach hatten die „Republiktreuen" einen Wahlvorschlag für die Bundestagswahl eingereicht.

Die Stadthalle ist am 9. September noch nicht anderweitig belegt.

Mit Schreiben vom 31. Mai lehnte der Oberbürgermeister der Stadt K den Antrag ab.

Am 18. Juni beantragt der Vorstand der „Republiktreuen" ohne vorherige Klageerhebung beim örtlich zuständigen Verwaltungsgericht, die Stadt K im Wege des einstweiligen Rechtsschutzes zu verpflichten, die Antragstellerin zur Benutzung der Stadthalle am 9. September von 18.00 bis 24.00 Uhr für eine Wahlkampfveranstaltung zuzulassen.

Die Antragstellerin trägt folgende Rechtsargumente vor:

Die Ablehnung sei formell und materiell rechtswidrig.

Sie sei formell rechtswidrig, weil der Oberbürgermeister für sie nicht zuständig gewesen sei. Über den Antrag auf Zulassung zur Benutzung der Stadthalle hätte der Rat, zumindest aber die Bezirksvertretung des Stadtbezirks Innenstadt entscheiden müssen.

Die Ablehnung sei auch materiell rechtswidrig. Die Antragstellerin habe einen uneingeschränkten Anspruch auf Zulassung zur Benutzung der Stadthalle. Gerade im Wahlkampf sei sie auf die Benutzung solcher Einrichtungen angewiesen. Die Antragstellerin sei eine nicht verbotene Partei. Ein Parteiverbotsantrag nach § 43 Abs. 1 BVerfGG sei gegen sie nicht gestellt worden. Außerdem verstoße die Ablehnung gegen den Gleichbehandlungsgrundsatz. Die Stadthalle sei auch an andere Parteien im Rahmen des Bundestagswahlkampfs vergeben worden.

Die Antragsgegnerin vertritt folgende Rechtsauffassung:

Der Antrag sei unzulässig. Es liege schon keine öffentlich-rechtliche Streitigkeit vor, weil das Benutzungsverhältnis für die Stadthalle privatrechtlich ausgestaltet sei. Unabhängig davon sei die Antragstellerin auf das Klageverfahren in der Hauptsache zu verweisen. Zudem hätte die Antragstellerin vor Stellung des Antrags beim Verwaltungsgericht Klage erheben müssen. Schließlich sei die Antragstellerin nicht rechtsfähig und daher im verwaltungsgerichtlichen Verfahren nicht beteiligtenfähig.

Überdies sei der Antrag unbegründet.

Die Antragstellerin habe schon deshalb keinen Anspruch auf Zulassung zur Benutzung der Stadthalle, weil sie ihren Sitz nicht in K habe. Zudem sei die Antragstellerin verfassungswidrig. Sie werde in den Verfassungsschutzberichten des Bundes und der Länder als rechtsextremistisch eingestuft. Für den Fall der Benutzung der Stadthalle durch die Antragstellerin sei nach den Erfahrungen in anderen Kommunen mit gewalttätigen Gegendemonstrationen zu rechnen.

Dem hält die Antragstellerin entgegen, dass für die Verhinderung bzw. Bekämpfung gewalttätiger Gegendemonstrationen ausschließlich die Polizei zuständig sei. Noch vor Kurzem habe der Polizeipräsident in K in der Presse erklärt, dass die Polizei auf gewalttätige Gegendemonstrationen vorbereitet sei und die öffentliche Sicherheit garantieren könne.

Aufgabe:

Prüfen Sie gutachtlich, ob der Antrag an das Verwaltungsgericht Aussicht auf Erfolg hat.

Hinweise:

Bei der Prüfung der Zulässigkeit des Antrags ist nur auf die ausdrücklich gerügten Punkte einzugehen. Sollten Sie den Antrag für unzulässig halten, sind die restlichen Rechtsfragen in einem Hilfsgutachten zu erörtern.
Alle Terminangaben beziehen sich auf das selbe Kalenderjahr.

Sachverhalt – Abwandlung:

Angenommen, es stände mit an Sicherheit grenzender Wahrscheinlichkeit fest, dass durch Teilnehmer an der Wahlkampfveranstaltung am 9. September der Straftatbestand der Volksverhetzung (§ 130 Abs. 1 StGB) verwirklicht wird.

Aufgabe:

Prüfen Sie gutachtlich, wie dann die Entscheidung des Verwaltungsgerichts *in der Sache* ausfiele.

Hinweis:

Auf Rechtsfragen, die Sie bereits beim Ausgangsfall erörtert haben, ist nicht erneut einzugehen.

Platz für Ihre Anmerkungen/Raum für Notizen:

Lösung:[1]

1. Zum Ausgangsfall:

Der Antrag hat Aussicht auf Erfolg, wenn er zulässig und begründet ist.

Fraglich ist zunächst, ob das angerufene Verwaltungsgericht für den Antrag sachlich zuständig ist.

Mangels besonderer Vorschriften (vgl. § 40 Abs. 2 Satz 2 VwGO) beurteilt sich der Verwaltungsrechtsweg nach § 40 Abs. 1 VwGO.

Dann müsste eine öffentlich-rechtliche Streitigkeit vorliegen. Dies könnte zweifelhaft sein, weil das Benutzungsverhältnis für die Stadthalle privatrechtlich ausgestaltet ist. Anspruchsbegründende Vorschrift könnte hier jedoch § 8 Abs. 2 GO NRW sein. Hieraus ergibt sich ein Anspruch auf Benutzung der öffentlichen Einrichtungen der Stadt. Diese Vorschrift ist öffentlich-rechtlich. Fraglich ist, ob die Stadthalle eine öffentliche Einrichtung der Stadt K ist. Da sie in § 107 Abs. 2 Satz 1 Nr. 2 Alt. 1 GO NRW als Beispiel für eine öffentliche Einrichtung ausdrücklich erwähnt ist, ist dies der Fall. Bei dem privatrechtlich ausgestalteten Benutzungsverhältnis handelt es sich um ein zweistufiges Verwaltungsrechtsverhältnis. Hierbei richten sich das Grundverhältnis nach öffentlichem Recht und das Betriebsverhältnis nach Privatrecht. Die Entscheidung, ob die Stadthalle vergeben wird, betrifft das Grundverhältnis und damit öffentliches Recht. Mithin richtet sich der Antrag auf eine öffentlich-rechtliche Streitigkeit. Folglich ist das angerufene Verwaltungsgericht für den Antrag sachlich zuständig.

Grundsätzlich müsste die Antragstellerin im Wege der Klage versuchen, beim Verwaltungsgericht ihr Rechtsschutzziel zu erreichen. Ein Klageverfahren kann aber Jahre dauern. Da die Wahlkampfveranstaltung in der Stadthalle bereits am 9. September stattfinden soll, böte ein Klageverfahren der Antragstellerin nicht den von Art. 19 Abs. 4 Satz 1 GG geforderten effektiven Rechtsschutz. Folglich steht der Antragstellerin einstweiliger Rechtsschutz zur Verfügung.

Fraglich ist, ob der einstweilige Rechtsschutzantrag unzulässig ist, weil die Antragstellerin vor dessen Erhebung Klage hätte erheben müssen. Die Anträge nach § 80 Abs. 5 Satz 1 VwGO sind schon vor Erhebung der Anfechtungsklage zulässig (§ 80 Abs. 5 Satz 2 VwGO). Dasselbe gilt für die Anträge nach § 123 Abs. 1 VwGO (§ 123 Abs. 1 Satz 1 VwGO). Also ist der Antrag trotz fehlender vorheriger Klageerhebung zulässig.

§ 123 Abs. 1 VwGO gilt nicht für die Fälle des § 80 Abs. 5 Satz 1 VwGO (§ 123 Abs. 5 VwGO). Aus § 80 Abs. 5 Satz 2 und Abs. 1 Satz 1 VwGO, welche die Anfechtungsklage ausdrücklich nennen, folgt, dass die Anträge nach § 80 Abs. 5 Satz 1 VwGO nur zulässig sind, wenn die Anfechtungsklage wegen ihrer Dauer keinen effektiven Rechtsschutz böte. Die Anfechtungsklage zielt auf Aufhebung eines belastenden Verwaltungsakts (§ 42 Abs. 1, 1. Fall VwGO). Die Ablehnung des Antrags auf Benutzung der Stadthalle ist ein Verwaltungsakt im Sinne des § 35 Satz 1 VwVfG NRW. Da er die beantragte Begünstigung vorenthält, ist er ein belastender Verwaltungsakt. Das

Rechtsschutzziel der Antragstellerin ist aber nicht nur die Aufhebung des Ablehnungsbescheids, sondern darüber hinaus die Zulassung zur Benutzung der Stadthalle, also der Erlass eines begünstigenden Verwaltungsakts. Hierfür ist die Verpflichtungsklage die statthafte Klageart. Sie zielt auf Erlass eines begünstigenden Verwaltungsakts (§ 42 Abs. 1 Alt. 2 VwGO). Somit sind die Anträge nach § 80 Abs. 5 Satz 1 VwGO unstatthaft. Statthaft sind die Anträge nach § 123 Abs. 1 VwGO.

Da die Antragstellerin sich nicht gegen die Einengung ihres Rechtskreises wehrt, sondern die Ausweitung ihres Rechtskreises begehrt, ist nicht der Antrag auf Erlass einer Sicherungsanordnung nach § 123 Abs. 1 Satz 1 VwGO, sondern der Antrag auf Erlass einer Regelungsanordnung nach § 123 Abs. 1 Satz 2 VwGO einschlägig. Somit ist der gestellte Antrag ein Antrag auf Erlass einer Regelungsanordnung nach § 123 Abs. 1 Satz 2 VwGO.

Schließlich ist bezüglich der Zulässigkeit des Antrags noch problematisch, ob die Antragstellerin überhaupt beteiligtenfähig ist. Beteiligtenfähigkeit ist die Fähigkeit, am Verfahren beteiligt zu sein (§ 61 VwGO). Dies könnte zweifelhaft sein, weil die Antragstellerin eine nicht rechtsfähige Partei ist. Für Parteien trifft § 3 Satz 1 PartG hierfür eine Sondervorschrift, welche die allgemeine Vorschrift des § 61 VwGO verdrängt. Danach kann die Partei unter ihrem Namen klagen. Dann darf sie aber auch unter ihrem Namen einstweiligen Rechtsschutz beantragen. (Hinweis: Zum selben Ergebnis würde auch § 61 Nr. 2 VwGO führen, weil die Partei eine Vereinigung im Sinne dieser Vorschrift ist.) Daher ist die Antragstellerin beteiligtenfähig.

Nach alledem ist der Antrag zulässig.

Er ist begründet, wenn die beantragte Regelung nötig erscheint, um wesentliche Nachteile abzuwenden (§ 123 Abs. 1 Satz 2 VwGO). Dies wäre der Fall, wenn sich bei summarischer Prüfung der Rechtslage ergäbe, dass die Ablehnung der Zulassung zur Benutzung der Stadthalle rechtswidrig war und die Antragstellerin dadurch in ihren Rechten verletzt wäre (§ 113 Abs. 5 Satz 1 VwGO analog).

Die Ablehnung der Zulassung zur Stadthallenbenutzung durch den Oberbürgermeister könnte formell rechtswidrig sein, weil der Oberbürgermeister hierfür nicht zuständig war. Dies wäre der Fall, wenn der Rat oder die Bezirksvertretung des Innenstadtbezirks, in welchem die Stadthalle liegt, für die Entscheidung zuständig war.

Die Zuständigkeit des Rates könnte sich aus § 41 Abs. 1 GO NRW ergeben. Der Rat ist für alle Angelegenheiten der Gemeinde*verwaltung* zuständig (§ 41 Abs. 1 Satz 1 Halbs. 1 GO NRW). Zur Gemeindeverwaltung gehört auch die Entscheidung über die Zulassung zur Benutzung der Stadthalle. Dies ist eine öffentliche Einrichtung im Sinne des § 8 GO NRW. Die Zuständigkeit des Rates könnte sich auch aus dem Vorbehaltskatalog des § 41 Abs. 1 Satz 2 GO NRW ergeben. Danach kann der Rat die Entscheidung nicht übertragen über die Errichtung, Übernahme, Erweiterung, Einschränkung und Auflösung von öffentlichen Einrichtungen (§ 41 Abs. 1 Satz 2, lit. l GO NRW) sowie die Umwandlung der Rechtsform von öffentlichen Einrichtungen (§ 41 Abs. 1 Satz 2, lit. m GO NRW). Da es im vorliegenden Fall aber nur um die Benutzung einer öffentlichen Einrichtung geht, sind diese beiden Fallgruppen nicht einschlägig. Die in § 41 Abs. 1 Satz 1 GO NRW normierte All- und Alleinzuständigkeit des Rates gilt jedoch nicht uneingeschränkt. Sie gilt nur, soweit die GO nichts anderes bestimmt

(§ 41 Abs. 1 Satz 1 Halbs. 2 GO NRW). Nach § 41 Abs. 3 Halbs. 1 GO NRW gelten Geschäfte der laufenden Verwaltung im Namen des Rates als auf den Oberbürgermeister übertragen. Geschäfte der laufenden Verwaltung sind Angelegenheiten, die laufend vorkommen. Da die Stadthalle laufend belegt ist, ist die Entscheidung über ihre Benutzung ein Geschäft der laufenden Verwaltung. Da der Rat von seinem Rückholrecht nach § 41 Abs. 3 Halbs. 2 GO NRW keinen Gebrauch gemacht hat, war der Rat für die Entscheidung über die Vergabe der Stadthalle nicht zuständig.

Jedoch könnte die Bezirksvertretung des Innenstadtbezirks, in dem die Stadthalle liegt, hierfür zuständig gewesen sein. Soweit nicht der Rat nach § 41 Abs. 1 GO NRW ausschließlich zuständig ist, entscheidet die Bezirksvertretung über die Unterhaltung und Ausstattung der im Stadtbezirk gelegenen öffentlichen Einrichtungen (§ 37 Abs. 1 Satz 1 lit. a GO NRW). Dass der Rat nicht nach § 41 Abs. 1 GO NRW ausschließlich zuständig ist, wurde bereits festgestellt. Zudem geht es im vorliegenden Fall nicht um die Unterhaltung oder Ausstattung der Stadthalle, sondern nur um deren Benutzung. Schließlich gilt, was die Aufgaben der Bezirksvertretung angeht, hinsichtlich der Geschäfte der laufenden Verwaltung § 41 Abs. 3 GO NRW (§ 37 Abs. 1 Satz 4 GO NRW). Dass ein solches Geschäft vorliegt, wurde bereits bejaht. Nach alledem war der Oberbürgermeister für die Entscheidung über die Vergabe der Stadthalle nach § 41 Abs. 3 GO NRW zuständig.

Da andere formelle Rechtsmäßigkeitsbedenken nicht ersichtlich sind, ist der Ablehnungsbescheid formell rechtmäßig.

Er könnte jedoch materiell rechtswidrig sein,

Das wäre der Fall, wenn die Antragstellerin einen Anspruch darauf hätte, die Stadthalle am 9. September für eine Wahlkampfveranstaltung benutzen zu dürfen.

Anspruchsgrundlage könnte § 8 Abs. 2 GO NRW sein. Danach sind alle Einwohner der Stadt im Rahmen des geltenden Rechts berechtigt, die öffentlichen Einrichtungen der Stadt zu benutzen.

Dass die Stadthalle eine öffentliche Einrichtung ist, wurde bereits festgestellt.

Die Antragstellerin ist zwar keine „Einwohnerin" im Sinne des § 8 Abs. 2 GO NRW. Dies sind nur natürliche Personen, die in der Stadt wohnen (§ 21 Abs. 1 GO NRW). Jedoch gilt § 8 Abs. 2 GO NRW entsprechend für Personenvereinigungen (§ 8 Abs. 4 GO NRW). Parteien sind Vereinigungen von natürlichen Personen (§ 2 Abs. 1 PartG). Aus § 8 Abs. 2 und Abs. 4 in Verbindung mit § 21 Abs. 1 GO NRW könnte sich aber ergeben, dass § 8 Abs. 4 GO NRW nur für Vereinigungen gilt, die in K ihren Sitz haben. Die Antragstellerin hat ihren Sitz nicht in K, sondern in B. Jedoch hat die Antragstellerin als politische Partei die Aufgabe, an der Bildung des politischen Willens des Volkes auf allen Gebieten des öffentlichen Lebens mitzuwirken, indem sie insbesondere auf die Gestaltung der öffentlichen Meinung Einfluss nimmt und Bewerber für die Bundestagswahl aufstellt (Art. 21 Abs. 1 Satz 1 GG, §§ 1 Abs. 2 und 2 Abs. 1 PartG). Dies geschieht unter anderem durch Wahlkampfveranstaltungen in Wahlkampfzeiten. Da die Antragstellerin eine Bundespartei ist, muss sie sich auch bundesweit darstellen können. Dies gilt vor allem in den Wahlkampfzeiten. Bei gegenteiligem Ergebnis könnte sie sich nur in der Stadt darstellen, in der sie ihren Sitz hat. Somit hat die Antragstellerin grundsätzlich einen Anspruch auf Benutzung der Stadthalle aus § 8 Abs. 2 GO NRW.

Jedoch besteht der Benutzungsanspruch nur im Rahmen des geltenden Rechts (§ 8 Abs. 2 GO NRW). Er könnte angesichts der Tatsache entfallen, dass die Antragstellerin in den Verfassungsschutzberichten des Bundes und der Länder als rechtsextremistisch eingestuft wird und daher verfassungswidrig ist sowie gewalttätige Gegendemonstrationen zu erwarten sind.

Jedoch entscheidet über die Verfassungswidrigkeit von Parteien allein des Bundesverfassungsgericht (Art. 21 Abs. 2 GG). Eine solche Entscheidung hinsichtlich der Antragstellerin liegt mangels eines entsprechenden Antrags nach § 43 Abs. 1 BVerfGG nicht vor. Bis zu einer solchen Entscheidung des Bundesverfassungsgerichts behält die Antragstellerin ihre Rechte als politische Partei. Die Bezeichnung der Antragstellerin als rechtsextremistisch in den Verfassungsschutzberichten ist hierfür unerheblich. Für die Verhinderung von bzw. das Einschreiten gegen die zu erwartenden gewalttätigen Demonstrationen ist ausschließlich die Polizei sachlich zuständig (§§ 12 ff. VersammlG). In diesem Zusammenhang ist zu beachten, dass der Polizeipräsident in K gegenüber der Presse erklärte, dass die Polizei auf gewalttätige Gegendemonstrationen vorbereitet sei und die öffentliche Sicherheit garantieren könne. Es geht nicht an, dass Gegendemonstranten ihnen missliebige Veranstaltungen verhindern können.

Schließlich sollen alle Parteien gleichbehandelt werden, wenn Träger öffentlicher Gewalt Parteien Einrichtungen zur Verfügung stellen. Dies folgt aus § 5 Abs. 1 Satz 1 PartG, der als Spezialvorschrift Art. 3 Abs. 1, 19 Abs. 3 GG vorgeht. Die Stadt K ist als Gemeinde Trägerin öffentlicher Verwaltung (§ 2 GO NRW, Art. 78 Abs. 2 LV). Dass die Stadthalle eine öffentliche Einrichtung ist, wurde bereits festgestellt. Da die Stadthalle auch anderen Parteien für Wahlkampfveranstaltungen zur Verfügung gestellt wurde, hätte sie auch der Antragstellerin zur Verfügung gestellt werden müssen, zumal sie am 9. September noch nicht anderweitig belegt ist.

Nach alledem hätte der Oberbürgermeister der Stadt K der Antragstellerin die Stadthalle für die Durchführung einer Wahlkampfveranstaltung am 9. September zur Verfügung stellen müssen. Sein Ablehnungsbescheid ist also rechtswidrig.

Die rechtswidrige Ablehnung verletzt die Antragstellerin in ihrem Recht auf Selbstdarstellung (Art. 21 Abs. 1 Satz 1 GG, § 1 Abs. 2 PartG) und Gleichbehandlung mit anderen Parteien (§ 5 Abs. 1 Satz 1 PartG).

Die summarische Prüfung ergibt also, dass der Ablehnungsbescheid offensichtlich rechtswidrig ist. Damit ist der Antrag der Antragstellerin begründet. Das Verwaltungsgericht wird den Oberbürgermeister der Stadt K im Wege einer einstweiligen Anordnung verpflichten, der Antragstellerin die Stadthalle am 9. September von 18.00 bis 24.00 Uhr für eine Wahlkampfveranstaltung zur Verfügung zu stellen.

Nach alledem hat der Antrag Aussicht auf Erfolg.

2. Zur Abwandlung:

Wenn mit an Sicherheit grenzender Wahrscheinlichkeit feststände, dass bei der Wahlkampfveranstaltung durch Teilnehmer der Straftatbestand der Volksverhetzung (§ 130 Abs. 1 StGB) verwirklicht wird, läge die Benutzung der Stadthalle nicht mehr im Rahmen des geltenden Rechts (§ 8 Abs. 2 GO NRW). Zum geltenden Recht gehört auch das Strafrecht. Dann könnte der Oberbürgermeister der Stadt K den Antrag auf Zulassung zur Benutzung der Stadthalle ablehnen. Insofern ergäbe die summarische Prüfung der Rechtslage, dass die Ablehnung offensichtlich rechtmäßig wäre. Das Verwaltungsgericht würde den Antrag als unbegründet zurückweisen.

Somit hätte der Antrag keine Aussicht auf Erfolg.

Anmerkung:

1 Die Lösung entspricht dem vom Landesprüfungsamt für Verwaltungslaufbahnen NRW herausgegebenen Lösungsvorschlag.

Lothar Spahlholz

21. Fall

Schwerpunkte: – Kommunalverfassungsrechtlicher Organstreit
– Beigeordnetenwahl
– Informationsrecht der Ratsmitglieder

Hilfsmittel: – Gemeindeordnung NRW
– Verwaltungsgerichtsordnung
– Bürgerliches Gesetzbuch

Zeit: 4 Zeitstunden

Sachverhalt:[1]

In der kreisfreien nordrhein-westfälischen Stadt A war eine Beigeordnetenstelle freigeworden.

Auf die Tagesordnung der Ratssitzung vom 28. Januar hatte der Oberbürgermeister unter anderem den Punkt „Ausschreibung einer Beigeordnetenstelle" gesetzt. In der diesbezüglichen Verwaltungsvorlage schlug der Oberbürgermeister mit entsprechender Begründung die Einsetzung einer Findungskommission, die einen qualifizierten Personalvorschlag oder mehrere qualifizierte Personalvorschläge machen sollte, und die Beauftragung des Oberbürgermeisters zur Einschaltung eines privaten Personalberatungsunternehmens im Stellenbesetzungsverfahren vor. Auch bei der Ausschreibung aller künftigen Beigeordnetenstellen solle so verfahren werden.

Bei der Ratssitzung waren alle Ratsmitglieder anwesend, die dem Beschlussvorschlag des Oberbürgermeisters einstimmig zustimmten.

Auf die Ausschreibung bewarben sich mehrere Kandidaten, von denen einige sich der Findungskommission, der eine anonymisierte Übersicht über das Bewerberfeld vorlag, persönlich vorstellten.

Auf die Tagesordnung der Ratssitzung am 29. April setzte der Oberbürgermeister unter anderem den Punkt „Wahl eines Beigeordneten". In der diesbezüglichen Beschlussvorlage der Verwaltung wurde dem Rat nur ein Bewerber zur Wahl vorgeschlagen. Die Vorlage enthielt nur einen kurzen Abriss des Bewerbungsverfahrens und einen als vertraulich bezeichneten Bericht des Personalberatungsunternehmens, der sich zur Qualifikation und zum beruflichen Werdegang des vorgeschlagenen Bewerbers äußerte und mit einem Kommentar des Unternehmens schloss. Informationen über die anderen Bewerber, insbesondere deren Bewerbungsunterlagen, waren den Ratsmitgliedern weder im Vorfeld der Abstimmung noch am Tag der Ratssitzung zugänglich.

Der Rat stimmte dem Beschlussvorschlag des Oberbürgermeisters mehrheitlich zu.

Kurz darauf verstarb der gewählte Beigeordnete bei einem Unfall.

Einige der überstimmten Ratsmitglieder erhoben beim zuständigen Verwaltungsgericht Klage gegen den Rat, vertreten durch den Oberbürgermeister, auf Feststellung der Rechtswidrigkeit der Wahl des Beigeordneten.

Die Wahl sei rechtswidrig, weil die Kläger in ihrem Recht verletzt worden seien, sich über alle Bewerber für die Stelle des Beigeordneten umfassend zu informieren.

Der Beklagte hält die Klage für unzulässig und unbegründet.

Sie sei unzulässig, weil die Feststellungsklage durch andere Klagearten nach der VwGO verdrängt werde. Zudem seien die Kläger nicht klagebefugt, weil das von ihnen geltend gemachte Informationsrecht allenfalls dem Rat, nicht aber ihnen selbst zustehe. Schließlich bestehe für die Klage kein Feststellungsinteresse.

Die Klage sei auch unbegründet, weil die GO kein Informationsrecht des einzelnen Ratsmitglieds vorsehe. Selbst wenn ein solches bestehe, sei es nicht verletzt worden, weil der Findungskommission im Vorfeld der Ratssitzung vom 29. April eine anonymisierte Übersicht über das Bewerberfeld vorgelegen habe. Die Kläger hätten in dieser Ratssitzung ja gegen den vorgeschlagenen Bewerber stimmen können. Der Vorschlag nur eines Bewerbers in der Ratssitzung vom 29. April sei durch den Ratsbeschluss vom 28. Januar gedeckt. Schließlich setzten sich die Kläger zu ihrem eigenen Vorverhalten in Widerspruch, weil sie dem Ratsbeschluss vom 28. Januar zugestimmt hätten.

Aufgabe:

Prüfen Sie gutachtlich, ob die Klage Erfolg hat.

Hinweise:

1. *Bei der Zulässigkeit der Klage ist nur auf die vom Beklagten gerügten Punkte einzugehen.*
2. *Sollten Sie die Klage für unzulässig halten, sind die übrigen Rechtsprobleme in einem Hilfsgutachten zu bearbeiten.*
3. *Beamtenrechtliche Vorschriften sind nicht zu behandeln.*

Platz für Ihre Anmerkungen/Raum für Notizen:

Lösung:[2]

Die Klage hat Erfolg, wenn sie zulässig und begründet ist.

Die Feststellungsklage (§ 43 Abs. 1 VwGO) ist unzulässig, wenn sie hinter anderen Klagearten zurücktritt. Die Feststellungsklage kann nicht erhoben werden, soweit die Kläger ihre Rechte durch Gestaltungs- oder Leistungsklage verfolgen können (§ 43 Abs. 2 Satz 1 VwGO). Die Gestaltungsklage zielt auf unmittelbare Rechtsgestaltung durch den Richter selbst, die Leistungsklage auf Verurteilung des Beklagten zu einem Handeln, Dulden oder Unterlassen. Da das Beamtenverhältnis des Beigeordneten mit dessen Tod endete, stehen diese beiden Klagearten den Klägern zur Erreichung ihres Rechtsschutz-Begehrens nicht zur Verfügung. Somit ist die Feststellungsklage die richtige Klageart.

Die Kläger sind nicht klagebefugt, wenn sie nicht geltend machen können, durch die Beigeordnetenwahl am 29. April in ihren kommunalen Organrechten verletzt zu sein (§ 42 Abs. 2 VwGO analog). Das geltend gemachte Recht der Ratsmitglieder auf Information über die übrigen Bewerber um die Beigeordnetenstelle steht – ebenso wie das Rederecht und das in § 47 Abs. 2 Satz 2 GO NRW verankerte Fragerecht – nicht dem Rat, sondern den einzelnen Ratsmitgliedern originär selbst zu. Folglich sind die Kläger klagebefugt.

Jedoch könnte das von § 43 Abs. 1 VwGO geforderte Feststellungsinteresse fehlen. Feststellungsinteresse besteht bei Wiederholungsgefahr. Da der Rat am 28. Januar beschlossen hat, auch bei künftigen Beigeordnetenwahlen wie geschehen zu verfahren, besteht Wiederholungsgefahr, sodass das Feststellungsinteresse vorliegt.

Die Klage ist begründet, wenn die Wahl des Beigeordneten am 29. April rechtswidrig war und die Kläger in ihren kommunalen Organrechten verletzt (§ 113 Abs. 1 Satz 1 VwGO analog).

Fraglich ist, ob die Kläger ein umfassendes Informationsrecht über alle Bewerber hatten.

Die GO enthält keine ausdrückliche Regelung über ein solches Informationsrecht der einzelnen Ratsmitglieder. Jedoch setzt der in § 43 Abs. 1 GO NRW verankerte Grundsatz der freien Ausübung des Mandats ein solches Informationsrecht voraus. Die Ratsmitglieder werden von der Bürgerschaft gewählt (Art. 28 Abs. 1 Satz 2 GG, § 42 Abs. 1 GO NRW). Daher sind sie mit eigenen Organrechten ausgestattet. Als Ratsmitglieder repräsentieren sie die Bürgerschaft (Art. 28 Abs. 1 Satz 2 GG, § 40 Abs. 2 Satz 1 GO NRW). Sie haben nicht nur das Recht, im Rat zu entscheiden, sondern auch das Recht, über die Abstimmungsgegenstände zu beraten. Dies folgt aus § 51 Abs. 1 GO NRW, wonach im Rat Verhandlungen, also nicht nur Abstimmungen, sondern auch Beratungen stattfinden. Dies ergibt sich mittelbar auch aus §§ 31 Abs. 1, 43 Abs. 2 GO NRW, wonach Ratsmitglieder nur ausnahmsweise bei einer Angelegenheit weder beratend noch entscheidend mitwirken dürfen. Dieses Beratungsrecht setzt voraus, das über den Beratungsgegenstand die notwendigen Informationen zur Verfügung stehen. Dies schließt es aus, eine Frage zur Abstimmung zu stellen, zu der den Ratsmitgliedern keine oder unvollständige Informationen zur Verfügung standen. Das

Informationsrecht des einzelnen Ratsmitglieds dient nicht nur einer größtmöglichen Richtigkeitsgewähr hinsichtlich der zu treffenden Entscheidung, sondern auch dem Schutz etwaiger Minderheitenpositionen. Nur durch eine möglichst umfassende und unterschiedslose Informationsmöglichkeit aller Ratsmitglieder wird eine praktikable Möglichkeit eröffnet, eigene und von Mehrheitsgeboten abweichende Vorstellungen einzubringen und eine geänderte Beschlussfassung zu erwirken.

Eine Abstimmung über eine Frage, zu der den Ratsmitgliedern keine oder nur unvollständige Informationen zur Verfügung stehen, verfehlt ihren Zweck. Gerade die Debatte vor im Wesentlichen gleichen Informationshintergrund eröffnet die Möglichkeit alternativer Sachentscheidungen und Möglichkeiten des Ausgleichs widerstreitender Interessen, die sich bei einem weniger transparenten Verfahren so nicht ergeben hätten.

Den einzelnen Ratsmitgliedern steht das Recht zu, sich über das Ergebnis der Stellenausschreibung sowie über Werdegang und Qualifikation aller Bewerber für das Amt des Beigeordneten vor der Ratsentscheidung frei zu informieren.

Die sachgerechte Ausübung des Rechts der Ratsmitglieder zur Entscheidung über den Beschlussgegenstand setzt die Möglichkeit zu umfassender Information über die Entscheidungsgrundlagen voraus. Bei einer Personalentscheidung gehört hierzu insbesondere die Möglichkeit seiner eigenverantwortlichen Eignungsentscheidung der Bewerber um die zu besetzende Position. Ob und weshalb ein vorgeschlagener Kandidat besser geeignet ist als ein anderer, lässt sich für die hierfür entscheidungsbefugten Ratsmitglieder nur bei Kenntnis aller Bewerber beurteilen. Die Möglichkeiten zur Einflussnahme vor der Beschlussfassung hängt wesentlich von den Bedingungen ab, unter denen die Entscheidungsträger ihre Auffassungen bilden und im Vorfeld der Entscheidung einbringen können. Bedeutsam ist hierbei insbesondere, in welchem Umfang, in welcher Form und zu welchem Zeitpunkt die zur Beurteilung des Abstimmungsgegenstands erforderlichen Sachinformationen zur Verfügung gestellt werden. Dem Rat obliegt die Verpflichtung, dafür zu sorgen, dass für seine Mitglieder vermeidbare Unterschiede in den Bedingungen ihrer Mitwirkung an der Entscheidungsfindung nicht bestehen.

Hierbei bestimmt sich der Umfang des Informationsanspruchs nach der Art der anstehenden Entscheidung im Einzelfall. Stehen bei der Wahl eines Beigeordneten – wie vorliegend – Informationen nur zu einem Kandidaten aus dem Bewerberfeld zur Verfügung, ist der Informationsanspruch der einzelnen Ratsmitglieder verletzt. Den Ratsmitgliedern standen bei der Entscheidung über die Wahl des Beigeordneten lediglich ein kurzer Abriss des Bewerbungsverfahrens und ein als „vertraulich“ bezeichneter Bericht des Personalberatungsunternehmens zur Verfügung, der sich zur Qualifikation und zum beruflichen Werdegang des einen Bewerbers verhielt und mit einem Kommentar des Unternehmens schloss. Informationen über die anderen Bewerber, insbesondere deren Bewerbungsunterlagen, waren den Ratsmitgliedern weder im Vorfeld der Abstimmung noch am Tag der Ratssitzung zugänglich. Aus der Sicht des einzelnen Ratsmitglieds besteht folglich nur eine Informationsmöglichkeit über einen einzigen Bewerber, obwohl sich auf die Ausschreibung mehrere Personen um die Stelle beworben hatten. Die Möglichkeit, andere Personen aus dem Bewerberfeld zur Wahl vorzuschlagen, war den Mitgliedern des Rates damit von vornherein verwehrt. Die der Wahl vorausgehende Sichtung des Bewerberfelds und die Vorbereitung der Wahl müssen sich mithin auf das Für und Wider bezüglich des vorgeschlagenen Kandidaten beschränken. Diese Verfahrensweise ist mit dem Informationsrecht der Ratsmitglieder nicht zu vereinbaren.

Dies verlangt eine Möglichkeit zur vollständigen Information über den Kreis der Bewerber für die Beigeordnetenstelle auch dann, wenn Gewinnung und Auswahl der Bewerber unter Hinzuziehung eines privaten Personalberatungsunternehmens erfolgen. Die Beigeordneten werden vom Rat gewählt (§ 71 Abs. 1 GO NRW). Die Entscheidung über diese Angelegenheit kann der Rat nicht übertragen (§ 41 Abs. 1 lit. c GO NRW). Ist hiernach die Übertragung dieser Entscheidung auf andere Kommunalorgane ausgeschlossen, so darf die Hinzuziehung Privater bei der Vorbereitung der Wahl erst recht nicht zu einer Einschränkung der den Ratsmitgliedern im Zusammenhang mit dieser Wahl zukommenden Rechte führen. Die beratende und unterstützende Hinzuziehung Privater darf demokratisch legitimierte Mitwirkungs- und Kontrollrechte nicht beeinträchtigen. Jede andere Handhabung würde eine kommunalverfassungsrechtlich unzulässige Verlagerung eines Teils der Auswahlentscheidung aus dem Rat auf hierzu nicht legitimierte Organe bedeuten.

Ist die Ausübung dieser Rechte infolge der Hinzuziehung eines Privaten tatsächlich oder rechtlich unmöglich, führt dies zur Rechtswidrigkeit eines gleichwohl herbeigeführten Wahlbeschlusses des Rates.

Die herausgehobene Bedeutung einer möglichst umfassenden Information der Ratsmitglieder über das Bewerberfeld wird durch die gesetzliche Verpflichtung verdeutlicht, die Beigeordnetenstelle auszuschreiben (§ 71 Abs. 2 Satz 2 GO NRW). Sinn der Ausschreibung ist es, dem Rat einen möglichst umfassenden Überblick über die Bewerber zu verschaffen und dadurch das Ziel einer objektiven Personalauslese zu fördern. Dem entspricht es, den Ratsmitgliedern zu ermöglichen, sich – etwa, soweit gewünscht, durch Einsichtnahme in die eingehenden Bewerbungslagen – möglichst umfassend über die in Betracht kommenden Kandidaten zu informieren. Nur so ist den Ratsmitgliedern eine am Zweck der Ausschreibung orientierte sachgerechte Auswahlentscheidung überhaupt möglich.

Die Möglichkeit einer Einflussnahme auf die vom Rat zu treffende Auswahlentscheidung besteht für die Ratsmitglieder nur dann, wenn ihnen der Zugang zu allen im Ausschreibungsverfahren gewonnenen Informationen ermöglicht wird. Nur auf dieser Grundlage können Alternativvorschläge erarbeitet und kann auf die Mehrheitsposition im Rat Einfluss genommen werden. Das setzt voraus, dass ihnen der Zugang zu allen für die Entscheidung maßgeblichen Informationen möglich ist. Eine Geheimhaltung von Bewerbern ist hiermit nicht vereinbar.

Der Verstoß gegen das Informationsrecht der Ratsmitglieder wurde auch nicht dadurch vermieden, dass der Findungskommission eine anonymisierte Übersicht über das Bewerberfeld vorlag. Hierdurch wurde ein Überblick über das Bewerberfeld für die einzelnen Ratsmitglieder ebenso wenig ermöglicht wie durch den Umstand, dass sich einige der Kandidaten für das Amt bei der Findungskommission persönlich vorstellten. Deshalb können die Kläger nicht auf die Möglichkeit verwiesen werden, den einzigen zur Abstimmung stehenden Kandidaten in der Ratssitzung abzulehnen.

Fraglich ist, ob die Kläger, die dem Ratsbeschluss vom 28. Januar zugestimmt hatten, sich dadurch ihrer Informationsrechte begaben. Es bestehen bereits Zweifel daran, ob ein solcher bindender endgültiger Verzicht im Vorfeld der Entscheidung möglich ist. Mitgliedschaftsrechte eines Ratsmitglieds sind keine subjektiv-öffentlichen Rechte, die dem Schutz eines vom übergeordneten Interesse des Rates zu unterscheidenden Individualinteresses des Ratsmitglieds dienen. Das Ratsmitglied übt seine Befugnisse nicht um seiner selbst willen, sondern im Funktionsinteresse der Kommune und ihrer Organe aus. Es liegt damit nahe, nur die tatsächliche Nichtausübung des Informationsrechts, nicht aber den endgültigen Verzicht auf Mitwirkungsrechte für zulässig zu halten.

Diese Frage bedarf aber keiner abschließenden Klärung, weil dem Ratsbeschluss vom 28. Januar ein derartiger Verzicht schon inhaltlich nicht zu entnehmen ist. Ausweislich des Wortlauts war Gegenstand der Beschlussfassung lediglich die Einsetzung einer Findungskommission und die Beauftragung des Oberbürgermeisters zur Einschaltung eines privaten Personalberatungsunternehmens im Stellenbesetzungsverfahren. Nähere Rückschlüsse auf das weitere Verfahren, insbesondere das Informationsrecht der Ratsmitglieder über die einzelnen Bewerber, lässt der Wortlaut der Ratsentscheidung nicht zu. Die Auffassung des Beklagten wird auch nicht dadurch gestützt, dass die Findungskommission beauftragt wurde, einen qualifizierten Personalvorschlag oder mehrere qualifizierte Personalvorschläge zu unterbreiten, die Vorlage auch nur eines Vorschlags mithin durchaus vorgesehen war. Es ist nicht ersichtlich, dass sich die Ratsmitglieder für diesen Fall ihres Informationsrechts hinsichtlich der übrigen Bewerber begeben hätten. Dass mit der Beschlussfassung eine derartige Rechtsfolge verbunden gewesen sein könnte, ist auch der Erläuterung der Ratsvorlage durch die Verwaltung nicht zu entnehmen. Diese verhält sich lediglich zu der Notwendigkeit der Einschaltung eines Personalberatungsunternehmens und der Bildung einer Findungskommission. Anhaltspunkte für eine intendierte Geheimhaltung von Bewerberdaten enthielt sie nicht.

Vor diesem Hintergrund besteht kein Anlass für die Annahme des Beklagten, der Berufung der Kläger auf Informationsrecht stehe das aus dem in der gesamten Rechtsordnung geltenden Grundsatz von Treu und Glauben (§ 242 BGB) fließende Verbot widersprüchlichen Verhaltens entgegen, weil sich die Kläger, die dem Ratsbeschluss vom 28. Januar zugestimmt hätten, zu ihrem vorausgegangenen Verhalten in Widerspruch setzten.

Nach alledem war die Wahl des Beigeordneten am 29. April rechtswidrig, weil den Ratsmitgliedern die Möglichkeit zur Einsichtnahme in die Unterlagen aller Bewerber verwehrt war. Hierdurch ist das Informationsrecht der Kläger verletzt.

Somit ist die Klage auch begründet und hat Erfolg.

Anmerkungen:

1 Diese Klausur ist einem Urt. des OVG NRW (NVwZ-RR 2003 S. 225 ff.) nachgebildet.

2 Die Lösung entspricht dem vom Landesprüfungsamt für Verwaltungslaufbahnen NRW herausgegebenen Lösungsvorschlag.

Michael Schmitz

22. Fall

Schwerpunkte: – Gliederung und Aufbau eines Gutachtens
– Tagesordnung, § 48 GO
– Ausschließungsgründe, § 31 GO
– Beanstandung, § 54 Abs. 2 GO

Hilfsmittel: Gemeindeordnung NRW (GO)

Zeit: 3 Zeitstunden

Sachverhalt:

In der kreisangehörigen Stadt Erka (NRW, 45.000 Einwohner) fasste der Stadtrat in der letzten Stadtratssitzung des Jahres im Dezember unter dem Tagesordnungspunkt „TOP 7 Sportangelegenheiten“ drei Beschlüsse.

1. Für jedes jugendliche Mitglied eines Sportvereins (Stichtag 1. Januar) zahlt die Stadt einen Zuschuss für die Jugendarbeit in Höhe von 1 € je Mitglied unter 18 Jahren.
2. Dem Erka-Turnverein 1915 e. V. (ETV) wird zum 100-jährigen Vereinsjubiläum ein Zuschuss von 500 € gezahlt.
3. Im Stadtteil Etenbusch wird eine Turnhalle errichtet.

Im Stadtrat von Erka gibt es zahlreiche Ratsmitglieder, die dem Sport zugewandt sind:
A ist Vorsitzender des Erka-Tennisclubs (ETC).
B ist Vorsitzender des Erka-Fußballvereins (EFV).
C ist Vorsitzender des Erka-Turnvereins (ETV).
D ist Vorsitzender des Turnvereins in Erka-Etenbusch (TV Etenbusch).

Alle Vereine haben zahlreiche jugendliche Mitglieder. D hatte im Kommunalwahlkampf mehrfach öffentlich erklärt, dass er sich für den Bau einer Turnhalle in Etenbusch einsetzen werde, damit die Mitglieder des TV Etenbusch auch bei Regenwetter trainieren können, ohne nass zu werden. Zahlreiche Wahlberechtigte aus dem Stadtteil Etenbusch haben D auch deshalb gewählt.

Ratsmitglied E ist Bauunternehmer und hat schon viele Ausschreibungen über Bauleistungen der Stadt Erka gewonnen. Im Stillen macht er sich Hoffnungen, auch die Ausschreibung der Bauleistungen für die Turnhalle zu gewinnen.

A, B, C, D und E haben an allen Abstimmungen teilgenommen. Die Beschlüsse wurden jeweils mit 25 Ja-Stimmen, 1 Nein-Stimme und keiner Enthaltung beschlossen.

Die einzigen Nein-Stimmen stammten jeweils von Ratsmitglied N, der Vorsitzender der Erka-Karnevalsgesellschaft (EKG) ist. N befürchtet (was auch zutrifft), dass durch den Bau der Turnhalle in Etenbusch kein Geld mehr für die dringend benötigte Sanierung der Stadthalle in Erka zur Verfügung steht. In der Stadthalle veranstaltet die EKG in der Session zahlreiche Karnevalssitzungen.

Drei Tage nach der Ratssitzung schreibt N an Bürgermeister Z und trägt vor, dass die Interessen des Sports bei den Beschlussfassungen überbewertet und die der Karnevalsfreunde benachteiligt würden. Die vielen Sportvereinsvorsitzenden seien nicht neutral und würden einseitig nur die Interessen der Sportvereine in den Vordergrund stellen. Dies sei auch rechtlich bedenklich und verstoße gegen die Gemeindeordnung (GO).

Bürgermeister Z übersendet das Schreiben des N an Stadtinspektor X und bittet um

1. Umfassende rechtliche Prüfung der drei Beschlüsse,
2. Erstellung einer Handlungsempfehlung für den Bürgermeister,
3. Erstellung eines Antwortschreibens an N.

Aufgaben:

Erstellen Sie

1. **das Gutachten,**
2. **die Handlungsempfehlung für den Bürgermeister,**
3. **das Antwortschreiben an N.**

Hinweise:

Bei dieser Klausur sind u. a. vier Aspekte in den Fokus zu nehmen:

1. ***Aufbau der Klausur***
   Die Studierenden können hier unter Beweis stellen, dass sie in der Lage sind, ein Rechtsgutachten zu strukturieren und logisch und schlüssig darzustellen. Da es vorliegend um drei Ratsbeschlüsse und sechs potenziell befangene Ratsmitglieder geht, sollte ein logisch geordneter, übersichtlicher Aufbau positiv bewertet werden.
2. ***Prüfung von § 31 GO***
   Die Studierenden müssen die Vorschrift erkennen und in Bezug auf die Ratsmitglieder A, B, C, D, E und N subsumieren.
3. ***Prüfung von § 48 GO***
   Aufmerksame Studierende werden erkennen, dass TOP 7 „Sportangelegenheiten“ zu unbestimmt ist.
4. ***Im praktischen Aufgabenteil (Aufgaben 2 + 3) ist § 54 Abs. 2 GO zu erkennen.***
   Das Schreiben an N sollte knapp und verbindlich sein.

Vorschlag einer Gliederung:
Aufgabe 1

I. Formelle Rechtmäßigkeit in Bezug auf alle Beschlüsse
  1. Zuständigkeit
  2. Bestimmtheit der Tagesordnung
  3. Beschlussfähigkeit

II. Mitwirkungsverbote wegen Befangenheit gem. § 31 GO in Bezug auf die einzelnen Ratsbeschlüsse
  1. Erster Ratsbeschluss (Zuschuss für Kinder und Jugendliche an alle Sportvereine)
    a) Befangenheit von A, B, C und D als Vorsitzende von Sportvereinen
    b) Zwischenergebnis zum ersten Ratsbeschluss
  2. Zweiter Ratsbeschluss (Zuschuss zum Jubiläum des ETV)
  3. Befangenheit des C als Vorsitzender des ETV
  4. Dritter Ratsbeschluss (Bau der Turnhalle in Etenbusch)
    a) Befangenheit des D als Vorsitzender des TV Etenbusch
    b) Befangenheit des E als Bauunternehmer
    c) Befangenheit des N als Vorsitzender des Karnevalvereins
    d) Zwischenergebnis zum dritten Ratsbeschluss

Aufgabe 2 *(Empfehlung an den Bürgermeister, die Beschlüsse zu beanstanden)*
Aufgabe 3 *(Info an N über die Beanstandung und Ankündigung einer neuen Ratssitzung)*

Platz für Ihre Anmerkungen/Raum für Notizen:

Lösung:

Zu Aufgabe 1: Umfassende rechtliche Prüfung der drei Beschlüsse

I. Formelle Rechtmäßigkeit in Bezug auf alle Beschlüsse
   1. Zuständigkeit des Rates (Verbands- und Organkompetenz) ist gegeben.
   2. Bestimmtheit der Tagesordnung
      Der Bürgermeister setzt die Tagesordnung fest und gibt sie öffentlich bekannt (§ 48 Abs. 1 GO).
      Neben den Ratsmitgliedern soll auch die Öffentlichkeit über die anstehenden Tagesordnungspunkte einer Ratssitzung informiert werden. Sie soll dadurch Gelegenheit haben, an der Ratssitzung als Zuschauer teilzunehmen und/oder im Vorfeld Kontakt zu Ratsmitgliedern aufzunehmen.[1] Aus diesem Grund sind nicht nur Ort und Zeit der Ratssitzung, sondern auch die Tagesordnung öffentlich bekannt zu machen (§ 48 Abs. 1 Satz 4 GO). Diese Informationsfunktion kann die Tagesordnung nur erfüllen, wenn sie hinreichend bestimmt ist. Allgemeine Bezeichnungen reichen nicht aus.[2] Diesem Erfordernis genügt die Benennung des Tagesordnungspunktes 7 „Sportangelegenheiten" nicht. Hier werden drei ganz unterschiedliche Beschlüsse gefasst, die unter der Bezeichnung „Sportangelegenheiten" für die Öffentlichkeit nicht vorhersehbar waren. In Anbetracht der erheblichen Bedeutung des Öffentlichkeitsgrundsatzes führt ein Verstoß gegen die Bestimmtheitsanforderung zur Rechtswidrigkeit der Beschlüsse.[3]
      Alle unter TOP 7 gefassten Ratsbeschlüsse sind deshalb formell rechtswidrig.
   3. Beschlussfähigkeit
      Die Voraussetzung von § 49 GO (Anwesenheit der Mehrheit der gesetzlichen Zahl der Mitglieder) ist erfüllt. 25 Ratsmitglieder haben ihre Stimme abgegeben. Nach § 3 KWahlG hat der Rat von Erka (45.000 Einwohner) 44 Mitglieder (einschl. Bürgermeister 45). Beschlussfähigkeit ist deshalb gegeben, wenn mindestens 23 Ratsmitglieder anwesend sind.[4]

II. Mitwirkungsverbote wegen Befangenheit gemäß § 31 GO in Bezug auf die einzelnen Ratsbeschlüsse
   1. Erster Ratsbeschluss (Zuschuss an alle Sportvereine für Kinder und Jugendliche)
      a) Hier könnten A, B, C und D gem. §§ 31 Abs. 1 Nr. 3, 43 Abs. 2 GO von Beratung und Beschlussfassung ausgeschlossen sein.
         Als Vorsitzende der Vereine vertreten sie diese kraft Gesetzes (§ 26 BGB) oder sind jedenfalls Mitglied des Vorstandes einer juristische Person gemäß § 31 Abs. 2 Nr. 2 GO.
         Sinn und Zweck von § 31 GO ist: Zum einen soll schon der böse Anschein von Korruption ausgeschlossen sein, zum anderen soll verhindert werden, dass ein individuelles Sonderinteresse über das Allgemeininteresse gestellt wird. Wegen dieser umfassenden Intention des Gesetzes

ist der Vor- und Nachteilsbegriff weit auszulegen und umfasst nicht nur geldwerte, wirtschaftliche Aspekte, sondern auch andere Interessen.[5] In den vorliegenden Fällen führen die Beschlüsse zu finanziellen Zuwendungen und sind deshalb für die begünstigten Vereine vorteilhaft. Problematisch ist aber, dass die Zuschüsse an alle Sportvereine in Erka gezahlt werden und es sich somit auch um eine allgemeine Sport- und Jugendfördermaßnahme handelt. Die Vorteile kommen allen Sportvereinen in Erka zugute.

Eine Unbeachtlichkeit der Befangenheit gemäß § 31 Abs. 3 Nr. 1 GO liegt vor, wenn der Vorteil nur darauf beruht, dass jemand einer Berufs- oder Bevölkerungsgruppe angehört, deren gemeinsame Interessen durch die Angelegenheit berührt werden. Dies dürfte jedoch ausscheiden, da die Annahme einer Bevölkerungsgruppe der Sportvereinsvorsitzenden nicht realistisch sein dürfte. Somit sind A, B, C und D bei wörtlicher Auslegung der Vorschrift als Vereinsvorsitzende gem. § 31 von Beratung und Beschlussfassung ausgeschlossen.[6]

Ganz besonders aufmerksame und überdurchschnittlich befähigte Bearbeiter bzw. Bearbeiterinnen könnten dieses Ergebnis in Zweifel ziehen, da die Ratsmitglieder für ihr gesellschaftspolitisch uneingeschränkt wünschenswertes paralleles ehrenamtliches Engagement in Rat und Verein durch das Mitwirkungsverbot „bestraft" würden. Dazu könnte weiter ausgeführt werden, dass das Engagement eines Vereinsfunktionärs im Gemeinderat öffentlich bekannt sein dürfte und es somit an der für Korruption notwendigen „Heimlichkeit" fehlt.[7] Es könnte in Zweifel gezogen werden, dass der Gesetzgeber § 31 GO auch für den Fall ehrenamtlicher Vertretung gemeinnütziger juristischer Personen (Vereine) zur Anwendung bringen wollte. In Anbetracht des klaren Gesetzeswortlauts führt dies aber wohl zu weit und wäre eine Auslegung contra legem, die nur ganz ausnahmsweise bei grober Unbilligkeit in Betracht zu ziehen ist.[8]

Bei entsprechender Begründung können beide Ansichten akzeptiert werden.

b) Zwischenergebnis in Bezug auf den ersten Ratsbeschluss

A, B, C und D könnten wegen Interessenkollision befangen sein. Gem. § 31 Abs. 6 GO kann die Mitwirkung eines wegen Befangenheit Betroffenen aber nur geltend gemacht werden, wenn sie für das Abstimmungsergebnis entscheidend war. Da dies nicht der Fall ist, kann die Rechtswidrigkeit des Beschlusses nicht auf die Mitwirkung von A, B, C und D gestützt werden (vgl. unten Aufgabe 2). Es wäre deshalb auch vertretbar, die Prüfung der Befangenheit – nach entsprechender Abwägung – im Ergebnis offen zu lassen, da die Befangenheit hier keine Rechtsfolgen auslöst.

2. Zweiter Ratsbeschluss (Zuschuss zum Jubiläum des ETV)

C (Vorsitzender ETV) könnte befangen sein.

Hier sind auf der Rechtsgrundlage von § 31 GO ähnliche Überlegungen wie beim ersten Beschluss anzustellen.
Da es sich hier allerdings um einen Beschluss handelt, der nur einen Verein betrifft, sind die Gründe, die für Befangenheit sprechen, verdichtet (anders, wenn allgemein beschlossen worden wäre, dass alle Vereine zum 100-jährigen Jubiläum 500 € erhalten). Demnach sollte hier ein Ausschlussgrund bejaht werden.

3. Dritter Ratsbeschluss (Bau der Turnhalle in Etenbusch)
   a) Befangenheit des D (Vorsitzender TV Etenbusch)
   b) Hier sollten die Bearbeiter das zusätzliche Problem erkennen, dass die Annahme eines Ausschließungsgrundes hier besonders problematisch ist, weil D dadurch daran gehindert wird, seine öffentlich gemachten politischen Zielsetzungen umzusetzen. Dies könnte zu dem unerwünschten Ergebnis führen, dass D seine Vorsitzendenfunktion im TV aufgeben müsste, um seine politischen Versprechen einhalten zu können. Ein Rücktritt als Vereinsvorsitzender wäre wohl jedenfalls realistisch, wenn es auf die Stimme des D ankommen würde.
      Mit entsprechender Begründung sind auch hier beide Ergebnisse vertretbar.
   c) Befangenheit des E (Bauunternehmer) ist abzulehnen, da der Errichtungsbeschluss kein **unmittelbarer** Vorteil ist. Es fehlt hier an der direkten Kausalbeziehung zwischen dem Ratsbeschluss und möglichen daraus resultierenden Vorteilen.[9] Vielmehr erhält E durch den Beschluss nur eine unternehmerische Chance, da nicht feststeht, dass er die Ausschreibung der Bauleistungen auch tatsächlich gewinnt. Im Übrigen scheitert ein Mitwirkungsverbot hier auch daran, dass der Vorteil für E berufsgruppenbezogen ist, vgl. § 31 Abs. 3 Nr. 1 GO.
   d) Befangenheit des N (Vorsitzender Karnevalverein) liegt vor, da der Errichtungsbeschluss der Turnhalle zu einem Nachteil des von ihm vertretenen Karnevalsvereines führt.

Zu Aufgabe 2:

Zu prüfen ist, ob dem Bürgermeister die Beanstandung der Ratsbeschlüsse zu empfehlen ist. Nach § 54 Abs. 2 GO hat der Bürgermeister einen Beschluss des Rates, der das geltende Recht verletzt, zu beanstanden.

a) Beanstandung wegen der Mitwirkung befangener Ratsmitglieder
   Nach § 31 Abs. 6 GO kann die Mitwirkung eines wegen Befangenheit Betroffenen nach Beendigung der Abstimmung nur geltend gemacht werden, wenn sie für das Abstimmungsergebnis entscheidend war. Dies ist hier nicht der Fall. In der Literatur wird teilweise die Auffassung vertreten, dass trotz Unerheblichkeit gemäß § 31 Abs. 6 GO eine Beanstandungspflicht besteht, weil § 31 Abs. 6 GO nicht die gemeindeinterne Rechtskontrolle außer Kraft setze.[10] In Anbetracht des klaren

Wortlauts und der Intention des Gesetzgebers überzeugt diese Sichtweise kaum.[11] Dies ergibt sich auch daraus, dass der Anwendungsbereich von § 31 Abs. 6 GO nahezu gegenstandslos würde, wenn der Bürgermeister trotz Unerheblichkeit beanstanden müsste. Andere Ansicht vertretbar.

b) Beanstandung wegen Unbestimmtheit der Tagesordnung
Da alle Ratsbeschlüsse wegen der Unbestimmtheit der Tagesordnung das geltende Recht verletzen, muss dem Bürgermeister die Beanstandung gem. § 54 Abs. 2 GO empfohlen werden.

Zu Aufgabe 3:

In dem zu erstellenden Antwortschreiben sollte N das Ergebnis der Prüfung der Ausschließungsgründe gemäß § 31 GO mitgeteilt werden. Dabei sollte auch auf seine eigene Befangenheit bei Beschluss Nr. 3 hingewiesen werden. Zudem sollte die Beanstandung der Beschlüsse wegen der mangelnden Bestimmtheit der Tagesordnung und die Einberufung einer neuen Ratssitzung angekündigt werden.

Anmerkungen:

1 Vgl. *Bätge*, Kommunalrecht NRW, RN. 251.
2 *Hofmann/Bätge/Wiesner*, Kommunalrecht in Nordrhein-Westfalen, 20. Aufl. 2023, Ziff. 2.8.3.1.2.3.
3 Vgl. *Bätge,* a. a. O., FN. 2 RN. 252 m. w. N; *Hofmann/Theisen/Bätge*, a. a. O., FN 2.
4 Nach § 3 Abs. 2 a. E. kann die Zahl der zu wählenden Vertreter um 2, 4, 6, 8 oder 10 durch Beschluss des Rates verringert werden.
5 Hofmann/Theisen/Bätge, FN. 3, S. 307.
6 Vgl. grundsätzlich zum Thema Befangenheit Fall 19 in diesem Buch.
7 Vgl. dazu *Schmitz*, Zur Befangenheit von Sportvereinsvertretern im Gemeinderat, VR 1997 S. 58 f.
8 Vgl. allgemein zur Auslegung *Röhl/Röhl*, Allgemeine Rechtslehre, 3. Aufl. 2008, §§ 78 f., S. 613 ff.
9 Vgl. *Bätge*, a. a. O., FN. 2, RN. 233.
10 Vgl. zum Streitstand *Smith* in Kleerbaum/Palmen, Gemeindeordnung Nordrhein-Westfalen Kommentar, § 31 Anm. IX.
11 Vgl. *Schmitz*, Rechtsfolgen der Mitwirkung befangener Ratsmitglieder bei Ratsbeschlüssen – Rechtliche Aspekte von § 31 VI GO NRW, AD LEGENDUM 2015 S. 61 ff. (62 f).

Michael Schmitz

23. Fall

Schwerpunkte:
- Organkompetenz
- Befugnisse des stellvertretenden Bürgermeisters gem. § 67 GO
- „Leitung und Verteilung der Geschäfte" gem. § 62 Abs. 1 Satz 3 GO
- Kompetenzen und Ermessen der Aufsichtsbehörden gem. § 122 Abs. 1 GO

Hilfsmittel:
- Gemeindeordnung NRW (GO)
- Kommunalwahlgesetz NRW

Zeit: 3 Zeitstunden

Sachverhalt:

Der Rat der kreisfreien Stadt X (260.000 Einwohner, NRW) beschließt einstimmig (67 Ja-Stimmen) die Zusammenlegung von Haupt- und Personalamt, die bisher als eigenständige Ämter der Stadtverwaltung organisiert waren. Der Rat will dadurch eine Amtsleiterstelle einsparen.

Aufgrund eines anonymen Schreibens erfährt die zuständige Bezirksregierung von dem Beschluss des Rates. Der anonyme Autor des Schreibens weist die Bezirksregierung zudem darauf hin, dass in Vertretung des – im Zeitpunkt der Ladung zur Sitzung – erkrankten Oberbürgermeisters der stellvertretende Bürgermeister gemäß § 67 GO NRW zur Sitzung eingeladen habe (was zutrifft). Die Ratssitzung selbst hat der wieder genesene Oberbürgermeister geleitet.

Der Regierungspräsident beauftragt Herrn Regierungsinspektor B mit der Prüfung der Angelegenheit und bittet um einen Entscheidungsvorschlag.

Aufgaben:

Prüfen Sie den Sachverhalt umfassend und machen Sie einen Entscheidungsvorschlag.

Platz für Ihre Anmerkungen/Raum für Notizen:

Lösung:

Fraglich ist zunächst, ob es eine Rolle spielt, dass der Verfasser des Schreibens an die Bezirksregierung anonym bleibt. Die Aufsicht des Landes schützt die Gemeinden in ihren Rechten, sichert die Erfüllung ihrer Pflichten und gewährleistet, dass die Gemeinden im Einklang mit den Gesetzen verwaltet werden (vgl. §§ 11, 119 GO NRW). Wenn die Aufsichtsbehörde Kenntnis von einem rechtswidrigen Verhalten der Kommune bzw. ihrer Organe erlangt, muss sie prüfen, ob ein Einschreiten gemäß § 119 ff. GO NRW geboten ist. Die Art der Informationsquelle ist dabei unerheblich. Es spielt deshalb keine Rolle, dass das Schreiben anonym ist. Zur Überprüfung des Sachverhalts sollte die Aufsichtsbehörde jedoch – vor einem Einschreiten – von ihrem Unterrichtungsrecht gemäß § 121 GO NRW Gebrauch machen und die Stadt X um Stellungnahme bitten.

Es ist zu prüfen, ob ein Einschreiten der Bezirksregierung als Aufsichtsbehörde über die kreisfreie Stadt X in Betracht kommt.

Rechtsgrundlage für kommunalrechtliche Maßnahmen können hier nur die §§ 119 ff. GO NRW sein. Nach § 122 Abs. 1 GO kann die Aufsichtsbehörde den Bürgermeister anweisen, Beschlüsse des Rates, die das geltende Recht verletzen, zu beanstanden.[1] Zudem kann die Aufsichtsbehörde rechtswidrige Beschlüsse nach Beanstandung durch den Bürgermeister aufheben, wenn der Rat – nach nochmaliger Beratung – seinen rechtswidrigen Beschluss bestätigt. Es ist deshalb zu prüfen, ob der Ratsbeschluss rechtswidrig ist.

Die Prüfung, ob ein Ratsbeschluss rechtswidrig ist, erfolgt in zwei Schritten:
I. Formelle Rechtmäßigkeit
II. Materielle Rechtmäßigkeit

Im Rahmen der formellen Rechtmäßigkeit ist zunächst die Zuständigkeit des Rates zu prüfen (Verbandskompetenz und Organkompetenz).

1. Zuständigkeit des Rates

a) Verbandskompetenz

Die Zuständigkeit des Gemeinderates setzt voraus, dass es sich um eine örtliche Angelegenheit handelt, für die die Gemeinde die Verbandskompetenz besitzt. Die Verbandskompetenz der Gemeinde ergibt sich hier aus der Garantie der kommunalen Selbstverwaltung gemäß Art. 28 Abs. 2 GG, 78 LVerf NRW, § 2 GO. Wichtiger Bestandteil der kommunalen Selbstverwaltung ist die Organisationshoheit.

Definition: Die Organisationshoheit beinhaltet das Recht der Gemeinde, Abläufe, Strukturen und Aufbau der Verwaltung eigenverantwortlich festzulegen. Die Gemeinde kann die Art und Weise der Aufgabenerfüllung selbst bestimmen.[2]

Dazu gehören auch die Bildung und Abschaffung von Dienststellen und Ämtern in der Gemeindeverwaltung. Die Zusammenlegung von zwei Ämtern gehört somit zur kommunalen Selbstverwaltung. Die Verbandskompetenz ist gegeben.

b) Organkompetenz

Die Organkompetenz des Rates ergibt sich aus § 41 Abs. 1 GO. Danach ist der Rat für alle Angelegenheiten der Gemeindeverwaltung zuständig, soweit in der GO nicht andere Zuständigkeiten bestimmt sind. Im vorliegenden Fall könnte die Zuständigkeit des Bürgermeisters gegeben sein.

aa) Geschäft der laufenden Verwaltung

Nach § 41 Abs. 3 GO gelten Geschäfte der laufenden Verwaltung im Namen des Rates als auf den Bürgermeister übertragen.

Definition: In gewisser Regelmäßigkeit wiederkehrende Geschäfte, die nach feststehenden Grundsätzen entschieden werden, und die politisch und finanziell nicht von besonderer Bedeutung sind.

Die Zusammenlegung von Haupt- und Personalamt ist kein regelmäßig wiederkehrendes Geschäft, das nach feststehenden Grundsätzen zu entscheiden ist. Somit liegt kein Geschäft der laufenden Verwaltung vor.

bb) Organisationskompetenz des Bürgermeisters gemäß § 62 GO

Nach § 62 Abs. 1 Satz 3 GO leitet und verteilt der Bürgermeister die Geschäfte. Als „Hauptverwaltungsbeamter" ist er dafür zuständig, dass die Verwaltung funktioniert und ihre Aufgaben effektiv erfüllt. Nach § 62 Abs. 1 Satz 2 ist der Bürgermeister für die Leitung und Beaufsichtigung der gesamten Verwaltung verantwortlich. Die Verantwortlichkeit für eine effektive und gut funktionierende Verwaltung kann der Bürgermeister aber nur dann ausfüllen, wenn er auch eine weitgehende eigenverantwortliche Organisationskompetenz hat und seine Vorstellungen über die Struktur der Verwaltung umsetzen kann. Auch die gesetzlich normierte Arbeitsteilung zwischen Rat und Bürgermeister spricht für eine Organisationskompetenz des Bürgermeisters:
- Vorbereitung der Ratsbeschlüsse durch den Bürgermeister, § 62 Abs. 2 GO,
- Entscheidung durch den Rat, § 41,
- Durchführung der Ratsbeschlüsse durch den Bürgermeister, § 62 Abs. 2 GO.

Für die Vorbereitung und Durchführung der Ratsbeschlüsse benötigt der Bürgermeister die Gemeindeverwaltung. Dies funktioniert, wenn Abläufe und Strukturen der Verwaltung durch den Bürgermeister bestimmt werden können.

Auch in der Öffentlichkeit wird die Verantwortung des Bürgermeisters für eine gut arbeitende Verwaltung gesehen. Auch gegenüber den Wählern und Wählerinnen kann der Bürgermeister seine Aufgaben als Chef der Verwaltung nur verantwortlich erfüllen, wenn er Abläufe, Strukturen und Aufbau der Verwaltung weitgehend selbst festlegen kann. Die organisatorische Gliederung der Verwaltung in Ämter, Fachbereiche, Abteilungen und Sachgebiete gehört zu den unentziehbaren Kernkompetenzen des Bürgermeisters.[3]

Zwischenergebnis

Dem Rat fehlt somit die Organkompetenz für den gefassten Beschluss.
Der Beschluss ist daher rechtswidrig.[4]

2. Einberufung des Rates durch den stellvertretenden Bürgermeister

a) Fraglich ist, ob der stellvertretende Bürgermeister – im Falle der Verhinderung des Bürgermeisters – zur Einberufung des Rates befugt ist. Nach § 67 Abs. 1 Satz 2 GO vertreten die Stellvertreter des Bürgermeisters den Bürgermeister bei der Leitung der Ratssitzung und der Repräsentation.[5]
In allen sonstigen Angelegenheiten wird der Bürgermeister durch den vom Rat zum allgemeinen Vertreter bestellten Beigeordneten vertreten, § 68 GO.[6] Auf der Ebene der Stellvertreter lebt somit die sog. Doppelspitze weiter, die der Gesetzgeber 1994 auf der obersten Ebene durch die Zusammenlegung der Aufgabenfelder von ehrenamtlichem Bürgermeister/Oberbürgermeister und Gemeinde-, Stadt- bzw. Oberstadtdirektor abgeschafft hat.[7]
Für die Zuständigkeit des ehrenamtlichen Stellvertreters nach § 67 GO könnte sprechen, dass die Leitung einer Ratssitzung auch deren Einberufung umfasst.
Zudem könnte man anführen, dass nach altem Recht (vor 1994 und der Abschaffung der Doppelspitze) die Einberufung zur Ratssitzung (§ 33 Abs. 1 GO a. F.) bei Verhinderung des (damals ehrenamtlichen) Bürgermeisters durch den ehrenamtlichen Stellvertreter erfolgte.
In Anbetracht des klaren, eingrenzenden Wortlauts von § 67 Abs. 1 Satz 2 GO *(„Sie vertreten den Bürgermeister bei der Leitung der Ratssitzungen und der Repräsentation“)*, der kaum auslegungsbedürftig ist, und auch wegen des früher notwendigen Einvernehmens mit dem Gemeindedirektor (§ 31 Abs. 1 GO a. F.), ist die Einberufung des Rates im Verhinderungsfalle Aufgabe des hauptamtlichen allgemeinen Vertreters gemäß § 68 GO.[8]
Nach der hier vertretenen Auffassung hat somit der „falsche“ Stellvertreter eingeladen/einberufen.

b) Fraglich ist, welche Rechtsfolge dies hat. Im vorliegenden Falle waren alle Ratsmitglieder anwesend.[9] Deshalb könnte man den Standpunkt vertreten, dass der Fehler unbeachtlich sei, da alle Adressaten der Einladung/Einberufung gefolgt seien. Andererseits ist zu bedenken, dass Adressat der Einladung auch die Öffentlichkeit ist. Da nicht auszuschließen ist, dass interessierte Menschen den Rechtsmangel der Einladung erkannt haben und deshalb nicht zur Ratssitzung gekommen sind, könnte der Rechtsfehler der Ladung mittelbar zu einer Verletzung des Grundsatzes der Öffentlichkeit gemäß § 48 GO geführt haben. Deshalb führt der Fehler eines „falschen Einladers" grundsätzlich zur Rechtswidrigkeit des Beschlusses.[10]

Da neben dem Verstoß gegen § 62 GO, der hier schon bei der formellen Rechtmäßigkeit geprüft wurde, keine weiteren Gesetzesverstöße erkennbar sind, kann die Prüfung der materiellen Rechtmäßigkeit entfallen.

3. Entscheidungsvorschlag für den Regierungspräsidenten

Die Tatbestandsvoraussetzung von § 122 GO ist erfüllt. Der Beschluss des Rates verletzt geltendes Recht. Zu beachten ist aber, dass § 122 GO der Aufsichtsbehörde Ermessen einräumt. Ist ein Ratsbeschluss rechtswidrig, *kann* die Aufsichtsbehörde den Bürgermeister zur Beanstandung anweisen oder ggf. den Beschluss aufheben. Das Einschreiten der Aufsichtsbehörde ist also nicht zwingend vorgeschrieben, sondern vielmehr besteht (auf der Rechtsfolgenseite) Ermessen, das pflichtgemäß auszuüben ist.[11] Bei der Abwägung sind Schwere und Auswirkungen des Rechtsverstoßes zu berücksichtigen. Aspekte der politischen Opportunität sind nicht zu berücksichtigen. Das Ermessen kann aber natürlich auch auf null reduziert sein.[12]

Eine Differenzierung nach formellen Rechtsverstößen, die Ermessen eröffnen, und materiellen Rechtsverstößen, die eine Ermessenreduzierung indizieren, ist nicht überzeugend. Auch Verstöße gegen die formelle Rechtmäßigkeit können so gravierend sein (z. B. ein Verstoß gegen den Grundsatz der Öffentlichkeit oder gegen Minderheitsrechte), dass eine Ermessensreduzierung auf null gegeben ist.

Im vorliegenden Fall ist deshalb abzuwägen.

Für ein Einschreiten der Bezirksregierung spricht, dass der Beschluss nicht nur einen, sondern zwei Gesetzesverstöße enthält. Zudem könnte mittelbar der wichtige Grundsatz der Öffentlichkeit tangiert sein. Besonders schwerwiegend ist aber der Verstoß gegen § 62 GO. Hier wird massiv in das gesetzliche Organisationsrecht des Bürgermeisters eingegriffen. Um erneuten Rechtsverstößen in künftigen Ratssitzungen vorzubeugen, könnten auch präventive Gesichtspunkte ein Einschreiten der Kommunalaufsicht rechtfertigen.

Andererseits ist hier zu berücksichtigen, dass das Abstimmungsergebnis einstimmig war. Auch der – in seinen Rechten verletzte – Bürgermeister hat der Zusammenlegung von Haupt- und Personalamt zugestimmt. Ein Einschreiten der Aufsichtsbehörde zur Wahrung der Rechte des Bürgermeisters erscheint insofern wenig überzeugend. Vielmehr ist es sehr wahrscheinlich, dass der Bürgermeister nach einer Aufhebung des Beschlusses durch die Aufsichtsbehörde die Zusammenlegung der beiden Ämter auch aus eigener Organisationskompetenz gemäß § 62 GO entscheidet. Das Einschreiten der Aufsichtsbehörde wäre dann letztlich überflüssig gewesen und würde möglicherweise die Bedeutung einer aufsichtsbehördlichen Maßnahme ungünstig relativieren. Da der Bürgermeister offenkundig mit der Entscheidung des Rates einverstanden ist, kann der Verstoß gegen § 62 GO ungeahndet bleiben. Man könnte den Beschluss des Rates vielleicht sogar – geltungserhaltend – als vom Bürgermeister gewollte Meinungskundgabe betrachten, der sich der Bürgermeister angeschlossen hat.

Auch der formelle Verstoß des „falschen Einladers" zur Ratssitzung kann vernachlässigt werden. Die Öffentlichkeit kann tatsächlich gar nicht in ihren Teilnahmerechten verletzt sein, da der Rat für die Beschlussfassung gar nicht zuständig war und somit Kontroll- und Informationsrechte der Öffentlichkeit bei diesem Beschluss nicht relevant sind. Auch enthält der Sachverhalt keine Hinweise auf wiederholte, vergleichbare Rechtsverstöße. Präventiv wäre deshalb ein Hinweis an die Ratsmitglieder ausreichend.

Aus diesen Gründen ist ein Einschreiten der Aufsichtsbehörde mit aufsichtsrechtlichen Mitteln nicht zweckdienlich.[13] Vielmehr sollte der Regierungspräsident den Bürgermeister gemäß § 121 GO um einen Bericht bitten. Sollte der Bericht den Sachverhalt bestätigen, kann von einem Einschreiten der Aufsichtsbehörde abgesehen werden.

Anmerkungen:

1 Nach § 120 GO NRW führt der Landrat die Aufsicht über die kreisangehörigen Städte und Gemeinden; bei kreisfreien Städten – wie im Sachverhalt angegeben – ist die Bezirksregierung zuständig.

2 Vgl. *Hofmann/Bätge/Wiesner*, Kommunalrecht in Nordrhein-Westfalen, 20. Aufl. 2023, Kap. 2.2.5.2. Die ebenfalls dem Bürgermeister zugeordnete Personalkompetenz gemäß § 73 GO ist hier nicht berührt.

3 Vgl. dazu *Hofmann/Bätge/Wiesner*, a. a. O., FN 2, Kap. 2.7.5.4.1; bei der Einteilung der Dezernate ist jedoch § 73 GO zu beachten. Danach kann der Rat die Geschäftskreise der Beigeordneten, die ein Dezernat leiten, mit qualifizierter Mehrheit auch gegen den Willen des Bürgermeisters festlegen.

4 Es ist auch vertretbar, wenn Studierende die Frage der Verletzung von § 62 GO im Rahmen der materiellen Rechtmäßigkeit prüfen.

5 In Großstädten, die einen Oberbürgermeister haben, heißt der stellvertretende Bürgermeister „Bürgermeister".

6 Im Regelfall lautet die Dienstbezeichnung für den allgemeinen Vertreter „1. Beigeordneter" (in kreisangehörigen Städten) oder „Stadtdirektor" (in kreisfreien Großstädten).

7 Vgl. *Hofmann/Bätge/Wiesner*, a. a. O., FN 2, Kap. 2.7.5.7.2.1.

8 Die Abgrenzung der Zuständigkeiten zwischen dem ehrenamtlichen Vertreter nach § 67 und dem hauptamtlichen (allgemeinen) Vertreter nach § 68 GO war früher stärker umstritten. Vgl. *Schmitz*, Der stellvertretende Bürgermeister in Nordrhein-Westfalen, VR 1997 S. 89 ff., zum Meinungsstand in der Literatur *Lübken* in Kleerbaum/Palmen, Gemeindeordnung Nordrhein-Westfalen, 2. Aufl. 2013, § 67 Anm. III. 2 c). In Bezug auf die Einberufung des Rates hat der Verfasser seine Ansicht revidiert. Beim (politisch geprägten) Widerspruchsrecht gemäß § 54 Abs. 1 GO muss die Zuständigkeit wohl beim ehrenamtlicher Bürgermeister gemäß § 67 GO verbleiben. Lange umstritten war die Frage, wer den Bürgermeister bei Dringlichkeitsentscheidungen vertritt. Diese Frage hat der Gesetzgeber 2012 durch eine Ergänzung von § 60 Abs. 1 Satz 2 GO entschieden. Danach entscheidet im Falle der Verhinderung des Bürgermeisters der allgemeine Vertreter. Rechtsdogmatisch überzeugt dies jedoch nicht (vgl. *Schmitz*, a. a. O., S. 91, und OVG NRW, Beschl. vom 6.5.2011 – 10 B 465/11 –, juris).

9 Nach § 3 Kommunalwahlgesetz NRW gibt es in einer Stadt mit 250.000–400.000 Einwohnern 66 Vertreter im Rat. Zuzüglich Bürgermeister (hier Oberbürgermeister) hat der Rat 67 Mitglieder, die laut Sachverhalt vollständig anwesend waren.

10 A. A. vertretbar.

11 Dem Bürgermeister hingegen hat der Gesetzgeber kein Ermessen eingeräumt. Der Bürgermeister hat nach § 54 Abs. 2 GO einen Beschluss, der das geltende Recht verletzt, zu beanstanden. In der Praxis kann dies zu der für den Bürgermeister unschönen Situation führen, dass die Aufsichtsbehörde einen Beschluss, den der Bürgermeister von sich aus beanstandet hat, trotz Rechtswidrigkeit nicht aufhebt.

12 Vgl. *Winkel* in Held/Winkel u. a., Kommunalverfassungsrecht Nordrhein-Westfalen, § 122 Anm. 2, und VG Gelsenkirchen, Urt. vom 7.5.2018 – 15 K 528311/16 –.

13 A. A. vertretbar.

Michael Schmitz

24. Fall

Schwerpunkte:
- Verbandskompetenz bei verteidigungspolitischen Fragen, atomwaffenfreie Zone
- Grundsatz der Öffentlichkeit gemäß § 48 GO und das ungeschriebene Tatbestandsmerkmal der Geheimhaltungsbedürftigkeit
- Mitwirkungsverbot, §§ 31, 43 GO
- Ausschluss aus einer Ratssitzung, § 51 GO
- Kommunales Kindergeld

Hilfsmittel:
- Gemeindeordnung NRW (GO)
- Grundgesetz
- Sparkassengesetz NRW (Auszug)
- Geschäftsordnung des Rates (Auszug)

Zeit: 3 Zeitstunden

Sachverhalt:

Im Vorfeld der nächsten Ratssitzung in der kreisfreien Stadt M in NRW werden im Büro des Oberbürgermeisters mehrere Fragen diskutiert:

1. Die Fraktion A hat fristgerecht beantragt, das Gemeindegebiet zur atomwaffenfreien Zone zu erklären. Die A-Fraktion will damit ihre grundsätzliche Ablehnung der vom Bund beschlossenen Verteidigungspolitik und der Mitgliedschaft in der NATO zum Ausdruck bringen. **Muss der OB diesen Antrag – trotz rechtlicher Bedenken – zur Tagesordnung stellen?**
2. Die Fraktion B hat fristgerecht beantragt, dem örtlichen Bundesliga-Fußballverein ein Darlehen in Höhe von 5 Mio. € zu einer Stadionsanierung zu gewähren. **Muss dieser Antrag in den öffentlichen oder nichtöffentlichen Teil der Tagesordnung aufgenommen werden?**
3. Auch bei dem Tagesordnungspunkt „Fusion der Stadtsparkassen von M und G" stellt sich die Frage, **ob öffentlich oder nichtöffentlich**.
4. Hierzu stellt sich auch die Frage, **ob Ratsherr X, der Vorsitzender des Verwaltungsrates der Stadtsparkasse M ist, an Beratung und Beschlussfassung teilnehmen darf.**
5. Da es in der letzten Ratssitzung Tumulte gegeben hat, bittet der OB um eine schriftliche Beratung zu der Frage, **ob und unter welchen Voraussetzungen er das Recht habe, Ratsmitglieder und Zuschauer von der Ratssitzung auszuschließen.**
6. **Zudem hat die Fraktion C beim OB nachgefragt, ob ein Antrag zur kommunalen Familienförderung rechtmäßig sei.** In Anbetracht des fortwährenden Geburtenrückgangs in M will die C-Fraktion ein kommunales Kindergeld einfüh-

ren. Für die Geburt des ersten Kindes sollen die Einwohner von M einen einmaligen Zuschuss von 1.000 € erhalten. Für jedes weitere Kind soll die Stadt einmalig 1.500 € zahlen. Damit sollen Aufwendungen der jungen Familien kompensiert werden. Die Stadt verfügt über einen ausgeglichenen Haushalt.

Aufgabe:

Erläutern Sie die Rechtslage zu allen genannten Fragen umfassend.

Auszug aus der Geschäftsordnung des Rates der Stadt M:
§ 1
Die Öffentlichkeit ist auszuschließen, wenn das Gemeinwohl der Behandlung in öffentlicher Sitzung entgegensteht.
§ 2
Bei ungebührlichem Verhalten kann ein Ratsmitglied durch Beschluss des Rates von der Sitzung ausgeschlossen werden.

Auszug aus dem Sparkassengesetz NRW:
§ 1 Errichtung von Sparkassen
(1) Gemeinden oder Gemeindeverbände können …. Sparkassen …. in der Rechtsform einer … Anstalt des öffentlichen Rechts …. errichten.
§ 8 Aufgaben und Vertretung des Trägers
(1) Die Vertretung des Trägers wählt das dem Verwaltungsrat vorsitzende Mitglied und die übrigen Mitglieder des Verwaltungsrates.
§ 9 Organe
Organe der Sparkasse sind
a) der Verwaltungsrat
b) der Vorstand
§ 11 Vorsitz im Verwaltungsrat
(1) Die Vertretung des Trägers wählt eines ihrer Mitglieder oder den Hauptverwaltungsbeamten zum Vorsitzenden Mitglied des Verwaltungsrates ….
§ 15 Aufgaben des Verwaltungsrates
(1) Der Verwaltungsrat bestimmt die Richtlinien der Geschäftspolitik und überwacht die Geschäftsführung.
§ 22 Amtsverschwiegenheit der Organmitglieder
Die Mitglieder der Organe der Sparkasse sind zur Amtsverschwiegenheit über den Geschäftsverkehr und die sonstigen vertraulichen Angelegenheiten der Sparkasse verpflichtet. …

Platz für Ihre Anmerkungen/Raum für Notizen:

Lösungen:

Zu Frage 1:

Hierzu müssten die Bearbeiter zunächst erkennen, dass der Antrag rechtswidrig ist, wenn es an der Verbandskompetenz der Stadt M fehlt.[1] Die Verbandskompetenz der Gemeinde setzt voraus: 1. eine Angelegenheit der örtlichen Gemeinschaft und 2. keine anders geregelte gesetzliche Zuständigkeit (vgl. § 2 GO NRW). Hier fehlt es an der zweiten Voraussetzung.

Nach Art. 73 Abs. 1 Nr. 1 GG fällt die Verteidigung in die ausschließliche Gesetzgebungskompetenz des Bundes. Aus der kommunalen Selbstverwaltungsgarantie gemäß Art. 28 Abs. 2 GG, 78 LVerf folgt auch kein allgemeinpolitisches Mandat. Durch die Kommunalwahl erhält der Rat vielmehr lediglich ein kommunalpolitisches Mandat. Der Antrag ist also auf eine kompetenzwidrige Befassung des Rates gerichtet. Der örtliche Bezug des Themas wird hier durch die im SV genannten Motive der A-Fraktion deutlich relativiert.

Aber: Mit Urt. vom 14.12.1990 hat das BVerwG festgestellt: *„Mit dem Beschluss, dem von den Städten Hiroshima und Nagasaki initiierten, auf weltweite Kernwaffenabrüstung abzielenden Programm zur Förderung der Solidarität der Städte beizutreten, bewegt sich eine Gemeinde noch im Bereich der ihr durch Art. 28 Abs. 1 GG verbürgten Selbstverwaltung."*[2] (Mit entsprechender Begründung können die Studierenden hier auch eine Befassungskompetenz der Stadt M vertreten.[3]) Diese Frage kann aber offen bleiben, wenn der OB auch einen Antrag mit rechtswidrigem Inhalt in die Tagesordnung aufnehmen muss. Dagegen könnte sprechen, dass die vollziehende Gewalt nach Art. 20 Abs. 3 GG an Recht und Gesetz gebunden ist und es dem OB deshalb nicht zumutbar ist, rechtswidrige Ratsbeschlüsse gemäß § 62 Abs. 2 Satz 2 GO NRW durchzuführen.

Nach dem klaren Wortlaut von § 48 GO NRW *(„hat ... aufzunehmen")* besitzt der Bürgermeister aber jedenfalls kein Recht, die Behandlung eines bestimmten Tagesordnungspunktes zu verhindern.[4] Der Bürgermeister hat insofern nur ein auf die Frist und das Antragsquorum bezogenes formelles, aber kein materielles Prüfungsrecht. Da der OB zudem die Möglichkeit der Beanstandung gemäß § 54 Abs. 2 GO NRW (mit der Rechtsfolge der aufschiebenden Wirkung) hat, kann es nicht zu unzumutbaren Durchführungspflichten kommen. Eines präventiven materiellen Prüfungsrechts des Bürgermeisters bedarf es demnach nicht.

Die Frage der Verbands- bzw. Befassungskompetenz der Stadt M kann somit letztlich offenbleiben.

Zu Frage 2:

Hier ist abzuwägen zwischen dem – für die Demokratie wichtigen – Gebot der Öffentlichkeit nach § 48 GO NRW und einem möglichen Geheimhaltungsinteresse. Der

OB muss dies und entsprechende Regelungen der Geschäftsordnung schon bei der Aufstellung der Tagesordnung berücksichtigen.[5] An der Rechtmäßigkeit von § 1 der Geschäftsordnung dürften keine Zweifel bestehen. Die Regelung ist mit höherrangigem Recht vereinbar. Sie findet ihre Grundlage in § 48 Abs. 2 Satz 2 GO NRW, wonach die – gemäß § 48 Abs. 2 Satz 1 GO NRW grundsätzlich vorgeschriebene – Öffentlichkeit von Ratssitzungen durch die Geschäftsordnung für Angelegenheiten einer bestimmten Art ausgeschlossen werden kann. § 48 Abs. 2 Satz 2 GO NRW ermächtigt den Gemeinderat mit dem Ausschluss von *„Angelegenheiten einer bestimmten Art"* zur Schaffung abstrakt-generell gefasster Ausschlusstatbestände, während § 48 Abs. 2 Satz 3 GO NRW den Ausschluss der Öffentlichkeit *„für einzelne Angelegenheiten"* auf Antrag des Bürgermeisters oder eines Ratsmitglieds betrifft. Dem Wortlaut des § 48 Abs. 2 Satz 2 GO NRW sind allerdings keine inhaltlichen Kriterien dafür zu entnehmen, in Angelegenheiten welcher Art der Gemeinderat die Öffentlichkeit durch die Geschäftsordnung ausschließen darf. Wegen der großen Bedeutung des Grundsatzes der Sitzungsöffentlichkeit ist hieraus aber nicht zu schließen, dass der Gemeinderat insoweit keinen Bindungen unterläge. § 48 Abs. 2 Satz 2 GO NRW setzt vielmehr voraus, dass aus anderen Rechtsvorschriften oder Rechtsgrundsätzen herzuleiten ist, in welcher Art von Angelegenheiten in nichtöffentlicher Sitzung beraten werden muss. Es handelt sich dabei um ein *„ungeschriebenes Tatbestandsmerkmal der Geheimhaltungsbedürftigkeit"*. In gesetzessystematischer Hinsicht sind einschlägige Vorgaben insbesondere den Regelungen über die Verschwiegenheitspflicht der Ratsmitglieder zu entnehmen (§ 30 Abs. 1 i. V. m. § 43 Abs. 2 GO NRW). Danach haben Ratsmitglieder u. a. über die bei ihrer Tätigkeit bekanntgewordenen Angelegenheiten Verschwiegenheit zu wahren, deren Geheimhaltung ihrer Natur nach erforderlich oder besonders vorgeschrieben ist. Ihrer Natur nach geheim sind nach § 30 Abs. 1 Satz 2 GO NRW u. a. Angelegenheiten, deren Mitteilung an andere dem Gemeinwohl zuwiderlaufen würde. Geht der Gesetzgeber damit von der Geheimhaltungsbedürftigkeit bestimmter Angelegenheiten aus, so ist der Rat jedenfalls berechtigt, durch die Geschäftsordnung die Öffentlichkeit für diese Angelegenheiten auszuschließen.[6]

Denkbar ist durchaus, dass ein Profi-Fußballverein Geschäftsgeheimnisse hat, deren Mitteilung an andere dem berechtigten Interesse des Vereins zuwiderlaufen würde und damit dem Wirtschaftsunternehmen schaden könnte. Andererseits ist nicht erkennbar, dass die antragstellende Fraktion oder andere Ratsmitglieder über solche Erkenntnisse überhaupt verfügen und die wirtschaftliche Situation des Vereins für den Antrag eine Rolle spielt. Auch ist hier die besondere politische Brisanz zu berücksichtigen. Öffentliche (Steuer-)Mittel für einen Bundesligaverein sind in der öffentlichen Diskussion zumeist höchst umstritten. Auch die Größenordnung des Darlehens ist zu beachten. Auch ist zweifelhaft, ob hier das „Gemeinwohl" durch eine öffentliche Sitzung beeinträchtigt werden könnte. Unter „Gemeinwohl" sind solche Interessen und Anliegen zu verstehen, die über die Interessen einzelner hinausgehen und die Interessen der örtlichen oder überörtlichen Gemeinschaft betreffen. Das Gemeinwohl gebietet den Ausschluss der Öffentlichkeit und rechtfertigt ihn, wenn Interessen und Belange des Bundes, des Landes, der Gemeinde oder anderer öffentlich-rechtlicher Aufgabenträger durch eine öffentliche Verhandlung verletzt werden können.[7] Dies ist vorliegend nicht erkennbar. Hier spricht deshalb vieles dafür, den Punkt in den öffentlichen Teil der Tagesordnung aufzunehmen und damit dem öffentlichen Informationsbedürfnis den Vorrang vor eventuellen Interessen des Fußballvereins einzuräumen.[8]

Sollte sich in der Diskussion herausstellen, dass geheimhaltungsbedürftige Aspekte thematisiert werden, kann die Öffentlichkeit auch noch während der Diskussion ausgeschlossen werden.

Zu Frage 3:

Auch hier ist abzuwägen zwischen dem wichtigen Grundsatz der Öffentlichkeit nach § 48 GO NRW und dem Geheimhaltungsinteresse. Anhaltspunkte für eine Geheimhaltung können sich insoweit aus § 43 Abs. 2 i. V. m. § 30 Abs. 1 Satz 2 GO NRW (Verschwiegenheitspflicht), s. o., ergeben. Ausnahmsweise dürfte hier das Geheimhaltungsinteresse überwiegen, da städtische Sparkassen in Konkurrenz zu anderen Kreditinstituten stehen und deshalb Geschäftsgeheimnisse haben, die Dritten nicht unbefugt offenbart werden dürfen, vgl. § 22 SpkG.[9] Da sich die Sparkassen in alleiniger Trägerschaft der Kommunen befinden, entspricht das Geheimhaltungsinteresse auch dem Gemeinwohl. Der Tagesordnungspunkt sollte deshalb für den nichtöffentlichen Teil der Ratssitzung vorgesehen werden.

Zu Frage 4:

In Bezug auf Ratsmitglied X könnte ein Mitwirkungsverbot nach § 43 Abs. 2 i. V. m. § 31 Abs. 2 Nr. 2 GO NRW gegeben sein. Als Mitglied des Verwaltungsrates der Sparkasse M gehört X dem einem Aufsichtsrat eines Unternehmens vergleichbaren Organ der Stadtsparkasse an (vgl. § 15 Abs. 1 SpkG NRW). Durch die beabsichtigte Fusion entsteht für die Stadtsparkasse ein unmittelbarer Nachteil (Verlust der Eigenständigkeit) oder ein unmittelbarer Vorteil (Verbesserung der Wettbewerbsfähigkeit). Da der Verwaltungsrat und der Vorsitzende jedoch von der Vertretung des Trägers – also vom Stadtrat – gewählt wird (§§ 8, 11 SpKG) gehört X dem Verwaltungsrat als Vertreter der Stadt an. Ein Mitwirkungsverbot besteht deshalb nicht, § 31 Abs. 2 Nr. 2 GO NRW.[10]

Zu Frage 5:

Bei dieser Frage bietet es sich an, zwischen dem Ausschluss von Zuschauern und Ratsmitgliedern zu differenzieren.

Hier müssen die Studierenden § 51 GO erkennen. § 51 GO NRW soll die Funktionsfähigkeit des Rates gewährleisten. Ein geordneter Beratungs- und Entscheidungsablauf ist durch den Bürgermeister sicherzustellen. Adressaten des Hausrechts sind alle bei der Ratssitzung Anwesenden.

a) Zuschauer

§ 51 GO NRW ist deshalb auch gegenüber Zuschauern eine einschlägige Rechtsgrundlage. Eines Rückgriffs auf das allgemeine Hausrecht des Bürgermeisters bedarf es deshalb nicht. In Bezug auf die Zuschauer ist – im Rahmen der Verhältnismäßigkeitsprüfung – zwischen dem Interesse des einzelnen Zuschauers an der Öffentlichkeit der Ratssitzung und der Funktionsfähigkeit des Rates abzuwägen. Intensive Beifalls- oder Missfallensäußerungen z. B. können den ordnungsgemäßen Sitzungsverlauf beeinträchtigen und sollten deshalb in der Regel unterbunden werden.

b) Ratsmitglieder

Durch die Bestimmung in der Geschäftsordnung sind die Voraussetzungen des § 51 Abs. 3 GO erfüllt, d. h. der OB kann ein Ratsmitglied, das sich „ungebührlich" verhält, von der Ratssitzung ausschließen. Die Regelung in § 2 Geschäftsordnung ist auch nicht zu unbestimmt, da eine vollständige und abschließende Konkretisierung von „ungebührlichem" Verhalten nicht leistbar ist. Zudem ist es den Adressaten der Geschäftsordnung – nämlich den Ratsmitgliedern – vollkommen klar, was ein „ungebührliches" Verhalten ist, das die Funktionsfähigkeit des Rates gefährdet.

In Anbetracht der besonderen Rechtstellung der Ratsmitglieder, der Freiheit des Mandats (§ 43 GO NRW) und wegen der Schwere des Eingriffs in diese Rechte ist der OB auf die strikte Beachtung des Grundsatzes der Verhältnismäßigkeit hinzuweisen. Als milderes Mittel könnte zunächst eine Ermahnung oder ein Ordnungsruf in Betracht kommen. Der Ausschluss eines Ratsmitglieds kann immer nur ultima ratio sein, wenn die Funktionsfähigkeit des Rates anders nicht zu gewährleisten ist.[11]

Zu Frage 6:

Die Aufgabe hat ihre Grundlage in einer älteren Entscheidung des OVG NRW von 1995. Der Antrag der C-Fraktion müsste rechtmäßig sein. Ansonsten müsste ihn der OB beanstanden gemäß § 54 Abs. 2 GO NRW. Problematisch ist die Verbandskompetenz. Wie schon bei Frage 1 erläutert, ist auch hier fraglich, ob es eine andere gesetzliche Zuständigkeitsregelung gibt.

Das Problem der besonderen wirtschaftlichen Belastung von Familien mit Kindern und deren Förderung ist kein spezifisch kommunales Problem, das nur einzelne Gemeinden betreffen kann. Es ist gesellschaftspolitischer Natur und deshalb überregional. Es wird auch nicht dadurch zu einem kommunalen Problem, dass die C-Fraktion nur in M wohnenden Eltern einen Zuschuss zukommen lassen will, weil mit einer solchen Argumentation jede überörtliche Aufgabe durch eine beschränkte Aufgabenwahrnehmung zu einer gemeindlichen Angelegenheit gemacht werden könnte.

Der Familienlastenausgleich ist ein Aspekt der öffentlichen Fürsorge (Art. 74 Abs. 1 Nr. 7 GG/konkurrierende Gesetzgebung), den der Bund durch verschiedene Gesetze, beispielsweise dem Bundeskindergeldgesetz, und durch Steuerbegünstigungen im Einkommensteuergesetz geregelt hat. Ein Beschluss würde folglich die Verbandskompetenz der Gemeinde überschreiten.[12]

Fraglich ist aber, ob diese Argumentation aus dem Jahr 1995 heute noch überzeugend ist. Die demografische Entwicklung verläuft nicht in allen Kommunen identisch. Deshalb haben fast alle Kommunen individuelle Demografieberichte und Handlungskonzepte erstellt. In Anbetracht der kommunalen Selbstverwaltungsgarantie und der gemeindlichen Allzuständigkeit gemäß Art. 28 Abs. 2 GG, 78 LVerf NRW spricht auch Vieles dafür, dass Auswirkungen der demografischen Entwicklung nicht nur ein überregionales Landes- oder Bundesthema sind, sondern auch Raum für kommunale Handlungsstrategien eröffnen. Dazu könnte auch ein „kommunales Kindergeld“ passen. Interessant ist in diesem Zusammenhang auch, dass der Landesgesetzgeber in NRW die landeseinheitlichen Kindergartenbeiträge im Jahr 2006 abgeschafft hat. Stattdessen entscheiden die Kommunen heute selbstständig über die Höhe der von den Eltern zu zahlenden Beiträge. Dies führt zu erheblichen Unterschieden in NRW und stellt quasi eine vergleichbare Situation zur Gewährung eines kommunalen Zuschusses dar.[13] Ob eine kommunale Familienförderung durch Nichterhebung von Kindergartenbeiträgen oder eine Zuschussgewährung erfolgt, könnte rechtlich irrelevant sein. (Hinweis: Von den Studierenden kann diese Argumentation nicht erwartet werden.) Beide Meinungen sind gut vertretbar.

Anmerkungen:

1 Vgl. BVerwG, Urt. vom 14.12.1990 – 7 C 37/89 –, juris.
2 BVerwG, Urt. vom 14.12.1990 – 7 C 58/89 –, juris.
3 Vgl. *Bätge*, Kommunalrecht, Rdnr. 246.
4 Vgl. *Faber* in Held u. a., Kommunalverfassungsrecht NRW, § 48 Anm. 2.1 m. w. N. aus der Rspr.
5 Vgl. *Wagner* in Kleerbaum/Palmen, Gemeindeordnung, Kommentar, § 48 Anm. 2a).
6 Vgl. OVG NRW, Urt. vom 2.5.2006 – 15 A 817/04 –, juris.
7 Vgl. OVG NRW, Urt. vom 2.5.2006, a. a. O.
8 Vgl. *Schmitz*, Der Öffentlichkeitsgrundsatz in der Kommunalverwaltung – Der Ausschluss der Öffentlichkeit in Grundstücksangelegenheiten im Gemeinderat, JuS 2017 S. 31 ff.
9 OVG NRW, Urt. vom 2.5.2006 – 15 A 817/04 –, juris.
10 Vgl. *Wansleben* in Held u. a., Kommunalverfassungsrecht NRW, § 31 Anm. 4.3.2.
11 Vgl. *Schmitz*, Der Ausschluss von der Sitzung des Gemeinderates – Ultima ratio zur Erhaltung der Funktionsfähigkeit, VR 2007 S. 25 ff.
12 Vgl. OVG NRW, Urt. vom 19.1.1995 – 15 A 569/91 –, juris.
13 Vgl. dazu eine Bestandsaufnahme des Bundes der Steuerzahler von 2014: http://www.steuerzahler-nrw.de/Zwischen-0-und-800-Euro-ist-alles-drin/62459c72322i1p352/index.html.

Michael Schmitz

25. Fall

Schwerpunkte:
- Öffentlichkeit von Grundstücksgeschäften
- Grundsatz der Öffentlichkeit und die Verteilung von Eintrittskarten
- Mitwirkungsverbot
- Bedeutung der Ladungsfrist
- Rechtsmissbrauch bei widersprüchlichem Verhalten

Hilfsmittel:
- Gemeindeordnung NRW (GO)
- Grundgesetz
- Geschäftsordnung des Rates (Auszug)

Zeit: 3 Zeitstunden

Sachverhalt:

In der nordrhein-westfälischen kreisfreien Großstadt BA (240.000 Einwohner) spielt der Fußball eine wichtige Rolle. Der Traditionsverein A, der in der Regionalliga kickt, blickt auf eine ruhmreiche Vergangenheit zurück (mehrere Jahre 1. Bundesliga, Europa-Cup etc.). Der Verein A befindet sich – nach mehreren Abstiegen – in erheblichen finanziellen Schwierigkeiten, da ein vereinseigener Stadionneubau sehr teuer war und der Verein die Finanzierungs- und Unterhaltskosten nicht mehr aufbringen kann. Es droht die Insolvenz. Dies wird in der Öffentlichkeit rege diskutiert.

In der nächsten Ratssitzung soll über folgenden Antrag beraten werden:

> *„Ankauf des Fußballstadions des Vereins A zum Kaufpreis von 10 Mio. € (einschl. Grundstück)"*

Die antragstellende Fraktion begründet ihren Antrag damit, dass der Profifußball in BA ein enormer Marketingfaktor und für tausende Einwohner eine wichtige Freizeitmöglichkeit sei.

Der Antrag ist in der Öffentlichkeit sehr umstritten.

Für den Fall, dass der Antrag in öffentlicher Sitzung beraten werden muss, erwartet der OB einen erheblichen Zuschauerandrang. Der Ratssaal bietet normalerweise Platz für 40 Zuschauer. Durch eine zusätzliche Bestuhlung sollen weitere 25 Plätze geschaffen werden. Um einen geordneten Ablauf zu gewährleisten, möchte der OB (kostenlose) Eintrittskarten vergeben. Dabei soll vorab ein Kontingent von 25 Plätzen den Fraktionen entsprechend ihrem Proporz nach dem Wahlergebnis der Kommunalwahl von 2020 zur Verfügung gestellt werden. Weitere 12 Eintrittskarten sollen an bestimmte Personen gehen (z. B. Verein A, Fanclubs, Fußballverband, etc.) Die verbleibenden 28 Plätze sollen durch die Verwaltung nach der Reihenfolge der telefonischen Anfragen an Interessierte vergeben werden.

Mitglied des Rates ist auch das ehrenamtliche Vorstandsmitglied des Fanclubs „A forever e. V.", Bernd Brüll, der seit Jahren eine Dauerkarte hat und sehr um die Zukunft des Vereins besorgt ist.

In der Ratssitzung geschieht Folgendes:

Der Fraktionsvorsitzende V rügt in der Sitzung, dass die siebentägige Ladungsfrist nicht eingehalten wurde, und beantragt die Vertagung der Angelegenheit. Der Oberbürgermeister räumt ein, dass die Ladungsfrist tatsächlich um einen Tag unterschritten wurde (was zutrifft). In Anbetracht der geringfügigen Fristverletzung lehnt der Rat mehrheitlich eine Vertagung ab und beschließt in der Sache.

Der Oberbürgermeister möchte wissen, ob dies rechtmäßig war.

Fallabwandlung:

V hat am Tag vor der Ratssitzung eine Pressekonferenz einberufen und erläuterte, dass seine Fraktion den Ankauf ablehne, weil der Steuerzahler nicht für eine verfehlte Vereinspolitik zur Kasse gebeten werden dürfe.

Hat dies rechtliche Auswirkungen?

Der Oberbürgermeister stellt in dieser Angelegenheit insgesamt folgende Fragen:

1. Ist der TOP *„Ankauf des Fußballstadions des Vereins A zum Kaufpreis von 10 Mio. € (einschl. Grundstück)"* im öffentlichen Teil der Ratssitzung oder nichtöffentlich zu beraten?
2. Ist die vom Oberbürgermeister vorgesehene Verteilung der Eintrittskarten zur Ratssitzung rechtmäßig?
3. Unterliegt Ratsmitglied Brüll einem Mitwirkungsverbot?
4. a) Führt die Nichteinhaltung der Ladungsfrist zur Rechtswidrigkeit des Ratsbeschlusses?
   b) Fallabwandlung: Ist die Pressekonferenz rechtlich von Bedeutung?

Aufgabe:

Beantworten Sie gutachterlich die gestellten Fragen.

Auszug aus der Geschäftsordnung des Rates der Stadt BA:
§ 2 Ladungsfrist
Die Einladung muss den Ratsmitgliedern mindestens sieben volle Tage vor dem Sitzungstag, den Tag der Absendung nicht eingerechnet, zugehen.

In besonders dringenden Fällen kann die Ladungsfrist bis auf drei volle Tage abgekürzt werden.

§ 6 Öffentlichkeit der Ratssitzungen

(1) Die Sitzungen des Rates sind öffentlich. Jedermann hat das Recht, als Zuhörer/Zuhörerin an öffentlichen Ratssitzungen teilzunehmen, soweit die räumlichen Verhältnisse dies gestatten.

(2) Für folgende Angelegenheiten wird die Öffentlichkeit ausgeschlossen:

a) Erwerb und Veräußerung von Grundstücken durch die Gemeinde,

...

Dies gilt nicht, wenn im Einzelfall weder Gründe des öffentlichen Wohls noch berechtigte Ansprüche oder Interessen Einzelner den Ausschluss der Öffentlichkeit gebieten.

Hinweise:

Es kann nicht erwartet werden, dass alle Probleme dieses Falles vollständig erkannt und richtig gelöst werden.

Sehr erfreulich ist, wenn folgende Schwerpunkte erkannt werden:

- *Der Grundsatz der Öffentlichkeit und Transparenz gemäß § 48 GO hat eine wichtige Bedeutung für die Demokratie. § 48 Abs. 2 Sätze 2 und 3 GO sind deshalb um das „ungeschriebene Tatbestandsmerkmal" der Geheimhaltungsbedürftigkeit zu erweitern.*
- *Die Ausgabe von Eintrittskarten für Ratssitzungen ist grundsätzlich sachgerecht. Problematisch ist aber, wenn Fraktionen Vorabkontingente zugeteilt werden.*
- *Ein Fanclub eines Fußballvereins kann einen unmittelbaren Vorteil gemäß § 31 GO haben, wenn der Fußballverein einen Vorteil erhält.*
- *Eine Verletzung der Ladungsfrist führt nur zur Rechtswidrigkeit, wenn der Mangel in der Sitzung gerügt und eine Vertagung abgelehnt wird.*
- *Eine Rüge der nicht eingehaltenen Ladungsfrist könnte rechtsmissbräuchlich sein, wenn das rügende Ratsmitglied vorher in der Presse seinen Standpunkt zum Tagesordnungspunkt erläutert hat.*

Platz für Ihre Anmerkungen/Raum für Notizen:

Lösung:

Zu Frage 1:

Die Sitzungen des Rates und seiner Ausschüsse sind grundsätzlich öffentlich, vgl. § 48 Abs. 2 Satz 1 GO NRW. Der Grundsatz der Sitzungsöffentlichkeit bedeutet, dass jedermann grundsätzlich das Recht hat, ohne Ansehen seiner Person als Zuhörer an den Sitzungen des Rates teilzunehmen. Dieser Grundsatz folgt aus dem Demokratieprinzip des Grundgesetzes und ist grundlegend für die Funktionsfähigkeit der kommunalen Selbstverwaltung. Denn das Demokratieprinzip beinhaltet ganz wesentlich die Kontrolle der Gewählten durch die Wähler und die Öffentlichkeit. Die Transparenz der Entscheidungsfindung ist auch eine wesentliche Voraussetzung für die Ausübung des Wahlrechts bei zukünftigen Wahlen. Nur ein über die Meinungen der im Rat vertretenen Parteien gut informierter Wähler kann eine fundierte Wahlentscheidung treffen. Verstöße gegen den sehr wichtigen Grundsatz der Sitzungsöffentlichkeit führen deshalb zur Rechtswidrigkeit/Nichtigkeit der gefassten Beschlüsse.[1]

Allerdings kann der Grundsatz der Öffentlichkeit gemäß § 48 Abs. 2 Sätze 2 und 3 GO NRW eingeschränkt werden. Nach Satz 2 kann die Öffentlichkeit durch die Geschäftsordnung für Angelegenheiten einer bestimmten Art ausgeschlossen werden. Im vorliegenden Fall geht es um den Ankauf eines Grundstückes durch die Stadt BA. Nach § 6 Abs. 2 lit. a) der Geschäftsordnung des Rates von BA ist die Öffentlichkeit beim Erwerb von Grundstücken ausgeschlossen.

Hier ist allerdings zu berücksichtigen, dass ein grundloser, d. h. willkürlicher Ausschluss der Öffentlichkeit – in Anbetracht des für die Demokratie grundlegenden Grundsatzes der Öffentlichkeit – nicht angehen kann.

Dem Wortlaut des § 48 Abs. 2 Satz 2 GO NRW sind keine inhaltlichen Kriterien dafür zu entnehmen, in Angelegenheiten welcher Art der Gemeinderat die Öffentlichkeit durch die Geschäftsordnung ausschließen darf. Wegen der großen Bedeutung des Grundsatzes der Sitzungsöffentlichkeit ist hieraus aber nicht zu schließen, dass der Gemeinderat insoweit keinen Bindungen unterliegt und grundlos oder willkürlich die Öffentlichkeit ausschließen kann.

Nach der Wertung des § 30 Abs. 1 Sätze 1 und 2 GO NRW zur Verschwiegenheitspflicht ist der Ausschluss der Öffentlichkeit bei der Beratung über Angelegenheiten, deren Geheimhaltung ihrer Natur nach erforderlich ist, zulässig, wobei ihrer Natur nach geheim insbesondere Angelegenheiten sind, deren Mitteilung an andere dem Gemeinwohl oder den berechtigten Interessen einzelner Personen zuwiderlaufen würde.[2]

Deshalb sind die Einschränkungsmöglichkeiten von § 48 Abs. 2 Sätze 2 und 3 um das *„ungeschriebene Tatbestandsmerkmal der Geheimhaltungsbedürftigkeit“* zu ergänzen.[3]

Dies trifft bei abstrakt-genereller Betrachtung auf den *„Erwerb und die Veräußerung von Grundstücken“* im Regelfall wohl zu. Verträge über Grundstücke enthalten vor allem Preisvereinbarungen. Dabei geht es normalerweise auch um erhebliche Beträge. Es entspräche regelmäßig nicht dem Gemeinwohlinteresse, wenn die Vertragskonditionen, die die Gemeinde im Einzelfall zu gewähren bereit ist, öffentlich beraten würden, da dies die Verhandlungsposition der Gemeinde in etwaigen weiteren Vertragsverhandlungen schwächen könnte. Daher sind Grundstücksverträge grundsätzlich als Fallgruppe anzusehen, die in nichtöffentlicher Sitzung behandelt werden können.[4]

Dennoch ist im Einzelfall abzuwägen, ob ein Geheimhaltungsinteresse vorliegt und ob dies das Interesse der Öffentlichkeit an Transparenz überwiegt. Diesem Grundsatz wird durch § 6 letzter Satz der Geschäftsordnung Rechnung getragen. Obwohl für Grundstücksangelegenheiten die Öffentlichkeit grundsätzlich ausgeschlossen ist, gilt dies nicht, wenn im Einzelfall weder Gründe des öffentlichen Wohls noch berechtigte Ansprüche oder Interessen Einzelner den Ausschluss der Öffentlichkeit gebieten.

Im vorliegenden Fall ist ein öffentliches Interesse an der Geheimhaltung nicht erkennbar. Allerdings könnte sich ein Geheimhaltungsinteresse des Fußballvereins A ergeben, wenn über die wirtschaftlichen Verhältnisse und die Bonität des Vereins öffentlich diskutiert wird. Hier ist aber zu berücksichtigen, dass die schlechte wirtschaftliche Lage des Vereins nach drei Abstiegen schon öffentlich bekannt ist und das Interesse der Öffentlichkeit an Transparenz hier – in Anbetracht der erheblichen Kosten – jedenfalls überwiegt.

Der Tagesordnungspunkt *„Ankauf des Fußballstadions des Vereins A zum Kaufpreis von 10 Mio. €“* ist deshalb in öffentlicher Sitzung zu beraten.

Zu Frage 2:

Fraglich ist, ob der Grundsatz der Öffentlichkeit durch die Vorabzuteilung von Eintrittskarten an die Fraktionen verletzt ist.

Unbedenklich ist insoweit zunächst, dass vorhandene Zuschauerplätze durch Eintrittskarten vergeben werden. Grundsätzlich wird durch diese Vorgehensweise nicht ausgeschlossen, dass jedermann, der an einer Teilnahme der Ratssitzung interessiert ist, die Möglichkeit hat, diese zu besuchen. Dass im Hinblick auf die räumliche Kapazität tatsächlich einzelnen Personen der Zugang verwehrt bleiben muss, verletzt nicht den Grundsatz der Sitzungsöffentlichkeit. Bei der Entscheidung über den Umfang einer im Hinblick auf die räumlichen Verhältnisse erforderlichen faktischen Begrenzung der Öffentlichkeit ist auch die Notwendigkeit einer geordneten und ungestörten Durchführung der Ratssitzung zu berücksichtigen.[5] Rechtsgrundlage für eine solche Regelung durch den Bürgermeister ist § 51 GO, der auch Maßnahmen in Bezug auf Zuschauer ermöglicht.[6]

Auch die Entscheidung, die Eintrittskarten nach der Reihenfolge der telefonischen Anfrage zu vergeben, stellt keinen Verstoß gegen den Grundsatz der Sitzungsöffentlichkeit dar. Es bestand für jedermann die Chance, eine Eintrittskarte zu bekommen. Auch ein Losverfahren wäre zulässig.

Es ist grundsätzlich zulässig, dass der Bürgermeister im Rahmen seines Ermessens einen Teil der vorhandenen Zuhörerplätze – also der Plätze, die nicht für die Ratsmitglieder (vgl. § 40 Abs. 2 Satz 2 GO NRW) und andere mitwirkende Personen benötigt werden – bestimmten Interessenten und Interessentinnen vorbehält und damit der allgemeinen „Jedermanns"-Öffentlichkeit entzieht. Voraussetzung ist dabei jedoch zum einen, dass daneben noch eine relevante Anzahl an allgemein zugänglichen Plätzen verbleibt, und zum anderen, dass für die dadurch bewirkte Beschränkung der Öffentlichkeit mit den Prinzipien der Sitzungsöffentlichkeit zu vereinbarende sachliche Gründe vorliegen.[7]

Jedoch liegt hier ein Verstoß gegen den Grundsatz der Sitzungsöffentlichkeit vor, wenn vorab ca. zwei Fünftel der Eintrittskarten den einzelnen Fraktionen im Verhältnis zu ihrer Fraktionsstärke (25 Eintrittskarten) überlassen werden. Diese Vergabe lässt eine an sachgerechten Kriterien regulierte Zulassung der Öffentlichkeit nicht mehr erkennen. Vielmehr würde somit auf unzulässige Weise Einfluss auf das in der Ratssitzung gebildete Abbild der Öffentlichkeit genommen. Zwar kann ein einzelnes Ratsmitglied oder eine Fraktion nicht eine ausgewogene Abbildung der vertretenen Meinungen durch die zugelassene Öffentlichkeit beanspruchen. Durch die Einhaltung des Grundsatzes der Öffentlichkeit wird jedoch gewährleistet, dass die tatsächliche Meinung der Bevölkerung abgebildet wird. Die gezielte Vergabe an politische Meinungsträger konterkariert diese Gewährleistung. Die auf diese Weise zugelassenen Zuhörer können nicht mehr als Repräsentanten einer keiner besonderen Auswahl unterliegenden Öffentlichkeit angesehen werden.[8]

Als Folge der gezielten Steuerung der politisch vertretenen Meinungen im Zuschauerraum kann eine Beeinflussung bei der Abstimmung der einzelnen Ratsmitglieder und Fraktionen nicht ausgeschlossen werden. Durch die Verletzung des Prinzips der Öffentlichkeit kann eine ungehinderte Beratung und Beschlussfassung nicht mehr gewährleistet werden. Nach der Einschätzung des Bundesverwaltungsgerichts gehört es zu den essenziellen Voraussetzungen eines ordnungsgemäßen Sitzungsbetriebs, eine von psychologischen Hemmnissen möglichst freie Atmosphäre zu schaffen. Das beruht auf dem legitimen, letztlich in der Gewährleistung der Selbstverwaltung durch Art. 28 Abs. 2 Satz 1 GG verankerten öffentlichen Interesse daran, dass die Willensbildung des Rates als demokratisch legitimierter Gemeindeverwaltung ungezwungen, freimütig und in aller Offenheit verläuft.[9] Die privilegierte Vergabe der übrigen zwölf Eintrittskarten ist vertretbar (str.).[10] Allerdings ist hier Art. 3 GG zu beachten. Eine willkürliche Verteilung ist jedenfalls ausgeschlossen.[11]

Denkbar ist auch ein Prüfungsansatz über § 8 Abs. 2 GO, wenn man den Zuschauerraum des Ratssaals als öffentliche Einrichtung qualifiziert. Auch ein Prüfungsansatz über den Grundsatz der Verhältnismäßigkeit ist akzeptabel.

Zu Frage 3:

Eine differenzierte Prüfung ist hier wünschenswert.

1. Mitwirkungsverbot gemäß §§ 31 Abs. 1 Nr. 1, 43 Abs. 2 GO

Ein Mitwirkungsverbot kommt danach zunächst in Betracht, wenn die Entscheidung Brüll (B) selbst einen unmittelbaren Vorteil oder Nachteil bringen kann. B ist Inhaber einer Dauerkarte und um die Zukunft des Fußballvereins A besorgt. Bei einer Insolvenz des Fußballvereins A könnte die Gefahr bestehen, dass A keine Fußballspiele mehr austragen kann. Die Dauerkarte könnte deshalb an Wert verlieren. Es spricht viel dafür, dass B insofern einen unmittelbaren Vor- bzw. Nachteil durch die Ratsentscheidung erhalten könnte. Allerdings regelt § 31 Abs. 3 Nr. 1 GO, dass das Mitwirkungsverbot nicht gilt, wenn der Vor- oder Nachteil nur darauf beruht, dass jemand einer Bevölkerungsgruppe angehört, deren gemeinsame Interessen durch die Angelegenheit berührt werden. Hier kann davon ausgegangen werden, dass die Dauerkartenbesitzer des Traditionsvereins A – auch wenn er nur noch in der Regionalliga spielt – eine Bevölkerungsgruppe darstellen (a. A. sehr gut vertretbar).

2. Mitwirkungsverbot gemäß § 31 Abs. 2 Nr. 2, 43 Abs. 2 GO

Ratsmitglied B ist hiernach von Beratung und Beschlussfassung auszuschließen, wenn er Mitglied des Vorstandes einer juristischen Person ist, der die Entscheidung einen unmittelbaren Vorteil oder Nachteil bringen kann.

B ist Mitglied des Vorstands einer juristischen Person, da ein e. V. (= eingetragener Verein) eine juristische Person ist (vgl. § 21 BGB). Denkbar ist deshalb auch eine Anwendung von § 31 Abs. 1 Nr. 3 GO i. V. m. § 26 Abs. 2 BGB.

Fraglich ist deshalb, ob der Fanclub „A forever e. V.“ durch den Beschluss über den Ankauf des Stadions einen unmittelbaren Vor- oder Nachteil hat.

Sinn und Zweck von § 31 GO ist es, schon dem „bösen Anschein von Korruption“ entgegenzuwirken. Es soll verhindert werden, dass ein individuelles Sonderinteresse über das Allgemeininteresse gestellt wird. Das Vertrauen der Menschen in eine unvoreingenommene, neutrale, nur an den Interessen des Gemeinwesens orientierte Verwaltung soll geschützt werden (vgl. für Mitarbeiter der Verwaltung auch §§ 20 f. VwVfG).[12]

Der Begriff des Vor- oder Nachteils ist deshalb weit auszulegen.

Ein Vor- oder Nachteil liegt vor, wenn der Ratsbeschluss zu einer Besser- oder Schlechterstellung des Betroffenen führt. Dies ist jedenfalls – aber nicht nur – bei finanziellen Auswirkungen gegeben. In Anbetracht der notwendigen weiten Auslegung des Vor- und Nachteilbegriffs können aber auch andere Aspekte in Betracht kommen.[13]

Gegen eine unmittelbare Betroffenheit des Fanclubs spricht, dass Fußballverein und Fanclub zwei unterschiedliche selbstständige juristische Personen sind. Durch den Ankauf des Stadions durch die Stadt BA dürfte eine finanzielle Besserstellung des Fanclubs wohl nicht in Betracht kommen. Durch den Ankauf wird aber die finanzielle Lage des Fußballvereins A verbessert. Dies wird auch im ureigenen Interesse des Fanclubs liegen, da die Situation eines Fanclubs (z. B. die Mitgliederzahl) immer auch von der Lage des Fußballvereins abhängt. Zwischen den organisierten Fans eines Fußballvereins und dem Fußballverein besteht eine besondere Nähe und Interessensidentität. Der Fanclub eines insolventen Fußballvereins dürfte sogar in der eigenen Existenz bedroht sein.

Dieser Vorteil ist unmittelbar, wenn sich die Besser- bzw. Schlechterstellung durch den Ratsbeschluss ohne weitere entscheidungserhebliche Zwischenschritte realisiert.[14]

Dies ist hier der Fall, da die wirtschaftliche Lage des Fußballvereins A durch den Ratsbeschluss unmittelbar verbessert wird und damit auch der Fanclub für Mitglieder attraktiv bleibt oder wird.

Ratsmitglied Bernd Brüll unterliegt deshalb gemäß §§ 31 Abs. 2 Nr. 2, 43 Abs. 2 GO einem Mitwirkungsverbot (andere Ansicht gut vertretbar).

Zu Frage 4 a:

Fraglich ist, ob die Nichteinhaltung der Ladungsfrist in Verbindung mit der Rüge von Ratsmitglied V zur Rechtswidrigkeit des Ratsbeschlusses führt.

Rechtsgrundlage ist § 47 Abs. 2 GO in Verbindung mit § 2 Geschäftsordnung. Die Geschäftsordnung ist keine Satzung im Sinne von § 7 GO. Die Geschäftsordnung ist aber dennoch eine verbindliche Rechtsregelung der Innenrechtsbeziehungen des Rates. Die Geschäftsordnungen der Gemeinderäte sind Rechtsvorschriften mit Verbindlichkeitsanspruch gegenüber den Mitgliedern des Vertretungsorgans und damit Teil der objektiven Rechtsordnung.[15]

Die Auffassung, dass ein Geschäftsordnungsverstoß grundsätzlich nicht zur Unwirksamkeit des Ratsbeschlusses führt und ausnahmsweise nur beachtlich ist, wenn und soweit die Geschäftsordnung zwingende gesetzliche Vorschriften wörtlich oder der Sache nach wiedergibt, überzeugt nicht.[16] Vielmehr kann eine Verletzung von Mitwirkungsrechten die Rechtswidrigkeit eines Ratsbeschlusses begründen, wenn dies von einem Ratsmitglied (nicht von Außenstehenden) geltend gemacht wird.[17]

Ob ein Verstoß gegen die Geschäftsordnung zur Rechtswidrigkeit des Ratsbeschlusses führt, ist dann vielmehr im Einzelfall abzuwägen. Sinn und Zweck der Ladungsfrist, die der Rat eigenverantwortlich festlegen kann, ist es, dem Ratsmitglied eine Terminplanung zu ermöglichen („Save-the-date"-Funktion) und dem Ratsmitglied eine angemessene Vorbereitungszeit zu gewähren.

Daraus ergibt sich, dass ein Verstoß gegen die Ladungsfrist nicht zur Rechtswidrigkeit führt, wenn der Sinn und Zweck der Ladungsfrist dennoch erfüllt ist. Dies ist der Fall, wenn alle Ratsmitglieder anwesend sind und niemand die zu kurze Ladungsfrist (= Vorbereitungszeit) rügt und damit nachträglich auf die Einhaltung der Ladungsfrist verzichtet wird.[18]

Im vorliegenden Fall hat V ausdrücklich die Nichteinhaltung der Ladungsfrist gerügt und damit eine Verletzung des Anspruchs auf ausreichende Vorbereitung geltend gemacht. Eine ausreichende Vorbereitungszeit ist notwendig, um eine der Freiheit des Mandats gemäß § 43 GO entsprechende Mitwirkung an Beratung und Beschlussfassung zu ermöglichen. Durch die Festsetzung der Frist in der Geschäftsordnung durfte V auf eine siebentägige Vorbereitungszeit vertrauen. Dieses Vertrauen ist vollumfänglich schutzwürdig.[19] Hier kann zudem erwähnt werden, dass der Ankauf des Stadions eine wichtige, teure und mit Folgekosten belastete Entscheidung von besonderer Tragweite ist. Die – ohnehin schon kurze – Vorbereitungszeit von sieben Tagen ist deshalb jedenfalls ex post nicht disponibel.

Eine Eilbedürftigkeit, die gemäß § 2 Abs. 2 Geschäftsordnung eine Verkürzung der Ladungsfrist auf drei Tage (oder gar einen Verzicht auf eine Ladungsfrist gemäß § 48 Abs. 1 Satz 5 GO)[20] rechtfertigen könnte, ist hier nicht erkennbar.

Die Nichteinhaltung der Ladungsfrist ist hier deshalb als Verletzung der Mitwirkungsrechte des V beachtlich und führt zur Rechtswidrigkeit des Ratsbeschlusses. Dem Bürgermeister ist zu empfehlen, den Ratsbeschluss nach § 54 Abs. 2 GO zu beanstanden.

Nur extrem aufmerksame Klausurschreiber könnten dagegen noch einwenden, dass der Rat durch die Ablehnung der Vertagung möglicherweise eine Verkürzung der Ladungsfrist im Einzelfall konkludent beschlossen habe (Rechtsgedanke aus § 126 der Geschäftsordnung des Bundestages). Dies sollte aber – jedenfalls aus Gründen des Minderheiten- und Vertrauensschutzes – abgelehnt werden.

Vielmehr bestand hier wohl die Verpflichtung des Rates, dem Vertagungsantrag zu entsprechen. Dem kommunalen Beschlussorgan obliegt nämlich die Verpflichtung dafür zu sorgen, dass für seine Mitglieder vermeidbare Unterschiede in den Bedingungen ihrer Mitwirkung an der Entscheidungsfindung nicht bestehen. Dies kann äußerstenfalls die Verpflichtung nach sich ziehen, eine Angelegenheit auf Antrag zu vertagen, um einzelnen Mitgliedern die Gelegenheit zu geben, ihre Informationsdefizite zu beseitigen. Eine im Widerspruch zu einer solchen Verpflichtung vorzeitig herbeigeführte Sachentscheidung ist wegen Verletzung der Mitwirkungsbefugnisse dieser Mitglieder rechtswidrig.[21]

Der Ratsbeschluss ist deshalb wegen Verstoßes gegen § 2 der Geschäftsordnung rechtswidrig (a. A. bei sehr guter Begründung wohl noch vertretbar).

Zu Frage 4 b:

Die grundsätzliche Zulässigkeit von Öffentlichkeitsarbeit durch Fraktionen ergibt sich aus § 56 Abs. 2 Satz 1 Halbs. 2 GO.

Von besonders aufmerksamen Klausurschreibenden könnte diskutiert werden, dass eine Rüge des V hier rechtsmissbräuchlich sein könnte (Rechtsgedanke aus § 242 BGB). Da V schon vor der Ratssitzung eine Pressekonferenz veranstaltet hat und dort die Ansicht der Fraktion dezidiert erläutert hat, ist eine Rüge der nicht eingehaltenen Ladungsfrist und damit der zu kurzen Vorbereitungszeit im Rat unglaubhaft und widersprüchlich. Das Verbot des venire contra factum proprium (= Verbot des widersprüchlichen Verhaltens) dürfte hier gemäß § 242 BGB zur Unbeachtlichkeit der Rüge führen, da durch die Pressekonferenz ein Vertrauenstatbestand in Bezug auf den Verzicht der Einhaltung der Ladungsfrist geschaffen worden ist, der zur Verwirkung des Rügerechts führt. Die Geltendmachung der zu kurzen Ladungsfrist ist hier treuwidrig.[22]

Die Nichteinhaltung der Ladungsfrist wäre deshalb – trotz Rüge durch V – rechtlich nicht relevant.

Anmerkungen:

1 Vgl. OVG NRW, Urt. vom 21.7.1989 – 15 A 713/87 –, juris und vom 3.11.2009 – 15 A 2318/07 – (zur entsprechenden Problematik einer Senatssitzung einer Hochschule), juris; *Articus/Schneider*, Gemeindeordnung Nordrhein-Westfalen, 5. Aufl., § 48; *Rehn/Cronauge/Von Lennep/Knirsch*, Gemeindeordnung NRW, Kommentar, Loseblattsammlung, § 48.
2 Vgl. OVG NRW, Urt. vom 2.3.2018 – 15 A 265/17 – juris, m. w. N.
3 Vgl. *Schmitz*, Der Öffentlichkeitsgrundsatz in der Kommunalverwaltung – Der Ausschluss der Öffentlichkeit in Grundstücksangelegenheiten im Gemeinderat, Juristische Schulung (JuS) 2017 S. 31 ff.
4 So OVG NRW, a. a. O.; sehr gut vertretbar ist aber auch, dass Grundstücksgeschäfte grundsätzlich im öffentlichen Teil der Ratssitzung beraten und nur ausnahmsweise nichtöffentlich behandelt werden.
5 Vgl. zur Saalöffentlichkeit im Strafverfahren BGH, Beschl. vom 10.1.2006 – 1 StR 527/05 –, juris.
6 Vgl. *Schmitz*, Der Ausschluss von der Sitzung des Gemeinderates – Ultima Ratio zur Erhaltung der Funktionsfähigkeit, Verwaltungsrundschau (VR) 2007 S. 372 ff. (374/375).
7 OVG NRW, Urt. vom 7.10.2020 – 15 A 2750/18 –, juris.
8 Vgl. dazu OVG NRW, Urt. vom 3.11.2009 – 15 A 2318/07 –, juris.
9 Vgl. BVerwG, Urt. vom 3.8.1990 – 7 C 14/90 –, juris; VG Gelsenkirchen, Urt. vom 12.7.2018 – 15 K 5404/15 –, juris.
10 Vgl. VG Gelsenkirchen, Urt. vom 12.7.2018 – 15 K 5404/15 –, juris.
11 OVG NRW, Urt. vom 7.10.2020 – 15 A 2750/18 –, juris.
12 *Rehn/Cronauge/Von Lennep/Knirsch*, Gemeindeordnung NRW, Kommentar, Loseblattsammlung, § 31 Anm. I.
13 Vgl. *Schmitz*, Rechtsfolgen der Mitwirkung befangener Ratsmitglieder bei Ratsbeschlüssen – Rechtliche Aspekte von § 31 Abs. 6 Gemeindeordnung NW, AD LEGENDUM (AL) 2015 S. 61 ff. m. w. N.
14 Vgl. *Rehn/Cronauge/Von Lennep/Knirsch*, Gemeindeordnung NRW, Kommentar, Loseblattsammlung, § 31 Anm. II.2.
15 Vgl. *Faber* in Held/Winkel/Wansleben (Hg.). Kommunalverfassungsrecht NRW, Loseblattsammlung, Stand: August 2018, § 47 GO Anm. 6.4 m. w. N. aus der Rspr. sowie Anm. 8.
16 Vgl. mit überzeugender Begründung *Rehn/Cronauge/Von Lennep/Knirsch*, Gemeindeordnung NRW, Kommentar, Loseblattsammlung, § 47 Anm. II. 2; missverständlich wohl OVG NRW, Urt. vom 27.8.1996 – 15 A 32/93 –, juris; vgl. auch OVG Bbg, Urt. vom 27.4.1995 – 1 A 33/92 –, juris.
17 Vgl. OVG NRW, Urt. vom 5.2.2002 – 15 A 2604/99 –, juris; *Faber* in Held u. a. (Hg.), a. a. O., Anm. 8.
18 Vgl. *Rehn/Cronauge/Von Lennep/Knirsch*, Gemeindeordnung NRW, Kommentar, Loseblattsammlung, § 47 Anm. II. 3.
19 Vgl. *Schmitz*, Bedeutung von Ladungsfristen kommunaler Gremien für die Rechtmäßigkeit von Beschlüssen, KommJur 2020 S. 441 ff.
20 Nur in Fällen, die keinen Aufschub dulden oder die von äußerster Dringlichkeit sind, kann die Tagesordnung in der Sitzung erweitert werden. In solchen Fällen ist eine Ladungsfrist naturgemäß nicht einzuhalten, vgl. Schmitz, a. a. O., FN 18.
21 Vgl. OVG NRW, Urt. vom 5.2.2002 – 15 A 2604/99 –, juris.
22 Vgl. allgemein *Palandt-Grüneberg*, BGB, § 242 Rdnr. 5.

Stichwortverzeichnis

A

B

D

E

F

G

H

I

J

K

L

M

N

O

W

Z